과철
학학

과학철학

흐름과 쟁점, 그리고 확장

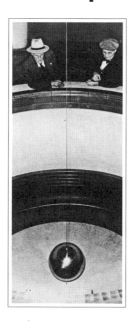

흐름과 쟁점, 그리고 확장

강신익 고인석 김국태 김유신 박영태 박은진 백도형
손화철 송상용 신중섭 윤용택 이상욱 이상원 이영의
정병훈 정상모 조용현 최종덕 홍성욱 지음

창비

이 책의 발간은 송상용 선생님의 정년퇴임을 계기로 기획되었다. 송 선생님은 과학사와 과학철학에 대한 국내연구의 초창기에 후학들에게 연구의욕을 많이 고취했으며 1995년 12월 한국과학철학회 창립에 밑 거름이 되어주었다. 송선생님의 뜻과 수고를 존귀하게 생각한 몇몇 과 학철학 연구자들은 이를 계기로 삼아 전공학생과 일반인의 철학적 관 심을 불러모을 수 있는 과학철학 소개서를 만들기로 의견을 모았다. 2007년 1월에 발간준비위원회(김유신, 박영태, 김국태, 이상욱, 고인석, 신중섭, 정병훈, 정광수)를 만들어, 출판섭외를 김국태가 맡고, 원고 청 탁과 편집을 박영태가 맡았다.

위원회는 과학철학의 흐름과 논의쟁점들을 알기 쉽게 소개하는 책의 필요성을 절실하게 느꼈다. 특히 인문학의 위기라고 하는 지금의 상황 에서, 일상생활과 매우 친숙한 관련을 맺고 있는 과학기술에 대한 철학 적 논의를 통해 철학의 친근감과 필요성을 고취하기 위해서는 더욱 절실하다고 생각했다. 그래서 책의 집필은 대학의 교양교육 수준으로 평이하게 하면서 주제 내용은 간략하게 하고 철학자나 전문적 이론의 소개는 최소화하기로 방향을 잡았다. 소개서이다보니 이 책의 일부 내용은 집필자 자신의 다른 논문에 있는 내용과 중첩될 수 있다는 점도 염두에 두었다. 이런 다양한 취지를 잘 드러낼 수 있도록 책의 제목을『과학철학: 흐름과 쟁점, 그리고 확장』으로 정했다. 이 책의 인세는 국내 과학철학의 후학들에게 조그만 도움이 되고자 한국과학철학회 논문상 기금으로 적립하기로 했다. 위원회는 9월 중순 송선생님과 인연이 있는 해당 분야의 전문 철학자에게 이러한 발간취지를 알리고 집필을 의뢰했다. 김국태 선생이 창비에 출판을 의뢰하고 계약을 맺었다.

이 책은 과학철학이 역사적으로 출현한 계기와 배경, 현재 진행중인 논쟁의 관점, 과학철학의 응용과 확대 등을 소개한다. 1부 '흐름'은 주로 역사적 전개의 관점에서 과학철학의 흐름을 보여주는 내용으로, 먼저 김국태(호서대)는 중세의 아리스토텔레스적 과학을 극복하고 나타난 근대과학에 관한 과학철학적 논의를 베이컨, 데까르뜨로부터 시작하여 칸트까지 일목요연하게 소개한다. 박은진(독일 트리어대학교 철학박사)은 현대과학에 관한 철학적 논의를 본격적으로 전개한 논리실증주의의 태동과정과 입장, 그리고 그에 대한 비판을 소개한다. 신중섭(강원대)은 논리실증주의와는 다른 관점에서 과학철학에 관한 논의를 전개한 포퍼와 라카토슈, 라우든의 과학철학 이론을 소개한다. 정병훈(경상대)은 과학사와 과학의 실제에 근거하여 논리실증주의와 포퍼를 비판하는 쿤과 파이어아벤트의 철학을 각각 소개한다. 특히 쿤에 관해서는 최근까지 이루어진 연구성과들까지 구체적으로 일목요연하게 담았다.

2부 '쟁점'은 과학철학 관련 논쟁을 소개하며 특히 현재까지 진행되고 있는 주요 쟁점들을 다룬다. 최종덕(상지대)은 현대 자연철학에서 논의되는 주제들과 주요 쟁점들을 개괄적으로 소개한다. 이영의(강원대)는 추리형식의 관점에서 과학의 방법에 관한 철학적 논의를 소개한다. 박영태(동아대)는 이론적 대상의 존재론적 의의에 관해 과학적 실재론과 반실재론 사이에 전개된 논의를 그 발단부터 최근의 동향까지 소개한다. 홍성욱(서울대)은 과학적 지식의 객관성에 관해 자연과학자와 사회구성주의자 사이에 벌어졌던 과학전쟁의 특성을, 과학의 합리성과 과학의 사회성이라는 관점에서 각각의 대표 학자 중심으로 알기 쉽게 설명한다.

3부 '확장'은 과학의 특정 분야에서 전개된 철학적 논의들을 다룬다. 김국태는 아인슈타인의 특수 상대성이론과 일반 상대성이론에 관한 철학적 논의를 상대론적 시간과 공간 개념을 중심으로 논한다. 김유신(부산대)은 아인슈타인과 보어 사이에 벌어진 EPR 논쟁을 소개하면서 양자역학 철학의 한 측면을 소개한다. 이상원(숙명여대)은 과학의 방법에서 중심적인 역할을 하는 실험에 관한 철학적 논의를 소개한다. 손화철(한동대)은 기술에 관한 철학적 논의를 통해 과학기술에 관해 생각해야 하는 여러 철학적 문제들을 소개한다. 이상욱(한양대)은 STS와 과학철학 사이의 접점과 관계를 설명하면서 STS의 논의에 대한 좀더 깊은 이해를 제공한다. 정상모(신라대)는 유전자와 그 전이를 중심으로 생물철학의 최근 경향을 이에 대한 비판적인 논평을 덧붙이면서 소개한다. 백도형(숭실대)은 심신문제에 관한 철학적 논의를 그 근거와 전개과정을 중심으로 간략하면서도 일목요연하게 선보인다. 강신익(인제대)은 의학 개념에 관한 철학적 성찰을 통해 몸을 둘러싼 동서양 의학의 사고방식을 소개한다. 윤용택(제주대)은 근래에 주목을 받고 있는 환경과 생태계 위기를 바라보는 철학적 입장을 소개하고 합리적 생태주의 관점을 제시한다. 고인석(인하대)은 과학기술 개발과 연구에서 일어날 수 있는 윤리적 문제와 그 해결의 방향을 제안한다. 조용현(인제대)은 컴퓨터 소프트웨어를 이용한 철학적 놀이를 통해 누적선택과 진화 개념의 활용 사례를 보여준다. 마지막으로 송상용(한림대)은 과학철학에 관한 논의가 전개된 역사적 배경과 계기 및 전개양상을 간략하게 개괄하고, 과학철학에 관해 참고할 수 있는 문헌들을 소개한다.

이 책의 특징은 몇가지로 정리할 수 있다. 첫째, 이 책은 역사적 전개의 관점, 현재 논쟁의 관점, 확장된 응용분야의 관점에서 과학철학에 관한 논의를 총괄적으로 다룬다. 국내에서는 번역서를 제외하고 이렇게 광범위한 내용을 다루는 책이 처음 출간된 셈이다. 둘째, 국내 과학철학 전공자들이 대학생과 일반인을 대상으로 과학철학의 논의주제를 이해하기 쉽게 소개한다. 셋째, 지나치게 어려운 서술을 피하고자 일반인에게 생소한 고유명사나 전문이론의 소개는 최소화했다. 특히 번역어의 선택은 과학철학계의 입장보다는 중고등학교 교과서나 참고서 등에서 쓰이는 빈도를 따랐다. 예를 들어 이론의존성(theory-laden), 언명(statement), 통약불가능성(incommensurability), 확증(confirmation), 반증(falsification), 방증(corroboration), 검증(verification), 검사(test), 임시변통(ad hoc), 선천적(a priori), 메커니즘(mechanism), 미립자(corpuscular), 전일론(holism) 같은 용어다. 일부 논문은 논의의 성격과 맥락에 맞춰 공약불가능성(incommensurability), 확인(confirmation), 시험(test) 등의 용어를 택하기도 했다. 넷째, 외국 고유명사의 표기에서 원어 발음표기를 중시하여 표준문법의 외국어 표기법에 따르지 않았다 (특히 송상용의 원고는 필자의 뜻을 존중하여 표기했다). 다섯째, 저자나 저서의 이름은 처음 등장할 때만 원어를 병기했다. 여섯째,『프린키피아』『노붐 오르가눔』처럼 라틴어 제목의 저서는 가능하면 해석하지 않고 발음대로 표기했으며, 독자들이 읽어볼 만한 책과 참고문헌의 표기는 한국과학철학회의『과학철학』편집규정을 따랐다.

열아홉명의 집필진들은 이 책이 과학철학의 논의를 총망라한 완결된 소개서라고 장담할 수 없음을 잘 안다. 그렇지만 각 부문 전공자들이 공동으로 그 시작의 발판을 마련했다는 점에서 보람을 느낀다.

이 책의 발간 계기를 마련해주시고 과학철학의 세계사적 흐름에 관한 옥고를 기고해주신 송상용 선생님께 감사를 드린다. 본래 송선생님의 글을 맨 앞에 게재하려고 했으나 극구 사양하셔서 맨 뒤에 배치했다. 이와 더불어, 위원회의 의뢰에 순순히 응해준 집필자들에게 감사드린다. 우여곡절을 겪으면서 애초의 발간시기보다 많이 늦어졌음에도 책을 출판해준 창비와 편집을 담당한 박대우 선생에게도 감사드린다. 끝으로 이 책을 통해 더욱 많은 사람들이 과학철학에 관심을 갖게 되어 철학의 중흥이 이루어지기를 기대한다.

2011년 10월
집필진을 대표하여 박영태 씀

|차례|

3부 확장

일러두기

1. 외국의 인명과 지명 등은 현지 발음에 따라 우리말로 표기하고 괄호 안에 원어를 병기하되 우리말로 굳어진 경우에는 관용을 존중했다. 단, 일부 원고의 경우 외래어 표기에 관하여 필자의 뜻을 존중하여 표기했음을 밝혀둔다.
2. 과학철학 전문용어의 표기는 중고등학교와 대학 교재 등에서 쓰이는 빈도에 따라 통일했다.
3. 라틴어로 쓰인 책의 제목은 우리말로 해석하지 않고 가능한 한 발음 그대로 표기했다.
4. 본문 중 단순인용의 출처는 가독성을 높이기 위해 참고문헌에 밝혀두었다.

1부

흐름

근대 과학철학

1. 왜 근대 과학철학인가?

과학철학은 과학의 메타이론이다. 그것은 아리스토텔레스(Aristo-teles)가 '형이상학'(meta physica)이란 표현으로 말하고자 했던 것처럼 과학의 토대와 원리를 분석하는 학문이다. 과학철학은 과학에 대한 반성의 학문으로 과학을 전제하며, 경우에 따라서는 과학에 규범과 방향을 제시하고 과학을 선도하기도 한다. 근대 과학철학은 고·중세의 과학과는 다른 근대의 새로운 과학에 대한 반성의 작업으로 출발했다.

근대과학은 과학사가들이 혁명이라고 표현하기도 하는, 의미있는 대변혁을 통해 발생했다. 갈릴레이(G. Galilei), 케플러(J. Kepler), 뉴턴(I. Newton) 등에 의해 시작된 근대과학은 고·중세의 과학과는 비교할 수 없는 설명력과 설득력있는 새로운 지식을 제공했으며, 과거의 과학이 풀지 못했던 많은 문제들을 해결했다. 꼬이레(A. Koyré, 1892~1964)는 근대과학의 발생과 부흥의 역사를 성공한 수학적 법칙들의 누적으로 본 반면, 자연에 대한 철학적 논쟁들은 과학의 발전에 무용지물이었다고 평가했다. 그러나 성공한 지식의 누적이라는 양적 기준만으로 근대과학을 평가하는 것은 근대과학의 의미를 축소·왜곡하는 것이다. 근대과학 발생의 의미는 지식의 양이나 우수한 설명력에만 있는 것이 아니다. 더 근본적인 의미는 새로운 과학을 가능하게 한 토대인 사고방식의 새로움에 있다. 모든 과학은 자연과 진리에 대한 일정한 관념과 방법적 규범을 토대로 하며, 나아가 사회규범, 정치상황 그리고 종교적 신념에 이르기까지 다양한 요인들을 배경으로 한다. 과학의 토대와 배경을 이루는 조건들을 쿤(T. S. Kuhn, 1922~96)의 용어로 패러다임(paradigm)이라 한다. 새로운 과학은 새로운 패러다임을 토대로 성립하며 새로운 과학이 발생하는 시기에는 패러다임의 의미가 더욱 두드러진다. 동일한 사례도 그것을 해석하는 방식이나 관점, 즉 패러다임에 따라 달리 해석된다. 근대과학은 자연과 진리 그리고 진리를 탐구하는 방법에 대한 패러다임의 혁신을 통해 생성·발전했다.

근대과학을 가능하게 한 패러다임은 기계적 자연관, 철저한 경험적 방법, 수학적 서술로 요약될 수 있다. 기계적 자연관은 자연을 시계처럼 다양한 부품에 의해 구성되고 일정한 원리에 따라 규칙적으로 움직이는 자동기계로 보는 관점이다. 이 기계적 자연관은 플라톤주의자들과 원자론자들에 의해 전승되어왔는데, 16, 17세기경 아리스토텔레스의 과학에 토대를 둔 중세 과학이 신뢰를 상실해가면서 과학자 사회에서 새로운 대안으로 부각되었다. 갈릴레이, 케플러 등 근대 초 과학을 선도한 사람들은 세계를 수학적으로 설계되고 기계적으로 작동하는 구조물, 즉 기계적 세계(Machina Mundi)로 보았으며, 이런 세계를 만든 신을 수학자나 기하학자 또는 건축가에 비유했다. 갈릴레이는 자연을 "수학의 언어로 쓰인 책"으로 표현했으며, 케플러는 "물질이 있는 곳에 기하학이 있다"는 말로 수학이 자연의 실체적 원리임을 확신했다. 그들은 그러한 확신으로부터 새로운 방법을 자연스럽게 도출해냈고, 자연에 숨겨진 "수학적 암호를 해독하는 것"(갈릴레이), "자연의 수학적 구조"(케플러)를 밝혀내는 것을 과학의 과제라고 여겼다. 당시까지 사람들은 자연을 어떤 실체적 원리에 따라 운행하거나 특정한 정신적 가치나 목적을 지향하는 존재 또는 유기체적 존재로 여겼으며, 아리스토텔레스가 정해놓은 방법적 지침에 따라 자연현상을 실체적 원리에 근거하여 설명하는 것을 과학의 방법이라고 보았다. 그러나 갈릴레이와 케플러가 말한 대로 존재의 본질이 어떤 실체적 힘이나 정신적 원리가 아니라 수학적인 것이라면, 탐구의 대상은 시간, 공간, 속도, 질량 등 정량화 가능한 성질 외에는 없는 것이다. 그들이 발견한 법칙들로 이루어진 자연에는 중세인들이 생각했던 것처럼 어떤 목적이나 가치가 존재하지 않는다. 결국 자연이란 단일한 물리적 원리에 따라 기계적으로 움직이는 물질들의 전체에 다름아닌 것으로 이해할 수 있다.

데까르뜨(R. Descartes, 1596~1650)의 우주론은 근대의 새로운 기계론적 사고를 표본적으로 보여준다. 데까르뜨의 우주에서 물질세계의 모든 현상은 무한 동질적으로 펼쳐지는 시공간에서 오직 충돌의 법칙에 의해 운동하는 물질입자와 그것들의 이합집산의 결과로만 설명된다. 여기서는 생명체 또한 동일한 물리적 법칙에 종속되는 기계의 일종으로 파악되며, 중세 과학자들이 생각했던 것 같은 어떤 관념적 원리나 가치 혹은 어떤 특권적 위치도 인정되지 않는다. 이런 관점에서 데익스테르하위스(E. J. Dijksterhuis)는 근대과학의 여정을 '세계상의 기계화'

(Die Mechanisierung des Weltbildes)라고 표현한다. 여기서 세계상의 기계화와 수학화는 자연현상에 대한 수학의 응용, 즉 단순히 현상을 수학적으로 기술하는 행위를 넘어서는 의미를 함축한다. 세계상의 기계화와 수학화는 기존의 연구지침이나 방법적 관습들, 즉 기존의 패러다임을 폐기하는 지적 전회(轉回)를 통해 이루어진 것이다. 갈릴레이가 자신의 물리학에 부여한 명칭인 '새 과학'(Nova Scienza), 케플러가 자신의 천문학에 부여한 제목인 '새 천문학'(Astronomia Nova)에서 새로운(Nova)이란 수식어는 바로 새로운 방법, 새로운 패러다임에 의해 이루어진 과학이라는 의미를 함축한다. 이들의 새로운 방법은 자연에 관한 어떤 실체적 특성이나 원리를 전제하지 않으며, 경험과 실험에 의한 사실을 수학적으로 기술하고 철저히 검증한다는 공통점이 있다. 뉴턴은 이러한 새로운 방법적 의도를 자신의 주저 『자연철학의 수학원리』(*Principia Mathematica Philosophiae Naturalis*, 이하 『프린키피아』)를 통해 공지한다. 그것은 자연과학이 이제 더이상 실체적 특성이나 본질 같은 '형이상학적 원리'(Principia Metaphysica)에 의존하지 않고, 경험적 사실과 그것을 서술하는 수학적 원리(Principia Mathematica)에 의해 이루어져야 한다는 것이다.

갈릴레이, 케플러 그리고 뉴턴에 의해 시작된 새 과학은 성공적이었으며, 그 때문에 새 과학의 방식과 이론적 결과들은 이후 다른 모든 과학분야의 혁신모델로 받아들여졌다. 뿐만 아니라 새 과학의 사고방식은 자연과학의 영역을 넘어 인문·사회과학을 비롯한 모든 학문과 삶의 모든 영역에 영향을 미쳤으며, 합리적 사고의 전형으로 받아들여졌다. 서양지성사에서 전례 없는 자기비판과 계몽의 의지적 역사로 평가되는 근대철학은 위와 같은 근대과학의 발생과 지적·사회적 환경의 변화를 그 배경으로 한다. 근대 과학철학은 변화된 새로운 과학에 대한 이해와 정당화 작업에서 시작되었다. 플라톤(Plato)과 아리스토텔레스의 철학이 신화적 사고(mythos)로부터 논리적 사고(logos)로 변화한 인간의 사유 방식과 세계관에 대한 응답이었던 것처럼, 데까르뜨와 라이프니츠(G. W. Leibniz, 1646~1716), 로크(J. Locke, 1632~1704)와 흄(D. Hume, 1711~76), 바클리(G. Berkeley, 1685~1753)를 거쳐 칸트(I. Kant, 1724~1804)에 이르기까지 근대철학사를 장식하는 다양한 철학들은 바로 근대의 변화된 지적 환경에서 그에 대한 새로운 이해와 정당성을 확인하는 메타과학으로 등장한 것이다. 여기에 갈릴레이, 케플러, 뉴턴 등을 통해 이루어진 새로운 사고방법과 성과들은 철학적 탐구의 핵심대상이 된다.

근대과학과 과학철학의 중요성은 그것이 오늘날 우리가 누리고 있는 과학문명의 토대이며, 우리 삶의 모든 영역에서 여전히 작동하고 있다는 사실에만 있는 것이 아니다. 그 중요성은 온고지신(溫故知新)에 있다. 근대과학의 지적 드라마를 통해 우리는 우리가 처해 있는 현대를 되돌아보게 되고, 당면한 과제들을 어떻게 풀어가야 할지에 대해 좀더 심사숙고할 수 있기 때문이다. 칸트는 근대 과학철학의 상황을 수많은 추측과 가설, 사상이 난무하며 각축을 벌이는 형이상학의 전장으로 표현했다. 우리가 현대 과학철학의 상황을 되새겨보면, 그 형이상학의 전장이 과거에 한번 겪은 역사적 사건으로만 끝나지 않는다는 생각에 이르게 된다. 상대성이론과 양자물리학을 시작으로 등장한 현대과학에 대한 철학적 논쟁들, 방법론적·존재론적 논쟁, 실재론과 반실재론, 상대론과 도구주의(instrumentalism), 합리주의와 반합리주의 등 현대 과학철학의 문제들을 접하면서 우리는 이런 문제들이 근대 지식사회가 고민해야 했던 것과 질적으로 다르지 않음을 알게 된다.

2. 근대과학을 가능하게 한 방법은 무엇인가?

근대과학은 존재론적·방법론적으로 새로운 지적 토대 위에서 이루어졌으며, 근대 과학철학은 이러한 새 과학의 토대를 확인하고 정당화하는 작업으로 시작되었다. 방법론적 연구에서는 귀납법과 가설적 연역법 그리고 수학적 분석 도구 등 새 과학에서 사용된 방법들의 논리적 구조를 분석하고 정식화하는 작업이 주된 과제가 되었다.

방법론적 논의에 들어가기 전에 먼저 갈릴레이가 자유낙하운동의 연구(『두 새 과학에 관한 논변과 수학적 논증』 *Discorsi e dimostrazioni matematiche, intorno à due nuove scienze*, 1638)에서 사용한 방법적 절차를 살펴보기로 하자. 갈릴레이의 과제는 기존에 문제시된 아리스토텔레스적인 낙하운동법칙($V \approx W/M$)을 대체할 법칙을 찾는 것이었는데, 그는 구체적 연구에 앞서 먼저 자신의 연구지침을 명시한다. 이에 따르면, 물리학의 과제는 실체적 원리로부터 현상을 설명하는 것이 아니라 '운동에서 관찰 가능한 관계를 서술'하는 것이다. 이 지침에 준하여 그는 '무엇이 물체를 낙하하게 하는가'가 아니라, '물체는 어떤 방식으로 낙하하는가' 하는, 즉 낙하 현상에서 관찰 가능한 특성을 정량적으로 서술하는 것을 연구목표로 정한다. 갈릴레이의 이러한 과제 설정은 아리스토텔레스 이후 계승되어온 기존의 연구지침, 즉 '물리학은 실체적 원인에 근거하여 현상을 설명해야 한다'는 지침을 폐기함을 선언하는 의미를 지닌다. 그런데 여기서 갈릴레이의 '정량적으로 서술한다'는 목표는 글자 그대로 '감각적으로 관찰된 것을 단순히 수학적으로 기술하거나 귀납한다'는 뜻은 아니다. 그것은 뛰어난 직관과 분석력, 추상력과 창의적 사고 등이 동원되는 고도의 지적 작업이다. 우선 관찰자는 문제되는 사건에서 핵심요소를 추출·추상하고 이를 이상적으로 재구성할 수 있어야 한다. 갈릴레이는 자유낙하법칙을 탐구하면서 우선 자유낙하운동 현상을 반복해서 관찰한다. 관찰의 전제조건은 현상의 특성 가운데 핵심요소를 분석해내는 것이다. 갈릴레이는 낙하물의 재질·형태·부피·색깔 같은 특성은 고려 대상에서 제외하고, 물체가 낙하하는 거리와 시간의 관계에만 주목한다. 일정한 횟수의 관찰을 통해 갈릴레이는 자유낙하운동이 일종의 등가속운동을 한다는 사실을 확인한다. 그다음 단계는 등가속운동의 수학적 모델을 구성하는 것이다. 이는 법칙을 만들고 현상을 설명하기 위한 전 단계에 해당한다. 모델 구성은 유클리드(Euclid)의 기하학적 방식에 준하여 공리적 수준의 기초명제들로부터 원하는 공식을 연역하는 방식으로 이루어진다. 여기에는 머턴 규칙(Rule of Merton), 미적분 등 다양한 수학적 분석 도구들이 동원된다. 이때 주목해야 할 점은 연역된 등가속운동 공식의 성격이다. 그것은 이상적인 모델에 불과하다. 매질(媒質)의 저항 같은 실질적 조건들을 고려하지 않은, 그리하여 자연에서는 관찰될 수 없는, 그야말로 등가속운동이라는 개념에 대한 수학적 정의에 불과한 것이다. 그런 이상적 운동은 이를테면 플라톤이 말하는 이데아 세계에서나 가능하다. 갈릴레이가 새로운 관성 개념을 구상하면서 말하는 완전한 형태의 무한평면이나 어떤 물리적 영향도 받지 않는 관성운동도 같은 경우다. 마지막 단계는 연역된 등가속운동 공식을 자유낙하운동의 공식으로 확정하는 단계다. 이 단계는 연역된 공식을 자연현상을 설명하기 위한 가설로 설정하고, 이것을 실질적 현상과 비교하는 순으로 진행된다. 실질적 현상과 비교할 때는 먼저 관찰과 실험을 통해 가속상수를 결정하고, 이를 등가속운동 공식에 추가하는 경우 실질적 현상에서의 측정결과와 일치하면, 즉 이론적 결론과 경험적 사실의 일치가 확인되면, 그 공식은 자유낙하운동에 관한 법칙으로 확증(confirmation)된다. 갈릴레이가 행한 이 자유낙하운동 공식의 수립과정은 귀납과 가설의 연역, 가설의 시험(경험적 확인) 등으로 요약된다.

케플러가 타원운동법칙을 발견한 경우도 ── 인식론적·존재론적 사고를 제외하면 ── 방법적 절차는 갈릴레이의 경우와 거의 유사하다. 갈릴레이는 자신의 연구과정에서 "이성의 빛으로" 사물을 통찰한다는 말을 자주 하는데, 여기서 '이성의 빛'(light of reason, lumenintellectus)이란 표현은 고도의 지적이고 창의적인 사고에 대한 상징이라 할 수 있다. 더불어 "하늘의 별들이 아니라, 영혼의 불꽃이 천체에 질서를 부여했다"는 케플러의 말은 능동적이고 창의적인 지적 행위의 중요성을 표현한다. 갈릴레이, 케플러 등에서 확인되는 이 연구방법은 원래 분석과 종합의 방법이란 명칭으로 아리스토텔레스에게서 유래한 것이며 아르키메데스(Archimedes)에 의해 사용되었다. 중세 말에는 이딸리아의 빠도바(Padova)를 중심으로 활동한 아리스토텔레스학파에서 '분석의 방법'(methodo de resolutivo)과 '종합의 방법'(methodo de compositivo)이라는 명칭으로 부활했다. 분석은 현상을 추상화·이상화하고 수학적 모델을 구성하는 과정에 해당한다. 종합은 해당 모델에 일정한 초기 조건을 추가하여 이를 실질적으로 현상을 설명하기 위한 가설로 규정하고, 이로부터 일정한 결론을 추론해낸 뒤에 경험적으로 검증하는 과정이다. 근대 초 과학자들은 명시적 또는 암묵적으로 그리고 어느 부분을 중시하느냐에 따라 이 방법을 각기 다른 명칭으로 또는 조금씩 상이한 방식으로 해석하고 사용했다. 이 방법을 갈릴레이, 케플러는 가설연역법으로 사용한 것이다. 뉴턴은 분석과 종합의 방법에서 분석을 중시하고 그것을 귀납과 동일시하며, 자신이 발견한 모든 법칙들이 전적으로 귀납적 방법에 의해 얻어진 것임을 밝힌다. 또한 뉴턴은 귀납논증이 어떤 사실에 대한 개연성을 나타낼 뿐이며 보편타당성의 의미는 지니지 않는다는 것도 언급한다.

이런 이유로 근대철학자들은 대부분 분석과 종합의 방법을 방법론적 연구의 핵심주제로 다루었다. 방법론적 연구는 이 두가지 방법에서 어느 부분을 중시하고 어떻게 해석하느냐에 따라 경험주의와 합리론이라는 두 방향으로 갈라진다. 베이컨(F. Bacon, 1561~1626), 바클리, 흄 등 경험주의자들은 과학에서 선험적 원리나 존재론적 원인으로 현상을 설명(explanation)하는 방식을 배제하고, 관찰 가능한 현상의 법칙적 관계를 기술(description)하는 것을 과학적 연구의 올바른 방법이라고 보았다. 이들은 특히 이론수립과정에서 실험과 관찰, 귀납 같은 경험적 과정에 주목하고, 귀납논리의 기준을 확립하고 의미를 밝히는 작업에 주력했다. 데까르뜨와 라이프니츠 같은 합리론자들은 경험과학을 정당화하는 논리의 탐구를 목표로 하여 공리적·연역적 추론구조를 밝히는 작업에 주력했으며, 수학적 분석도구를 개발하고 정식화하는 연구에 심혈을 기울였다. 이들은 경험적 사고는 근본적으로 선험적 논리나 존재론적 원리에 의해 뒷받침되어야 한다고 생각했으며, 자연과학을 방법론적·존재론적으로 정당화하는 원리를 연구하는 데 주력했다. 따라서 이들의 과학철학은 방법론과 자연철학을 포함한다. 경험주의자와 합리론자 들의 이러한 행보는 각기 과학의 두가지 경향과 성격을 같이하는데, 전자는 갈릴레이, 뉴턴이 추구한 서술적 방법과 귀납주의적 경향과 일치하고, 후자는 케플러, 라이프니츠 그리고 가쌍디(P. Gassendi,

1592~1655)와 하위헌스(C. Huygens, 1629~95) 같은 원자론자들의 역학적 설명방법과 연역주의적 경향과 일치한다.

1) 베이컨-바클리-흄, 서술과 귀납논리

베이컨은 그의 주저 『노붐 오르가논』(*Novum Organon*, 1620)에서 아리스토텔레스의 원인론에서 유래하는 네가지 방법 중 '작용인'(作用因)만을 탐구의 유효한 방법으로 인정하며, 형상인·질료인·목적인 등 실체적 원인에 관한 물음을 과학적 탐구에서 배제할 것을 선언한다. 그는 과학적 탐구의 목적을 관찰을 통해 일반화 가능한 법칙을 발견하는 것으로 보며, 귀납을 과학의 유일한 방법으로 규정한다. 흄은 한발 더 나아가 과학에서 통용되는 인과적 설명방식의 타당성을 문제시한다. 그에 따르면, 인과율에 따른 사고가 객관적으로 타당한 것인지에 대해서는 어떤 경험적인 근거도 없다. 그것은 어떤 두 사건이 일정한 조건 아래 반복적으로 관찰되는 경우, 두 사건이 어떤 종류의 인과관계를 맺고 있는 것처럼 일반화하려는 심리적 메커니즘(psychological mechanism)에 기인한다. 흄은 이 메커니즘을 '관념연합'(association of ideas)이라 부른다. 실체적 설명이나 원인 가설을 거부하는 이들의 생각은 역학적 원인 규명을 포기한 갈릴레이와 경험적으로 확인될 수 없는 가설을 거부한 뉴턴의 생각을 지지하는 의미를 지닌다.

바클리는 경험과학의 방법을 분석과 종합이라는 2단계의 방법으로 규정하는데, 첫번째 단계인 분석은 관찰과 실험을 통해 감각과 경험에 주어진 현상들을 연결시킬 수 있는 일반적 법칙을 확립하는 절차이며, 두번째 단계인 종합은 일반법칙을 원리로 하여 개별적 현상에 대한 설명을 연역하고 이를 경험적으로 확인하는 과정이다. 바클리가 규정한 두번째 단계는 귀납적 일반화와 일반화된 결론으로부터 원리를 예측해 내는 연역 및 검증에 해당하는 과정이다. 전자는 갈릴레이의 경우 경험적 관찰을 배경으로 이론적 가설을 구성하는 단계에, 후자는 공기저항과 가속상수 등의 초기 조건을 부가하여 사고실험을 통해 이론적 가설을 확인하고 자유낙하운동의 법칙으로 확정하는 단계에 해당한다. 흄은 분석과 종합의 방법에서 특히 귀납적 과정에 주목하여 이를 실험적 방법이라 명명하고, 귀납의 규칙으로 시공간적 근접성, 원인의 선행성, 연접의 항상성, 동일한 원인에 의한 동일한 결과의 원리, 일치법, 차이법, 공변법(共變法) 등을 제시했다.

2) 로크, 설명과 유추의 방법

로크도 베이컨이나 흄처럼 일단 귀납을 올바른 과학의 방법으로 본다. 그러나 인과적 가설의 타당성 문제에 관해서는 이들과 생각을 달리하며, 감각적 경험의 범위를 넘어서는 문제에 대해 인과적·가설적 사고의 필요성을 인정한다. 사실 갈릴레이, 뉴턴과는 달리 케플러를 비롯한 많은 학자들은 관찰 가능하지 않은 원인 개념을 가설로 하여 현상을 설명하는 방식을 사용했다. 대부분의 탐구에서 케플러는 경험적 관찰과 병행하여 존재론적 가설을 구상했으며, 가쌍디나 하위헌스 등이 제안한 자연에 대한 기계론적 구상들도 입자 내지는 원자론적 개념을 토대로 하며, 보일(R. Boyle, 1627~91)의 기체 방정식은 입자 가설을 전제한 것이다. 이러한 관점에서 로크는 귀납뿐만 아니라 가설적 사고의 필요성을 인정한다. 로크의 생각은 가설에 관한 뉴턴의 이중적 태도에 대한 답변으로도 풀이될 수 있다. 뉴턴은 실질적인 원인 개념이나 형이상학적 가설을 배제하는 것을 원칙으로 했지만, 경험적 설명의 한계에서는 절대공간, 신 등 관찰 가능하지 않은 개념과 형이상학적 가설들을 동원했으며, 그런 것들을 과학적 탐구에 도움이 되는 것으로 용인하기도 했다. 뉴턴의 이러한 모순적 태도는 로크가 주장하는 비경험적 가설의 필요성을 입증하는 사례로 풀이할 수 있다.

로크는 설명 가설을 구성하는 방법을 유추법이라 부르는데, 유추는 지각 가능하지 않은, 즉 경험적으로 알려지지 않은 현상을 경험적으로 잘 알려진 지식에 근거하여 설명하는 방법으로 분석과 종합의 방법 못지않게 과학적 발견들에 유용하게 사용되었다. 케플러가 자신의 수학적 행성운동 모델을 인과적으로 설명하기 위해 사용한 자력론은 익숙한 지구물리적 경험을 비가시적 천체 현상에서 유추한 것이며, 절대공간의 존재를 증명하기 위해 뉴턴이 행한 물동이실험도 성공 여부와는 상관없이 바로 물리적 유추의 일종이었다. 물론 로크는 가설의 사용에서 신중을 요구하지만, 효과적으로 경험을 설명해주는 과학의 가장 생산적인 방법으로 유추를 꼽았다. 물리적 유추는 특히 과학혁명(scientific revolution) 같은 패러다임적 전환기에 현상에 대해 전혀 새로운 해석이 필요할 때 또는 전혀 새로운 종류의 현상에 직면했을 때 유용하게 사용된다. 갈릴레이나 케플러, 뉴턴 등이 밝힌 수학적 법칙들이나 기계론적 사고들은 이전에 통용되던 아리스토텔레스의 정성적·실체론적 시각으로는 이해될 수 없는 것들이었다. 가장 심각한 문제는 그러한 수학적 법칙을 가능하게 하는 물리적 힘에 관한 설명이었다. 아리스토텔레스적인 힘의 원리와 등속운동에만 익숙한 사람들에게 가속운동을 기본으로 하는 케플러의 행성운동법칙이나 갈릴레이의 자유낙하법칙, 그리고 매질 없는 무한공간을 통해 전달되는 중력 같은 개념들을 이해시키기 위해 가능한 방법은 원심운동이나 물동이실험 또는 자기력 같은 사례에서 유추하는 것이었다. 이런 사태는 현대 물리학에서도 마찬가지다. 양자물리학에서 수학적 방정식으로만 정확하게 서술될 수 있는 불확정성원리나 입자-파동 이중설은 오늘날 이분법적 사고나 기계론적 사고에 익숙한 우리에게는 이해하기 힘든 현상이며, 그런 현상들을 이해하기 위해 다양한 유추들이 시도되고 있다.

3) 데까르뜨와 라이프니츠, 설명과 연역적 정당화

데까르뜨의 방법론적 논의는 『방법론』(*Discours de la méthode*, 1641) 등에서 분석이란 이름 아래 전개된다. 여기서 데까르뜨가 말하는 분석은 경험주의자들이 말한 분석과 종합을 포괄하는 의미다. 그러나 데까르뜨는 분석과 종합의 방법을 '발견의 방법'과 '증명의 방법'이란 이름으로 사용한다. 데까르뜨에 따르면, 발견은 문제되는 현상을 설명하기 위한 가설을 구상하는 작업에 해당한다. 이 작업은 현상을 분석하고 보편적인 공리적 전제를 추출하고, 그것들의 관계를 구성하는 과정으로 이루어진다. 데까르뜨는 이 작업에서 직관이라는 정신작용의 필요성을 강조하는데, 그 의미가 다소 막연하기는 하지만, 그는 직관을 명료하고 주의깊은 정신에 의해 의심할 수 없는 진리를 발견하는 정신적 집중력이라고 말한다. 또한 증명의 방법으로서 분석은 연역을 말한다. 연역은 발견을 통해 알려진 가설로부터 자연현상에 관한 다양한 사태를 추론해내는 과정, 즉 가설을 입증하는 과정이라고 할 수 있다.

여기서 데까르뜨가 분석이라는 이름 아래 말하는 발견의 방법과 증명의 방법은 경험주의자들이 말하는 분석·종합과 대동소이해 보이지만, 경험주의자들의 것과는 다른 의미로 사용되며, 그 때문에 경험주의자들과는 전혀 다른 내용으로 귀결한다. 데까르뜨는 분석의 과정에서 의심할 수 없는 명석·판명한 직관을 통해 가설이나 공리 같은 명제에 도달한다고 말하는데, 그것은 귀납적 일반화를 뜻하는 것이 아니다. 그가 말하는 가설이나 공리는 충돌의 법칙이나 빛의 굴절 법칙 같은 것들이다. 이런 명제에 도달하는 과정에 대해 데까르뜨는 물론 경험적 사례를 언급한다. 하지만 그런 명제에 도달하는 과정은 가능한 한 많은 수의 사례를 관찰하고 일반화하는 귀납이 아니라, 일정한 수의 전형적인 사례로부터 보편타당한 명제를 구성하고 이를 법칙화하는 표준사례의 일반화다. 여기서 무엇이 표준사례인지를 결정하는 데는 아마도 데까르뜨가 말하는 직관적 통찰이 요구될 것이다. 뿐만 아니라 표준사례의 일반화를 통해 법칙화된 명제, 즉 공리나 가설은 경험주의자들이 말하는 것처럼 확률적 가능성이 아니라, 보편타당성의 의미와 참(또는 거짓)이라는 진릿값을 가진다. 경험주의자들과 또다른 점은 데까르뜨가 말하는 공리나 가설에는 경험적으로 확인될 수 있는 물리학적 명제뿐만 아니라 물질과 힘에 관한 실체적 원리, 단순성, 경제성 같은 자연철학적 가정들, 더 나아가 신의 속성 같은 원리도 포함된다는 것이다. 이런 존재론적·인과론적 설명 가설은 베이컨이나 흄, 바클리가 배척한 것들인데, 데까르뜨는 이를 구체적 현상에 관한 지식들을 연역하기 위해 전제해야 하는 원리로 보았다. 따라서 존재론적 가설이 발견의 영역에 포함된다는 사실은, 데까르뜨의 방법론이 연구를 지각 가능한 경험대상으로 제한한 경험주의자들의 이론과는 달리 과학의 존재론적 정당화를 함축한다는 점을 시사한다. 이처럼 데까르뜨의 모든 자연과학적 연구들은 자연철학을 전제하며 연역적 방식으로 이루어진다.

데까르뜨는 과학적 분석도구를 개발하는 작업에서도 적지 않은 성과를 거두었는데, 해석기하학이 대표적인 예다. 데까르뜨의 해석기하학은 기하학을 대수화한 것으로, 두 영역을 전혀 다른 별개의 것으로 간주해온 전통적 관념을 해체했으며, 라이프니츠의 미분법 발견과 더불어 시공간 질서 속에서 발생하는 복잡한 운동 현상을 정량적으로 파악할 수 있게 해주는 가장 효과적인 분석도구의 하나로 평가된다.

라이프니츠는 방법론적 연구를 두 종류로 구분한다. 하나는 자연과학에 대한 방법론이며, 다른 하나는 언어·논리학·대수학·기하학 같은 기초과학의 토대를 형식적으로 체계화하는 기초과학론(Grundlagen-theorie)이다.

그의 자연과학 방법론 연구 또한 크게 두가지로 구분할 수 있는데, 하나는 분석과 종합의 방법이며, 다른 하나는 인과적 설명의 논리다. 분석과 종합의 방법에 대한 라이프니츠의 설명은 근본적으로 데까르뜨와 크게 다르지 않다. 라이프니츠는 이 방법을 귀납과 가설 만들기 같은 경험적 방법이 아니라, 아르키메데스의 예처럼 현상을 형식적으로 구조화하거나 연역적으로 설명하는 논리로 해석한다. 그는 분석을 데까르뜨와 유사한 의미로 '발견의 기술'(ars inveniendi), 그리고 종합을 '증명의 기술'(ars judicandi)이라 부른다. 라이프니츠가 데까르뜨와 다른 점이 있다면 이 방법을 적극적으로 활용하여 자신의 또다른 철학적 관심사인 기초과학론에 응용한다는 것이다.

자연과학 방법론 연구에서 라이프니츠의 두번째 주제인 인과적 설명의 논리는 가장 라이프니츠적이다. 그는 인과적 설명의 논리를 자연과학의 필수적인 방법으로 보는데, 이는 자연과학적 지식에 관한 그의 고유한 철학을 배경으로 한다. 그에 따르면, 자연의 모든 사건은 그것이 발생해야 하는 충분한 이유가 있다(충족이유율). 그리고 경험과학은 형이상학에 근거해야 한다. 이 두 명제는 라이프니츠 철학의 최고 원칙에 속한다. 이 두 원칙에 따라 그는 자연탐구의 궁극적 목표를 실질적이고도 합당한 근거에 따라 사건을 설명하는 것으로 생각하며, 경험과 수학적 방법에 의해 얻어진 지식을 실질적 원인에 근거하여 설명할 것을 요구한다. 그의 이러한 사고는 케플러의 방법 의식을 대변하는 것으로 풀이된다. 케플러는 경험적으로 발견된 수학적 법칙은 역학적 원인을 통해 설명됨으로써 실질적 법칙으로 인정될 수 있다고 보았다. 그는 이러한 생각에 근거하여 자신이 발견한 행성운동법칙을 정리한 저서 『새 천문학』(*Neue Astronomie, nach Ursachen behandelt, oder Physik des Himmels*, 1609)에 '원인에 근거한 탐구' '천체물리학'이라는 부제를 붙였다. 그리고 그는 역학적 원인을 탐구하는 과정에서 새로운 천문학의 장을 열 수 있었다. 여기서 그는 길버트(W. Gilbert, 1544~1603)의 자력 개념과 아르키메데스의 지렛대의 원리를 응용하여 행성의 타원운동을 설명한다. 이러한 케플러의 행보는 천문학을 천체운동에 대한 가설 구성으로, 물리학을 원인에 대한 설명으로 규정한 전통적 방법론에 대한 수정을 의미하는 것이었다.

라이프니츠가 이처럼 자연 인식에서 인과적 설명을 요구하는 이유는 그의 지식론을 배경으로 한다. 그는 지식을 이성적 지식과 사실적 지식으로 나누는데, 이성적 지식은 논리학·수학같이 모순율과 그로부터 파생된 동일률을 근거로 하는 형식적 지식이다. 유클리드 기하학이 그 대표적인 예다. 이성적 지식 또는 논리적 지식의 특성은 모든 사고와 존재가 반드시 만족해야 하는 보편적 지식이라는 것이다. 그러나 그는 그것이 형식적 지식으로 실제로 존재하는 사물을 이해하는 데 충분하지 않다고 말한다. 한편 사실적 지식은 '행성은 타원운동을 한다'든지 '모든 물질은 등가속으로 낙하한다' 또는 '카이사르는 브루투스에 의해 살해되었다'같이 자연이나 인간 세상에서 발생하는 사건에 관한 지식이다. 사실적 지식의 특징은 논리적 지식과 달리 필연적이 아니며, 즉 어떤 사건이 꼭 그런 방식으로만 발생해야 할 이유가 없다는 것, 달리 말해 그에 대한 반례가 가능하다는 것이다. 그럼에도 불구하고 사건이 발생했다면 그 이유가 있어야 하는데, 그것이 충족이유다. 충족이유는 어떤 존재가 존재해야만 하는 또는 어떤 사건이 일어나야만 하는 근거에 관한 명제다. 라이프니츠는 충족이유율을 경험과학의 탐구원칙으로 보며, 모든 경험과학적 지식 또는 수학적으로 서술된 자연법칙은 충족이유에 따라 설명되어야 한다고 생각한다. 충족이유는 인과율과 유사한 의미를 지니지만, 원인과 결과를 기계적으로만 연관짓는 물리적 인과율과 달리 원인 개념에 일정한 존재론적·합목적적 의미를 함축한다는 점에서 이것과 구분된다. 그는 과학적 지식은 자연현상을 원인에 따라 설명하고, 존재적으로 근거지어질 때만 완전한 지식이 될 수 있다고 본다. 그가 방법론적 사고에서 분석과 종합 같은 논리적 방법 외에 인과적 설명의 방법과 존재론적 사고를 도입하는 이유가 바로 여기에 있다.

라이프니츠는 충족이유적인 설명의 원리로 다양한 개념과 원리를 제시한다. 물질이나 운동의 원인을 규명하는 역학에서는, 모든 운동의 근원이 되는 능동적 힘(primitive active Kraft), 그리고 '자연은 가능한 한 가장 단순한 경로를 선택한다'는 자연의 단순성, '자연은 쓸데없는 일을 하지 않는다'는 자연의 경제성, '자연에 불연속은 존재하지 않는다'는 연속성의 원리, 자연의 풍요성 등 물리적 사건의 진행에 관한 자연철학적 명제들이 그런 원리에 해당한다. 그리고 그는 충족이유율에 따라 수학적으로 파악된 물리학적 법칙을 존재론적 원인으로 환원·설명한다. 이를테면 광학에서 입사각과 반사각이 동일한 빛의 굴절 법칙은 자연의 경제성이나 단순성 같은 원리에 의해 설명한다. 또한 갈릴레이가 수학적 법칙으로 서술한 자유낙하운동은 물체에 근원적으로 내재하는 능동적인 힘으로부터 파생된 개념으로 설명한다.

인과적 설명이나 존재론적 근거지움을 요구하는 라이프니츠는 케플러나 가쌍디 같은 원자론적 자연철학자들과는 생각을 함께하지만, 아리스토텔레스의 다양한 설명원리들 가운데 운동인과적 사고만을 유효한 것으로 본 베이컨이나 흄 같은 경험주의자들과는 극단적으로 대립한다. 이러한 방법론을 토대로 하여 자연에 관한 라이프니츠의 모든 연구는 논리적 사고와 존재론적 사고가, 수학과 자연철학이 상호 공조하는 방식으로 이루어지며, 데까르뜨의 경우같이 그의 방법론적 사고는 자연스럽게 자연철학으로 이어진다.

자연과학에 대한 방법론적 사고 못지않게 라이프니츠가 역점을 둔 연구분야는 언어·기하학·대수학 같은 기초과학의 논리적 재구성이다. 이 작업에서 라이프니츠의 아이디어는 논리적 환원, 엄밀성, 기호화이며, 궁극적으로는 모든 사태를 계산 가능한 체계로 재구성하는 것이다. 그는 문제가 언어든 수학이든 모든 사고는 단순한 관념들의 복합체이고, 따라서 더 기본적인 요소로 환원될 수 있으며, 기호와 논리적 수단을 통해 분석·계산될 수 있다고 보았다. 논리적 환원과 엄밀성의 추구는 근본적으로 앞서 밝힌 분석과 종합의 방법 그리고 유클리드적인 공리적 방법과 아르키메데스의 분석방법들을 모델로 하며, 기호화는 라이프니츠가 스스로 창안한 과학적 이상이다. 그는 이런 의도 아래 보편기호학(Charakteristica universalis) 또는 보편언어(Lingua universalis), 보편수학(Mathemasis universalis) 등의 이름으로 다양한 시도를 벌인다. 보편기호학은 컴퓨터의 2진법같이 모든 언어가 환원될 수 있는 그리고 계산 가능한 형식적 언어체계를 말한다. 그는 보편기호학의 일환으로 언어의 기호화를 위한 기초적인 시도를 했으며, 계산기를 고안하기도 했다. 그러나 원래의 의도를 본격적으로 구체화하지는 못했다. 그럼에도 불구하고 그의 제안은 20세기의 컴퓨터 시대를 예견한 선견지명이었다. 보편수학은 수, 도형, 천체의 운동 그리고 음악 등 양(量)에 관계된 모든 문제들을 엄밀한 논리적 형식으로 재구성하고 계산 가능하게 하는 수학체계를 말한다. 유클리드 기하학의 논리적 재구성, 수의 원리에 관한 연구 그리고 연속성과 미분에 관한 연구 등은 그의 그러한 보편수학적 사고의 결실이다. 특히 미분법의 정식화는 당시까지 양화(量化) 불가능하다고 생각했던 가속운동을 해석하는 도구를 제공했다. 당시 아리스토텔레스는 물론 플라톤의 과학에서도 타원운동이나 자유낙하운동과 같은 가속운동은 연구대상에서 제외되어 있었다. 그리하여 갈릴레이, 케플러, 뉴턴은 가속운동이라는 난제를 해석하기 위해 임시방편으로 소거법(exhautionsmethode)이나 귀류법(reductio ad absurdum)을 동원해야만 했다.

보편언어 내지 보편수학의 연구에서 라이프니츠가 채택한 논리적 환원방식, 즉 사태를 논리적으로 더 근원적인 요소와 원리로 환원하는 아이디어는 라이프니츠 고유의 정의에 관한 사고에서 잘 나타난다. 라이프니츠는 정의를 명목적 정의(nominal definition)와 실질적 정의(real definition) 두가지로 구분한다. 명목적 정의는 사태나 사물을 외연적 특징에 따라 규정하는 것이며, 실질적 정의는 사태나 사물을 근원적 원리에 따라 정의하는 것이다. 근원적 원리란 외연적 특징을 가능하게 하는 발생적 원리를 말한다. 이를테면 정의(definition), 공리(axiom), 공준(postulate) 등을 포함하는 유클리드의 기하학 체계는 유클리드 기하학에서 연역되는 다양한 명제들의 발생적 원리에 해당한다. 라이프니츠는 이 발생적 원리를 수열과 사영(射影)기하학의 예로 설명한다. 수열의 법칙은 무한히 발생하는 수열 개별항의 발생적 근원이 된다. 그리고 사영기하학에서 빛의 투영점과 투영각도를 비롯한 초기 조건들은 다양한 기하학적 도형의 발생원리에 해당한다. 라이프니츠는 실질적 정의라는 명칭 아래, 복합적인 사태를 근원적 요소로 환원하고자 했는데, 이는 논리적·발생적 원리로의 환원을 의미하는 것이다. 라이프니츠의 환원주의적 방법론과 기호학적 아이디어는 이후 프레게(G. Frege), 러쎌(B. Russell) 등에 의해 실현된 현대 기호논리학의 시원으로 평가된다.

3. 기계적 자연의 운행원리는 무엇인가?[1]

데까르뜨와 라이프니츠 등 합리론자들은 자연이 합리적 원리에 의해 구성되어 있고, 인간의 이성은 그런 원리를 선천적으로 간파할 수 있으

---

1 근대 자연철학을 오늘날 분류방식에 따라 자연과학과 분리하기는 쉽지 않다. 우선 '자연철학'(Philosophiae Naturalis)이라는 뉴턴의 저서 제목이 보여주듯이 전통적으로 자연과학은 자연철학이라는 명칭으로 불렸다. 과학은 철학의 부분이었기 때문이다. 당시에는 자연철학이라는 이름 아래 우리가 오늘날 자연과학이라 부르는 경험과학과 자연에 관한 철학적 사고가 포함되어 있었으며, 그 둘의 경계는 뚜렷하지 않았다. 여기서 자연철학과 자연과학을 분리하는 것은 자연과학이 철학으로부터 완전히 분리된 오늘날의 기준에 따른 것이며, 어떤 의미에서는 상대적인 것이다. 이를테면 갈릴레이는 전형적인 경험과학자다. 그러나 케플러, 뉴턴은 경험과학자이자 동시에 자연철학자다. 케플러의 경우는 수학의 천문학적 적용을 정당화하는 문제에서 칸트의 선천적 인식론을 선취하는 정도의 철학적 사고를 보여준다. 가쌍디, 하위헌스는 전형적인 과학자지만 기계론의 문제와 관련해서는 자연철학자다. 데까르뜨와 라이프니츠는 철학자지만, 수학·물리학에서 중요한 과학적 업적을 남겼다.

며, 그로부터 자연현상에 관해 합당한 설명을 제공할 수 있다고 믿었다. 따라서 그들은 경험과학이 존재론적 원리에 근거해야 한다고 생각했으며, 그러한 원리로부터 개별 법칙을 연역하고 자연의 구조를 설명하는 것을 자연탐구의 궁극적 과제라고 여겼다.

근대 자연철학의 주된 과제는 새로이 발견된 물리학적·천문학적 현상의 역학적 설명과 기계론적 우주관의 구축이었다. 자연철학에서 역학은 갈릴레이가 탐구한 물리학에서의 역학과는 달리 물질의 내적 원인에 근거하여 운동현상을 설명하는 방식을 말한다. 근대 자연철학은 이런 과제를 전통의 자연 형이상학이 그랬듯이 실체와 실체적 원리 또는 힘 같은 원리적 개념의 탐구를 통해 해결하고자 했다. 갈릴레이, 케플러, 뉴턴이 발견한 법칙들은 운동현상을 시공간적 크기에서 질량, 속도 등의 함수로 나타내는데, 역학은 이런 운동의 근원이 되는 힘과 힘의 근원이 되는 물리적 실체를 탐구한다. 특히 자유낙하운동, 타원운동 또는 중력같이 가속하는 운동현상을 설명할 수 있는 힘의 원리를 발견하는 것이 중요한 과제였다. 근대 자연철학의 또다른 관심사는 자연의 체계 내지 우주의 생성구조를 밝히는 우주론적 연구였다. 근대 자연철학은 이러한 과제를 과거처럼 초자연적이거나 관념적인 원리 또는 신 같은 개념에 의존하지 않고, 하나의 단일한 물리적 원리에 의거하여 해결하고자 했다. 궁극적 목적은 자연을 하나의 완성된 기계적 체계로 해석하는 것이었다. 여기서 자연의 항상성(恒常性, Homeostasis), 제일성(齊一性, 자연은 동일한 조건 아래에서는 언제나 동일한 결과와 현상을 나타낸다)에 대한 해명은 중요한 주제가 되었다. 근대 자연철학의 특징은 당시의 새로운 과학적 성과를 배경으로 하는 것이다. 과학적 연구를 통해 알려진 경험과학적 지식과 새로 개발된 논리적·수학적 도구들은, 그것들을 철학자들이 긍정적으로 수용하든 비판하든 철학적 탐구의 중요한 소재로 쓰였다. 결과적으로 근대 자연철학은 새로운 과학적 지식과 방법의 토대 위에서 새로운 형태의 자연철학으로 탄생한다. 데까르뜨, 라이프니츠 그리고 비판 전기(前期)의 칸트가 행한 연구가 대표적 사례가 된다.

근대 자연철학적 사고는 크게 두 방향으로 분류될 수 있는데, 그것은 원자론과 원자론의 한 변형인 입자론적 사고와 에너지론적 사고다. 가쌍디, 하위헌스 등은 데모크리토스(Dēmokritos)류의 분할 불가능한 원자 개념을, 데까르뜨는 헤론(Heron)으로 거슬러 올라가는 입자론을 재활용했다. 라이프니츠는 아리스토텔레스적인 힘 개념에서 출발하여 독특한 실체 개념과 에너지론적 사고를 발전시켰다. 근대의 이러한 자연철학적 연구방식을 종결하고 자연철학의 새로운 장을 연 사람이 칸트다. 자연철학은 칸트의 철학적 탐구의 시작이며 끝이라고 할 수 있을 정도로 그의 모든 철학적 작업의 동인(動因)으로 나타난다.

1) 데까르뜨, 운동량 보존의 법칙과 미립자 가설

데까르뜨의 철학적 연구의 중요한 목표는 근대과학의 수학적 방법과 자연 기계론을 존재론적으로 해명하는 것이었다. 특히 케플러와 뉴턴에 의해 밝혀진 행성운동 체계와 그밖의 지구물리적 현상들을 기계론적으로 설명하는 것이 핵심과제였다. 존재론적 근거지음은 자연의 기본 원소나 원리로부터 전체 자연과 현상을 연역적으로 설명하는 방식으로 이루어진다. 이런 이유로 실체나 실체적 원리 같은 개념은 자연철학적 사고에서 가장 중요한 요소가 된다. 데까르뜨의 연구도 물질세계에 관한 최고의 원리인 물질적 실체의 정의로부터 시작한다. 데까르뜨는 사유를 정신의 실체로, 연장(延長, extension)을 물리적 자연의 실체로 규정한다. 공간적 성질이나 정량화 가능성을 의미하는 연장성을 자연의 실체로 규정한 데까르뜨의 생각은 수학적·기하학적 방법으로 자연을 분석·이해하는 근대의 수학적 방법을 존재론적으로 정당화하며, 동시에 자신이 구상하는 기계론적 우주론의 초석을 놓는 의미를 지닌다. 물리적 자연의 실체에 대한 정의와 더불어 데까르뜨의 주된 관심사는 연장체인 물질은 어떻게 구성되어 있으며, 자연에서 발생하는 운동은 어떤 방식으로 이루어지며, 그 근거인 힘은 어떤 성질의 것인지, 그리고 우주는 어떻게 생성되었으며 어떤 방식으로 동일한 상태를 유지하는지의 문제였다.

우선 데까르뜨는 운동의 원인인 힘을 질량과 속도의 곱, 즉 $P=m \cdot v$ (P: 충격량, m: 질량, v: 속도)로 이루어지는 운동량으로 규정한다. 그리고 운동하는 물체의 운동량의 합은 언제나 일정하다는 운동량 보존의 법칙을 확정한다. 데까르뜨가 말하는 운동과 운동량 개념은 평면에서 일어나는 물체들의 충돌운동을 모델로 한 것이다. 그는 이 충돌운동과 자신의 운동량 개념을 자연에서 발생하는 운동과 힘의 기본 척도로 본다. 그런데 데까르뜨의 이 운동량 개념은 후에 라이프니츠가 지적한 것처럼 방향의 변화(벡터Vector)는 고려하지 않는다. 데까르뜨가 운동량에서 벡터를 고려하지 않은 이유는 물질과 정신의 상호작용에 관한 그의 판단에 근거한 것이다. 이에 따르면 영혼은 운동의 총합을 변화시킬 수는 없지만 운동의 방향은 변화시킬 수 있으며, 운동의 방향은 운동의 크기에 아무런 영향을 주지 않는다. 그 때문에 데까르뜨는 물질에 대한 영혼의 작용에도 불구하고 우주의 운동량의 총합은 일정하다고 보았다.

데까르뜨가 충돌운동을 물리적 운동의 기본 현상으로 보고, 이를 운동의 법칙을 규정하는 표본으로 선택한 다른 이유는 입자를 원소로 본 그의 우주론적 구상과 관련되어 있다. 데까르뜨는 미립자(korpuskular)를 자연의 기본 원소로, 미립자들의 충돌현상을 운동의 기본 형태로 보고, 그에 근거하여 우주의 구성과 자연의 현상을 설명한다. 여기서 그가 발견한 운동량 개념과 운동량 보존의 법칙은 생성·소멸하는 우주의 항상성을 보증하는 전제조건이 된다. 데까르뜨에 의하면 자연의 모든 물질은 미립자로 이루어져 있으며, 우주공간은 미립자들로 완전히 채워져 있다. 그리고 자연의 모든 현상은 미립자들의 운동방식에 의해 발생한다. 미립자에는 세 종류가 있는데, 크기와 속도에 따라 구분된다. 이 미립자들은 공간에서 일정한 축을 중심으로 소용돌이 운동을 하는데, 이를 통해 행성들이 만들어지고 모든 운동이 이루어진다. 크기가 큰 미립자일수록 운동속도가 느리고, 크기가 작은 미립자일수록 빠르다. 크기가 큰 미립자들이 소용돌이의 중심으로 모여 행성을 이루는 물질이 되며, 크기가 작은 에터(ether) 같은 미세 미립자들은 우주공간을 채운다. 행성들은 태양을 중심으로 운동하는 미립자들의 소용돌이를 타고 공전운동을 한다. 말하자면 우주는 미립자들에 의해 이루어지는 거대한 소용돌이다. 데까르뜨의 이 미립자 개념과 우주론은 데모크리토스, 에피쿠로스(Epikuros) 등에 의해 제안된 원자론과 헤론의 미립자론에 그 근원을 둔다. 고대 원자론자들의 아이디어는 자연을 원자의 크기, 형태, 운동방식 등 정량화 가능한 특성에 따라 이해하는 것이었다. 가쌍디, 홉스(T. Hobbes) 등 근대 초 많은 학자들은 이 원자론적 사고를 자연의 기계론적 체계를 설명하는 원리로 재활용했다. 그러나 데까르뜨는 데모크리토스의 원자와는 다른 입자 개념을 사용한다. 데모크리토스가 말하는 원자는 일정한 크기와 형태를 지닌, 그러나 더이상 분할 불가능한 원소다. 그러나 데까르뜨의 미립자는 그것이 연장을 지니는 한 무한히 분할 가능하다는 점에서 데모크리토스의 원자와 구분된다. 그리고 데까르뜨가 데모크리토스의 원자론을 거부한 중요한 이유 중 하나는 데모크리토스가 원자의 운동공간으로 가정한 진공(眞空)을 받아들일 수 없었기 때문이다. 그 이유는 실체에 관한 그의 정의에 있다. 물체의 실체적 성질은 연장인데, 원자론이 인정하는 진공은 전혀 존재가 없는 빈 공간이다. 그러나 진공도 존재하는 어떤 것인 한 연장을 지녀야 하며, 따라서 진공은 아무것도 없는 빈 공간일 수 없다. 데까르뜨에 의하면, 존재하는 어떤 것이 비어 있다는 것 또는 물질이 없는 공간은 논리적으로 성립할 수 없다. 빈 것처럼 보이는 공간은 사실은 '물질로 충만한 공간'(plenum)같이 미세한 미립자들로 채워져 있다. 데까르뜨는 자신이 구상한 소용돌이 우주론에 근거하여 자유낙하와 중력, 조석 간만 같은 구체적 자연현상들을 설명한다. 데까르뜨에 따르면, 소용돌이 운동을 하는 미립자들은 마치 줄에 매달린 돌처럼 중심에서 벗어나려는 원심력을 지니며, 이 힘은 미립자의 자전속력이 빠를수록 더 강하다. 우주공간에서 운동하는 물체는 주로 크고 느린 미립자로 구성되어 있고, 공기는 주로 작고 빠른 미립자로 구성되어 있는데, 중심물질 주변에서 일어나는 소용돌이 운동에서 공기가 소용돌이의 중심에서 벗어나려는 성향은 물체가 중심에서 멀어지려는 성향보다 더 강하다. 그 때문에 결과적으로 공기가 지구 중심에서 먼저 벗어나게 된다. 이 과정이 지속되면, 미세한 입자보다 무거운 미립자로 구성된 물체는 지구 중심방향으로 밀려난다. 뉴턴이 말한 중력이란 이처럼 운동량이 다른 미립자들의 소용돌이 현상의 결과다. 데까르뜨에 따르면 우주의 소용돌이는 생성·소멸을 되풀이하지만 그럼에도 불구하고 안정된 상태를 유지하는데, 그 이유는 우주에서 운동의 총합은 항상 보존된다는 운동량 보존의 법칙에 있다. 데까르뜨는 자신의 기계론적 사고를 물리적 자연뿐만 아니라 생명체에까지 적용하여, 모든 생명체는 기계에 불과하다고 본다. 인간 이외의 생명체들은 마치 정신을 지닌 것처럼 보이나, 사실은 그것을 지니지 않은, 단지 그렇게 작동되도록 만들어진 자동기계 같은 존재에 불과하다는 것이 그의 생각이다. 물론 운동량 보존의 법칙은 이런 생명체들에도 예외는 아니다.

데까르뜨의 자연철학적 사고는 운동량 개념을 제외하고는 근대 주류 과학의 전개과정에서 주목받지 못했다. 중요한 원인의 하나는 뉴턴처럼 자신의 이론을 수학적으로 정식화하지 못한 데 있다. 그의 미립자가설과 소용돌이 우주론은 왜 자유낙하하는 물체가 갈릴레이가 말한 공식대로 움직이는가에 대해, 그리고 행성의 운동이 케플러가 말한 공식대로 이루어지는가에 대해 정량적인 설명을 제공하지 않는다. 그러나 우리가 자연에 대한 지식을 수학적 명제의 집합으로만 보지 않고, 자연에 대한 총체적 이해를 자연연구의 또다른 부분으로 인정한다면, 데까르뜨의 자연철학은 근대의 새로운 과학이 태동하는 데 의미있는 역할을 했다고 말할 수 있다. 초자연적이거나 정신적인 요소를 배제하고 내적인 물리적 원리와 기계적 필연성에 따라 자연을 설명하는 그의 사고방법은 새 과학이 가야 할 방향을 제시했다고 볼 수 있다. 한가지 아쉬운 점은 그가 사고의 한계에 직면해서는 신의 존재를 예외로 요청했다는 점이다. 그럼에도 불구하고, 기계적 필연성에 따라 운행되는 그의 자연에서는 신이 더이상 필요치 않은 것으로 나타난다는 사실 또한 주목할 만하다.

2) 라이프니츠, 역학적 원리와 에너지 보존의 법칙

라이프니츠의 자연철학은 뉴턴과 데까르뜨를 비판하는 양상으로 전개되는데, 그 근본적인 이유는 방법론과 존재론의 차이에 있다. 특히 라이프니츠는 뉴턴 물리학의 내용에 대해 전반적으로 비판적 태도를 취하는데, 이는 서로 연관된 두가지 이유 때문이다. 하나는 뉴턴의 경험주의적 태도이며 다른 하나는 존재론적 이유다. 뉴턴은 물리학에서 운동의 원인에 관한 질적 설명이나 존재론적 가설을 배제하고, 오직 경험으로부터 귀납하는 것만을 과학의 유효한 방법으로 인정했다. 그러나 라이프니츠는 그러한 경험적 방식만으로는 자연을 제대로 이해할 수 없으며, 실체적 원리를 통해서만 올바르게 이해할 수 있다고 보았다. 라이프니츠가 말하는 실체적 원리란 물질, 시간, 공간, 운동 등에 관한 존재론적 지식이다. 이런 이유로 그는 뉴턴 물리학의 핵심이론들을 모두 거부한다. 특히 뉴턴의 운동 제2의 법칙이 말하는 동역학적 힘과 천체역학적 힘인 중력 그리고 절대공간 개념을 집중적으로 비판하는데, 이는 이 법칙들이 라이프니츠가 생각한 존재론적 원리와 양립할 수 없기 때문이다.

뉴턴의 중력에 관한 라이프니츠의 생각을 살펴보자. 뉴턴에게 중력이란 공간적으로 떨어진 원거리에서 중간매체 없이 하나의 물체로부터 다른 하나의 물체에 작용되는 힘이며, 인과적 작용을 의미하는 개념(원격작용력)이다. 그러나 라이프니츠는 물체간에 인과적 작용이란 존재할 수 없다고 본다. 그 이유는 실체에 대한 그의 정의에 있다. 이에 따르면 실체는 독립적·자족적 존재다. 그리고 어떤 것이 독립적·자족적이라는 것은 그것이 자신의 내적 원리에 근거하여 존재하며, 다른 어떤 외적 원인도 필요로 하지 않는다는 것을 의미한다. 라이프니츠가 모나드론(Monadologie)에서 주장하듯이 실체는 외부와 정보를 교환하기 위한 통로를 필요로 하지 않는다! 그가 말하는 실체란 물리적 세계에서는 물질을 말한다. 그렇다면 하나의 물체에 관련된 모든 물리적 사건들은 그 물체 자체의 내적 특성에 기인하는 것이다. 따라서 물체들은 근본적으로 다른 외부적 요인, 즉 다른 물체와 인과적 관계를 맺을 필요가 없다는 결론이 나온다. 그렇다면 우리가 일상적으로 경험하는 것처럼 물체간에 이루어지는 것으로 여겨지는 작용·반작용 같은 현상은 무엇이란 말인가? 라이프니츠에 의하면, 그것은 사실 물체 자신의 내적 본성인 힘과 그렇게 반응하도록 예정된 관계(예정조화)에 의한 것이다. 세계의 모든 사건은 사건이 그렇게 진행되도록 이미 예정된 수순에 따라 이루어지며, 현상세계에서 관찰되는 모든 인과적 관계는 사실 예정된 조화의 겉보기 현상이라는 것이 라이프니츠의 생각이다. 따라서 뉴턴의 법칙이 말하는 힘, 작용·반작용 그리고 중력 개념은 인정할 수 없다는 것이다. 라이프니츠는 반발력을 유일한 물리적 힘으로 규정하는데, 반발력은 물질 자체가 지닌 실체적 힘으로 실체로 하여금 공간을 점유하는 물질로 나타나게 하고, 공간적으로 확산하는 일방향적인 힘이다. 그는 공간적 힘의 전달은 직접적인 접촉이나 매질을 통해서만 가능하다고 본다. 이를 근접작용력이라 하는데, 오늘날 전자기력 또는 장(field) 개념에 해당한다.

라이프니츠는 데까르뜨의 역학도 비판하는데, 데까르뜨 비판의 일차적 대상은 실체에 관한 정의다. 라이프니츠는 사유를 정신의 실체로, 연장을 물리적 자연의 실체로 규정한 데까르뜨의 생각을 옳지 않다고 본다. 라이프니츠에 의하면 연장은 양적·수학적 개념으로 동질성·무차별성의 원리에 근거하여 추상된 것이며 관념적 존재에 불과하다. 따라서 그것은 물리적 실재성을 지니지 못한다. 라이프니츠는 힘을 물리적 존재의 실체적 특성으로 보며, 양적·수학적 특성에 따라 서술되는 물리적 법칙은 비물질적 원리인 힘에 의해 근거지어져야 한다고 생각한다. 라이프니츠에 의하면 힘은 공간적으로 확산하여 실체에 물리적 특성인 연장성과 불가침입성을 부여하고 동시에 자신을 물질적 단일체로 존속시키며, 나아가 다른 실체들과 물리적 관계를 형성하는 힘, 즉 역동적으로 작용하는 힘(dynamisch wirkende Kraft, vis activa)이다. 라이프니츠의 이 설명에 따르면 데까르뜨가 실체로 규정한 연장이란 다름아닌 역동적인 힘의 파생적 결과에 불과한 것이다. 유사한 이유로 라이프니츠는 당시 홉스, 가쌍디, 하위헌스 등이 제안한 원자 개념도 거부했는데, 그 이유는 원자의 분할가능성에 있다. 라이프니츠에 의하면, 모든 수학적 대상이 그러하듯이 크기를 지닌 것은 관념이 허용하는 한 무한히 분할될 수 있다. 그러나 실체는 정의상 단일한 것, 더이상 분할될 수 없는 것이어야 한다. 그러나 원자론자들이 가정하는 원자는 그것이 아무리 작다 할지라도 연장체이며 무한히 분할 가능하다. 따라서 분할가능성을 지닌 원자는 실체가 될 수 없다. 이처럼 힘을 기체(基體)로 보는 라이프니츠의 생각은 모든 존재의 실체적 특성을 의식 또는 지각(perception)이라는 정신적 활동성으로 보는 그의 존재론적 사고에 근거한다. 물리적 실체의 경우 지각은 역학적 힘에 대응한다. 라이프니츠는 실체를 분할 불가능한 단위란 의미로 모나드라고 부르는데, 힘을 본질로 하는 물리적 실체의 경우 실체는 다름아닌 '단위 힘' 또는 '단위 에너지'와 같은 의미를 지닌다. 라이프니츠의 입장에서 보면 진정한 원자는 원자론자들이 가정했던 더이상 분할할 수 없는 단위 물질이 아니라 단위 힘인 것이다. 라이프니츠는 시간과 공간도 근본적으로는 힘을 기체로 한 물질들에 의해 생성되는 관계 개념으로 본다. 시간은 계기(繼起)하는 실체들의 질서이며, 공간은 공존하는 실체들의 상대적인 질서다. 따라서 시간과 공간은 언제나, 힘을 행사하는 물질의 존재를 통해서만 의미를 지닌다. 뉴턴이 말하는바 아무것도 존재하지 않는, 존재의 장소로서의 절대공간이란 라이프니츠가 볼 때는 실재성이 없는 관념적 구성물에 불과한 것이다.

실체 개념 비판에 이어 라이프니츠는 데까르뜨의 역학에서 두가지 문제점을 지적한다. 하나는 데까르뜨의 운동량 개념이 방향의 변화(벡터)를 무시한다는 점이다. 라이프니츠는 운동의 방향도 운동량의 요인으로 고려되어야 한다고 생각한다. 이 점에서 라이프니츠는 뉴턴과 생각을 같이한다. 다른 하나는 데까르뜨의 운동량 개념이 정신과 물질(신체) 사이의 인과적 작용을 전제한다는 점이다. 라이프니츠는 앞서 밝힌 이유로 그러한 인과작용은 허용될 수 없다고 본다. 결론적으로 라이프니츠는 데까르뜨가 제시한 운동량 개념은 운동을 이해하는 올바른 척도가 되지 못한다고 보며, 자신이 존재론적으로 구상한 힘 개념을 바탕으로 뉴턴, 데까르뜨와는 다른 새로운 힘의 법칙을 제시한다.

라이프니츠의 역학적 사고에서 데까르뜨 비판의 핵심은 무엇을 힘의 척도로 보느냐 하는 것이다. 그는 힘이 물리적으로 행사한 결과에 따라 평가되어야 한다고 말하는데, 이는 겉보기에 당연하고도 평범한 생각일 뿐만 아니라 한편으로는 막연한 생각처럼 보인다. 여기서 문제는 어떤 현상을 염두에 두고 있는가다. 데까르뜨의 경우에는 충돌현상이, 뉴턴의 경우에는 운동상태의 변화가 힘의 척도다. 라이프니츠가 여기서 염두에 두는 사례는 다름아닌 자유낙하운동이다. 즉, 물체가 낙하할 경우 그 물체가 낙하운동을 통해 다른 물체나 지면에 미치는 영향이 운동의 척도가 되어야 한다는 것인데, 이것은 다름아닌 운동에너지를 말한다. 그러면 그가 왜 자유낙하운동을 운동과 힘의 표준사례로 보는지 문지 않을 수 없다. 그 답변은 그의 존재론적 사고에서 찾을 수 있다. 그에 따르면 모든 물체는 힘을 실질적 기체로 한다. 다시 말해 물체의 기체는 힘이다. 그는 이 실체적 힘을 근원력(ursprüngliche Kraft)이라 칭하며, 이 근원력이 운동을 통해 물리적으로 행사되는 과정에서 나타나는 힘을 파생력(abgeleitete Kraft)이라 부른다. 그가 운동을 그 근원이 되는 힘이 물리적으로 행사한 결과에 따라 평가해야 한다고 말한 것은 파생력에 의해 평가해야 한다는 것을 뜻한다. 여기서 그는 자유낙하운동을 그러한 운동의 표준사례로 보는 것이다. 그는 자유낙하운동에서 미분적 크기의 파생력들이 연속적으로 집적됨에 따라 운동이 생성된다고 파악한다. 그러한 미분적 계기에서 주어지는 파생력, 즉 운동의 원소에 대해서는 홉스의 개념을 차용하여 코나투스(conatus)라 부르며, $m \cdot \triangle v$로 규정한다. 즉 힘은 $m \cdot \triangle v$의 집적 결과인 것이다. 이러한 생각을 바탕으로 그는 힘의 법칙으로 '$f = \frac{1}{2} \cdot m \cdot v^2$'($m$: 질량, v: 속도)과 '$m \cdot g \cdot h$'(g: 중력상수, h: 높이)를 연역한다. 이는 각기 운동에너지와 위치에너지에 해당한다. 여기서 주목해야 할 것은 라이프니츠의 힘 개념이 데까르뜨의 운동량($m \cdot v$)을 구성요소로 한다는 것이다. 라이프니츠는 자신이 제시한 운동에너지의 구성요소인 데까르뜨의 운동량을 죽은 힘(tote Kraft)이라 칭하며, 운동에너지를 생동적인 힘(lebendige Kraft 또는 vis viva)이라 칭한다. 그도 데까르뜨와 마찬가지로 자연계에서 힘의 총량은 불변한다고 생각하며, 에너지 보존의 법칙을 제시한다. 이에 따르면 외적 작용이 없는 한 우주에서의 에너지의 총량과 방향은 언제나 일정하다. 이는 위치에너지와 운동에너지의 총합이 운동 전후에 일정하다는 것을 의미한다.

후일 라이프니츠는 운동과 힘을 정의하는 문제를 둘러싸고 데까르뜨와 뉴턴의 후계자들과 크게 논쟁을 벌이게 되는데, 당시 논쟁의 주제는 라이프니츠의 힘 개념 'f=½·m·v²'과 데까르뜨의 운동량 개념 그리고 뉴턴의 동역학적 힘 'f=m·a'(a:가속도) 개념 가운데 어느 것이 자연의 운동 또는 힘을 규정하는 올바른 척도냐 하는 것이었다. 이 논쟁은 과학전쟁이라 부를 수 있을 정도로 격렬하고도 지루하게 지속되었지만, 이후 세 사람의 각기 다른 정의들은 각기 다른 운동현상에 관한 것이며 각각 적용되는 영역에서 나름대로의 타당성을 지니는 것으로 해명되었다. 오늘날 그들의 정의는 각기 운동에너지(kinetic energy), 운동량(momentum), 힘(force) 개념으로 정착되었다.

라이프니츠가 데까르뜨나 뉴턴과 차별화되는 점이 하나 더 있는데, 그것은 그가 뉴턴이나 데까르뜨처럼 기계론적 분석을 자연탐구의 올바른 방법으로 보면서도 자연을 궁극적으로 이해하는 방법이라고 여기지는 않는다는 점이다. 그는 기계론적 이해는 종국적으로는 목적론적 사고에 의해 보완되어야 한다고 보았다. 그 이유 또한 특유의 존재론적 사고에 있다. 그에 따르면, 실체인 정신은 목적인(目的因)에 따라 운동하며, 연장은 운동인에 따라 운동한다. 그러나 데까르뜨 비판에서 언급한 것처럼 연장은 실체가 아니라, 실체 자체인 정신의 결과적 수반현상이기 때문에 정신에 종속되며, 따라서 운동인은 목적인에 부합해야 한다. 결국 물질은 기계적 법칙에 따라 운동하지만, 종국적으로는 목적인을 지향한다. 이런 생각에서 라이프니츠는 데까르뜨처럼 자연을 비롯한 모든 생명체를 '자동기계'로 보지만, 그 자연의 기계는 부분이 또 기계로 이루어져 있는 기계, 즉 '무한기계'(die unendliche Machine der Natur)이기도 하다. 이 무한기계 개념은 다름아닌 유기체의 프랙탈(fractal) 구조에 비견되며, 이는 기계론적 사고의 한계를 극복하는 의미

46

를 함축한다. 이런 존재론적 사고에 근거하여 라이프니츠는 단순성의 원리, 조화와 최적의 원리 등 전통적으로 통용된 목적론적 명제들을 기계론적 사고와 접목한다. 라이프니츠의 이런 사고방식은 근대의 기계론적 사고를 다시금 아리스토텔레스의 실체론적 사고와 절충하는 행보로 이해할 수 있다.

3) 칸트, 근대과학의 정당화로서의 자연 형이상학

근대과학에 대한 과학의 토대 분석과 정당화는 칸트의 철학적 탐구 전반에 걸쳐 가장 중요한 과제로 다루어진다. 칸트의 연구는 전기와 후기로 나눌 수 있는데, 전기 연구는 기계론적 과학을 정당화하는 자연철학, 즉 자연 형이상학(Metaphysik der Natur)으로부터 시작된다. 여기서 칸트는 자연의 원소·중력·반발력 같은 힘의 문제, 공간의 문제 그리고 우주의 생성원리와 구조 같은 주제들을 다루며, 이 연구는 궁극적으로 뉴턴 물리학을 정당화하고자 하는 의도 아래 이루어진다. 이후 칸트는 자연철학적 연구를 중단하고, 선험적 인식론(Transzendentale Erkenntnislehre) 또는 인식비판(Erkenntniskritik)으로 알려진 인식론적 연구에 착수한다. 인식론적 연구는 과학적 탐구에서 인간 지성이 관여하는 지적 원리들의 근거와 조건, 한계를 밝히는 것을 주제로 한다. 인식론적 연구를 통해 칸트는 자연철학적 지식은 객관성을 보장받을 수 없는 무의미한 것이라는 결론에 도달한다. 비판철학 이후 칸트는 자연철학적 작업을 재개하는데, 이는 과거의 존재론적 의미의 거대 기획으로서의 자연철학이 아니라, 인식의 방법과 한계에 대한 자각의 토대 위에서 이루어지는 새로운 종류의 자연철학이다. 그것은 인식비판을 통해 밝혀진 지성의 원리에 근거하여 경험을 과학적 지식으로 구성하는 지성의 메커니즘을 확인하는 작업이 된다. 칸트에 의해 그 의미가 바뀐 이후, 자연철학은 경험과학을 존재론적으로 근거짓는 선도적 과학이 아니라 경험과학의 방법과 구조를 논리적으로 확인·평가하는 과학논리의 분석, 즉 자연과학 방법론으로 발전한다.

뉴턴과 라이프니츠 사이에서

칸트의 연구는 당시의 다소 복잡한 지식사회의 상황, 즉 뉴턴의 물리학과 자연과학의 방법적 정당성에 관한 흄의 생각 그리고 라이프니츠의 존재론적 사상을 배경으로 이루어진다. 흄은 인식비판적 관점에서 존재론적 사고의 정당성을 문제삼고, 귀납논리와 인과성 원리의 객관적 타당성에 대해 의문을 제기했다. 그것은 합리성을 미덕으로 하는 과학의 뿌리를 뒤흔드는 것이었다. 한편 라이프니츠는 경험과학은 형이상학에 기초해야 함을 강조하며, 존재론적 이유로 중력 개념뿐만 아니라, 경험적 방법론에 의거하여 성립한 뉴턴의 과학을 전면적으로 거부했다. 그러나 당시 뉴턴 물리학은 근대과학의 표본으로 인정되는 과정에 있었다. 칸트의 자연철학적 연구는 이런 상황을 배경으로 시작되었다. 그의 주된 연구목표는 기계론적 자연관을 확립하는 것이었다. 여기서 그의 연구는 사상적으로 전혀 이질적인 두 축을 오가며 이루어지는데, 그것은 뉴턴의 물리학과 라이프니츠의 존재론적 사고다. 그는 우선 뉴턴 물리학의 방법과 이론적 성과 들을 전적으로 인정하여 이를 자신이 목표로 하는 기계론적 자연관을 구성하는 토대 정보로 받아들인다. 그러나 아이러니컬하게도 칸트는 이 작업을 라이프니츠의 실체론적 사고의 틀에서 수행한다. 전혀 다른 두 경향을 동시에 수용하는 칸트의 태도는 다음과 같은 신념에 기인한다. 그는 우선 사물들의 관계에 대한 실질적 정보는 존재론적 원리가 아니라 경험을 통해서만 주어질 수 있으며, 뉴턴 물리학같이 경험과학적으로 확증된 지식은 과학의 철학적 탐구를 위한 토대가 되어야 한다고 보았다. 그러나 동시에 경험과학은 존재론적 원리에 근거해야 한다고 주장한 라이프니츠와 생각을 같이했다.

칸트가 보기에 뉴턴 물리학의 방법과 내용은 과학적 지식의 모범이었다. 그는 뉴턴 물리학의 방법을 주제로 한 『기초명제의 명료성에 관하여』(*Über die Deutlichkeit der Grundsätze*, 1764)에서 귀납을 기본으로 하는 뉴턴의 경험적 방법을 과학적 탐구의 올바른 방법으로 보고, 뉴턴 물리학의 기본 개념인 질량, 관성, 힘, 중력 등의 개념을 객관적 진리로 인정한다. 뉴턴 물리학에 대한 칸트의 긍정적 태도는 뉴턴에 대해 비판적이었던 흄과 라이프니츠에 대한 비판적 검토를 배경으로 한다. 그는 인과성의 타당성에 의문을 제기한 흄과 달리 인과성을 객관적으로 타당한 원리로 인정하며, 라이프니츠가 존재론적 이유로 배제한 중력 개념을 물리적으로 실재하는 것으로 본다. 반면 그는 라이프니츠가 인과작용을 설명하기 위해 도입한 예정조화 개념은 관념적 구성물에 불과하다고 본다. 라이프니츠에 대한 이러한 비판에도 불구하고 칸트는 라이프니츠의 존재론적 사고방법을 그대로 계승한다. 이러한 그의 지적 행보는 그의 초기 저술인 『물리적 모나드론』(*physische Monadologie*, 1756)에 잘 나타난다. 그는 여기서 라이프니츠의 실체 개념인 모나드를 뉴턴의 힘 개념으로 재구성하여 '물리적 모나드'(physische Monad)라는 원자 개념을 창안하고, 이를 토대로 뉴턴 물리학이 밝힌 물리적·천체역학적 현상을 설명하기 위한 우주론을 구상한다. 우선 그는 실체에 대한 라이프니츠의 역학적 관점을 계승하여, 힘을 그것에서 모든 물리적 사건이 추론·설명되어야 하는 물질의 실체적 특성으로 본다. 칸트에 따르면 실체는 힘을 매개로 외적으로 확산하여 연장을 가지고 물리적 존재로 나타난다. 이처럼 물리적 현상을 가능하게 하는 힘을 칸트는 '작용하는 힘'(vis activa)이라 부른다. 물질의 실체적 특성을 '작용하는 힘'으로 규정하는 것은 사실 라이프니츠의 생각을 되풀이한 것에 불과하다. 그러나 칸트는 힘의 종류와 관련해서는 라이프니츠와 달리 뉴턴의 두가지 힘 개념을 모두 수용한다. 칸트는 실체의 힘이 드러나는 방식을 반발력과 중력으로 규정하는데, 이 두가지 힘은 실체의 근원적인 '작용하는 힘'의 파생력에 해당한다. 반발력은 공간적 확산력으로 외부로 작용하여 다른 실체의 침투로부터 자신을 보존하는 불가침입성을 부여하는 힘이다. 중력은 반발력과 반대방향에서 동일한 정도로 작용하는 힘으로 연장의 공간적 확산을 제한하고, 연장의 부분들을 유한한 하나로 결집하는 힘이다. 중력과 반발력의 대립적 상호작용을 통해 실체는 일정한 질량을 지닌 물리적 존재로 드러난다. 칸트는 공간과 공간의 구조도 힘을 근거로 하여 물질 상호간에 이루어지는 역학적 작용의 결과로 본다. 칸트에 따르면, 공간의 3차원적 구조는 중력과 반발력이 상호인과적으로 작용하는 가운데 주어지는 뉴턴의 중력 역제곱의 법칙, 즉 중심 물체로부터 나오는 힘은 주변 물체가 접근하거나 멀어지는 데에 따라 거리의 역제곱의 강도로 주변 물체에 작용한다는 법칙의 결과로 주어진다. 공간에 대한 칸트의 이러한 사고는 근본적으로는 공간의 실재와 구조를 물체와 물체의 운동으로부터 분리될 수 없는 것, 즉 지역공간(Ort-Raum)으로 보는 라이프니츠 그리고 더 거슬러 올라가서는 아리스토텔레스의 그것과 유사하다. 지역공간은 물질들의 공간적 분포에 따라 주어지는 계측적 규정(metrische Determination des Körpers)으로 서술되며, 상대성이론의 장(field)과 같은 의미를 가진다. 칸트는 『보편적 자연사와 천체이론』(*Allgemeine Naturgeschichte und Theorie des Himmels*, 1755)에서 중력과 반발력을 기본원리로 하여 천체의 운동과 생성구조를 발생론적으로 해명한다. 그는 여기서 뉴턴 물리학이 주장하는 천체들의 공간적 공존을 비롯하여 물리적 세계의 법칙적 항존성과 기계적 견고성은 중력과 반발력의 상호 평형작용에 의해 이루어진다고 설명한다.

인식비판과 자연철학의 해체

인식론적 연구의 시작과 더불어 칸트는 앞서 말한 종류의 자연철학적 연구를 중단한다. 선험적 인식론 또는 인식비판으로 알려진 그의 인식론적 연구는 지식이 어떤 주관적 원리에 의해 어떤 방식으로 만들어지며 그 한계는 어디인가 하는, 즉 인식에서 인간 지성의 원리와 조건 그리고 한계를 밝히는 것을 목적으로 한다. 그러나 칸트의 인식론적 연구의 궁극적 목적은 그가 『순수이성비판』(*Kritik der reinen Vernunft*, 1781) 서두에 명시한 것처럼 자연철학의 학문적 타당성을 밝히는 것이었다. 그는 여기서 '어떻게 선천적 종합판단이 가능한가'라는 질문을 주제로 설정하는데, 선천적 종합판단이란 인과적 설명이나 존재론적 명제같이 자연과학에서 보편적으로 전제되거나 사용되는 원리들을 말한다. 칸트는 이 질문에 답함으로써 흄이 제기한 과학의 방법적 정당성 문제에 답하고, 궁극적으로는 데까르뜨와 라이프니츠가 수행한 존재론적 사고에 기반한 자연탐구, 즉 자연철학의 정당성, 달리 말해 자연 형이상학이 과학으로 성립할 수 있는가라는 질문에 답하고자 했다.

이 인식론적 연구를 통해 칸트는 다음과 같은 중요한 세가지 결론에 도달한다. 첫째, 자연에 관한 객관적 지식은 감각적 경험과 기억, 반복,

귀납 같은 단순한 경험적 방법에 의해 이루어지지 않으며, 인식 주체가 일정한 선천적 원리(범주)에 따라 경험을 구성·종합하는 행위에 의해 이루어진다는 것이다. 둘째, 이 원리는 경험 가능한 대상에 적용되는 경우에만 객관적 지식을 산출할 수 있다는 것이다. 경험을 구성하는 선천적 원리로 칸트는 시공간의 (직관)형식과 양, 질, 관계, 양상 등의 범주를 든다. 셋째, 인식 주체와 경험의 공동작업을 통해 얻어진 지식은 그것을 구성한 인간에 대해서만 실재적이라는 것이다. 이러한 칸트의 결론은 로크, 흄을 비롯한 경험주의자뿐만 아니라 데까르뜨와 라이프니츠 등 합리론자들의 생각을 비판적으로 평가하고 절충하는 의미를 지닌다. 우선 경험주의자들에 대한 칸트의 생각은 이러하다. 자연에 대한 지식이 얻어지기 위해 경험은 필수조건이지만 그들이 말하는 것처럼 반복된 경험이나 귀납 또는 심리적 관념연합 같은 방법만으로는 지식이 얻어지지 않는다는 것이다. 객관적 지식이 만들어지기 위해서는 그러한 경험적 자료들을 구성·종합하는 원리가 필요하며, 이러한 원리들은 인간의 지성으로부터 나온다는 것이다. 당시 학술적 논쟁의 중심에 있던 인과성과 관련하여 말하자면, 흄이 지적한 것처럼 인과성은 반복된 경험에 근거하여 각기 다른 경험들을 연관짓는 심리적 메커니즘이 아니라, 경험을 주체적으로 선취하고 구성하는 인간 지성의 보편적 원리라는 것이다. 다른 한편으로 칸트는 관념론자들에 대해 그러한 지성의 원리는 경험 가능한 대상에 적용될 때에만 유효하다고 지적한다.

　실체, 실체적 힘, 원자, 최고(最高)의 원인, 우주 전체 같은 개념들 그리고 자연의 단순성, 경제성 등 존재론적 사고에서 통용되어온 목적론적 원리들을 예로 들어보자. 그 원리들은 지성의 원리를 경험 가능하지 않은 대상에 적용한 개념인데, 그에 대응하는 경험이 존재하지 않으므로 그것들에 관한 언명은 객관적 지식으로 승인받을 수 없다. 칸트는 지성 개념의 경험적 사용만이 객관적 지식 산출에 기여한다는 의미에서 '인식구성적'(erkenntniskonstitutiv)이라 부른다. 그는 모든 지식의 원천은 경험이라는 경험주의적 생각도 틀리지만, 정신적인 원리만을 강조하는 합리론자의 생각도 옳지 않다고 보았다. 객관적 지식은 경험과 그 경험을 구성하는 지성의 원리가 만나는 과정을 통해 산출된다. 칸트의 표현을 빌리면, 경험 없는 지성은 공허하며, 지성 없는 경험은 맹목적이다. 이러한 결론과 더불어 칸트는 이제 자신이 종국적으로 목표했던 자연철학의 학문적 타당성에 관한 질문에 대해 결론을 내린다. 자연철학 혹은 자연 형이상학은 자연에 관한 존재론원리로부터 경험세계를 설명하는데, 그러한 원리들은 지성 개념을 경험 가능하지 않은 대상에 적용함으로써 만들어진 것이다. 이러한 지성 개념의 비경험적 사용은 지성의 월권이자 무지의 소치이며, 객관적인 지식 구성에 아무런 도움이 되지 않는다. 칸트의 이러한 판단은 그가 인식비판의 핵심주제로 설정했던 '형이상학은 과학으로서 가능한가'라는 질문에 대한 부정적 답변으로 귀결한다. 그것은 형이상학은 과학적 지식으로 인정될 수 없다는 것, 즉 아리스토텔레스 이래 철학의 한 축으로 자리해왔던 자연 형이상학의 용도 폐기를 선언하는 것이다.

그러나 칸트의 자연 형이상학의 폐기 선언이 자연 형이상학적 사고가 지닌 의미 자체를 전면 부정하는 것은 아니다. 칸트는 형이상학적 사고가 객관적 지식을 제공할 수 있다고 믿는 존재론적 태도는 거부하지만 그것이 지닌 긍정적 의미와 기능을 인정한다. 칸트에 따르면 지성 개념이 비경험적 대상으로 확장되는 것은 이성의 이념(Vernunftsidee)에 기인한다. 이성의 이념은 경험적·단편적 지식을 외연적·의미론적으로 완전하게 만들고자 하는 이성의 경향성이다. 칸트는 이념이 구체적인 과학적 지식을 산출할 수는 없지만, 반성적 차원에서 사용될 경우 과학적 탐구를 촉진하는 역할을 할 수 있다고 본다. 그는 이 기능을 과학적 탐구활동을 비판·계도한다는 의미에서 '인식통제적'(erkenntnisregulativ) 기능이라 부른다. 칸트가 말하는 인식통제적 기능은 두가지로 요약될 수 있는데 그것은 첫째, 발견의 맥락에서 이루어지는 연구촉진 기능과 둘째, 정당화의 맥락에서 이루어지는 메타과학적 이해 기능이다. 실체적 힘이나 원인에 대한 가설 또는 자연의 경제성 원칙이나 목적론적 가설 같은 존재론적 명제들은 과학적 연구에서 새로운 이론의 발견에 단초를 제공하거나 단편적 지식들을 하나로 수렴하고 묶어줌으로써 인식을 넓히는 역할을 한다. 이를테면 케플러가 『우주의 신비』(*Mysterium Cosmographicum*)에서 플라톤의 다섯가지 대칭물질을 우주론적 가설로 삼아 경험적 자료들을 분석·비교한 시도, 또 칸트가 비판 전기에 『보편적 자연사』에서 뉴턴의 과학을 토대로 우주의 구조를 유추한 시도는 의미있는 지식의 확장작업에 해당한다. 또한 존재론적 가설은 과학적 연구에서 단편적 지식들을 하나로 수렴시키는 방법(intergrative Methode)으로 사용되기도 한다. 그 사례로 대칭원리(symmetry principle)를 들 수 있는데, 이 원리는 플라톤의 실체론에서 유래한 것으로, 현대 입자물리학은 이 원리를 확인하기 위해 다양한 관찰과 실험을 진행하고 있다. 이처럼 존재론적 가설들이 과학사 전반에 걸쳐 이론의 발견이나 인식의 확장에 일익을 담당해왔다는 것은 간과할 수 없는 사실이다. 더불어 이념의 메타과학적 이해 기능은 과학의 논리와 의미를 밝히는 작업을 말한다. 이 둘은 오늘날 각각 발견의 논리와 정당화의 논리에 해당한다. 이념의 역할에 대한 칸트의 확인을 통해 자연철학적 사고는 이제 과학으로서의 지위는 포기했지만, 자연탐구에서의 합리적 기능과 의미를 새로이 부여받게 된다. 전통의 존재론적 자연철학은 이제 개별과학에 원리를 제공하는 학문이 아니라, 과학적 사고를 촉진·선도하는 학문으로 또는 과학적 사고의 구조와 의미를 분석·이해하는 메타과학으로 새로이 자리매김된다.

근대과학의 인식론적 정당화

인식비판 이후 칸트는 자연철학적 연구를 재개한다. 『자연과학의 형이상학적 기초』(*Metaphysische Anfangsgründe der Naturwissenschaften*, 1786, 이하 『형이상학적 기초』)는 지식에 대한 인식론적 자각 그리고 자연철학의 의미와 기능에 대한 비판적 이해의 바탕 위에 쓰인 새로운 자연철학이다. 그것은 '형이상학'이라는 전통적 명칭을 사용하지만, 그 내용은 더이상 과학적 지식을 선도하는 존재론적 체계가 아니라, 그것을 분석·이해하고 정당성을 확인하는 과학에 대한 메타이론이다. 칸트는 『형이상학적 기초』에서 자연에 대한 경험이 어떤 방식으로 자신이 인식론적으로 확정한 지성의 원리인 양, 질, 관계, 양상의 범주에 따라 구성되고 과학적 지식으로 성립하는가 하는 것을 밝힌다.

『형이상학적 기초』의 핵심내용은 다음과 같이 약술할 수 있다. 우선 칸트는 경험적으로 주어지는 물리적 사건의 특성을 운동성(Beweglich-keit)으로 규정하고, 물리학을 운동에 관한 이론적 인식체계라는 의미에서 운동론(Bewegungslehre)이라 부른다. 운동에 관한 경험들은 칸트가 인식론에서 말하는바 지성의 종합규칙인 양(Quantität), 질(Qualität), 관계(Beziehung), 양상(Modalität)에 따라 운동기하학, 역학, 동역학 그리고 현상학으로 성립하며, 이들 각 영역에서는 공간적 운동의 합성원리, 물리적 대상의 구성원리, 속도, 질량, 운동량, 힘, 중력, 역학적 작용법칙 등 물리학적 기본 개념과 법칙 들이 규정된다.

자연과학의 형이상학적 기초의 구조

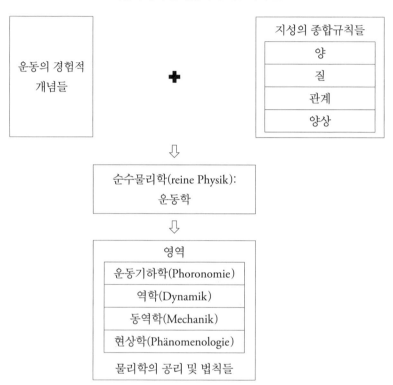

첫째, 양에 따른 경험의 종합은 운동에 관한 경험을 시공간적 관계(직관의 형식)에서 정량적으로 서술하는 운동기하학(Phoronomie)이 된다. 운동기하학에서 물질과 운동은 모두 감각적 특징으로부터 추상되고, 양적·기하학적 관점에서만 관찰된다. 운동체로서의 물질은 수학적 점(點)으로, 운동은 방향과 속도에 따른 공간의 서술로 파악되며, 이와 함께 힘의 합성원리들이 다루어진다. 이것은 질점역학(質點力學)의 수학적 기초로서 수학의 물리학적 응용에 근거를 제공하는 것이다.

둘째, 질에 따른 경험의 종합은 운동에 관해 공간을 점유하고 힘을 행사하는 관점에서 서술하는 역학(Dynamik)이 된다. 역학은 연장체로서의 물체의 존재 근거를 물질 자신의 고유한 힘으로 본다. 물질은 반발력과 인력이라는 기본력을 통해 공간을 점유하는 연장체로 존재하며, 다른 물질에 작용한다. 칸트는 여기서 데모크리토스, 가쌩디, 하위헌스류의 수학적·원자론적 사변을 비판한다. 분할 불가능하며, 절대적 불가침투력을 지닌 원소는 경험 가능한 대상이 아니기 때문이다. 칸트는 원소를 형이상학적으로 추리하지 않고 경험적 사태에 준하여, 또한 후일 라부아지에(A. L. Lavoisier)가 밝힌 것처럼 그것을 물질 자신의 내적 특성에 근거하여 그리고 독립적으로 운동 가능한 물질로 규정한다.

셋째, 관계에 따른 경험의 종합은 공간에서의 운동을 물질들의 작용관계에 따라 파악하는 동역학(Mechanik)의 기본원리를 제공한다. 동역학은 물질들이 압력, 충돌 등 기계적 작용을 통해 다른 물질에 작용하고 힘을 전달하는 물리적 상호연관에서 운동을 파악한다. 관계의 하위범주인 실체, 인과성, 상호관계의 형식에 따라 물리학의 기본 명제들이 도출된다. 데까르뜨가 발견한 운동량의 법칙($m=p/v$)과 라이프니츠가 발견한 질량 내지 에너지 보존의 법칙($E=\frac{1}{2} m \cdot g \cdot h$), 그리고 뉴턴의 기본 법칙인 ①관성의 법칙 ②힘의 법칙($F=m \cdot a$) ③작용과 반작용의 법칙의 토대가 되는 명제들이 도출된다. 특히 뉴턴의 세 법칙은 각기 실체, 인과성, 상호관계의 범주에 의해 구성된다.

넷째, 양상에 따른 경험의 종합은 운동을 가능성, 현실성, 필연성 등 공간적 운동의 양태에 따라 이해하는 현상학(Phänomenologie)이 된다.

물질의 운동은 상대공간, 절대공간, 상호관계에서 파악되며, 그것들은 각기 가능성, 현실성, 필연성의 양태를 지니는 것으로 규정된다. 특히 뉴턴이 주장하는 중력과 중력에 따른 원운동은 실질적 운동으로 규정된다.

칸트의 이 탐구에서 운동기하학은 갈릴레이적인 물리학의 정의에 해당한다. 또한 운동의 실질적 원인탐구를 중시한 케플러와 라이프니츠의 사고방법은 역학의 영역에 해당한다. 동역학은 데까르뜨와 뉴턴의 운동 개념들을 모두 포함하고 있다. 여기서 특별히 주목할 점은 앞서 언급한 운동과 힘에 관한 데까르뜨주의자, 라이프니츠주의자, 뉴턴주의자 사이의 논쟁은 각기 다른 지성의 원리들(양, 질, 관계 등), 즉 운동기하학적·운동역학적 그리고 동역학적 관점과 같은 관점의 차이에 근거한 것으로 설명된다. 이로써 근대과학의 중요한 성과들은 모두 칸트가 밝힌 지성의 원리에 따른 경험의 종합의 필연적 결과임이 밝혀진다.

칸트의 『형이상학적 기초』는 갈릴레이, 케플러로부터 뉴턴에 이르는 과학적 성과들과 데까르뜨, 라이프니츠의 자연철학적 성과들을 포괄하며, 근대과학을 정당화한 작업이었다. 연구의 포괄성에도 불구하고 칸트가 가장 역점을 둔 부분은 그가 시종일관 신뢰를 아끼지 않은 뉴턴 물리학이다. 뉴턴 물리학은 칸트에게는 새로운 과학(Nova Scienza)의 표본이었다. 따라서 칸트의 『형이상학적 기초』는 뉴턴의 『프린키피아』에 대한 철학적 답변이라 할 수 있다. 칸트의 자연철학은 뉴턴적 패러다임이 통용된 20세기 초, 즉 상대성이론과 양자물리학이 등장하고, 뉴턴 물리학의 한계에 관한 논의가 시작되기 전까지 자연과학과 철학의 인식론적 교과서로 통용되었다. 칸트의 자연철학은 전통의 존재론적 자연형이상학을 과학의 논리와 의미를 분석하는 학문으로 재편하는 의미를 지니며, 칸트 이후 빈학단(Wiener Kreis)과 영미철학을 통해 자연과학 방법론으로 계승되었다.

| 김국태 |

읽어볼 만한 책

서양근대철학회 (2004)『서양근대철학의 열가지 쟁점』, 창비.

김국태 외 (2006)『근대과학의 철학적 조명』, 철학과현실사.

Dijksterhuis, E. J. (1983) *Die Mechanisierung des Weltbildes*, Berlin: Springer.

Drieschner, Michael (1981) *Einführung in die Naturphilosophie*, Darmstadt: Wissenschaftliche Buchgesellschaft.

Heisenberg, Werner (1980) *Physik und Philosophie*, Frankfurt a.M.: Hirzel.

Kanitscheider, Bernulf (1981) *Wissenschaftstheorie der Naturwissenschaft*, Berlin/New York: de Gruyter.

Kant, Immanuel (2001) "Metaphysische Anfangsgründe der Naturwissenschaften," *Schrift zur Naturphilosophie*, hg. v. W. Weischedel, Frankfurt a.M.: Suhrkamp Verlag.

_____ (1956) *Kritik der reinen Vernunft*, Hamburg: Reclam, Philipp, jun. GmbH.

Kuhn, Thomas (1957) *The Copernican Revolution*, Cambridge, MA: Harvard University Press.

Leibniz, Gottfried Wilhelm (1956) *Monadologie*, Hamburg.

Mach, Ernst (1988) *Die Mechanik, historisch-kritisch dargestellt*, Berlin: Akademie.

Mainzer, Klaus (1986) "Von der Naturphilosophie zur Naturwissenschaft," *Philosophie und Wissenschaft theorie*, Schwerte: Metzler.

Newton, Issac (1963) *Mathematische Prinzipien der Naturlehre*, hg.v. Wolfers, Darmstadt: Wissenschaftliche Buchgesellschaft.

논리실증주의

1. 논리실증주의의 기원

논리실증주의에 대해 말할 때는 대개, 1차대전 이후 나타났던 빈학단의 논의와 그 구성원들의 철학적 입장을 관련지어 설명한다. 그들의 주장은 특히 그 어느 때보다도 20세기 초반에 활발히 다루어지기 시작했던 자연과학에 관한 철학적 논의와 언어(분석)철학의 논의에 뒤섞여 거론된다. 분석적 작업은 그들의 과학에 관한 철학적 논의의 가장 핵심이었기 때문이다. 당시의 철학적 입장은 '논리실증주의'(logical positivism), '신실증주의'(neopositivism) 또는 '논리경험주의'(logical empiricism) 등으로 불린다. 그렇다고 그 이름들에서 보이는 것처럼 '실증주의'와 '경험주의'의 연관관계를 떠올리기는 쉽지 않다. 이를 이해하기 위해서는 논리실증주의의 역사적 뿌리를 살펴보는 것이 도움이 된다.

19세기 자연과학의 발전은 획기적이었다. 당시 학계에서는 이러한 과학의 발전 또는 진보를 규명하려는 논의가 매우 활발했다. 특히 영국의 휴웰(W. Whewell, 1794~1866)과 밀(J. S. Mill, 1806~73), 그리고 프랑스의 꽁뜨(A. Comte, 1798~1857)의 논의가 대표적이다. 전자는 과학의 발전에서 나타나는 귀납적 방법과 관련하여 논의를 전개했고, 후자는 귀납적 방법에 따른 과학의 발전을 실증주의적 학문으로 규정짓고자 했다. 그러나 독일어권의 논의는 이와 사뭇 달랐다. 당시 독일에서 활발했던 자연철학은 헤겔(G. W. F. Hegel, 1770~1831)이나 셸링(F. Schelling, 1775~1854)의 관념론으로 발전해나갔지만, 독일 관념론 특유의 독단성은 논외로 하더라도 그들의 사변적인 자연철학을 현대 과학철학의 논의와 연결하기는 어렵다.

1895년 당시 유럽 철학계에서 이름높았던 브렌타노(F. Brentano, 1838~1917)가 개인 사정으로 빈대학교의 철학과 교수직을 사임했다. 빈대학은 바로 이 자리를 단순히 전통적인 '철학'이 아닌 '귀납과학의 철학, 특히 귀납과학사와 이론'(Philosophie, insbesondere Geschichte und Theorie der induktiven Wissenschaften, 줄여서 '귀납과학의 철학')이라는 새로운 성격의 지위로 바꾸었다. 그리고 이 새로운 분야의 교수로 당시 프라하대학 물리학과의 실험물리학 교수로 유명했던 마흐(E. Mach, 1838~1916)를 임명했다. 이는 일회적인 파격으로 끝나지 않았다. 1901년 마흐가 이 자리에서 물러나자, 다시 1902년 또다른 유명한 물리학자인 볼츠만(L. Boltzmann, 1844~1906)이 이 자리에 임명되었고 그는 1906년에 유명을 달리할 때까지 교수직에 있었다. 볼츠만의 후임은 1901년부터 빈대학 교수였던 심리학자 슈퇴르(A. Stöhr, 1855~1921)였다. 슈퇴르는 마흐의 학문적 입장을 적극 지지하기는 했으나, 마흐나 볼츠만과는 달리 자연과학자 출신이 아니라 심리학자였다. 그럼에도 불구하고 그는 1906년부터 1921년까지 '귀납과학의 철학' 담당교수로 있었다. 그 바람에 학문적 전통이 형식적으로나마 유지될 수는 있었지만, 당연히 원래의 특성은 상대적으로 매우 약화되었다. 이후 그 전통은 슈퇴르를 중심으로 한 방식이 아니라 다른 방식으로 활성화되었다.

이 무렵 과학철학을 연구하는 젊은 과학자들의 비공식적이지만 정기적인 모임이 자연스럽게 생겨났다. 그 모임은 1907년부터 1912년까지 지속되었다. 모임의 구성원은 나중에 '빈학단'에서 핵심적인 역할을 하게 되는 학자들로, 수학자 한(H. Hahn, 1879~1934)과 물리학자 프랑크(P. Frank, 1884~1966), 사회학자 노이라트(O. Neurath, 1882~1945)였다. 이들은 당시의 복잡한 시대상황에서 정치, 역사와 더불어 철학, 특히 과학철학의 문제들을 다루었다. 그중에서도 19세기의 시대적 사조였던 실증주의적 배경에서 나타나 프랑스에서 주목받았던 뿌앙까레(H. Poincaré, 1854~1912)의 규약주의(conventionalism)나 뒤엠(P. Duhem, 1861~1916)의 논의에서 나타나는 물리학의 인식론적·방법론적 문제와 마흐의 과학철학적 논의가 집중적으로 거론되었다. 그러나 아쉽게도 프랑크가 1912년 프라하대학 물리학과의 교수로 취임하고, 노이라트가 정치적 활동에 적극 참여하면서 이 모임은 더이상 활발하게 이루어지지 못했다.

이들 세 사람은 마흐를 중심으로 싹텄던 논리실증주의의 출발에서부터 1차대전 이후 빈학단의 성립까지 적극적으로 참여했다. 이러한 이유로 이들은 논리실증주의의 뿌리를 1차대전 이전의 마흐의 논의에서부터 찾아야 한다고 주장한다. 그래야 논리실증주의의 제 모습이 드러나고, 또 빈학단의 '진정한 역사'가 규명된다는 것이다.

2. 빈학단과 비트겐슈타인

논리실증주의나 빈학단을 논의할 때 늘 거론되는 인물은 슐릭(M. Schlick, 1882~1936)이다. 그는 대학시절 철학이 아닌 물리학과 수학을 전공했다. 1904년 물리학으로 박사학위(논문 「반사에 관하여」Über die Reflexion des Lichts in einer inhomogenen Schicht)를 받은 뒤, 1910년에는 수학분야에서 교수자격논문(「진리의 본질」Das Wesen der Wahrheit nach der modernen Logik)을 썼다. 그후 그는 아인슈타인(A. Einstein, 1879~1955)과의 교류를 계기로 공간과 시간에 관한 저서(*Raum und Zeit in der gegenwärtigen Physik*, 1917)와 인식론에 관한 저서(*Allgemeine Erkenntnislehre*, 1918)를 출간했다.

1918년 1차대전이 끝나고, 1922년 빈대학은 귀납과학의 철학 담당 교수로 슐릭을 초빙했다. 여기에는 일찍이 마흐의 실증적 과학철학 논의에 참여했고, 마침 1921년부터 빈대학 수학과 교수로 있었던 한의 적극적인 도움이 결정적이었다. 당시 슐릭의 등장은 다시 빈 학계에 과학철학의 논의를 활성화하는 중요한 계기였다.

빈학단과 관련해서는 두 종류의 토론 모임이 언급된다. 우선 1924년 빈대학에서 슐릭의 제자였던 바이스만(F. Waismann, 1896~1959)과 파이글(H. Feigl, 1902~88)은 슐릭에게 매주 목요일 저녁마다 토론 모임을 갖자고 제안했다. 모임의 참석자들은 자기들끼리 이 토론 모임을 '슐릭 모임'(Schlick-Zirkel)이라 불렀다. 또다른 하나는 빈에서 수학자 한과 노이라트를 중심으로 마흐의 학문적 입장에 관심을 품었던 자연과학자와 철학자 들이 결집한 전문적인 학자들의 모임이었다. 이 모임은 당시 프라하대학에 재직하던 프랑크까지 자주 참석했을 정도로 활발했다. 위의 '슐릭 모임'에서 슐릭은 자연과학을 전문적으로 연구했던 학자였을 뿐만 아니라 유일한 철학과 교수였기 때문에, 매주 목요일 토론에서 자연스럽게 중요한 역할을 했다. 그러나 이 모임에 참석했던 슐릭의 제자들이 학문적으로 성숙해지면서(예를 들어 파이글이 1927년 박사학위를 취득하면서), 모임은 자연스럽게 두번째 모임과 하나로 합쳐졌다. 또다른 사건은 1926년 슐릭이 라이헨바흐(H. Reichenbach, 1891~1953)의 소개로 카르납(R. Carnap, 1891~1970)을 빈대학 조교수로 초빙한 일이다. 카르납은 이후 1931년 프라하대학 자연과학부 교수로 갈 때까지 이 토론 모임에서 슐릭과 학문적으로 밀접한 관계를 맺으면서 빈학단의 핵심이론을 확립했다. 카르납을 소개한 라이헨바흐는 일찍이 이들과 학문적 관심이 유사했으나, 그의 학문적 배경으로 빈이 아닌 독일에서 실험물리학 교수로 활동하고 있었다. 결국 1926년 베를린대학 철학과는 우여곡절 끝에 그를 물리철학 담당교수로 초빙했다. 그리고 1928년 라이헨바흐는 나중에 '베를린 학단'(Berliner Gruppe, Berlin Circle)으로 불린 '경험철학회'(Gesellschaft für empirische Philosophie)를 결성했다. 그러나 베를린 학단의 활동은 너무 짧았고 빈학단과 철학적 입장이 유사했으므로, 빈학단의 논의와 함께 거론된다. 특히 1929년 9월, 빈학단의 구성원들이 주축이 된 '마흐 협회'(Verein Ernst Mach)와 주로 베를린 학단의 구성원으로 이루어진 '경험철학회'가 깔리닌그라드(1930년에는 쾨니히스베르크)에서 공동으로 개최한 '엄밀 과학의 인식론'(Tagungen für Erkenntnislehre der exakten Wissenschaften)이란 제목의 학술회의는 이런 사실을 뒷받침해준다.

슐릭 중심의 '모임'(Zirkel)은 1929년부터 '빈학단'으로 불리게 되었다. 특히 'Wiener Kreis'라는 명칭은 노이라트가 그들의 모임에 이름을 붙여 1929년 10월 발표했던 『과학적 세계관. 빈학단』(*Wissenschaftliche Weltauffassung. Wiener Kreis*, 이하 『과학적 세계관』)이라는 팸플릿이 알려지면서 쓰이기 시작했다. 당시 노이라트가 주도하고 한과 카르납이 검토해서 공동 명의로 이 팸플릿을 발표했다는 것이 정설이지만, 슐릭의 제자 파이글과 바이스만이 노이라트의 초고 작성에 깊이 관여했다는 증언도 있다. 따라서 이 선언적 발표문은 슐릭 모임의 핵심 구성원들의 공동 견해로 받아들일 수 있다.

논리실증주의 논의에서 마흐 못지않게 늘 거론되는 중요한 철학자가 비트겐슈타인(L. Wittgenstein, 1889~1951)이다. 그의 『논리-철학 논고』(*Tractatus Logico-Philosophicus*, 1922, 이하 『논고』)는 본래 그가 독일어로 집필한 'Logisch-philosophischen Abhandlung'이라는 제목의 글로 『자연철학 연보』(*Annalen der Naturphilosophie*, 1921)에 실렸다. 모임의 구성원들은 이미 개별 접촉을 통해 비트겐슈타인을 높이 평가했을 뿐만 아니라, 1924년부터는 『논고』에 관하여 발표했으며 특히 1926~27년에는 『논고』를 꼼꼼히 검토하기도 했다. 물론 논리실증주의자들이 『논고』에 나타난 비트겐슈타인의 생각을 제대로 이해했는지에 대해서는 논란의 여지가 많다. 그렇지만 우선 논리실증주의자들은 대체로 『논고』에 나타난 반(反)형이상학적 태도와 철학을 '언어비판'(Sprachkritik)으로 파악해서 비트겐슈타인의 주장이 이를 위한 기준의 제시라는 점에 절대적으로 공감했다. 이는 빈학단의 논리실증주의자들이 『과학적 세계관』의 말미에 아인슈타인, 러쎌과 더불어 비트겐슈타인을 그들의 사상적 지주로 내세운 배경이기도 하다. 그렇다고 비트겐슈타인이 논리실증주의에 전적으로 동조한 것은 아니다. 오히려 비트겐슈타인은 이후 그들과의 차이를 확인하고 사상적 결별을 선언했다. 그러나 빈학단의 논리실증주의자들은 비트겐슈타인의 논의를 통해 자신들의 새로운 학문적 신념을 더욱 확고히 정립할 수 있었다. 특히 카르납에게서 명확하게 확인할 수 있듯이 그들은 이를 통해 자신들만의 고유한 이론체계를 형성할 수 있었다.

3. 논리실증주의의 이론적 토대

1) 반(反)형이상학

19세기 독일 관념론이 드러낸 철학의 성격은 과도하게 사변적이었고 독단적이었다. 이에 따라 당시 학계에서 반형이상학적 경향이 나타났다. 특히 꽁뜨는 인간 지식이 발전하면서 신학적 단계에서 형이상학적 단계를 거쳐 실증과학적 단계에 이르렀다고 주장하면서, 사변적 철학과 형이상학에 대한 부정적 태도를 보여주었다. 꽁뜨가 말하는 '실증적' 또는 '실증주의적' 과학이란 철저히 관찰 가능한 물리적 대상에 관한 것으로, 근대 자연과학의 방법이나 성과를 토대로 성립된다. 마흐에서부터 시작된 빈학단의 논의를 논리 '실증주의'라고 부르는 것은 꽁뜨의 실증주의가 자연과학의 방법과 성과를 적극 받아들인 것과 그의 반형이상학적 경향 때문이다. 실제로 꽁뜨의 실증주의와 빈학단의 논리실증주의는 '실증주의'라는 용어 이외에 다른 공통점을 발견할 수 없다. 오히려 두 입장을 구분짓게 만드는 결정적인 차이가 있는데, 이는 각 학문 간의 관계에 관한 입장에서 잘 드러난다. 꽁뜨의 실증주의에서 실증적 단계의 학문들 간의 위계는 실증과학(즉 사회학)을 확립하는 데 기여했지만, 그렇다고 실증적 단계에 있는 학문들 간의 통합을 논의하지는 않는다. 이와 달리 빈학단은 '통일과학'(Unity of Science)의 이념을 그들의 핵심적 주장으로 내세운다.

한편 19세기의 반형이상학적 경향은 실증주의 말고도 다양하게 표출되었다. 무엇보다도 플랑크(M. Planck, 1858~1947)를 포함해서 아인슈타인의 경험주의적 과학은 독단적 사변이 아닌 경험에 기초한 것으로, 논리실증주의의 과학적 경향을 강화해주었다. 특히 이런 경향은 '언어의 논리적 분석을 통한 형이상학의 제거'로 나타나기에 이르렀다. 이제 논리실증주의는 새로운 논리학의 논리적 분석으로, 새로운 자연과학에서 보여준 참된 인식을(또는 자연세계의 진리를) '의미있는' 경험에서 찾는다. 이는 논리실증주의를 경험주의와 이어주는 중요한 요인이며, 더 나아가 논리실증주의를 논리경험주의라고 부르게 되는 요인이기도 하다.

2) 경험주의와 새로운 논리학

그 무렵 반형이상학적 경향은 영국 관념론(신혜겔주의)이 성행하던 영국에서도 나타난다. 특히 러쎌은 독단적 사변을 벗어나는 데 필요한 새로운 논리체계를 제시했다. 러쎌은 새로운 논리학이 기존의 철학적 문제들에 대한 해결책으로 이끌 수 있는 분명한 방법을 제시할 것으로 확신했다. 여기서 새로운 논리학의 출현은 단순히 하나의 논리체계가 생겨났다는 것만을 의미하지는 않는다.

경험주의와 논리학이 서로 연결되기에는 전통적으로 너무 다르다. 경험주의는 세계에 관한 경험을 그 어떤 것보다 중요하게 내세우지만, 논리학은 경험주의의 출발점인 세계와 자연에 대한 경험과는 무관하다. 경험세계에 관한 것이 아니라 논리규칙에 관한 것이기 때문이다. 그러나 '논리경험주의'는 경험주의와 논리학의 결합이다. 즉, 새로운 자연과학을 가능하게 만든 자연세계에 관한 경험과 이 구체적 경험을 기술할 수 있는 새로운 논리체계의 결합이다. 논리실증주의자들은 초창기 자신들이 품었던 생각을 비트겐슈타인의『논고』에서 확인할 수 있었다. 논리적 진술은 동어반복의 분석적 진술로 필연적으로 참이지만, 논리적 진술의 본질은 논리적 형식과 구조에서 찾을 수 있다. 따라서 참으로 받아들여진 세계에 관한 경험적 진술들은 논리적 형식과 구조에서 학문적 성격을 얻을 수 있다. 그러면 세계에 관해 언어로 기술된(즉 진술된) 독단적인 사변철학은 비트겐슈타인이 썼던 '언어비판'의 대상이 된다. 이러한 것이 바로『논고』의「서문」에서 러쎌이 이 책에 대해 "어떻게 해서 전통적 철학과 전통적 해결 들이 기호체계의 원리들에 대한 무지와 언어의 오용으로부터 발생했는가를 보여주고 있다"라고 썼던 이유다. 이처럼 새로운 논리학은 논리실증주의자들에게도 사변적 철학의 비학문적 성격을 벗어날 수 있는 결정적인 돌파구를 제시했다.

3) 검증과 통일과학

논리학과 경험주의의 결합단계에 이르러 논리실증주의자들의 논의는 반형이상학을 강조하는 마흐의 실증주의적 전통을 뛰어넘어 슐릭과 카르납의 논의로 정교하게 발전했다. 특히 슐릭은 새로운 논리학을 적극적으로 받아들여 자연과학에 관한 철학적 논의를 새롭게 제시했다. 그의 생각에 따르면 개별 과학 연구자들이 탐구대상인 그 '무엇에 대한 진술'을 제시하려 한다면, 철학자들은 모든 개별 과학에 공통적으로 사용되는 그 '무엇에 대한 진술'의 논리적 관계를 따진다. 이 상황에서 비트겐슈타인은 진술의 참과 거짓을 진술의 의미가 있고 없음(유의미성)을 따져 판정한다. 물론 비트겐슈타인의 생각은 모든 진술이 검증되는 것은 아니지만 의미기준에 따라 진술의 참을 결정할 수 있다는 것이다. 그러나 참과 거짓을 결정할 수 없는 진술도 있다. 따라서 진술의 참보다도 진술의 의미를 중요하게 따지는 비트겐슈타인에게서 "철학의 목표는 사고의 논리적 명료화다"(『논고』 4.112). 슐릭은 비트겐슈타인의 기준을 각각의 진술이 지니는 의미의 검증기준으로 받아들인다. 바로 이점이 비트겐슈타인을 빈학단과 구분짓는 요인이다. 즉 비트겐슈타인의 기준은 의미의 있고 없음을 가려서 의미가 없는 것은 배제하고 의미가 있는 것만을 따지는 것이다. 그렇지만 슐릭을 위시한 논리실증주의자들은 의미가 없는 것은 검증될 수 없는 것으로 거짓이며 의미가 있는 것은 검증된 것으로 진리로 받아들일 수 있다고 본다. 이렇게 빈학단의 논의에서 진술의 의미 여부를 의미의 검증기준으로 받아들인다는 것은 중요한 변화다.

이제 카르납은 빈학단의 구체적인 프로그램을 제시한다. 즉 카르납은 『세계의 논리적 구성』(Der logische Aufbau der Welt, 1928)에서 '구성이론'(Konstitutionstheorie)을 제시해 경험세계에 대한 논의들의 논리적인 구성가능성을 모색한다. 이어서 출간한 『언어의 논리적 통사론』(Logische Syntax der Sprache, 1934)과 『철학과 논리적 통사론』(Philosophy and Logical Syntax, 1935)에서 카르납은 세계의 논리적 구성을 위한 '논리적 통사론'(logical syntax)을 제시한다. 이는 논리실증주의가 기대했던, 특히 노이라트가 『과학적 세계관』에서 구체적인 방향을 제시했던, 모든 종류의 과학을 하나로 묶는 '통일과학'(Einheitswissenschaft)을 위한 이론이다. 이런 의미에서 카르납의 말처럼 (특히 논리실증주의의) "철학은 오직 논리적 관점에서 과학을 다룬다. 철학은 과학논리학, 즉 과학의 개념, 명제, 증명, 이론에 대한 논리적 분석이다". 바로 이런 이유 때문에 많은 사람들은 과학철학을 과학논리학(Wissenschaftslogik, logic of science) 또는 과학방법론(methodology of science)과 동의어로 이해하기도 했다. 그렇다고 언어로 이루어진 논의에 적용되는 '논리적 통사론'이 단지 과학의 영역에만 국한되는 것은 아니다. '논리적 통사론'이란 용어에서 알 수 있듯이, 논리실증주의의 원대한 계획은 자연스럽게 많은 철학자들로 하여금 '논리적 분석'을 가장 중요한 임무로 간주하게 만들었다. 과학철학의 방법론으로 제시된 논리적 통사론은 당연히 통사론이 적용될 수 있는 언어적 표현에도 유효하다. 이른바 언어(분석)철학이 바로 그것이다.

4. 논리실증주의에 대한 비판들

일부를 제외한 논리실증주의자들은 비트겐슈타인의『논고』를 해석해 자신들의 반형이상학적 태도를 확신하고, 경험적 진술에 대한 검증이라는 입장을 확립했다. 더 나아가 그들은『과학적 세계관』에서 명시적으로 비트겐슈타인을 사상적 지주로 선언했다. 그러나 매우 역설적이게도 논리실증주의에 대한 부정적 입장은 바로 비트겐슈타인에게서 찾을 수 있다. 특히 비트겐슈타인은 자신의『논고』에 대해 그들이 내린 해석과 철학에 결코 동의하지 않았다. 즉 비트겐슈타인은 카르납의 논리적 통사론 같은 인공기호적 체계에 반대했으며, 또 자신의 입장을 반형이상학적으로 파악한 것이 잘못되었다고 생각했을 정도다.

두번째 중요한 비판은 논리실증주의가 활발했던 시기의 빈에서 포퍼 (K. R. Popper, 1902~94)의 『탐구의 논리』(*Logik der Forschung*, 1934, 영어 판 *The Logic of Scientific Discovery*, 1959)를 통해 등장했다. 포퍼는 논리실증주 의의 '검증'과 '검증가능성'이 너무 강한 주장이라고 비판한다. 즉 귀납 적 방법으로 과학의 이론이나 법칙은 성립되지만, 보편진술의 형태인 이론이나 법칙의 진리는 어떤 방식으로든지 검증될 수 없다는 것이다. 의미의 있고 없음에 따라 검증된 것은 진리로 받아들여지지만, 검증되 지 않는 것들은 거짓으로 과학의 논의에서 제외된다. 즉 논리실증주의 는 검증 불가능한 것까지도 과학의 논의에서 완전히 배제한다는 것이 다. 이는 논리실증주의의 강한 형이상학에 대한 부정적 태도와 관련된 다. 따라서 포퍼는 논리실증주의자들의 검증 대신 '반증'(falsification) 과 '반증가능성'(falsifiability), '방증'(corroboration)을 내세운다. 즉 의 미의 검증기준에 따라서가 아니라, 어떤 진술이 의미가 있든 없든 반증 되지 않는 한, 우리는 그 진술을 받아들일 수 있다는 주장이다. 다시 말 해 어떤 진술이 참인지는 모르더라도 거짓으로 판정할 수 없다면, 우리 는 그 진술을 받아들여야 한다는 것이다. 이와 달리 어떤 진술이 의미 가 있든지 없든지 간에 그것이 반증된다면 또는 반증 가능하다면, 그것 은 분명 거짓으로 간주할 수 있다는 것이다. 따라서 반증 또는 반증 가 능한 진술은 받아들일 이유가 없는 셈이다. 이런 비판에 대해 논리실증 주의는 과학적 진술을 검증과 검증가능성 대신 '방증'과 '방증가능성' (corroborability)으로 따져볼 수 있을 것이라고 정정해서 말한다. 즉 이 것은 과학을 보는, 유의미한 과학적 진술의 진리와 거짓을 보는 검증기 준이 어느정도 약화되었음을 의미한다. 포퍼의 논의는 과학적 논의를 반증 가능한 영역으로 설정하면서, 논리실증주의자들이 과학적 논의에서 배제했던 검증 불가능한 것을 방증 가능한 것으로 과학적 논의영역에 포함시켰다. 이는 과학의 논의에 형이상학을 포함하자는 것으로 논리실증주의와 구분되는 점이다.

또다른 비판은 논리실증주의 내부에서 나타났다. 앞서 포퍼의 비판에서도 말했듯이 논리실증주의자들의 검증가능성은 매우 강도 높은 주장이었다. 즉 어떤 진술이 검증되면 진리이고, 검증되지 못하면 거짓이다. 그렇지만 검증 가능하더라도 검증되지 못한다면, 그것은 의미가 없는 거짓이라는 것이다. 이에 대한 비판이자 해결책을 에어(A. J. Ayer, 1910~89)가 『언어, 논리, 진리』(*Language, Truth, and Logic*, 1936)에서 내놓았다. 여기서 에어는 검증가능성을 '약한'(weak) 검증과 '강한'(strong) 검증으로 나눈다. 즉 어떤 진술이 경험적으로 참이거나 참으로 확인될 수 있다면, 그 진술은 '강한' 의미에서 검증 가능한 진술이다. 그러나 어떤 진술이 경험에서 그럴듯하게 참일 가능성이 있다면, 그 진술은 '약한' 의미에서 검증 가능한 진술이다.

5. 논리실증주의 과학철학의 성격

철학의 역사에서 과학은 늘 중요했지만, 그 가운데에서도 논리실증주의는 자연과학을 중요한 한가지 주제로 이끌어냈을 뿐만 아니라 '과학철학'(Philosophy of Science)이라는 철학의 한 분야를 가능케 했다. 특히 논리실증주의의 과학철학은 과학의 형식적 측면과 관련된 논의다. 그들의 논의와 이에 대한 반대 논의도 과학의 형식적 측면을 다루었다. 위에서 언급한 몇가지 비판 외에도, 핸슨(N. R. Hanson, 1924~67)이나 퍼트넘(H. Putnam, 1926~)이 거론했던 관찰명제와 이론명제 사이에 얽힌 문제점과, 콰인(W. V. O. Quine, 1908~2000)이 지적했던 분석명제와 종합명제 사이의 문제점 등을 중요하게 거론할 수 있다. 이 논의들은 과학의 내용적 측면과 관련된 것으로 과학의 정적(靜的) 부분을 문제 삼은 것이다.

논리실증주의 과학철학에 대한 가장 결정적인 비판은 쿤이 『과학혁명의 구조』(*The Structure of Scientific Revolutions*, 1962)에서 제기했던 과학의 동적(動的) 부분에 관한 것이다. 쿤의 주장에 따르면 역사의 발전 속에서 보자면 과학은 고정된 것이 아니라 늘 변화한다. 그러나 과학은 단순히 점진적·누적적으로 변하는 것이 아니라, 시대에 따라 혁명적·단절적으로 뒤바뀐다는 것이다. 따라서 논리실증주의 과학철학으로 대표되는 전통적인 과학철학의 논의는 과학을 고정된 것으로 파악하는 과학의 정적 부분에 관한 것일 뿐이다. 쿤은 이에 못지않게, 과학의 정적인 모습과 더불어 과학의 동적인 모습을 파악하는 것이 중요하다고 보았다.

| 박은진 |

읽어볼 만한 책

알프레드 J. 에이어 (2010) 『언어, 논리, 진리』, 송하석 옮김, 나남.

윌리엄 존스턴 (2008) 『제국의 종말 지성의 탄생: 합스부르크 제국의 정신사와 문화사의 재발견』, 변학수 외 옮김, 글항아리.

J. 요르겐센 (1994) 『논리경험주의: 그 시작과 발전과정』, 한상기 옮김, 서광사.

한스 라이헨바흐 (1994) 『과학의 발전과 함께 새로운 철학이 열리다』, 김회빈 옮김, 새길.

Blackmore, John (1928) *Ernst Mach's Vienna 1895-1930: Or Phenomenalsim as Philosophy of Science*, ed. Itagaki, Ryoichi and Tanaka, Setsuko, New York: Springer.

Carnap, Rudolf (1928) *Der logische Aufbau der Welt*, Hamburg: Felix Meiner.

_____ (1934) *Logische Syntax der Sprache*, Wien: J. Springer.

Friedman, Michael (1999) *Reconsidering Logical Positivism*, Cambridge: Cambridge University Press.

Giere, Ronarld N. and Richardson, Alan W. eds. (1996) *Origins of Logical Empiricism*, Minneapolis: University of Minnesota Press.

Kraft, Victor (1968) *Der Wiener Kreis. Der Ursprung des Neopositivismus*, Berlin: Springer.

Sarkar, Sahotra ed. (1996) *Decline and Obsolescence of Logical Empiriciism: Carnap vs. Quine and the Critics*, New York: Garland Publishing. Co.

_____ (1996) *Logic, Probability, and Epistemology: The Power of Semantics*, New York: Garland Publishing. Co.

_____ (1996) *The Legacy of the Vienna Circle. Modern Appraisals*, London: Routledge.

_____ (1996) *Logical Empiricism and the Special Sciences: Reichenbach, Feigl, and Nagel*, London: Routledge.

_____ (1996) *Logical Empiriciism at its Peak: Schlick, Carnap, and Neurath*, London: Routledge.

_____ (1996) *The Emergence of Logical Empiricism: From 1900 to the Vienna Circle*, New York: Garland Publishing, Inc.

Schlick, Moritz (1938) *Gesammelte Aufsätze 1926-1936*, Wien: Gerold & Co.

Stadler, Friedrich ed. (1993) *Scientific Philosophy: Origins and Developments*, New York: Springer.

합리주의의 과학철학

포퍼와 라카토슈 그리고 라우든[1]

현대 과학철학은 이론선택에서의 합리성을 중심으로 풍성한 논의를 전개했다. 20세기 초에 발흥했던 빈학단의 논리실증주의는 과학에 대한 확고한 입장을 개진함으로써 엄밀한 과학성의 기준을 제시했으나 포퍼의 반증주의의 등장으로 퇴조의 길을 걷다가 역사의 뒤안길로 사라졌다.

포퍼의 반증주의는 논리실증주의의 이론적 난점을 극복하고 반귀납주의를 표방하면서 과학적 지식의 성장에 대한 참신한 입장을 개진했지만, 쿤의 새로운 과학철학의 등장으로 심각한 도전에 직면했다. 쿤은 과학의 실제 역사에 기반을 두고 논리실증주의와 반증주의 과학관을 비판하면서 대안적 과학관을 제시했다. 1962년에 출간된 쿤의 『과학혁명의 구조』는 과학적 지식의 발전에 대한 새로운 설명을 제시하면서

---

1 이 글은 신중섭(1992, 1995, 1999, 2008, 2009)을 재구성한 것이다.

'합리주의와 상대주의의 논쟁'을 몰고 왔다.

쿤의 과학관을 받아들이면 과학이 누적적으로 진보한다는 전통적 과학관은 부정된다. 뿐만 아니라 과학이론을 비교하여 선택할 수 있는 합리적 기준도 존재하지 않기 때문에 이론선택은 '종교적 개종'과 유사해진다. 또한 파이어아벤트(P. Feyerabend, 1924~94)는 과학의 인식론적 우월성을 전면적으로 부정하는 '인식론적 아나키즘'을 주장했다. 이에 대항하여 라카토슈(I. Lakatos, 1922~74)는 쿤의 과학적·철학적 성과를 비판적으로 수용하면서 포퍼의 합리주의 전통을 재구성했다.

포퍼는 논리실증주의의 공식적인 반대자를 자처했지만 이들 사이에는 과학을 합리적 지식의 체계로 받아들였다는 중요한 공통점이 있다. 포퍼가 반귀납주의를 표방했다는 점에서는 논리실증주의자와 구별되지만, 논리와 합리성을 동일시하고 다양한 인간 활동 가운데 '과학적인' 활동을 가장 높이 평가한다는 점에서 같은 출발선상에 있다. 이들은 모두 과학이 다른 지식체계와 구별된다고 믿었으며, 인식론적으로 높은 자리를 차지할 수 있는 까닭은 과학이 가져다준 실제적인 혜택 때문이 아니라 객관적이며 계속해서 성장하고 있기 때문이라고 생각했다. 과학이 성장하는 덕분에 우리는 세계에 대해 더욱더 많이 알 수 있게 되었다고 믿었다.

포퍼의 방법론은 과학자들이 실제로 사용하는 방법에 대한 기술이 아니라 지식의 진보를 성취하기 위해 지켜야 할 규율을 제시한다는 점에서 규범적이다. "어떤 문제에 대한 해결책을 제안하고 그 해결안을 고수하려 하기보다는 다시 최선을 다해 그것을 뒤집어엎기 위해 애써야 한다"는 포퍼의 주장에는 강한 규범적 요소가 내재한다.

이 글에서는 포퍼의 반증주의 과학관과, 쿤을 위시한 역사주의자들의 도전에 직면하여 포퍼의 합리주의를 재구성한 라카토슈의 '연구 프로그램 방법론'과 라우든(L. Laudan, 1941~)의 '연구 전통'의 방법론을 중심으로 쿤 이후 과학에서의 합리주의를 소개하고자 한다.

1. 포퍼의 반증주의와 합리성

포퍼는 현대 과학철학과 사회철학에서 독보적인 업적을 성취했다. 그의 독창적인 철학은 과학철학에서 출발했다. 그러나 그에게 세계적인 명성을 가져다준 저서는 『탐구의 논리』(*Logik der Forschung*, 1934)가 아니라 『열린 사회와 그 적들』(*The Open Society and Its Enemies*, 1945)이다. 『열린 사회와 그 적들』을 출간할 당시 포퍼는 출판사도 구하지 못하는 수모를 당했지만, 후에 이 책이 출판됨과 동시에 맑스주의(Marxism)와 닫힌 사회에 대한 가장 정치하고 영향력있는 저서로 널리 알려지면서 그는 세계적 철학자로 부상했다. 그는 방법론적 측면에서 역사결정론에 기초한 역사주의를 비판하면서 인간을 역사의 주체로, 또한 자신의 의지적인 노력으로 '더 나은 세상'을 만들어갈 수 있는 존재로 격상시킴으로써 열린 사회와 자유의 옹호자, 사회철학자로서의 확고한 지위를 획득했다.

포퍼는 『더 나은 세상을 찾아서』(*In Search of a Better World*, 1984)에서 자신의 입장을 다음과 같이 분명하게 밝히고 있다.

"나는 반(反)맑스주의자며 자유주의자다."
"현대 좌파들의 무의미한 말들은 현대 우파들의 무의미한 말보다 아주 더 나쁘다."

"나는 반귀납주의자이며, 반감각주의자이며, 이론적이고 가설적인 것의 우선성을 옹호하는 사람이며, 실재론자다."

"나는 이 시대에 마지막 남은 계몽주의자다. (…) 내가 계몽주의자라는 사실은 내가 합리주의자라는 사실과 내가 진리와 인간의 이성을 믿는다는 사실을 의미한다. (…) 합리주의자란 자신이 순수한 이성적 존재가 되기를 원하는 사람이며, 다른 사람들을 순수한 이성적 존재로 바꾸려고 노력하는 사람이다."

그는 맑스주의, 비합리주의, 주관주의, 귀납주의에 반대한 자유주의자, 합리주의자, 객관주의자, 반귀납주의자다. 그는 전통적으로 과학적 방법이라고 인정받아 온 귀납주의 방법론을 전면적으로 부정하면서 반증주의 과학관을 택하여 과학의 합리성을 옹호했다. 그는 가류주의(可謬主義, fallibilism)에 기초하여 비판적인 논증을 옹호하면서 공허한 논쟁, 지적인 교만함과 뻔뻔함에 반대하고, 방다(J. Benda, 1867~1956)가 말한 '지식인들의 반역'에 대항했다.

포퍼는 사회철학자로서 확고한 명성을 얻었지만, 그의 학문적 출발점은 엄연히 과학철학이었다. 그는 이미 1934년에 『탐구의 논리』를 출간하면서 당시 부상하고 있던 논리실증주의에 대한 가장 강력한 비판자로, 또한 그것을 대체할 수 있는 과학방법론을 제시한 과학철학자로 주목받았다. 『탐구의 논리』는 1959년에 영역되어 『과학적 발견의 논리』(The Logic of Scientific Discovery)로 출판되었다. 이 책의 출간은 그가 영어권에서 과학철학자로 명성을 얻는 계기가 되었다. 이 책에서 그는 과학적 지식의 연구에 몰입하게 된 계기를 다음과 같이 밝히고 있다.

인식론의 중심문제는 언제나 그랬듯이, 그리고 지금도 여전히 지식의 성장의 문제다. 그리고 지식의 성장은 과학적 지식의 성장을 연구함으로써 가장 잘 연구될 수 있다.

그는 과학적 지식의 성장문제를 해명함으로써 지식에 대한 전통적 입장인 정당화주의와 토대주의에 도전했다.

이론가, 실험가를 막론하고 과학자는 언명들 또는 언명들의 체계를 제시하고 그것들을 단계적으로 검사한다. 특히 경험과학의 분야에서 그는 가설들 또는 이론들의 체계를 구성하고 관찰과 실험을 통해 그것을 경험에 비춰 검사한다.

나는 이러한 절차에 대한 논리적 분석을 제시하는 것, 즉 경험과학의 방법을 분석하는 것이 과학적 발견의 논리 또는 지식의 논리의 과제라고 제창한다.

그런데 이 '경험과학의 방법'이란 무엇인가? 그리고 우리는 무엇을 가리켜 '경험과학'이라 하는가?

포퍼는『과학적 발견의 논리』에서 경험과학을 정의한 다음 '경험과학의 방법이 무엇인가'라는 물음을 제기한다. 당시 이 질문에 대한 대답은 귀납법이었다. 과학의 방법은 귀납법이며, 귀납법을 사용함으로써 과학은 과학 아닌 것과 구별된다는 것이 당시 통념이었다. 그러나 포퍼는 과학의 방법으로서 귀납법을 단호하게 부정했다.

포퍼의 관점에 따르면 과학자들의 과제는 가설을 제시하고 테스트하는 것이다. 이러한 과정에 대한 연구가 '과학적 발견의 논리' 곧 '과학의 방법'에 대한 연구이며, 과학적 지식의 성장에 대한 연구다. 이 문제는 과학이 무엇인지를 설명하는 '경험과학에 속한 언명(이론들, 가설들)과 다른 언명, 특히 사이비과학적 언명, 전(前) 과학적 언명, 형이상학적 언명, 수학과 논리학의 언명을 구별하는 기준'인 구획기준의 문제와 밀접히 연결되어 있다.

포퍼는 이러한 물음에 대해 모범답안을 제시해온 전통적 귀납주의 과학관을 전면적으로 부정하면서 자신의 논의를 시작한다. 그는 귀납주의 과학관이 과학을 '귀납적 방법'으로 특징지을 수 있다고 주장했지만, '귀납적 방법'은 하나의 신화에 불과하며 과학자들은 귀납적 방법을 전혀 사용하지 않을 뿐만 아니라 이 방법은 많은 논리적 문제를 안고 있기 때문에 결코 정당한 방법이 될 수 없다고 지적했다.

과학자들과 일반인들이 과학의 징표로 여겨온 귀납적 방법을 과감하게 부정하고 완전히 새로운 눈으로 과학을 해석할 수 있는 통찰을 부여한 개념이 바로 '반증가능성'이다. 반증가능성은 포퍼 철학에서 가장 핵심적인 개념이다. 포퍼는 '반증가능성'이라는 개념을 사용하여 그가 인식론의 근본문제로 설정한 '귀납의 문제'와 '구획기준의 문제'를 해결하고 추측과 반박을 새로운 과학의 방법으로 제시했다. 과학이 추측과 반박을 통해 끊임없이 진리에 접근한다는 '지식의 성장' 이론은 반증주의 과학이론의 당연한 결론이라 할 수 있다.

(1) 귀납, 즉 수많은 관찰에 근거한 추론은 하나의 신화다. 그것은 심리학적인 사실도, 일상생활의 사실도 아니며, 과학적 절차의 사실도 아니다.

(2) 과학의 실제 절차는 추측과 함께 작용하며, (흄과 보른이 인식했듯

이) 종종 단 한번 관찰한 후에도 결론으로 비약하는 것이다.

(3) 반복된 관찰과 실험은 과학에서 추측이나 가설에 대한 시험, 즉 시도된 논박으로서 작용한다.

(4) 전통적으로 오직 귀납적 방법만이 구획기준을 제공할 수 있다고 잘못 믿어져왔는데, 귀납에 대한 잘못된 믿음은 그러한 구획기준의 요구에 의해 강화되었다.

(5) 그러한 귀납적 방법의 개념은, 검증가능성의 기준과 마찬가지로, 잘못된 구획 설정을 함축한다.

(6) 귀납은 이론을 확실하게 하기보다는 오직 개연적이게 할 뿐이라고 말한다 해도, 이러한 나의 논지는 결코 바뀌지 않는다.

과학과 비과학을 구별할 수 있는 기준의 문제는 '구획기준의 문제'다. 포퍼는 어떤 명제가 반증 가능한 경우 그 명제는 경험과학에 속한다고 말한다. 그러나 이 문제는 진리의 문제와 무관하다. 그는 "구획의 문제는 더욱더 중요한 문제인 진리의 문제와 구별된다: 거짓으로 밝혀진 이론도 거짓으로 밝혀졌음에도 불구하고 경험적 가설, 과학적 가설의 성격을 지닐 수 있다"라고 했다. 반증가능성은 가설이 진리인가 그렇지 않은가와는 무관하다.

포퍼는 반증가능성이 논리적 반증가능성임을 강조한다. 반증가능성은 명제의 논리적 구조와 관계있을 뿐이다. 구획기준으로서 반증가능성은 반증이 실제로 행해질 수 있거나 혹은 행해지는 경우 반증이 아무런 문제가 없어야 한다는 사실을 의미하지는 않는다. 그는 "나의 기준에 따르면 하나의 언명 혹은 이론은 적어도 하나의 잠재적 반증가능자 곧 적어도 그 언명과 논리적으로 상충할 수 있는 기초 언명이 존재하는 경우, 오직 그러한 경우에 한해서 반증 가능하다. 그런데 관련된 기초 언명이 참임을 요구하지 않는 것이 대단히 중요하다"고 말한다.

'모든 백조는 희다' 같은 명제는 반증 가능하다. 희지 않은 백조가 존재할 수 있기 때문이다. 그러나 '모든 인간의 행동은 자기 이익에서 나온 이기적 행동이다' 같은 언명은 반증이 불가능하다. 이러한 주장은 심리학, 지식사회학, 종교학에서 널리 주장되고 있지만, 어떤 이타적 행동도 그 행동 뒤에는 이기적 동기가 존재한다는 견해를 반박할 수 없기 때문이다.

포퍼는 반증가능성에 의해 과학과 비과학을 구별할 수 있다고 주장했다. 과학과 과학 아닌 것을 구별할 수 있는 기준이 있다면 이 기준을 사용하여 과학과 사이비과학을 구별할 수 있기 때문에 포퍼의 이러한 제안은 대단히 매력적이다. 과학을 높이 평가하는 시대정신에 편승하여 저마다 자신의 주장이 과학적이라 주장하는 상황에서 구획기준이 있다면 이것을 사용하여 사이비과학의 기만을 폭로할 수 있기 때문이다. 포퍼가 구획기준에 관심을 품게 된 배경에도 이러한 의도가 있었다. 즉, 그에게는 당시 과학을 표방하고 나온 정신분석학과 맑스주의가 비과학적임을 입증하려는 의도가 있었다. 그는 이 두 이론에 대해 어느정도 적대감을 품고 있었다. 아들러주의자(Adlerian)들은 순종하는 아들과 반항하는 아들 모두를 오이디푸스 콤플렉스로 설명하려고 했다. 포퍼는 아들러(A. Adler, 1870~1937)의 이론은 반증 불가능하기 때문에 비과학적이라는 결론을 내렸다. 맑스주의는 이와 상황이 조금 다르긴 하지만 여전히 비과학으로 분류될 수밖에 없다고 보았다. 맑스(K. Marx, 1818~83)는 많은 예측을 했지만 그 예측은 맞지 않았다. 그럼에도 불구하고 맑스주의자들은 결정적인 반증을 피하면서 변명을 늘어놓았다.

포퍼는 과학으로 위장하여 학문적 위상을 높이려 한 이론들의 정체를 폭로했다.

　포퍼는 과학의 합리성의 근거를 비판과 토론에서 찾음으로써 합리성의 개념을 바꾸어놓았다. 포퍼의 합리성에 대한 새로운 개념은 과학의 영역을 넘어 철학 전반에 확대 적용될 수 있으며, 근본적으로는 철학의 방법이라고도 할 수 있다. 그는 '합리적 태도'와 '비판적 태도'를 동일하게 본다. 철학과 과학에 방법이 존재한다면 그것은 합리적 토론의 방법이며, 이 방법은 "문제를 분명히 진술하고 그에 대해 제출된 다양한 해답들을 비판적으로 검토하는 것이다". 그는 '합리주의자가 된다'는 것이 의미하는 바를 다음과 같이 명쾌하게 이야기한다.

　　나는 합리주의자다. 내가 의미하는 합리주의자는 세계를 이해하려고 하고, 다른 사람과의 논쟁을 통해 배우려고 하는 사람이다. (…) '다른 사람과 논쟁한다'는 말의 의미는 다른 사람을 비판하고 그들을 비판에 끌어들이고 그 비판으로부터 배우려고 한다는 사실을 의미한다. 논쟁의 기술은 싸움의 특수한 형태다. 논쟁은 칼 대신 말을 통한 싸움이고, 세계에 대한 진리에 가까이 가려는 관심에 의해 격려된다.

　즉, 흔히 말하는 과학의 방법이란 바로 이러한 종류의 비판에 지나지 않는다는 것이다. 과학이론은 단지 비판받을 수 있다는 사실에 의해, 비판의 빛 아래에서 수정될 수 있다는 사실에 의해 신화와 구별되고 비과학과 구별된다. 합리주의에 대한 이러한 관점을 그는 '열린 사회론'으로 응용하여 사회철학에까지 확대했다. 비판과 토론의 방법은 폭력이 아닌 이성을 통해 우리가 더 살기 좋은 사회를 만들어갈 수 있다는 점진적 사회공학의 이론적 근거가 된다.

포퍼는 "과학 또는 철학으로 나아가는 길은 하나뿐이다. 문제와 만나고, 그 아름다움을 찾아내고, 그 문제와 사랑에 빠져라: 만일 더 매혹적인 문제와 만나게 되지 않거나 그 문제가 해결되지 않았다면, 죽음이 그 문제와 당신을 갈라놓을 때까지 그 문제와 결혼하고 행복하게 살아라"라고 했다.

마치 주례사와도 같은 이 말은 철학과 과학에 대한 그의 생각의 핵심을 잘 보여준다. 포퍼의 말에는 전문 과학자나 철학자뿐만 아니라 합리적이고 철학적인 삶을 살려는 평범한 사람들이 잊지 말아야 할 조언이 들어 있다. 철학의 시작은 진정으로 해결해야 할 자기 자신의 문제를 진지하게 해결하려고 노력하는 데서 출발한다. 우리가 위대한 철학자로 존경하는 사람은 많은 사람의 관심을 끌 수 있는 흥미진진한 문제를 사유하면서 해결하려고 노력한 사람인지도 모른다. 포퍼의 이 말은 우리에게 모든 사람이 위대한 철학자는 될 수 없을지라도 철학하면서 살 수 있다는 사실을 거듭 일깨워준다. 그러나 포퍼의 이러한 과학관은 실제 과학의 역사와 일치하지 않는다는 치명적인 문제점이 있다는 공격을 받고 그 설득력을 상당부분 상실했다.

2. 라카토슈의 연구 프로그램의 방법론

라카토슈의 '과학적 연구 프로그램의 방법론'은 쿤 이후 새로운 과학철학으로 자리잡은 비합리주의를 비판하고 새로운 과학의 합리성을 제시했다. 라카토슈는 과학에서의 이론선택의 문제와 관련하여 매우 제한된 의미를 지니는 과학의 '합리성'을 논의했다. 그에게 '합리성'의 문제란 경쟁하고 있는 이론들 사이의 비교와 선택을 가능하게 해주는 일반적 원리가 존재하는가 하는 문제와 동일하다. 합리주의에 따르면 경쟁하는 두 이론이 나타났을 때, 과학자들은 어떤 일반적 원리나 기준에 의해 한 이론이 다른 이론보다 우월하다는 판단을 하여 그 이론을 선택하게 된다.

그러나 상대주의에 따르면 다른 이론과 비교하여 한 이론의 우월성을 평가할 수 있는 보편적 기준은 존재하지 않는다. 한 과학이론을 좋고 나쁨으로 판단하는 기준은 개인과 사회에 따라 다르며, 개인이나 집단이 무엇을 가치있는 것으로 평가하는가에 따라 과학을 탐구하는 목적도 달라지게 된다. 라카토슈는 이러한 인식론적 가치와 심리적 영향력을 구분함으로써 상대주의를 강력하게 논파하려고 했다.

신념, 공동체의 약속, 이해, 관심은 인간의 정신상태다. 그러나 한 이론의 인식론적 가치는 그것이 정신에 미치는 심리적 영향력과 아무 관계도 없다. 한 이론의 객관적·과학적 가치는 그 이론을 만들어내거나 이해하는 인간의 정신과는 아무런 관계가 없다. 한 이론의 과학적 가치는 그 이론이 실제로 가지고 있는 객관적 지지에 달려 있다.(라카토슈 2002)

라카토슈는 과학사 연구를 통해 패러다임과 관련하여 쿤이 제시한 기본적인 주장을 적극적으로 수용하면서 과학사와 과학의 합리성을 함께 인정할 수 있는 방법론으로 '과학적 연구 프로그램의 방법론'을 제시했다. 라카토슈는 "나의 '연구 프로그램'이라는 개념은 쿤이 제시한 패러다임의 사회적·심리적인 개념을 객관적으로, '제3세계적으로' 재구성한 것으로 해석될 수 있다"라고 말한다. "과학사가 결여된 과학철학은 내용이 없고 과학철학이 없는 과학사는 맹목이다"라는 라카토슈의 주장은 합리성(과학철학)과 과학사를 긴밀하게 연결시킨 방법론의 탐구가 자신의 목적임을 잘 나타내준다.

라카토슈는 반증주의의 문제점에서 출발한다. 반증주의에 따르면 이론과 관찰이 서로 모순되는 경우, 폐기되어야 하는 것은 관찰이 아니라 이론이다. 과학자들이 독단의 단잠에 빠져 반증과 비판을 피하려고만 한다면, 이는 과학의 성장을 저해하고 나아가 지식의 진보를 가로막는 요소가 된다. 따라서 과학자들은 항상 이론이 지닌 약점을 찾아내 이를 제거하려고 노력해야 한다.

그러나 실제 과학사에서 우리는 이론과 관찰이 모순된 경우 관찰언명이 폐기되고 그 관찰언명과 모순된 이론이 유지된 사례를 얼마든지 찾아볼 수 있다. 다시 말해 과학사의 관점에서 보면 어떤 이론이 반증 또는 반박된다고 해서 곧 폐기되지 않았다는 점을 주시해야만 한다. 이러한 역사적 사실은 반증주의 과학관에 대한 결정적인 도전이 된다. 반증주의가 제시한 과학론을 과학자들이 한치도 어긋남 없이 지켰다고 한다면 일반적으로 전형적인 과학이론으로 받아들여져온 이론들은 그것이 제시되자마자 폐기되어버렸을 것이다. 뉴턴의 중력이론도 나온지 얼마 되지 않아 달의 궤도에 대한 관찰에 의해 반증되었지만 그 이론은 포기되지 않았으며, 이후에도 그의 이론과 모순되는 관찰사례가 많이 발견되었지만 이러한 이유로 이론이 폐기되지는 않았다. 이처럼 많은 반증사례에도 불구하고 뉴턴의 이론이 폐기되지 않은 것은 과학의 발전을 위해 매우 다행스러운 일이었다. 뉴턴의 이론뿐만 아니라 보어(N. Bohr, 1885~1962)의 원자론, 동역학이론, 코페르니쿠스(N. Copernicus, 1473~1543)의 이론에도 이와 동일한 상황이 일어났다.

라카토슈는 쿤이 '정상과학 안에서의 과학자의 활동'이라고 말한 것이 실제 과학사와 일치함을 인정하고 이 비판이 타당함을 받아들인다. 과학사를 연구해보면 모든 이론은 예외적인 '변칙사례'가 있으며, 과학자들은 이러한 변칙사례에 대해 조금도 마음 쓰지 않음을 알 수 있다는 것이다. 라카토슈는 은유적으로 "이론은 '변칙사례'의 바다에 잠겨 있다"라고 말한다. 그는 반증주의의 반증에 대한 설명이 실제 과학사와 일치하지 않는다는 치명적인 난점을 극복하기 위해 '반증'은 단일이론과 실험 양자의 대결에서 성립하는 것이 아니라 경쟁하는 이론들과 실험의 3자 사이에서 일어난다는 새로운 해석을 제시한다.

반증주의자는 이론을 반증하는 사례가 나타나면 그 이론이 즉각적으로 폐기된다고 생각했지만, 라카토슈는 이론을 반박하는 수많은 변칙사례가 나타난다고 해도 그 이론을 대신할 수 있는 새로운 이론이 나타나기 전에는 폐기되지 않는다고 주장한다. 그의 이러한 입장은 반증주의에 대한 쿤의 비판을 수용한 결과라고 볼 수 있으며, 이는 곧 반증의 과정에 역사성을 부여하는 것이 된다.

라카토슈는 포퍼의 반증주의와 쿤의 역사주의적 과학관을 비판적으로 계승하면서 자신의 '연구 프로그램의 방법론'을 발전시켰다. '연구 프로그램'은 방법론적 규칙으로 구성되어 있다. 이 방법론적 규칙은 연구자들이 무엇을 피해야 하는가를 지시해주는 부정적 발견법과 무엇을 추구해야 하는가를 지시해주는 긍정적 발견법으로 구성되어 있다.

바꾸어 말하면 한 연구 프로그램의 부정적 발견법은 그 프로그램의 기본 전제, 곧 견고한 핵은 반증되거나 수정될 수 없다는 규정을 포함한다. 모든 연구 프로그램은 견고한 핵으로 특징지어진다. 코페르니쿠스 천문학에서 견고한 핵은, 지구와 행성은 고정된 태양을 중심으로 회전하고 지구는 지축을 중심으로 하루에 한번 자전한다는 가정이다. 뉴턴물리학의 견고한 핵은 뉴턴의 세가지 운동법칙과 보편중력의 법칙이며, 맑스 유물론의 견고한 핵은 사회변화는 계급투쟁에 의해 일어난다는 가정과 계급의 본질과 투쟁의 자세한 사항들은 궁극적으로 경제적 토대에 의해 결정된다는 가정이다.

부정적 발견법(negative heuristic)은 견고한 핵에 부정식을 적용하는 것을 금지한다. 뉴턴의 프로그램에서 부정적 발견법은 뉴턴의 세가지 운동법칙에 부정식을 적용하는 것을 금지하고 있다. "이 견고한 핵은 지지자들의 방법론적 결단에 의해 반증 불가능한 것으로 받아들여진다." 견고한 핵과 일치하지 않는 경험적 사실이 발견된다고 할지라도 이를 근거로 하여 견고한 핵을 부정하려고 해서는 안된다. 그 대신 연구자들은 그 프로그램의 견고한 핵을 방어하기 위해 노력을 기울여야 한다. 반증으로부터 프로그램을 보호하기 위해서는 보조가설의 '대(帶)'를 만들어야 한다. 기존의 보조가설을 가다듬거나 새로운 보조가설을 만들어내어 견고한 핵을 반증에서 보호해야 한다. 견고한 핵은 항상 보조가설의 보호대(保護帶)에 의해 보호를 받는다. 뉴턴의 중력이론이 처음 제시되었을 때 이 이론을 반박하는 많은 변칙사례, 즉 반례들을 뒷받침하는 관찰이론이 나타나기는 했지만 뉴턴 물리학자들은 끈질긴 고집과 재능을 발휘하여 반례들을 뉴턴 이론을 뒷받침하는 입증사례로 바꾸어나갔다.

실험에 의해 실제로 부정되고 수정되는 것은 견고한 핵이 아니라 보호대다. 과학자들은 보조가설의 보호대에 대해서만 부정식을 적용할 수 있으며, 보호대만이 실험의 대상이 될 수 있다. 실험의 결과가 부정적일 때 과학자는 보호대를 고쳐 견고한 핵을 보호해야 한다. 라카토슈는 "견고한 핵을 지키기 위해 테스트와 정면으로 맞서서 수정되고 또 재수정되거나 또는 완전히 대체되어야 하는 것은 보조가설의 보호대다"라고 말한다.

라카토슈는 '세련된 반증주의'의 관점에서 '반증'과 '구획기준'을 재해석하면서 이러한 재해석과 일치하는 '과학적 연구 프로그램의 방법론'을 제시했으며, 이 방법론은 그동안 행해진 과학사 연구를 긍정적으로 수용하면서 과학의 합리성을 지지할 수 있는 토대를 제공했다.

3. 라우든의 '연구 전통'의 방법론과 합리성

라우든은 전통적 합리주의와 극단적 비합리주의를 넘어 새로운 합리성을 모색했다. 그는 이론선택의 보편적 기준을 제시함으로써 과학이 합리적임을 보여주려 했다. 그는 누적적 진보를 받아들이지 않고 합리성과 진리를 분리하여 기존의 합리성이론이 지닌 난점을 극복하려 했다. 그의 기본 주장은 다음과 같이 요약될 수 있다.

(1) 과학의 목적은 우주에 대한 진리탐구가 아니라 인식적 문제의 해결이다.

(2) 진리를 과학의 목적으로 설정한 방법론자는 과학이 비합리적이라는 결론을 내려야 한다. 왜냐하면 진리나 진리접근도는 용인될 수 없기 때문이다.

(3) 인식적 문제에는 경험적 문제와 개념적 문제가 있다.

(4) 이론은 그것이 갖는 문제해결의 유효도에 의해 선택된다.

(5) 문제해결의 유효도는 해결된 문제의 수와 중요성의 함수다.

(6) 진보는 문제해결의 유효도의 증가로 정의된다.

(7) 과학의 합리성은 과학의 진보를 최대로 만드는 데 있다.

(8) 평가의 주요 단위는 개별 이론이 아니라 연구 전통이다.

(9) 연구 전통의 적절성은 그 연구 전통을 구성하는 이론들의 문제해결 유효도의 함수다.

라우든은 과학을 '본질적으로 문제를 해결하려는 활동'으로 규정한다. 과학의 목적은 문제해결에 있다. 과학에서 이론선택의 합리성은 이론의 문제해결 능력에 의해 정의된다. 그에 따르면 문제해결 능력이 높은 이론이 그렇지 않은 이론보다 진보적인 이론이며, 이런 진보적 이론을 선택하는 것이 합리적 이론선택이다.

합리성은 진보의 함수이며, 진보는 문제해결의 유효성의 함수다. 과학의 목적은 높은 수준의 문제해결 능력을 지닌 이론을 얻는 것이다. 이러한 관점에서 본다면 과학의 진보는 선행이론보다 더 많은 문제를 해결하는 이론을 선택하는 데 있다.

라우든은 과학의 목적은 설명할 수 있는 경험적 문제를 최대화하고, 이 과정에서 발생하는 변칙적·개념적 문제를 최소화하는 데 있다고 생각한다. 이러한 최대화와 최소화를 가능하게 해주는 이론이 진보적 이론이고, 진보적 이론을 선택하는 것이 합리적 이론선택이다.

전통적 합리주의와 구별되는 라우든의 합리성이론의 특징은 진리문제와 관련지어 이론선택의 합리성을 규정하지 않는다는 데 있다. 그가 제시한 합리적 이론선택의 모델은 참, 거짓, 확률, 용인과는 아무 관계가 없다. 그는 "합리성은 우리가 그렇게 할 '충분한 이유'가 있기 때문에 어떤 행동을 하는 데 있다"라는 매우 일반적인 개념 정의에서 출발한다.

여기서 말하는 '충분한 이유'는 과학의 목적과 관련이 있다. 과학의 목적이 문제해결이기 때문에, 문제해결의 유효도를 높여주는 이론을 선택하는 것이 합리적인 이론선택이다. 라우든은 지금까지 합리성 및 진보와 관련하여 제기되어온 문제를 다음과 같이 요약했다.

> 합리성 또는 과학의 진보에 대한 모든 평가는 불가피하게 과학이론의 진리문제와 관련되어 있다고 주장되었다. 일반적인 이 주장에 따르면 합리성은, 참이라고 믿을 만한 충분한 이유를 가지고 있는, 세계에 대한 언명을 받아들이는 것이다. 역으로 진보는 진리접근과 자기수정의 과정을 거쳐 진리를 계속 얻는 것으로 해석되었다. 나는 합리성을 진보에 종속시킴으로써 이 문제를 역전시키려고 한다. 이 입장에 따르면 합리적인 선택은 진보적인 것(곧 우리가 승인하는 이론의 문제해결의 유효성을 증진시키는 것)을 선택하는 것이다. 나는 이렇게 합리성을 진보와 관련시킴으로써 이론의 진리 또는 진리접근성을 가정하지 않고도 합리성의 이론을 가질 수 있다고 주장한다.(라우든 1994)

라우든은 합리성을 진보와 관련시키고 있지만, 그에게는 합리성보다는 진보 개념이 더 중심적이다. 그는 합리성을 통해 진보를 정의하지 않고, 진보를 통해 합리성을 규정한다. 달리 말하면 진보적 이론을 선택하는 것이 합리적 이론선택이지, 합리적 이론을 받아들임으로써 진보가이루어지는 것은 아니다.

라우든은 진리접근성이라는 변형된 진리 개념을 통해 합리성을 정의하려고 하면 과학은 비합리적이라는 결론에 도달한다고 주장한다. 그는 과학의 목적을 진리로 설정하는 것은 유토피아적이라고 말한다. 왜냐하면 우리가 진리에 얼마나 도달했는가를 알 수 없기 때문이다. 실제로 어떤 이론이 참이거나 또는 확률적으로 참이거나, 진리에 접근하고 있음을 구체적으로 확인할 수 있는 방법이 없기 때문에, 우리는 진리라는 목적에 얼마나 도달했는지를 알 수 없다는 것이다. 그러나 라우든은 자신의 문제해결의 유효도에 따른 합리성의 모델은 이러한 난점을 지니지 않는다고 주장한다. 구체적인 상황에서 한 이론이 이전의 이론보다 문제해결에 더 효과적인가 그렇지 않은가만을 결정하는 것은 어려운 문제가 아니기 때문이다. 그런데 여기에서 어떤 이론이 더 효과적인가를 판단하는 것은 형식적인 계산의 문제가 아니고 철저하게 역사적인 문제다.

예를 들면 18세기의 데까르뜨적이고 라이프니츠적인 연구 전통이 무너지고 뉴턴적인 연구 전통이 그 자리를 차지하게 된 것이 진보였는가 아닌가 하는 것은 당시 과학계의 토론과 논쟁을 면밀히 검토해야만 알 수 있다는 것이다. 이때 필요한 것은 역사가의 역사적 상황판단이다. 역사적으로 상황을 판단하는 경우에 한해, 당시 토론과 논쟁에서 어떤 문제가 경험적이고 개념적인 문제로 제기되었는가를 알 수 있으며, 역사적 맥락 안에서 이러한 문제가 얼마나 중요했는지를 판단할 수 있기 때문이다. 이렇게 되면 이론선택이 합리적이었는가 비합리적이었는가 하는 것은 형식적인 계산의 결과가 아니라, 철저하게 그 선택이 행해진 역사적 맥락에 의존하게 된다.

이로써 과거의 과학이 지닌 합리성을 분석할 때엔 그와 관련하여 그 시대의 과학자들이 생각한 과학활동에 대한 합리성의 개념을 무시해서는 안된다는 사실이 분명히 드러나게 되었다. 그 이유는 '과거의 과학자들은 현대의 합리성의 기준에 구속받지 않은 상태에서 우리의 기준이 아닌 자신들의 기준에 따라 당시 이론의 수용가능성에 대한 결정을 내려야만 했기' 때문이다. 물론 우리가 가진 합리성이론이 그들의 그것보다 더 낫다는 생각을 가질 수도 있지만, 우리의 기준에 따라 그들을 판단하는 것은 논리적으로 가능하지 않을 뿐만 아니라 역사적인 이해에 아무런 도움이 되지 않는다는 것이다.

라우든의 이러한 주장이 과거 과학자들의 실제적인 평가 모두를 합리적인 것으로 간주해야 된다는 것을 뜻하지는 않는다. 실제 과학자들이 판단한 것을 모두 합리적인 것으로 간주해야만 한다면, 합리성이론은 단순히 기술적 차원에 머물게 되고 규범적 단계까지는 나아가지 못하게 될 것이다. 과거 과학자가 '이론 T2가 이론 T1보다 더 낫다'는 판단을 했다고 해서 '실제로 이론 T2가 이론 T1보다 더 낫다'는 것을 보장해주지는 못한다는 말이다.

라우든에 따르면 '과학자들이 어떻게 경쟁관계에 있는 이론들 가운데 하나의 이론을 선택하는가'라는 기술적인 물음과 '과학자들이 어떻게 경쟁관계에 있는 이론들 가운데 하나의 이론을 선택해야만 하는가'라는 규범적인 물음은 구별되어야만 한다. 그는 형식적 합리주의의 고유한 특성인 기술과 규범(과학철학자들이 외삽extrapolation한 특성들)의 이분법을 지금까지 유지하고 있다.

라우든처럼 합리성을 문제해결의 유효도 함수로 볼 때 제기되는 문제점 가운데 하나는, 경쟁관계에 있는 연구 전통들 사이에서 무엇을 문제로 간주하고 무엇을 그 문제에 대한 해결로 간주해야 하는가에 대한 일반적 합의가 없는 경우 어떻게 합리성이 결정될 수 있는가 하는 점이다. 맥멀린(E. T. McMullen)은 라우든의 말대로 "무엇이 문제로 간주되어야 하는가는 궁극적으로 연구 전통에 의해 결정된다"며 한 연구 전통이 갖는 문제해결의 유효도는 오직 한 연구 전통의 내부에서만 측정할 수 있기 때문에 연구 전통들 사이의 비교는 불가능하다고 했다.

맥멀린은 라우든이 문제와 이론 사이의 관계를 고려할 때 쿤의 입장을 따라 '문제'가 완전히 연구 전통에 의존하는 것으로 파악하는 점을 지적한다. 그러나 이러한 지적은 비판의 여지가 있다. 문제가 완전히 연구 전통에 의존적이라고는 말할 수 없기 때문이다. 또한 라우든은 문제가 완전히 연구 전통에 종속된다고 생각하지는 않는다. 경쟁관계에 있는 연구 전통들은 의사소통이 불가능할 정도로 통약 불가능하지는 않기 때문이다. 전통적 합리주의자들의 주장처럼 한 이론이 제3의 이론으로 환원될 수 없다는 의미에서는 연구 전통이 서로 통약 불가능하다. 하지만 공통의 문제가 전혀 없다거나 의사소통이 완전히 불가능하다는 의미로 보면 두 연구 전통은 통약 불가능하지 않다. 따라서 두 연구 전통이 공통의 문제로 간주할 수 있는 문제는 존재할 수 있다고 라우든은 주장했다.

지겔(H. Siegel)은 라우든의 이러한 주장을 인정한다고 하더라도 문제가 해결되기는 어렵다고 말한다. 경쟁관계에 있는 연구 전통의 지지자들이 어떤 문제가 해결되어야 할 문제라는 데 동의한다 할지라도 그들은 그러한 문제의 본질과 중요성을 때때로 달리 평가할 수 있기 때문이다. 곧 두 연구 전통의 지지자들은 어떤 것이 하나의 문제라는 점에는 동의하지만, 그것의 상대적 중요성에 대해서는 의견을 달리할 수도 있기 때문에 경쟁적인 연구 전통의 장점을 평가하는 데는 합의를 보지 못한다는 것이다. 이에 대해 라우든은 구체적인 역사적 상황에서 연구하는 과학자들은 연구의 비중과 중요성에 대해 공통적인 인식이 있다는 반론을 제기했다.

여기서 '문제'라는 개념을 집합명사로 사용하면, 시간과 장소를 달리하면서 나타난 문제들 간의 중요성이나 특징이 모호해질 위험이 있다. 결국 구체적인 역사적 맥락을 떠나 객관적으로 문제의 중요성을 매기려는 라우든의 입장은 전통적 합리주의자와 동일한 입장이 되어 이론 선택에서 역사성을 충분히 반영했다고 보기는 어렵다.

4. 맺음말

20세기에는 과학철학의 합리성의 범형으로서 과학의 특성이 무엇인가에 대한 논의들이 꽃을 피웠다. '의미기준'으로서 검증가능성을 제시한 논리실증주의는 과학에 대한 참신한 입장을 개진함으로써 한동안 지배적인 과학철학의 자리를 굳혔다. 그러나 포퍼의 반증주의 과학철학이 등장함으로써 논리실증주의는 빛을 잃게 되었다. 포퍼는 당당하게 논리실증주의의 죽음을 선언했다.

그러나 쿤의 혁명적 과학철학과 파이어아벤트의 인식론적 무정부주의가 등장함으로써 합리주의와 상대주의에 대한 논쟁이 활발하게 전개되면서 과학철학의 꽃은 만개했다. 1970년대 과학철학은 포퍼의 반증주의를 중심으로 한 합리주의 진영과 쿤의 역사주의 전통을 중심으로 한 비합리주의 진영이 첨예하게 대립했고, 라카토슈의 '연구 프로그램'의 방법론과 라우든의 '연구 전통'의 방법론이 뒤를 이었다.

과학적 지식에 대한 구성주의자들의 등장은 쿤의 과학관에 힘을 더

해주었다. 포스트모더니즘 과학철학이 기세를 떨침에 따라 합리주의 과학철학은 상당히 위축되었다. 과학기술이 초래한 현대과학기술 문명에 대한 총체적인 비판이 제기되면서 합리주의 과학철학은 근대 계몽주의의 쇠퇴와 함께 그 운명이 다한 것처럼 보이기도 하지만, 여전히 과학은 현대문명에서 확고부동한 자리를 확보하고 있다. 과학기술의 성공과 영향력이 엄존하는 한, 과학을 합리적 지식으로 파악하는 과학철학적 설명은 여전히 필요하며, 이에 부응하여 과학의 합리성에 대한 새로운 모색이 필요하다.

| 신중섭 |

읽어볼 만한 책

라카토슈 (2002)『과학적 연구 프로그램의 방법론』, 신중섭 옮김, 아카넷.

라우든 (1994)『과학과 가치』, 이유선 옮김, 민음사.

신중섭 (1992)『포퍼와 현대의 과학철학』, 서광사.

_____ (1995)「비판과 지식의 성장」,『철학과 현실』1995년 봄호, 철학과
현실사.

_____ (1999)「과학의 합리성」, 조인래·박은진·김유신·이봉재·신중섭
지음『현대 과학철학의 문제들』, 아르케.

_____ (2008)「포퍼, 라카토슈, 파이어아벤트의 과학철학」, 한양대학교
과학철학교육위원회 엮음『인문사회계 학생을 위한 과학기술의 철학
적 이해』, 한양대학교출판부.

_____ (2009)「"더 나은 세상을 찾아서" 서평」,『과학철학』2009년 봄호,

한국과학철학회.

칼 포퍼 (1994) 『과학적 발견의 논리』, 박우석 옮김, 고려원.

_____ (2001) 『추측과 논박 1, 2』, 이한구 옮김, 민음사.

Laudan, Larry (1976) *Progress and its Problems*, Berkeley: University of California Press.

역사주의 과학철학자 쿤

1.『과학혁명의 구조』

오늘날 과학철학은 과학사와 밀접하게 관련되어 있다. 과학철학의 모든 논제가 과학사적 사례연구에 의해 뒷받침되어야 한다는 말은 이제 상식에 가깝다. 과학철학자들은 누구나 과학사 연구에서 주어지는 경험적 자료를 토대로 과학의 실제 모습에 부합하는 과학상을 제시하려고 노력한다. 이와 같이 과학사가 과학의 법칙과 이론을 평가하기 위한 평가기준의 원천인 동시에 증거라고 보는 입장을 우리는 '역사주의'라고 부른다.

이 역사주의 과학철학은 1960년대 쿤을 비롯한 일단의 과학철학자들에 의해 확립되었다. 핸슨, 툴민(S. Toulmin, 1922~2009), 라카토슈, 파이어아벤트, 폴라니(M. Polanyi, 1891~1976) 등은 과학사에 대한 연구를 토대로 과학에 대한 당시의 '수용된 견해'(received view)[1]를 비판했다. 그들은 논리경험주의자들이 합리적으로 재구성한 과학에 관한 설명이 역사적 자료들과 불일치하기 때문에 잘못된 것이라고 주장했다. 역사적인 정향(定向)을 지닌 이 철학자들은 합리적 재구성주의자들이 제시한 이론이 지닌 여러가지 가정을 반박하는 과학사의 사례들을 제시했다. 이들의 '새로운 과학철학'은 과학을 인간의 활동으로 규정하고, 과학활동의 역동적 측면을 드러내려고 했다.[2] 이러한 새로운 과학철학의 중심에 있던 사람이 바로 토머스 쿤이다.

쿤은 그가 만년에 아테네대학에서 가진 대담에서 말했듯이 "철학을 위해 과학사로 전향한 물리학자"였다. 쿤은 본래 하버드대학 물리학과를 졸업하고, 같은 대학원에서 석사와 박사 학위를 취득했다. 그는 당시 하버드대학의 총장 코넌트(J. Conant)가 주도한 대학교육 개혁 프로그램의 일환으로 마련된 일반 교양강좌에서 과학사를 가르치면서, 비로소 과학사에 눈을 떴다. 하지만 그가 공부한 과학사는 종래의 과학사가 아니었다. 그는 과학을 인류의 가장 위대한 업적이라고 여기지 않았고, 다른 모든 인간활동을 위한 모델이라고 생각하지도 않았다. 또 과학이 과거의 이론을 기반으로 누적적으로 성장한다는 관점에서도 벗어났다. 쿤은 과학을 진리를 향한 필연적 진보로 보는 전통적 견해, 즉 휘그주의 과학사(Whig history of science)를 거부한 것이다. 대신에 그는 과학은

---

1 '수용된 견해'라는 표현은 수페(F. Suppe)가 Suppe 1977, 3면에서 처음 사용했다.

2 새피어(D. Shapere) 같은 이는 1960년 이후 쿤, 핸슨, 파이어아벤트, 툴민, 폴라니 등에 의해 제시된 과학관을 '새로운 과학철학', 이들이 제시하는 과학상을 '새로운 과학상'(new image of science)으로 지칭한다. 그들은 과학에 대한 논리적·방법론적 분석을 거부하고, 과학사에 대한 동태적 분석을 시도하며, 위에서 지적한 논리실증주의와 포퍼의 전제들을 거부한다는 점에서 의견이 일치한다. 이런 의미에서 그들의 과학관을 역사적·탈방법론적 과학관이라고도 부른다. Shapere 1991, 37면.

인간이 이룩한 여러 업적 중의 하나에 불과하며, 과학의 각 이론과 관점 들은 당시의 시대적 맥락에서 이해되어야 한다고 보았다. 그가 보기에 과학은 전혀 다른 개념체계가 교체되는 방식으로 변화한다. 이러한 생각은 그의 첫 저작 『코페르니쿠스 혁명』(*The Copernican Revolution*, 1957)에 처음 제시되었다. 이 책에서 쿤은 근대과학에서 프톨레마이오스(K. Ptolemaios) 체계가 무너지고 코페르니쿠스 체계가 확립되는 과정을 분석했다. 여기서 그는 당시 코페르니쿠스 혁명에 미친 신플라톤주의의 영향을 밝혔다. 이러한 그의 작업에 큰 영향을 미친 사람은 내적 과학사(internal history of science)를 강조해왔던 프랑스의 과학사가 꼬이레였다.

1962년 『과학혁명의 구조』를 간행하면서 쿤은 드디어 주목받는 과학철학자로 떠올랐다. '수용된 견해'에 대한 뚜렷한 반박을 담고 있었던 이 책은 당대 과학철학자들에게 새로운 과학철학 혹은 역사주의 과학철학의 전범이 되었다. 과학사학자와 과학사회학자 들은 『과학혁명의 구조』를 과학연구의 패러다임으로 여겼다. 그 덕분에 '과학지식사회학'(Sociology of Scientific Knowledge, SSK), '과학기술학'(Science and Technology Studies, STS), 혹은 '과학학'(science studies) 등의 새로운 연구 프로그램이 탄생했다. 아마도 『과학혁명의 구조』는 20세기 후반의 학술저서 가운데 가장 잘 알려진 책일 것이다. 이 책은 출간된 뒤 35년 간 거의 100만권이 팔렸고, 20개국의 언어로 번역되었다. 또한 인문학과 사회과학 서적 가운데 가장 많이 인용된 책이고, 많은 자연과학자들이 공감하여 받아들인 몇 안되는 저작 중의 하나다. 특히 그의 패러다임 이론은 과학에서의 개념 및 이론 변화를 설명하기 위한 이론이었지만, 이론-변화에 관한 그의 모델은 여러 학문적·지적·사회적 활동 영역에

102

적용되었다. 전체적으로 보아 그 책의 영향은 유익한 것이었다.『과학혁명의 구조』는 학문상의 위계를 평정하고, 부적절한 방법론적 규범을 전복하는 데 도움을 주었으며, 결과적으로 서구의 고등교육 씨스템에서 다원주의적 분위기를 고무하는 데도 기여했다.

이로 미루어 우리가 오늘날 쿤의 철학을 어떻게 다시 해석하고 이해하는가에 관계없이, 생전의 쿤은 영미 과학철학계에서 가장 영향력있는 인물이었음을 부정할 수 없다. 그의 영향력은 과학사와 과학철학뿐만 아니라, 사회과학과 인문학, 그리고 그외의 학문영역에 넓게 미쳐왔다. 그럼에도 불구하고 쿤의 철학을 맴도는 전설은 그가 상대주의자이자 비합리주의자이며 관념론자라는 것이다. 나아가 쿤은 포스트모더니즘이 제기한 과학전쟁의 주모자라고 매도당하기까지 한다. 이 글에서는 쿤의 사상을 전반적으로 소개하면서, 특히 과학의 합리성에 대한 쿤의 견해를 살펴보고자 한다. 그럼으로써 쿤이 비합리주의자도 상대주의자도 나아가 관념론자도 아님을 논증하려 한다. 오히려 그를 온건한 합리주의자로 제시하고자 한다. 이를 위해 먼저 쿤의 과학철학이 등장하는 맥락을 살펴보고, 전설상의 쿤이 받아온 오해의 근원이 어디인가를 더듬어보자.

2. 쿤이 등장하던 맥락: '수용된 견해'

1960년대에 들어서기 전까지 영미 과학철학을 지배했던 논리경험주의는 과학을 지나치게 이상화했다. 논리경험주의자들은 과학활동이 실제 어떻게 이루어지는가를 기술(記述)하고 설명하는 일에 관심을 두지 않았다. 그들은 과학을 명제의 체계로 보았으며, 그리하여 그들의 목적은 그 명제 체계에 적절한 논리적·인식론적 토대를 제공하는 것이었다. 그들의 일차적 목표는 과학을 설명하려는 것이 아니라, 과학을 정당화하는 데 있었다. 그러한 정당화 작업은 곧 과학적 명제들 사이의 논리적 관계를 분석하는 일이다. 논리학은 순수하게 선천적인 영역이기 때문에, 과학적 사고에 대한 철학적 연구는 선천적인 작업이 된다. 그것은 이상화된 논리적 과학자가 현실의 과학자와는 달리 어떻게 생각해야 마땅한가에 관한 연구다. 따라서 논리경험주의자들은 심리주의를 철저히 거부했다. 여기서 심리주의란 논리학과 심리학, 논리학적인 문제와 심리학적인 문제를 혼동하는 것을 의미한다. 대신에 그들은 논리주의를 채택했다. 논리주의는 인식론의 문제는 곧 정당화의 문제이고, 그 문제는 명제에 대한 논리적 분석을 통해 해결될 수 있다고 보는 입장이다. 달리 말해 논리가 평가적 기준의 원천이며, 이 기준은 심리학적 혹은 역사적 분석으로부터 독립적으로 고찰됨으로써 정당화된다고 보는 입장이다. 그것은 현대 논리학의 창업자로서 논리학과 심리학을 엄밀히 구분한 프레게의 가르침으로부터 온 것이다. 그들에게 과학철학이란 곧 '과학의 논리학'이었다(Shapere 1981, 28면).

아리스토텔레스 이래로 형식논리학이 명제나 논증의 '내용'보다는 '형식'에 주된 관심을 가졌듯이, 논리학을 도구로 한 그들의 분석은 주로 과학적 명제와 논증의 '내용'보다는 그것의 형식에 집중되었다. 그들은 실제의 특정한 과학적 이론보다는 모든 가능한 과학적 설명의 논리적 패턴, 즉 특정한 과학적 논증보다는 증거적 진술과 이론적 결론 사이의 논리적 관계를 분석하는 데 주된 관심을 보여왔다(Shapere 1981, 29면).

과학에 대한 논리적 분석에서 드러나는 과학자의 모습을 하나의 인지적 행위자로 보았을 때, 그것은 무한한 메모리를 가진 논리적 씨스템으로 각기 고립된 채 행동할 수 있는 존재다. 그러한 이상화된 과학자의 모습은 현실에서 활동하는 과학자의 모습과는 상당히 거리가 있는 것이었다. 또한 그들이 정당화 작업을 위해 재구성한 과학 역시 실제 과학의 모습과는 동떨어진 것이었다. 그들의 철학적 작업이 근본적으로 선천적인 성격의 것이었고, 그들이 심리학적 연구를 도외시했다는 점을 떠올려보면 그것은 당연한 결과였다.

이와 같이 과학에 대한 논리적 분석을 통해 얻어진 주장들을 '수용된 견해'라고 부른다. 수피는 '수용된 견해'를 다음의 몇가지 명제들로 집약했다. (1) 관찰과 이론은 엄밀히 구분된다. (2) 과학은 누적적으로 진보한다. (3) 과학은 엄밀한 연역적 구조를 지닌다. (4) 과학에는 통일된 방법이 있다. (5) 과학은 통합적 체계다. (6) 정당화의 맥락과 발견의 맥락은 분리할 수 있다.

3. 쿤의 새로운 방법론

당시에 이미 많은 철학자들은 논리경험주의가 채택한 논리적 분석이라는 방법에서 수많은 난점과 한계를 발견하고 있었다. 또한 이를 토대로 과학철학의 문제들에 대한 완전히 새로운 접근 방법이 요구된다고 여겼다(Shapere 1981, 31면). 쿤 역시 논리경험주의자들이 과학의 현실과는 동떨어진 '수용된 견해'를 제시한 배경을 그들의 방법에서 찾았다. '수용된 견해'에 대한 쿤의 비판은 주도면밀하게 이루어졌는데, 바로 새로운 방법의 도입을 통해서였다. 쿤이 제안한 새로운 과학철학이 커다란 반향을 불러일으킨 것은 기존의 과학관에 정면으로 도전하는 혁명적인 내용을 담고 있었기 때문만은 아니다. 무엇보다도 그것이 새로운 접근 방법에 대한 요구에 부응했기 때문이다.

그의 첫번째 방법은 과학사를 올바르게 연구하는 것이다. 이는 과학이 이룬 업적을 제대로 확인시켜주려는 작업이다. 그리고 역사적 사실을 토대로 경험적으로 적합한 과학철학을 확립하려는 것이다. 이 두가지 작업의 수행과 결과가 곧 그의 역사주의 과학철학이다. 쿤은『과학혁명의 구조』의 첫머리를 다음과 같이 시작한다.

> 실제 과학이 수행되어온 과정에 대한 과학사적 탐구는, 과학의 본성과 그것이 특이하게 성공한 이유에 대해 현재 우리가 일반적으로 품고 있는 생각들이 얼마나 송두리째 잘못된 것인지를 잘 보여주고 있다. 우리가 과학에 대해 품고 있는 생각, 그것은 실제 과학사의 탐구를 통해 드러나는 과학의 모습과는 너무나 걸맞지 않은 것이다. (…) 역사를 단순한 일화(anecdote)나 연대기 이상의 그 무엇을 포함하는 것으로 본다면, 과학사는 현재 우리가 가지고 있는 과학관에 결정적인 변혁을 가져다줄 수 있는 것이다.(Kuhn 1970, 1면)

쿤의 두번째 방법은 과학자 집단에 대해 사회학적으로 연구하는 것이다. 쿤이 보기에 "과학적 지식은 언어와 마찬가지로 본질적으로 어느 한 집단의 공통된 속성이다"(Kuhn 1970, 209~10면). 과학활동의 주체는 개인으로서의 과학자가 아니라, 과학자 집단 혹은 과학공동체다. 그러므로 과학자 집단에 대한 사회학적 연구를 통해 과학자 집단의 고유한 특성과 메커니즘을 이해할 때에만 과학활동의 본성을 이해할 수 있다. 쿤은『본질적 긴장』에서 자신의 방법을 다음과 같이 규정했다.

오늘날까지 과학적 방법에 관한 논의는 건전한 지식을 만들기 위해서는 따르지 않으면 안되는 일련의 규칙을 추구해왔다. 이에 대해 나는, 과학은 개인에 의해 행해지지만 과학적 지식은 본래 집단의 산물이고, 그 특별한 노력과 발전 방법은 지식을 만들어내는 집단의 특수한 성질과 관계시키지 않고는 이해될 수 없다는 것을 계속 주장해왔다. 이런 의미에서 나의 연구는 분명히 사회학적이었다.(Kuhn 1977, xx면)

셋째로, 쿤은 「발견의 논리인가, 연구의 심리학인가?」라는 논문에서 포퍼의 입장을 비판하면서 사회심리학적 연구의 당위성을 다음과 같이 피력한 바 있다.

그(포퍼)가 '인식의 심리학'을 반대할 때, 칼 경(포퍼)의 명확한 관심은 단지 개인적인 영감(inspiration)의 원천 혹은 확실성에 대한 개인의 감각이 방법론과 관련된다는 생각을 부정하려는 것이었다. 그것에 대해 나는 동의하지 않을 수 없다. 그러한 한 개인의 심리학적 특성(idiosyncrasy)을 거부하는 것은 한 과학적 집단의 인정받은 구성원들의 심리학적 구조(make-up) 안에서 양육(nurture)과 훈련에 의해 주어진 공통된 요소를 거부하는 것과는 거리가 멀다.(Kuhn 1969, 22면)

쿤은 또한『과학혁명의 구조』서론에서 이러한 접근 방법들에 대해 다음과 같이 종합적으로 언급하고 있다.

우리는 가끔 역사를 순수한 서술적 학문이라고 말한다. 그러나 여기서 제시된 주장들은 간혹 해석적이고 규범적이다. 또한 나의 일반화의 많은 부분은 과학자들에 대한 사회학 또는 사회심리학에 관한 것이다. 그러나 적어도 몇가지의 결론은 전통적으로 논리학과 인식론에 속하는 것이다.(Kuhn 1970, 8면)

우리는 여기서 쿤이 역사적·사회학적·사회심리학적 연구를 통해 논리학과 인식론과 관련된 과학철학의 문제를 언급할 수 있다고 주장하고 있음을 알 수 있다. 이러한 주장은 지금까지 널리 인정되어온 '발견의 맥락'과 '정당화의 맥락'을 구분하는 원칙을 위배하는 것이다. 이에 대해 쿤은 "어찌해서 과학사가 지식에 관한 이론들이 정당하게 적용되기를 요구하는 현상의 원천이 되지 않을 수 있는가?"(Kuhn 1970, 9면)라고 반문한다.

4. 쿤의 새로운 과학상

쿤은 앞서 언급한 방법론을 토대로 『과학혁명의 구조』에서 몇가지 새로운 개념들을 등장시키면서 그의 새로운 과학상을 제시했다. 그 개념 가운데는 정상과학(normal science), 패러다임(paradigm), 퍼즐풀이(puzzle-solving), 위기에서의 과학(science in crisis), 과학혁명 등이 있다. 이 개념들은 서로 유기적으로 관련을 맺으면서 그의 과학관을 형성하고 있다. 먼저 이러한 개념들에 대한 쿤 자신의 설명에 의존해 과학에 대한 그의 새로운 이해를 살펴보기로 하자.

1) 정상과학

쿤에게 과학연구 활동은 크게 두 종류로 구분된다. 하나는 대부분의 과학자들이 하나의 과학 전통에 입각해 일상적 연구를 진행하는 통상연구(normal research)이고, 다른 하나는 그러한 과학 전통을 새로이 마련해야 하는 위기에 봉착한 경우에 진행되는 비통상연구(extraordinary research)다. 통상연구는 과학의 발전에서 대부분의 시기를 점하는 것인데 비해, 비통상연구는 매우 드물고 예외적인 것이다.

쿤은 통상연구를 '정상과학'이라고 부르는데, 정상과학이란 특정의 '과학공동체'(scientific community)가 일정기간 동안 과거의 과학적 업적을 전해받아, 그것을 기초로 진행하는 연구(Kuhn 1970, 10면)를 말한다. 정상과학에서 행해지는 과학교육은 교과서에 의해 제시된 사고의 습관과 행위에 대한 소개이고, 완성된 과학활동에 대한 입문이다. 그것을 통해 과학자들은 개념적·이론적·도구적·방법론적인 수행의 틀을 얻게 된다. 이 정상과학은 사실이나 이론의 변혁을 목적으로 하는 것이 아니다. 정상과학에서 문제를 해결한다는 것은 "새로운 방법으로 예상되어 있는 것을 얻는 것이고, 모든 종류의 복잡한 장치적·개념적·수학적 퍼즐을 푸는 것이다"(Kuhn 1970, 36면). 그 연구는 사실의 측정, 사실과 이론의 조화 및 이론의 정비라는 세가지 내용을 지니지만, 그 어느 것도 이론의 새로운 창조를 의미하는 것은 아니다.

2) 패러다임

패러다임이란 아리스토텔레스의 『자연학』(*Physica*), 프톨레마이오스의 『알마게스트』(*Almagest*), 뉴턴의 『프린키피아』(*Principia*)와 『광학』

(*Opticks*), 프랭클린(B. Franklin, 1706~90)의 『전기학』(*Electicity*), 라부아지에의 『화학』(*Chimie*), 라이엘(C. Lyell, 1797~1875)의 『지질학』(*Geology*)같이 인정받은 실제 과학연구의 사례들로서 "법칙, 이론, 응용, 장치를 포함한 과학의 작업의 모형을 제공함으로써 과학연구의 특정한, 일관성있는 전통을 마련해주는 것"(Kuhn 1970, 10면)을 말한다. 그 사례들은 첫째 "끈질긴 신봉자 집단이, 그것과 대립되는 자신의 과학활동을 버리고 전례없이 그것에 매혹될 수 있을 만큼 탁월한 업적"이거나, 둘째 "그 업적을 중심으로 새로 구성된 연구집단에게 여러 종류의 문제들을 제시할 만큼 개방적인 것"이라는 본질적인 특성을 지닌다(Kuhn 1970, 10면).

앞서 말한 정상과학이란 이러한 패러다임에 기초한 연구라고 할 수 있다. 즉, 패러다임은 주어진 과학자 집단이 지닐 수 있는 문제를 잠정적으로 결정해주고, 그것에 의해 추구된 설명의 양식과 받아들여질 수 있는 해결의 양식을 결정해준다. 따라서 정상과학의 연구는 패러다임에 의해 이미 부여된 현상이나 이론을 뒤처리하는 작업으로서, 패러다임이 제공하는 완성된 비교적 견고한 상자들 속에 자연을 밀어넣으려는 작업이다(Kuhn 1970, 24면).

이 패러다임은 연구자의 전문 학과학습에 있어 중요한 의미가 있다. 과학도들은 패러다임을 배움으로써 과학자 집단의 구성원이 되기 위한 준비를 한다. 연구자들은 사회화의 교육과정을 통해 패러다임을 얻어나가는데, 공통된 패러다임에 기반을 둔 연구자들은 과학연구에서 동일한 원칙과 기준을 갖게 된다. 그러한 기준의 채택과 그것이 이끌어주는 외형적인 의견의 일치는 통상과학의 전제조건, 즉 특정 연구 전통의 파생과 계승을 위한 필요조건이 된다(Kuhn 1970, 11면). 또한 공유된 패러

다임의 출현은 그 분야에 종사하는 집단의 구조에 영향을 미쳐 과거에
는 단순히 자연연구에만 관심을 갖던 집단을 전문직업집단, 혹은 하나
의 학파로 전환하도록 한다. 즉, 패러다임은 과학자 집단을 형성하게 하
는 것이다. 요컨대, 패러다임은 과학자 집단이 공유하는 학습적·교육적
의미의 전제와 표준범례(standard examples)이며, 논리적·방법적 의미
에서 정상과학의 규칙, 기법, 장치, 형이상학적 가정이고, 사회적·집단
적 의미에서 가치, 신념 등을 총체적으로 일컫는 개념이라고 할 수 있다.

3) 위기에서의 과학

위기에서의 과학은 정상과학의 퍼즐들이 예상 가능한 해답을 얻는
데 계속 실패함으로써 유발되는 정상과학의 불안정한 상태를 말한다.
새로운 이론의 출현은 대규모 패러다임 파괴와 정상과학의 과제 및 기
술에서의 주요 변혁을 요구하기 때문에 학문적으로 불안정한 시기를
거친 뒤에 이루어진다. 즉, 현존 규칙의 실패는 새로운 것을 추구하게
되는 서곡이다(Kuhn 1970, 68면). 코페르니쿠스의 『천구의 회전에 관하
여』(De revolutionibus orbium coelestium, 1543) 서문은 통상의 기술적인
퍼즐풀이가 잘 진행되지 않은 과학의 위기상태를 가리키는 한 예다. 라
부아지에가 공기에 대한 실험을 시작했을 때까지 플로지스톤(phlogis-
ton)설에 대한 다양한 해석이 제출되었던 것은 위기의 징후이고, 또한
맥스웰(J. C. Maxwell, 1831~79)의 이론은 뉴턴으로부터 출발했으면서
도 그 출발점이 된 패러다임을 위기에 몰아넣었다. 그러면 이러한 위기
상태는 어떻게 혁명으로 변화하는가? 쿤은 이것을 설명하기 위해 변칙
트럼프카드의 심리실험을 예로 든다(Kuhn 1970, 62면). 즉, 보통의 카드에
변칙카드를 조금씩 섞어나가면, 처음에는 그것에 주의가 가지 않으나

차츰 그것이 관찰된다. 과학에서도 혁신적인 것은, 예측에 반한다고 하는 어려움 속에서 저항을 받는 경험을 한 뒤에야 나타난다. 변칙사례를 인지함으로써 처음부터 변칙적인 것을 예측할 수 있을 때까지 자신의 개념 범주를 적용시키는 기간이 시작된다. 변칙사례 또는 위기에 직면하여 과학자들은 기존 패러다임에 대해 다른 태도를 갖게 되며, 따라서 연구의 성격도 변화한다. 경쟁적인 주장이 난립하고, 어느 것이라도 시도할 수 있는 준비가 되고, 명확히 불만을 표현하고, 철학에 호소하고, 근본 문제에 관해 논쟁하는 등의 모든 현상은 통상연구에서 비통상적 연구로의 전이를 표시하는 징조들이다.

4) 과학혁명

과학혁명이란 낡은 패러다임으로부터 새로운 패러다임으로의 이행이다. 패러다임의 변화는 정상과학의 기본 전제를 전복하는 일이고 세계관의 변화다. 패러다임이 다르면 전체 개념체계의 구성이 다르고, 문제를 파악하는 방식이 달라지며, 심지어는 같은 개념이 지칭하는 대상조차 서로 달라진다. 따라서 서로 다른 패러다임에 속하는 지식체계에 대해 우리는 동일한 측정기준을 갖고 상호 비교할 수 없게 된다(Kuhn 1970, 103, 148면). 즉, 상이한 두 패러다임은 '통약 불가능'(incommensurable)하다. 쿤은 이러한 세계관의 변화로서의 패러다임의 변화를 '게슈탈트 전환'(Gestalt switch)이라는 말로 표현한다. 즉, 하나의 패러다임을 바꾸는 것은 그 분야에 대한 관점, 문제제기, 방법, 목표 등을 바꾼다는 것을 의미하는데, 이것은 마치 똑같은 대상이 과학혁명 이전에는 오리로 보였는데 지금은 토끼로 보이는 우리 시각의 게슈탈트 전환과 유사성을 보여준다는 것이다(Kuhn 1970, 111면). 쿤은 이와 같이 과학이론의 변화가 패러다임의 변화를 의미하는 것이라면 과학의 진보는 그 어떤 의미에서도 결코 누적적인 진보로 파악될 수 없을 것이라고 말한다 (Kuhn 1970, 96~97면).

이상과 같은 주요 개념들을 중심으로 전개된 그의 과학관은 다음과 같이 요약될 수 있다.

(1) 모든 과학적 집단의 사고와 행위는 패러다임의 지배를 받는다. 패러다임이란 어느 일정기간 동안 전문적인 연구자 집단에게 모범적인 모델 문제와 풀이를 제공하는 보편적으로 인정된 과학적 성취를 말한다.

(2) 따라서 과학자들의 일상적인 연구작업인 정상과학은 연구 전통을 결정하는 패러다임의 틀 안에서 이루어지는 작업이다.

(3) 패러다임은 주어진 과학자 집단이 가질 수 있는 문제를 잠정적으로 결정해주고, 그것에 의해 추구될 설명 양식과 받아들여질 수 있는 해결 양식을 결정해준다.

(4) 퍼즐풀이와 체스게임같이 정상과학은 이미 짜이고 고정된 상자 안에 자연을 맞춰넣으려는 작업이다. 따라서 정상과학은 그 성격상 새로운 이론이나 현상의 발견과 발명을 목표로 하지 않는다.

(5) 그러나 패러다임으로부터 유도되지 않는 현상, 즉 변칙사례가 생기고 그것이 쌓여가면 위기가 발생한다. 이러한 위기감이 과학자 집단으로 하여금 그것의 근본적 가정을 검토하게 하고 대안을 찾도록 한다.

(6) 변칙사례를 설명할 수 있는 이론이 발견되었을 때 새로운 패러다임이 생겨난다. 위기에 처한 패러다임으로부터 정상과학의 새로운 전통을 수립하는 새 패러다임으로의 이러한 전이는 낡은 패러다임을 정비하거나 확장함으로써 성취되는 누적적인 과정이 아니다. 그것은 완전히 새

로운 관점, 방법, 목표를 갖고 낡은 패러다임의 가장 중요한 전제에 도전하는 것이고, 그러한 변이가 바로 '과학혁명'이다.

(7) 패러다임이 다르면 그 세계관이 다르고, 전체 개념체계의 구성이 다르며, 문제를 파악하는 방식이 달라지고, 심지어는 동일한 개념이 지칭하는 대상조차 달라진다. 즉, 상이한 패러다임은 서로 통약 불가능하다.

(8) 과학이론의 진보 과정은 기존 패러다임(P1)-정상과학(N1) → 변칙사례의 등장 → 변칙사례에 대한 인식 확장 → 위기 조성 → 과학혁명 → 새로운 패러다임(P2)-새로운 정상과학(N2)으로 도식화된다. 이 과정은 결코 누적적이지 않다.

5. 쿤에 대한 오해

쿤의『과학혁명의 구조』는 발표되자마자 철학, 과학, 심리학, 사회학 등의 영역에서 큰 반향을 불러일으켰다. 많은 과학자들은 그가 과학사에서 이끌어낸 구체적 자료에 공감했고, 이 책이 자신들이 알고 있는 과학을 잘 기술한 것이라 여겼다(Barbour 1980, 223면). 반면 쿤의 새로운 과학관은 논리경험주의 진영의 많은 과학철학자들의 오해와 비판을 샀다.

첫번째 오해는 패러다임의 변화에 대한 쿤의 주장에 대한 것이다. 셰플러(I. Scheffler)는 쿤이 패러다임 변화의 근본 요인에 대해 어떤 합리적 숙고의 과정이 아니라 게슈탈트 전환 같은 비합리적 계기라고 주장했다고 비판했다(Scheffler 1967, 18면). 그러나 쿤의 이러한 주장은 쿤 자신이 의도한 바가 아니다. 셰플러가 이해한 것과는 달리, 쿤은 해석과 숙고가 패러다임 변화에 어떠한 역할도 할 수 없다고 말하지 않았다. 그가 주장하고자 한 것은 단지 그러한 해석과 숙고가 패러다임의 위기를 종결시키지 못한다는 것, 즉 그것만으로는 하나의 패러다임을 다른 것으로 변화시키는 데 충분치 못하다는 것뿐이다. 이것은 해석과 숙고가 패러다임의 변화를 가져오는 데 아무런 역할도 하지 못하고, 게슈탈트 전환이 본질적인 원인임을 말하려는 것이 결코 아니다. 오히려 쿤은 비통상적 과학(extraordinary science)에서의 숙고적·해석적 절차의 중요성을 강조한다.

두번째 오해는 경쟁하는 패러다임들 사이의 의사소통에 관한 것이다. 포퍼는 쿤이 두가지 패러다임들 사이의 완전한 의사소통의 두절, 즉 번역불가능성을 주장한다고 생각했다. 따라서 포퍼는 쿤이 서로 다른 이론적 틀(framework) 사이의 의사소통의 난점을 그것의 불가능성으로 과장했다고 지적한다(Popper 1970, 56면).

그러나 쿤은 결코 극단적인 통약불가능성을 주장한 적이 없다. 그는 패러다임 간의 의사소통의 어려움과 부분성을 강조하는 것 이상의 입장을 취한 적이 없다. 다만 그는 "패러다임 사이의 의사소통은 부분적일 수밖에 없다"고 말한다. 또한 쿤에 의하면 "의사소통의 어려움은 문제된 개념을 재정의함으로써 해결될 수 없다"(Kuhn 1970, 201면). 왜냐하면 그 개념들은 범례들(examplars)로부터 배우게 되는데, 그것을 적용하는 능력은 정의, 규칙, 기준의 형태로 명시될 수 없기 때문이다.

세번째 오해는 이론선택의 기준에 관한 것이다. 쿤은 이론선택의 문제에서 논리적으로 인정할 만한 선택의 기준이 존재하지 않는다고 주장했다. 그 대신에 그는 과학자들이 "일반적으로 과학철학자들에 의해 열거되는 정확성, 간결성, 다산성 등"(Kuhn 1970, 199면)의 가치에 호소하는 합리적 설득과정을 통해 이론선택을 행해야 한다고 주장한다.

이러한 쿤의 입장에 대해 셰플러는 "쿤에게 이론선택을 둘러싼 논의는 어떤 사려깊고 실질적인 논의라고는 찾아볼 수 없는 단순한 설득기술의 나열"에 불과한 것이라고 공격한다(Scheffler 1967, 81면).

그러나 이때 쿤의 주장은 이론선택이 설득이나 선전에만 전적으로 의존해야 한다는 것이 아니다. 다만 그는 이론선택의 문제에서는 이론선택의 공유된 기반뿐 아니라, 과학자 개인의 판단도 작용한다는 것을 지적하고자 했을 따름이다.[3]

네번째 오해는 쿤이 주장하는, 명시적 규칙을 배움으로써가 아니라 범례를 풀어봄으로써 얻어지는 능력, 즉 암묵적 인식(tacit knowing)에 관한 것이다(Kuhn 1970, 175면). 퍼즐풀이가 암묵적 인식에 의존한다는 입장 때문에 쿤은 주관주의자 또는 비합리주의자라는 비난을 받아왔던 것이다. 이러한 비판에 대해 쿤은 "범례들로부터 얻어지는 지식은, 규

---

[3] 쿤은 이러한 이론선택의 기반이 되는 기준으로 다섯가지를 구체적으로 제시한다. Kuhn 1997, 321~22면.

1. 하나의 이론은 그것의 영역 내에서 정확한(accurate) 것이어야 한다. 즉, 하나의 이론으로부터 연역 가능한 귀결은 실험과 관찰의 결과와 증명된 일치를 보여야 한다.
2. 하나의 이론은 그 자체 내에서 내적으로 일관적(consistent)이어야 할 뿐 아니라, 관련된 자연의 국면에 적용 가능한, 현재 받아들여진 다른 이론들과 부합해야 한다.
3. 그것은 넓은 범위(broad scope)를 지녀야 한다. 특히 한 이론의 귀결은 특정한 관찰, 법칙, 그것이 처음에 설명하려던 하부이론들을 훨씬 넘어서서 확대되어야 한다.
4. 그것은 간결한(simple) 것이어서, 그것이 없을 때는 개별적으로 고립되고 하나의 조합으로서는 혼돈될 수밖에 없는 모든 현상에 질서를 가져와야 한다.
5. 하나의 이론은 새로운 연구에 의한 발견에 산출력있는(fruitful) 것이라야 한다. 즉 그것은 새로운 현상을 드러내고, 혹은 이미 알려진 것들 사이에서 이전에 인지되지 못했던 관계를 드러내야 한다.

칙이나 법칙 또는 동일화의 기준에 함유된 지식보다 덜 체계적이거나 덜 분석적인 탐구방법을 뜻하지 않는다"(Kuhn 1970, 191면)고 응수하면서 그러한 지식의 특성을 밝히기 위해 컴퓨터 프로그램을 통해 초보단계의 실험을 하고 있다고 말한다(Kuhn 1970, 191~92면). 그러므로 이러한 오해는 그의 실험을 통해 암묵적 인식의 메커니즘이 설명될 수 있다면 해소될 수 있을 것이다.

이러한 오해들의 일차적 책임은 의심할 바 없이 쿤에게 있다. 예를 들어 그가 과학자들이 패러다임을 바꾸는 것을 종교적 개종에 비유한다든가, 서로 다른 패러다임에 속하는 사람들을 "서로 다른 세계에 살고 있다"고 표현하는 것 등이 오해의 소지를 제공했다고 볼 수 있다. 다만 우리가 그러한 설명들이 등장하는 맥락을 잘 살펴본다면, 결코 그를 비합리주의자로 간주할 수는 없을 것이다.

오해의 또다른 이유는, 쿤이 논리경험주의(파이어아벤트 등) 및 포퍼에 대한 비판자들과 과학철학의 모든 문제에 대해 공동보조를 취한다는 인상 때문이다. 그러나 실제로 그들은 중요한 공통점이 있는 만큼이나 차이점도 많다. 특히 과학적 합리성의 문제에서는 그 입장차가 두드러진다.

6. 전통적 의미의 과학적 합리성

쿤이 말하고자 한 과학적 합리성의 개념은 무엇일까? 이를 이해하기 위해 먼저 합리성에 대한 논리주의적 입장을 간략히 살펴보도록 하자.

논리주의란 논리가 합리적 평가기준의 원천이며, 이 기준은 행위의 주체로부터 독립적이라고 보는 견해다. 논리경험주의자, 포퍼, 베이즈주의자(Bayesian) 등이 이러한 입장을 대표한다. 논리주의적 입장을 가장 먼저 표방하고 나선 논리경험주의자들은 귀납적 방법을 합리성의 모델이라고 본다. 그들이 보기에 과학적 합리성이 적용되는 대상은 다름아닌 과학적 추리와 논증이다. 논리경험주의자들은 과학의 구조가 합리성의 주체라고 파악한다. 따라서 그들은 과학의 구조에 대한 논리적 분석을 통해 합리성의 정체를 드러내고자 한다. 그들은 과학의 구조 속에서 과학의 합리성이 극명하게 드러나는 곳은 과학이론을 정당화하는 과정과 이론선택의 절차라고 본다. 그들에게 과학적 합리성의 기준은 역시 형식논리이며, 가설선택의 기준이 되는 것은 바로 확증도다. 논리경험주의의 과학철학에서 과학자들은 확증 수행자로 여겨진다. 과학자들은 관찰 가능한 현상에 관한 예측에 사용되는 가설로부터 출발한다. 만일 실험이나 다른 관찰이 예측이 참이라는 것을 보여준다면, 그때 해당 가설은 확증되었다고 말한다. 경험적 확증을 상당히 확보한 가설은 참이거나 적어도 경험적으로 적합하다고 인정받는다.

한편 포퍼는 과학자들이 확증을 목표로 해서는 안된다고 주장한다. 과학자들은 반증 행위자처럼 행위해야 한다는 것이다. 과학자들은 예측을 위해 가설을 사용할 수 있다. 그러나 그들의 일차적 목표는 예측된 결과를 반증하는 증거를 찾는 일이다. 그러한 증거는 가설을 허용하기보다는 가설을 논박한다. 반증하기 위한 진지한 시도를 견뎌낸 가설은 방증되었다고 여긴다. 단, 여기서 반증의 시도를 견뎌낸 가설은 참으로 여겨지는 것이 아니고, 단지 증거가 보강된 것으로 여겨진다. 이러한 포퍼의 반증주의는 논리주의의 두번째 형태라고 할 수 있다. 포퍼의 입장에서도 과학적 합리성의 계기는 과학적 추리와 논증이다. 다만 그는 귀납적 방법 대신에 가설-연역적 방법 혹은 추측과 반박의 방법을 합리성의 모델로 여긴다. 포퍼에게 합리성의 주체는 바로 과학의 성장이며, 합리성은 이론선택의 과정에서 드러난다. 그는 과학 성장의 구조를 논리적으로 분석함으로써 방증의 정도와 박진성(迫眞性)을 가설선택의 기준으로 제시한다. 그에게도 역시 형식논리가 합리성의 기준이다.

베이즈주의자들의 과학철학은 과학적 추리를 해명하는 원천으로 확률이론을 사용했다. 그들에 의하면 과학자들은 확률적 사고를 하는 행위자로서 다음과 같이 행위한다. 과학자들은 증거가 주어졌을 때 가설의 확률을 고려함으로써 가설을 평가한다. 그것을 조건부 확률이라고 말한다. 그러한 확률을 계산하는 표준적 도구가 바로 다음과 같은 베이즈의 정리다.

$$P(H/E)=P(H)*P(E/H)/P(E).$$

P(H): 가설(H)의 확률, P(E): 증거(E)의 확률, P(H/E): 증거(E)가 주어졌을 때 가설(H)의 확률. P(E/H): 가설(H)가 주어졌을 때 증거(E)의 확률.

확률적 사고의 행위자는 이 정리에 호소해서 두가지 경쟁하는 가설들 중에서 가장 높은 사후 확률 P(H/E)를 지닌 가설을 택한다. 이러한 베이즈주의자들은 논리주의의 세번째 형태라고 할 수 있다. 그들 역시 과학적 추리와 논증을 합리성의 계기로 여긴다. 그들에게 합리성의 모델은 바로 확률이론이다. 그들은 확률분석을 통해 베이즈 정리를 합리성의 기준으로 삼아 이론선택이 확률의 적용을 통해 합리적으로 이루어진다고 주장한다. 현대 과학철학에서 아직까지 가장 많은 지지를 받는 입장은 역시 확률적 행위자로서의 과학자상(像)이다. 그것은 증거가 가설을 더 개연적인 것으로 만들 경우, 오직 그 경우에만 증거가 가설을 확증한다는 원리에 의존한다. 즉 $P(H/E)>P(H)$다.

이러한 세가지 논리주의적 입장들은 몇가지 공통점이 있다. 그들에게 과학적 합리성의 계기는 바로 과학적 추리와 논증이다. 그들은 과학에서 합리성은 이론선택의 과정에서 가장 잘 구현되며, 그 선택은 보편적인 형식적 규칙에 따름으로써 합리적으로 이루어진다고 본다. 그러한 규칙과 기준을 따른다는 점에서 과학은 합리적 활동으로 인정된다.

확증이론, 반증이론, 베이즈주의 확률이론에서 과학은 지나치게 이상화되었다. 과학자들은 이상적인 인식 행위자로 여겨진다. 과학자 개개인은 보편적인 형식적 규칙을 적용함으로써 합리적으로 추리와 논증을 행하는 행위자로 여겨진다. 그러나 과학의 과정과 절차는 과학자들이 이를 통해 확증 행위자나 반증 행위자, 혹은 확률 행위자로 기능하기에는 훨씬 더 복잡하다. 더 문제되는 상황은 경험적 자료에 의해 상당한 정도로 확증된 가설이 경쟁하는 경우다. 또한 카니먼(D. Kahneman, 1934~)과 트버스키(A. N. Tversky, 1937~96)가 지적한 것처럼 사람들이 확률이론에 일치하는 방식으로 사고하지 않는다는 증거가 상당히 많이 제시되었다. 따라서 과학자들을 확률적으로 사고하는 행위자로 보는 관점은 난관에 봉착했다. 또한 과학의 합리성은 가설을 허용하거나 선택하는 것 이외에도 상당히 여러 맥락에서 작용한다. '나는 어떤 연구 프로그램을 선택해야 하는가? 나는 어떤 실험을 해야 하는가? 나는 어떤 연구주제를 추구해야 하는가? 나는 누구와 어디서 연구해야 하는가?' 등의 문제들은 모두 과학자들이 합리적으로 의사결정해야 할 실천적인 맥락들이다. 그러나 논리주의는 과학적 합리성의 계기를 과학적 추리와 방법에서만 찾기 때문에 이러한 물음들에 대답할 가능성이 봉쇄되어 있다. 만일 과학자들이 확증, 반증, 확률 행위자가 아니라면 과연 그들은 누구인가?

7. 쿤의 과학적 합리성 개념

이러한 반성을 토대로 합리성에 대한 새로운 논의를 시작한 역사주의자들은 법칙과 이론을 평가하기 위한 평가기준이 역사적 증거로부터 정제된 것이고, 그 기준은 역사적 증거에 의해 정당화된다고 생각했다. 쿤, 라카토슈, 파이어아벤트, 라우든 등이 여기 포함될 수 있다. 쿤을 비롯한 역사주의자들의 공통점은 그들이 과학의 합리성의 계기를 과학자들의 판단과 행위에서 발견하려고 한다는 점에 있다.

먼저 쿤은 과학에서 합리성의 계기가 과학자 개개인의 판단과 더불어 과학자 집단의 판단에 있음을 발견한다. 쿤을 비롯한 역사주의자, 과학사학자, 과학사회학자 들은 과학의 합리성이 개인적 합리성의 문제로 환원되기 어렵다고 파악한다. 과학자들은 여러가지 규모의 집단의 맥락에서 일하기 때문이다. 과학자가 속하는 집단은 같은 실험실의 연구팀에서부터 유사한 프로젝트에 대해 연구하는 과학공동체, 나아가 과학공동체 전체에 이르기까지 다양하다. 과학논문은 복수의 필자가 표기되는 일이 흔하며, 더 많은 협력을 필요로 하는 것이 하나의 경향이다. 나아가 모든 과학자들은 자신이 참여하는 학회, 저널, 그리고 학술발표회 등 과학공동체의 맥락에서 활동한다. 따라서 과학의 합리성은 개인뿐만 아니라 집단에 대해서도 제기될 수 있다.

또한 쿤은 과학의 합리성에 대한 평가는 실천적 맥락에서 논의되어야 한다고 본다. 쿤이 생각하는 합리성의 모델은 실천적 합리성이다. 그에 의하면 과학자 개개인과 과학자 집단의 사고와 행위는 패러다임의 지배를 받는다. 이론선택의 기준이 되는 인식적 가치도 이 패러다임의 일부를 구성한다. 그러므로 합리적 판단의 기준 자체가 역사적이며 국소적이다. 다만 어떤 문제상황에서 인식적 가치를 선택하고 적용하는 것은 과학자 개개인의 판단에 달려 있다. 과학자들은 인식적 목적과 실천적 목적에 따라 판단한다. 가령 가설선택은 퍼즐풀이 능력이라는 기준에 의해 이루어진다.

쿤은 과학에서 이론선택의 절차는 과학자 집단이 공유하는 방법론적 기준만이 아니라 과학자들 개개인의 주관적 판단에 의해 이루어진다고 말한다. 이러한 주장에 대해 여러 철학자들이 그것은 과학에 인간의 주관적 판단을 개입시킴으로써 과학의 합리성을 부정하려는 시도라고 반박했다. 그러나 그러한 비판은 그들이 이미 지니고 있는 자신들의 기준에 의한 비판이다. 쿤이 요구하는 것은 과학의 합리성에 대한 개념 자체의 변화다. 그것은 파이어아벤트가 취하는 비합리주의적 입장과도 다르다. 왜냐하면 쿤은 과학에서의 판단이란, 개개의 과학자들이 과학자 집단에 속하여, 공유된 패러다임에 의해 잘 훈련된 능력을 지니고, 여러 선택 가능한 대안들에 대해 공유된 기준을 합리적으로 적용하는 것이라고 주장하기 때문이다. 따라서 우리는 과학자들의 판단의 합리성을 아리스토텔레스가 말하는 실천적 지혜(phronesis)의 합리성에 비유할 수 있을 것이다. 요컨대 쿤에게 과학의 합리성은 과학자 집단의 합의의 합리성, 과학자 개개인의 판단의 합리성이고, 그것은 결국 인간의 합리성이라 할 수 있다.

한편 역사주의자들은 과학사에 대한 분석을 통해 역사적이고 국소적

122

인 기준을 찾고자 한다. 그들은 보편적으로 적용될 수 있는 알고리즘적 규칙이나 기준을 부정한다. 쿤이 과학사 탐구를 통해 주장하고자 한 것은 무엇보다도 과학자들이 그 시대의 과학적 개념, 이론을 전제로 작업하며, 나아가 그들이 물려받은 이론적인 틀, 그가 속한 공동체의 가치관 및 세계관을 토대로 활동한다는 것이다. 특히 쿤의 연구는 과학의 각 단계와 시기에서 과학자들이 각기 다른 메커니즘과 활동의 유형을 보인다는 사실을 잘 보여주었다.

쿤은 패러다임 사이의 대화가 부분적이고 불완전할 수밖에 없는 이유를 밝힘으로써 많은 과학적 의견의 불일치를 잘 설명해냈다. 그러나 쿤은 과학자들이 불일치를 극복하고 재차 합의를 형성하여 새로운 정상과학의 전통을 수립한다고 주장하면서도, 그러한 합의형성의 메커니즘에 대해서는 자세히 설명하지 않는다. 쿤이 의견의 일치에 대한 설명을 제시하지 않은 채, 과학적 표준을 정상과학의 연구 전통에 내재한 것으로 봄으로써, 그의 과학관은 상대주의를 향해 문을 열어놓은 것으로 비판받았다. 새로운 과학철학자들에 의해 주장된 '관찰의 이론의존성'의 테제, '통약불가능성'의 테제, 자료에 의한 이론의 미결정성(theory underdetermination by empirical data), 반규범적 행동의 사례 등은 그러한 오해를 불러일으킬 여지가 있었다.

또한 경쟁하는 패러다임들 사이에 가로놓인 문제를 해결할 때는, 각 패러다임의 대표자들이 공유할 수 있는 패러다임 외적인 공통 기준이 있거나 혹은 그러한 기준이 없거나 둘 중의 한 경우일 수밖에 없다. 따라서 쿤 이후의 과학철학과 과학사회학은 보편적으로 통용되는 기준은 아니더라도 국소적으로 적용될 수 있는 방법론적 기준이 있을 수 있다고 주장하는 쪽(라우든, 차머스A. Charmers 등)과, 그러한 기준은 도저히 성립될 수 없다는 전제 아래 과학적 의견의 불일치를 밝히는 일에 몰두하는 쪽(파이어아벤트, 콜린즈H. Collins, 갤리슨P. Galison 등)으로 나뉜다.

한편 과학철학에서 과학에 관한 역사적 연구로의 전회는 과학사회학에 대한 점증하는 관심을 수반해왔다. 과학사회학자들은 이론의 개념적 내용, 그것의 발견, 이에 대한 허용과 반박 등을 사회적 혹은 경제적 요인에 의거해 설명하려고 시도했다. 에딘버러 학파(Edinburgh School)의 반즈(B. Barnes)와 블루어(D. Bloor), 구성주의자인 울가(S. Woolgar), 라뚜르(B. Latour), 콜린즈 등은 과학적 지식의 사회적 본성을 밝히려고 시도했다. 그들은 공통적으로 과학을 철저히 사회적 구성물이라고 이해한다. 논리경험주의자들이 합리성의 원리를 말한 대목에서 과학사회학자들은 사회적 혹은 직업적인 이해관계의 충돌을 말한다. 과학에 대한 사회학적 그림은 탐구 일선에서 거의 보편적인 불일치의 존재를 설명하는 장점을 지닌다. 과학에서의 불일치는 국회에서의 정치적 입장의 불일치와 마찬가지로 자연스러운 것으로 여겨졌다.

그러나 과학을 순전히 사회적 구성물로 보는 과학사회학은 과학에서의 의견의 일치를 설명할 수 없을 뿐 아니라 "17세기 이후의 과학의 명백한 성공을 설명하지 못한다". 특히 과학에 기초한 기술의 성공이라는 경우에 더욱 그러하다. 과학사회학에서 과학과 기술의 성공은 사회적 관계의 변화를 통해 설명할 수밖에 없는데, 그럴 경우 과학의 성공은 자유민주주의의 성공과 유사한 것으로 해석된다. 그러한 설명은 어떻게 우리가 실험실에서 인슐린을 만들게 되었는지, 또 천왕성의 사진을 찍기 위해 도구가 장착된 로켓을 보낼 수 있는지를 설명할 수 없다. 과학의 성공에는 사회적 관계나 조직으로는 설명할 수 없는 어떤 것이 개재하기 때문이다.

8. 과학철학의 자연화

1980년대로 들어서면서 과학철학자들은 논리주의적 과학철학의 지나친 과학의 이상화와 규범화를 피하고, 역사주의적 과학철학의 상대주의화를 극복하는 새로운 접근법을 과학철학의 자연화에서 찾았다.

기리(R. Giere)가 지적하듯이, 쿤은 '자연화된 과학철학'이라는 표현을 사용하지 않았지만, 이미 자연화된 과학철학을 옹호하고 있었다. 쿤은 '과학적 탐구에 관한 이론'을 위한 자료로서의 '역사의 역할'을 확립하려고 했다. 그는 '어찌해서 과학사가 지식에 관한 이론들이 정당하게 적용되기를 요구하는 현상의 원천이 되지 않을 수 있는가?'라고 묻는다.

특히 쿤은 이론변화에 대한 설명에서 이미 게슈탈트 전환과 설득 같은 자연주의적 개념을 사용했다. 그러나 그의 작업에 대한 많은 철학적 비판은 그의 자연주의적 설명의 구체적 내용에만 초점을 맞추었다. 과학에 관한 자연주의적 이론이 올바른 것일 수 있는가에 관한 의문을 제기하는 비평가는 거의 없었다. 당시로서는 과학에 관한 자연주의적 설명이 옳은 것일 수 있다고는 상상할 수조차 없었기 때문이다. 그러나 쿤의 이러한 과학철학에서 자연주의적 경향을 발견하는 철학자들은 콰인을 좇아 인식론을 자연화하려는 계획이나 진화론적 인식론을 확립하려는 노력과는 별개로 과학철학을 자연화하려는 시도를 전개하고 있다.

자연주의 과학철학이 직면하는 일반적인 물음은 어떻게 우리 같은 자연조건을 가진 피조물이 세계의 구조에 관해 그렇게 많은 것을 알아낼 수 있는가를 설명하는 일이다. 합리성의 문제에 대한 접근도 이러한 입장을 전제로 한다. 이러한 입장을 대표하는 기리는 과학자들의 판단과 행위가 일상인들의 판단와 행위, 나아가 다른 유기체의 그것과 다르지 않다고 전제한다. 그 모든 행위자들은 만족을 추구하려는 주체다. 과학활동 면에서 보자면 과학자들도 이론선택에 있어 만족을 추구하는 행위자들이다. 따라서 가설선택의 기준은 곧 만족도다.

기게렌처(G. Gigerenzer)를 비롯한 제한적 합리성의 주창자들도 기본적으로 자연주의적 관점을 채택한다. 그들은 우리의 마음을 적응적 도구상자라고 생각한다. 적응적 도구상자를 가진 환경 안의 유기체로서 과학자들이 행하는 판단과 행위는 끊임없는 문제해결의 과정 속에서 이해되어야 한다. 적응적 도구상자는 문제해결에 필요한 발견법적 (heuristic) 인지전략의 다발들과 다르지 않기 때문이다. 적응적 도구상자 속의 발견적 방법들은 일반적인 것이 아니고, 영역-특수적이다. 그것들은 그 자체로 좋거나 나쁘거나, 합리적이거나 비합리적이지 않다. 그것들은 환경에 상대적이다. 이는 적응이 문맥-제한적인(context-bounded) 것과 마찬가지다. 발견적 방법은 적절한 환경에서 사용될 때 성공적으로 수행된다. 따라서 도구상자 안의 발견적 방법이 지니는 합리성은 환경에 의존한다. 그것은 발견적 방법이 환경적 구조에 들어맞음으로써 갖게 되는 합당성을 말한다. 따라서 도구상자의 합리성은 논리적인 것이 아니라 생태적이다. 생태적 합리성은 논리적 합리성과 다르다. 그것은 논리학의 법칙이나 내적 정합성에 들어맞는 것과는 다르다(Gigerenzer 2001b, 121면). 따라서 합리성은 생태적(ecological)이며 영역-특수성(domain specificity)을 지닌다는 주장이 뒤따른다. 모든 유기체에서 합리성은 환경 문맥에 의존한다. 환경 문맥을 무시한 규범적이고 절대적인 합리성은 없다. 그런 의미에서 합리성은 제한적이다.

9. 쿤에 대한 최근의 연구 동향: 자연주의적 해석

쿤이 1996년에 작고한 이후 간행된 쿤 철학에 관한 연구는 몇 가지 경향을 보인다. 풀러(S. Fuller)는 『토머스 쿤』(*Thomas Kuhn: A Philosophical History for Our Times*, 2000)에서 쿤의 이론이 지니는 정치적 함의를 드러내고자 했다. 그는 쿤의 과학론이 과학의 내적 역사를 설명하는 이론이 아니고, 정치적·사회적 가치들이 개입한 이론이라고 해석한다. 그는 쿤 사상의 뿌리를 꼬이레와 마흐에서 발견하면서도, 한편으로 쿤 사상에는 그의 스승인 코넌트 하버드대학 총장의 냉전논리가 스며 있다고 주장한다. 한마디로 쿤의 사상을 시대적 흐름의 귀결로 파악하려는 것이다. 나아가 풀러는 포퍼 대 쿤의 논쟁을 되돌아보면서 포퍼와의 논쟁에서 거둔 쿤의 승리는 과학과 과학철학의 위험성을 강화했다고 평가한다. 쿤의 과학철학에 의해, 과학이 지니는 전문가주의적이고 비민주적인 성격이 철학적으로 인정되었다는 지적이다.

한편 버드(A. Bird)는 『토머스 쿤』(*Thomas Kuhn*, 2002)에서 쿤을 후기 카르납 전통에 속한 인물로 파악한다. 쿤이 1980년대부터 철학자들과의 논쟁에 개입하면서 철학적 훈련을 충분히 받지 못한 채로 '언어적 전회'를 하게 되었다는 것이다. 그는 쿤이 결국 전기의 경향인 자연주의 철학을 버렸으며, 인지과학자로서의 명성도 얻지 못했고, 자신의 철학을 제대로 완성하지 못함으로써 철학자의 반열에도 오르지 못하게 되었다고 평가한다.

이 두 저작은 쿤의 저작들이 지니는 철학적 의의를 과소평가하고 있다. 토사구팽이라고나 할까? 쿤의 생전에는 그를 앞세워 이러저러한 논쟁들을 풍성하게 전개했음에도 불구하고, 그가 세상을 떠나자 풀러처럼 쿤을 마치 나치 독일의 학정에 침묵한 하이데거(M. Heidegger)에 비유하거나, 버드처럼 철학자의 반열에 오를 수 없는 이론가로 폄하하는 태도는 과연 온당한 것일까?

이 두 사람이 쿤의 저작들의 철학적 의의를 과소평가하는 것과는 달리, 새록(W. Sharrock)과 리드(R. Read)는 『과학혁명의 사상가 토머스 쿤』(Kuhn: Philosopher of Scientific Revolution, 2002)에서 수많은 오해 속에 침몰되어가는 전설의 쿤과 실제의 쿤을 구별해가면서, 쿤이 생전에 해명하지 못한 진의에 다가가기 위해 애쓴다. 그들에 따르면 적어도 과학혁명에 관한 한 쿤은 탁월한 철학자였다. 새록과 리드는 '정상과학'의 개념에 대한 이해가 쿤의 업적을 제대로 이해하기 위한 관건이라고 파악한다. 쿤에게 모든 과학은 실제로 정상과학이며, 정상과학은 합리성의 한 패러다임이라는 것이다. 그러나 그들이 발견한 철학자 쿤은 비트겐슈타인적인 최소주의적·치유주의적 태도를 지녔다. "과학사 서술을 위한 노력에서, 과거의 과학에 대한 '인류학적' 태도에서, 그리고 결정적으로 과학철학의 규범화 노력에 대한 불신 속에서 쿤의 '비트겐슈타인주의'가 나타나며, '과학의 진정한 본질' 혹은 '과학적 진보가 어떻게 가능한가' 하는 설명들에 대한 회의 속에서도 나타난다"는 것이다.

여기서 우리가 주목할 것은 이들이 모두 쿤의 과학철학을 자연주의로 파악한다는 것이다. 버드는 쿤의 과학관이 자연주의적 분석철학에 기반을 둔다고 보았고, 풀러는 쿤이 정치적인 이유로 과학학에 기울었다고 여겼으며, 새록과 리드도 쿤의 자연주의적 경향을 인정했다. 과학철학은 자연과학 내부에 위치해야 하며, 규범적 학문이 아니라 서술적 학문이라는 것이 자연주의의 주된 주장이다. 쿤은 과연 이러한 의미의 자연주의자인가? 쿤은 과학철학의 자연화에 기여했는가? 쿤의 과학론에서 서술적인 측면과 규범적인 측면은 엄격히 구분되는가? 쿤의 정상과학은 규범적 성격을 배제하는가? 우리에게 남겨진 논의의 주제들이다.

| 정병훈 |

참고문헌

Barbour, Ian (1980) "Paradigms in Science and Religion," *Paradigmes & Revolutions*, ed. Gutting, G., Notre Dame: University of Notre Dame Press.

Gigerenzer, Gerd (2001) "The Adaptive Toolbox: Toward a Darwinian Rationality," *Evolutionary Psychology and Motivation*, ed. French, A., Kamil, Alan and Leger, Daniel, Nebraska: University of Nebraska Press.

Kuhn, Thomas S. (1969) "Logic of Discovery or Psychology of Research?" *Criticism and the Growth of Knowlege*, ed. Lakatos, I. and Musgrave, A., Cambridge: Cambridge University Press.

_____ (1970) *The Structure of Scientific Revolutions* (2nd ed), Chicago: The University of Chicago Press.

_____ (1977) *The Essential Tension*, Chicago: Chicago University Press.

Popper, Karl (1969) "Normal Science and its Dangers," *Criticism and the Growth of knowledge*, ed. Lakatos, I. and Musgrave, A., Cambridge: Cambridge University Press.

Putnam, Hilary (1967) "The Corroboration of Theories," *Scientific Revolution*, ed. Hacking, I., Oxford: Oxford Univ. Press.

Scheffler, Israel (1967) *Science and Subjectivity*, Indianapolis: The Bobbs-Merrill Company.

Shapere, Dudley (1981) "Meaning and Scientific Change," *Scientific Revolution*, ed. Hacking, I. Oxford: Oxford University Press.

Suppe, Frederick (1977) *The Structure of Scientific Theories*, Chicago: University of Illinois Press.

읽어볼 만한 책

웨슬리 섀록·루퍼트 리드 (2005)『과학혁명의 사상가 토머스 쿤』, 김해진 옮김, 사이언스북스.

조인래 엮음 (1997)『쿤의 주제들: 비판과 대응』, 이화여자대학교출판부.

존 프레스턴 (2011)『쿤의 과학혁명의 구조 해제』, 박영태 옮김, 서광사.

토머스 쿤 (2002)『과학혁명의 구조』, 김명자 옮김, 까치.

토머스 쿤·포퍼·라카토슈 외 (2003)『현대 과학철학 논쟁: 쿤의 패러다임 이론에 대한 옹호와 비판』, 조승옥·김동식 옮김, 아르케.

파이어아벤트

객관주의와 상대주의를 넘어서

1. 파이어아벤트, 인물과 삶

파이어아벤트에 대한 평가는 상반된다. 일부 철학자들은 그를 광대로 여긴다. 더 많은 철학자들은 그를 가장 뛰어난 20세기 과학철학자 중의 한 사람으로 꼽는다.[1] 이런 상반된 평가는 파이어아벤트의 삶의 궤적과 인간됨을 그의 철학적 관점과 분리할 수 없기 때문일 것이다.

파이어아벤트는 1924년 1월 13일 오스트리아 빈의 중류층 이하의 가

---

[1] 파이어아벤트는 20세기 후반 과학철학의 "네 거물"(big four) 중 한 사람이라는 평가를 받았다. 나머지 세 사람은 포퍼, 라카토슈 그리고 쿤이다. "그런데 파이어아벤트의 독특한 위치는 단지 네 사람 중 하나라는 데 있지 않다. 그는 나머지 세 사람 사이의 중요한 연계고리였다."(John Preston, Gonzalo Munévar, David Lamb eds. 2000, xiii면) 파이어아벤트에 대한 상반된 평가에도 불구하고, 그가 과학철학과 심리철학 분야에서 커다란 영향력을 발휘한 20세기의 가장 독창적인 철학자 중 한 사람이라는 사실은 부정할 수 없다.

정에서 태어나 국제적 명성을 가진 철학자로 성장하기까지 진기한 인생을 살았다. 그는 고등학교 시절 이미 희곡과 철학에 탐닉했고, 물리학과 수학은 대학 수준의 교과서로 공부했다. 또한 낮에는 이론천문학을 공부하고, 저녁에는 성악 레슨을 받고 오페라 리허설을 했으며, 밤에는 천문 관측을 했다. 고등학교 졸업시험을 통과하자 그는 곧바로 독일군에 징병되어 2차대전에 참전했다. 그는 혁혁한 공을 세워 장교로 승진한 후, 러시아군과의 전투에서 척추관통상을 입고 하반신이 마비된 채 후송되었다. 이때 입은 상처는 그에게 일생 동안 엄청난 육체적 고통을 가져왔다. 그는 진통제 없이는 대중강연을 할 수 없을 정도로 극심한 통증을 겪었다.

전쟁에서 돌아온 후 파이어아벤트는 다른 학생들보다 서너살 많은 나이로 빈대학에 등록했다. 빈에서 그는 먼저 역사와 사회학을 공부했고, 그다음에는 물리학, 수학, 천문학을 공부했다. 그와 동시에 노래, 무대경영, 연극, 이딸리아어, 화성, 피아노 등을 배웠고, 철학 강의와 세미나에도 참석했다. 그는 "무언가 재미있는 일이 있고 흥미로운 사람들이 있는 곳이면 언제나 내가 그곳에 있었다"(Feyerabend 1995/2009, 133면)고 당시를 회고한다.

그의 인생에 커다란 전기를 마련해준 것은 알프바흐(Alpbach) 여름학교에 참가한 일이다. 당시 오스트리아 대학협회는 학문 부흥을 위해 알프바흐라는 작은 마을에서 지적·예술적·경제적·정치적 교류의 장을 마련했다. 학교의 성격에 맞게 세미나, 공개강좌, 심포지엄, 예술행사 등 네가지 유형의 행사가 열렸다. 그는 처음에는 학생으로, 나중에는 강사로, 마지막 세번은 세미나의 좌장으로, 총 열다섯 차례나 알프바흐를 방문했다. 1948년 8월 파이어아벤트는 바로 이곳에서 개최된 철학 세미나에서 포퍼를 만났다. 그는 곧 포퍼와 우정을 나누며 지도교수와 학생 사이로 지냈지만 훗날 서로 등을 돌리고 결별했다. 그해 오스트리아 대학협회는 토론 그룹의 조직을 지원했는데, 이를 계기로 과학전공 학생들과 철학전공 학생들의 모임이 결성되었다. 파이어아벤트는 그 모임의 학생대표가 되었고, 크라프트(V. Kraft)는 학문적 좌장이 되었다. 당시 크라프트는 빈학단의 일원이었으니, 이는 곧 과거 빈학단의 학생판 격인 크라프트 학단의 탄생을 알리는 것이었다. 후에 파이어아벤트는 포퍼의 반증주의에 대한 자신의 비판적인 입장은 이미 크라프트 학단의 세미나에서 형성되었다고 밝혔다. 그가 비트겐슈타인을 만난 것도 크라프트 학단의 세미나에서였다. 당시 크라프트 학단을 방문했던 앤스콤(E. Anscombe)은 비트겐슈타인의 『철학적 탐구』(*Philosophische Untersuchungen*, 1953) 초고를 파이어아벤트에게 보여주었고, 그들은 그것을 함께 읽고 토론했다. 후에 파이어아벤트는 당시 그가 비트겐슈타인으로부터 받은 영향은 그의 생애를 통해 지속되었다고 술회했다.

그는 천문학으로 디플로마를 받은 뒤, 1951년 철학으로 박사학위를 취득했다. 그는 케임브리지대학에서 비트겐슈타인과 공부하기 위해 영국문화원의 장학금을 신청했고 이후 장학생으로 선발되었다. 하지만 얼마 뒤 비트겐슈타인이 사망하자 다른 지도교수를 찾아야 했고, 결국 알프바흐에서 만났던 포퍼를 선택했다. 그는 런던정경대학에서 공부하기 위해 1952년 가을 영국으로 떠났다. 포퍼의 강의와 세미나에 출석하면서, 그는 포퍼의 반증주의를 잘 알게 되었고, 빈학단의 논리실증주의에 대한 포퍼의 반박논증에 익숙해졌다. 한편 그 무렵 파이어아벤트는 1960년대에 가서야 표명하기 시작한 반증주의 비판, 통약불가능성 개념 등을 차츰 키워가고 있었다. 이 시절 그가 집중했던 두가지 주제는 양자역학과 비트겐슈타인이었다. 점차 그는 비트겐슈타인주의자가 되어가고 있었다. 1953년 포퍼가 그의 장학금 연장을 신청했지만 심사에 떨어지자 그는 그해 여름 빈으로 돌아왔다. 후에 포퍼에게서 조교로 채용되었다는 편지가 왔으나 그 제의를 거절했다. 그는 분석철학자 팹(A. Pap)의 조수로 일하면서 철학논문을 기고하는 등 철학도로서의 활동을 이어갔다. 한편 성악활동은 영국 유학 시절이나 빈에 있을 때 늘 그의 삶의 일부였다.

그는 철학분야에서 박사학위를 받은 뒤에야 철학도가 되었다. 철학자로서의 경력은 우연한 것이었고, 그는 자신을 철학자라고 부르는 것을 그다지 반기지 않았다. 그럼에도 불구하고 1955년, 그는 영국 브리스틀대학에서 과학철학과 양자역학의 철학을 강의하면서, 철학자로서의 이력을 시작했다. 그는 1959년부터 20년 이상 봉직한 캘리포니아대학(버클리)을 비롯하여 오클랜드, 서섹스, 예일, 런던, 베를린, 취리히 대학 등에서 가르치고 연구하면서, 동시에 네 대학에서 종신교수직을 보장받는 등 직업적 철학자로서도 성공했다. 1994년 2월 11일 스위스에서 그는 뇌종양으로 세상을 떠났다.

파이어아벤트는 1960년대부터 80년대에 이르는 과학철학의 전성기에 활약한 주역 가운데 한 사람이다. 그와 더불어 활약한 철학자들로 쿤, 핸슨, 라카토슈, 툴민 등이 있다. 파이어아벤트가 「설명, 환원, 그리고 경험주의」라는 주옥같은 과학철학 논문을 발표한 것은 1962년이다. 쿤의 『과학혁명의 구조』(1962), 핸슨(N. R. Hanson)의 『발견의 유형』(*Patterns of Discovery*, 1958), 툴민의 『예견과 이해』(*Foresight and Understanding*, 1961) 등이 거의 같은 시기에 출간되었다. 당시 그들은 '새로운 과학철학자'라고 불렸다. 그들의 주장은 구체적인 내용에서는 상당한 차이점을 보였지만, 과학사에 대한 분석을 토대로 종래의 과학철학이 제시해온 과학상에 도전한다는 중요한 공통점이 있었다. 그들은 전통적 과학철학이 과학에 대한 논리적 분석을 토대로 과학의 객관성과 합리성을 주장해오던 것과 달리, 과학사에 대한 동태적 분석을 시도하여 과학의 합리적 이미지가 실제의 과학과 일치하지 않음을 밝혔다.

2.「설명, 환원, 그리고 경험주의」: '수용된 견해' 비판

파이어아벤트의 철학적 관점은 1975년『방법에의 도전』(*Against Method*, 1975, 이하 '*AM*')[2]의 간행을 기점으로 하여, 그 이전과 이후로 양분된다. 이 글에서도 두 시기를 구분하여 논의해보려 한다. 편의상 우리는 *AM* 이전을 전기, 그 이후를 후기라고 부르겠다. 파이어아벤트가 1962년에 발표한「설명, 환원, 그리고 경험주의」는 전기의 대표적인 업적이다.[3] 이 논문에서 파이어아벤트는 과학철학의 '수용된 견해'[4]가 포

---

2 *AM*은 *Against Method*: *Outline of an Anarchistic Theory of Knowledge*(New Left Books 1975)의 약어다. *AM*은 1975년에 초판이 간행된 이후, 1988년 수정판이 간행되었고, 1993년에는 3판, 2010년에 4판이 간행되었다. 국역으로는 초판을 번역한 폴 페이어아벤트『방법에의 도전』(정병훈 옮김, 도서출판 흔겨레 1987)이 있다. 파이어아벤트 철학의 전개를 이해하기 위해, 이 글에서의 논의는 초판을 토대로 한 것임을 밝혀둔다. 제3판에서 파이어아벤트는 초판 내용의 일부를 삭제하고, *AM* 이후 저작들의 내용을 포함시키는 등 대폭 손질을 가했기 때문이다.
3 이 논문은 파이어아벤트가 통약불가능성의 개념을 소개한 논문으로 알려져 있다. 이 글의 후반부에서 다시 논의하겠지만, 통약불가능성은 쿤과 파이어아벤트를 묶어주는 연결고리가 되는 개념으로서 과학철학에서 지속적인 논의대상이 되어왔다.
4 이에 관한 자세한 내용은 이 책의 101, 103~05면의 내용을 참조할 것.

함하는 중요한 전제들을 논박했다.

이 논문의 목표는 당시 전통적 과학철학에서 논리적 분석이라는 방법이 가장 성공적으로 적용된 사례로 인정받던 네이글(E. Nagel)의 환원 모델과 헴펠-오펜하임(Hempel-Oppenheim)의 과학적 설명이론이 상당한 난점을 지닌다는 점을 지적하는 데 있었다. 그에 따르면 네이글의 환원 모델과 헴펠-오펜하임의 설명이론은 아리스토텔레스의 운동학, 뉴턴의 역학 혹은 양자역학 같은 보편이론에 적용될 수 없다. 물론 파이어아벤트는 이 두가지 이론이 별로 흥미롭지 않은 제한된 범위의 경험적 일반화에 적용될 가능성마저도 부정하지는 않았다. 하지만 그가 보기에 이 두 이론은 두가지 이유에서 실패했다. 첫째, 보편이론에 적용할 때 과학적 실천과 모순된다. 둘째, 합당한 경험주의에 어긋난다.

정작 이 논문의 진가는 네이글의 환원 모델과 헴펠-오펜하임의 설명이론을 비판하는 과정에서 파이어아벤트가 '수용된 견해'의 이른바 '두 언어 모델'을 공격한 것에 있었다. 이 모델에서는 과학에서 사용되는 언어를 관찰언어와 이론언어로 구분한다. 이 구분에 따르면 관찰언어는 이론언어와는 독립적으로, 그것이 지시하는 경험적 사실에 의해 의미를 얻는다. 반면 이론언어는 '결합원리'에 의해 관찰언어와 연결됨으로써, 그것의 의미를 얻게 된다. 그러므로 '두 언어 모델'에서 의미는 관찰언어로부터 이론언어로 유출된다. 그런데 파이어아벤트에 의하면 보편이론들은 반대방향의 의미 유출을 생성한다. 이론이란 보편적인 동시에, 세계에 관한 모든 것을 포괄하는 개념화이기 때문에, 관찰에 대한 기술, 즉 관찰언어에서 사용되는 언어에도 영향을 미친다. 파이어아벤트에 따르면 이론들의 이러한 국면은 실증주의적 전통에서 간과되었다. 기존의 실증주의자들은 이론을 경험적 일반화로 다루었고, 특히 이론을 그것에 의존하지 않는 독립적 사실에 대한 경제적 기술이라고 여겼기 때문이다.

마지막으로 이 논문에서 파이어아벤트는 '통약불가능성'(incommensurability) 개념을 도입했다.[5] 그것은 보편이론이 어떻게 경험적으로 검사 가능한가를 설명하기 위한 것이었다. 보편이론이 관찰언어의 의미에 영향을 미친다면, 그것은 이론으로부터 독립적인 사실에 대한 객관적 기술을 담은 관찰문장은 성립할 수 없다는 것을 의미한다. 그렇다면 우리는 보편이론을 어떻게 경험적으로 검사할 수 있는가? 통상적으로 이에 대한 반응은 두가지다. 그중 하나는 규약주의(conventionalism)로서, 이는 보편이론을 선천적으로 타당한 것으로 여기는 입장이다. 다른 하나는 도구주의(instrumentalism)인데, 여기서는 보편이론이 단지 현상을 예측하기 위한 도구일 뿐이라고 여김으로써 그것의 기술적인 내용을 없애버린다.

이 두 입장은 모두 보편이론의 경험적인 성격을 부정한다. 따라서 파이어아벤트는 이 두 입장 중 어느 것도 받아들일 수 없었다. 왜냐하면 그는 이론은 경험적 내용을 지녀야 하고, 따라서 경험적으로 검사되어야 하며, 경험적 검사로 그 타당성에 문제가 있다고 판명되면 폐기되어야 한다고 믿었기 때문이다. 따라서 파이어아벤트는 규약주의와 도구주의에 대한 대안을 제시한다. 그에 따르면 이론은 논리실증주의자들

---

5 말년에 파이어아벤트는 통약불가능성의 개념이 1952년 앤스콤과의 대화에서 처음 언급되었고, 1958년 논문에 수록되었다고 밝힌다. 그는 쿤의 『과학혁명의 구조』가 출간된 1962년에 그와는 독립적으로 그 용어를 사용했다. 파이어아벤트는 그 용어를 순전히 역사에 대한 분석에서 착안한 쿤과는 달리, 추상적인 고찰에 의해 도달한 속성을 규정하기 위한 낱말로 처음 사용했다는 사실도 언급했다. Gonzalo Munévar ed. 1991, 526면.

이나 포퍼가 믿듯이, 경험적 자료와 부딪침으로써 검사되는 것이 아니다. 이론에 대한 검사가 성립하기 위해서는 적어도 서로 상반되는, 혹은 서로 양립할 수 없는 두 이론의 맞부딪침이 필요하다. 달리 말해서 이론은 사실에 의해 검사되는 것이 아니라, 다른 이론에 의해 검사된다. 한 이론의 난점은 그 이론의 관점으로 본 사실들과의 부딪침으로는 드러나지 않는다. 그것은 다른 대안적인 이론의 관점에서 주어지는 사실들이 허용될 때에만 드러날 수 있다. 파이어아벤트가 '이론증식'(proliferation)의 필요성을 주장하는 것은 바로 이 때문이다. 만일 이론들이 서로의 부딪침을 통해서만 검사될 수 있다는 것이 사실이라면, 그의 경험주의적 입장에서는 대안적 이론의 증식이 요청된다. 대안적 이론이 주어지지 않는다면, 독단적인 정체 상태가 있을 뿐이다. 그런데 보편이론들 고유의 침투성으로 말미암아, 그것이 포함하는 개념들은 서로 배타적일 수 있다. 이러한 배타적인 관계에서는 한 이론의 개념을 적용하는 일이 다른 이론의 관점에서 보면 타당하지 않은 원리들에 의존하는 것처럼 보이기 때문이다. 파이어아벤트는 이러한 배타적 관계를 '통약불가능성'이라고 부른다.

이제 두 이론이 포함하는 개념들 사이에 의미변화가 생성될 수 있다면, 기존의 이론은 그보다 넓은 적용범위를 갖는 새로운 이론에 의해 설명될 수 있어야 하며, 그 설명은 헴펠-오펜하임 모델을 따른다는 주장은 성립할 수 없게 된다. 또한 네이글이 말하는 환원가능성도 인정될 수 없다. 이러한 점들을 받아들이게 되면, 결국 과학에서의 이론의 진보는 누적적으로 이루어진다는 '수용된 견해'의 주장도 무너지게 된다.

앞서 살펴본 대로 파이어아벤트의 「설명, 환원, 그리고 경험주의」는 '의미변화' '통약불가능성' '이론증식' 등의 개념들을 토대로 '수용된

138

견해'의 중요한 전제들 중 적어도 몇가지를 차례로 논박했다.[6] 파이어
아벤트가 1960년대와 70년대 과학철학에 커다란 영향을 미친 대가로
일약 떠오를 수 있었던 까닭이 여기에 있다.

3. *AM*: 방법에의 도전

*AM*은 책이라기보다 하나의 사건이었다. 이 저작은 파이어아벤트가
그동안 쌓아올렸던 과학철학자로서의 이미지를 하루아침에 무너뜨렸
다. 그를 광대로 폄하하고, 그에 대한 상반된 평가가 등장한 것도 이 책
때문이다. 이 책을 젊은 세대는 환영했고, 기성세대는 혐오스럽게 여
겼다. 그러나 해킹(I. Hacking)은 이 책 제4판에 붙인 서문에서 이 책을
"철학에서의 우드스탁"[7]이라고 칭하면서 "이 책을 그 시대의 일부, 또
장기적으로는 지적 삶에 대한 기여라는 두가지 방식으로 읽기"(Feyera-
bend 1975/2010, vii면)를 권면한다.

파이어아벤트가 초판 서문에서 밝힌 대로, 이 책은 원래 그가 '친구
이자 동료 아나키스트'라고 생각했던 라카토슈와의 공동 저작으로 기

---

6 파이어아벤트의 「설명, 환원, 그리고 경험주의」는 '수용된 견해'의 중요한 주장들 중
　① 관찰과 이론은 엄밀히 구분된다 ② 과학은 누적적으로 진보한다 ③ 과학은 엄밀
　한 연역적 구조를 가진다 ④ 과학은 통합적인 체계다 등을 논박했다. '수용된 견해'
　는 이 책 105면 참조.
7 우드스탁(Woodstock)이란 말은 1969년 뉴욕의 전원도시인 베셀 평원에서 개최된
　우드스탁 록 페스티벌을 말한다. 지미 헨드릭스, 조안 바에즈 등 당대 최고 가수들이
　참가했던 이 행사는 60년대 격변의 시기를 거친 젊은이들의 문화적 갈증을 해소해
　준 역할을 했다.

획되었다. 그 기획은 라카토슈가 방법론을 옹호하고 반면 파이어아벤트는 방법론을 비판하면서 이를 서로 견주려는 의도가 있었다. 그러나 1974년 라카토슈의 갑작스러운 죽음으로 파이어아벤트가 준비했던 부분만 간행된 것이다.

이 책에서 파이어아벤트의 목표는 두가지다. 그중 하나는 그동안 해왔던 과학철학적 작업을 집약하고, 과학사의 중요한 사례연구를 토대로 주요 논변들을 뒷받침하려는 것이다. 다른 하나는 그러한 주요 주장들로부터 도출되는 문화철학 및 정치철학적 함의를 제안하려는 것이다.

첫째 목적에 부합하는 부분은 이론적이고 역사적인 부분이다. 그것은 과학적 지식의 인식론적 특징이 과학적 실천에서 규칙을 엄격하게 적용한다는 점에 있다는 주장을 반박하는 것이다. 어떤 목표를 이루기 위한 규칙을 우리는 '방법'이라고 부른다. 과학을 실천하는 규칙은 과학방법론이다. 그러므로 파이어아벤트의 궁극적인 목표는 과학에는 어떤 건전한 목표가 있고, 이것을 실현시켜줄 합리적인 방법이 있다는 전통적 과학철학의 주장을 논박하려는 것이다. 그가 책의 부제로 '아나키즘'이라는 개념을 도입한 것은 단 하나의 방법의 무조건적 독점, 즉 방법론적 단일주의에 반대하려는 의도를 담고 있다. 파이어아벤트의 논변은 다음과 같이 요약될 수 있다.

과학적 성공이나 진보를 예증하는 과학사에서의 결정적인 에피소드들에서 첫째, 대부분의 규칙은 위반되었으며, 둘째, 진보를 이루기 위해서는 규칙을 위반해야만 했다. 따라서 방법론에 집착하는 것은 가장 치명적인 결과를 낳게 될 것이다. 그러므로 합리주의자는 반갑지 않은 선택을 해야 한다. 과학은 진보적이거나 합리적이다. 둘 다일 수는 없다. 그렇다고 이것이 모든 규칙이 포기되어야 한다는 것을 뜻하지는 않는다. 왜냐하면 그는 일부 절차들이 어떤 특정한 상황에서 과학자들의 일에 도움이 되었다고 보기 때문이다. 그러므로 "모든 방법론은 그 나름의 한계를 지니고 있으며 진보를 방해한다. 과학을 가능하게 하는 유일한 원리가 있다면 그것은 '무엇이라도 좋다'(anything goes)라는 것이다"(Feyerabend 1975/1987, 296면). 그에 따르면, 이러한 원리에 의한 과학적 지식의 진보는 진리를 향해 점진적으로 접근하는 것이 아니다. 그것은 양립할 수 없는 선택항이 끊임없이 증식되는 것을 의미한다.

방법론적 단일주의에 대한 반대 논변은 과학의 합리성에 대해서도 중요한 함의를 띤다. 전통적 합리성의 개념에 따르면, 합리적이라는 것은 어떤 표준을 지니는 것이고, 달리 말해 방법론에 따르는 것을 의미한다. 예를 들어 '사실과 충돌하는 가설을 배격하라' '임시변통적인 조처를 삼가라'라는 식의 규칙이다. 전통적 과학관에서 과학은 합리적이어서 성공할 수 있었고, 그것은 또한 올바른 방법이 있었기에 합리적이다. 그러므로 전통적 과학관에서 과학이란 이성적인 작업이며, 그 점에서 과학과 비과학은 구분되고, 과학은 다른 분야보다 우월하다.

그러나 파이어아벤트가 보기에 "과학에 있어 이성은 보편적일 수 없으며 비이성은 배제될 수 없다"(Feyerabend 1975/1987, 171면). "오늘날 과학의 기초를 이루는 관념들은 오직 편견, 자만심, 열정 같은 것이 있었기 때문에, 그것들이 이성에 반대했기 때문에, 그것들이 저 나름대로 활동하도록 허용되었기 때문에 존재한다."(Feyerabend 1975/1987, 179면) 따라서 과학은 신성불가침한 것도 아니고, 신화보다 우월하지도 않다. 또한 파이어아벤트는 의견의 만장일치는 교회나 어떤 신화의 신봉자들에게나 적합할 수 있고, 의견의 다양성이야말로 객관적 지식을 위해 필수적이며 인간주의적 견지와 양립할 수 있는 유일한 방법이라고 생각한다

(Feyerabend 1975/1987, 46면).

AM의 이러한 주요 논변들은 관찰의 이론의존성 논변, 통약불가능성 논변, 이론증식 논변 등을 토대로 하고 있으며, 이 논변들의 대부분은 그의 앞선 논문들에서 부분적으로 다루어진 주제들이다. 그는 AM의 기본적인 성격을 이렇게 규정한다. "AM은 책이 아니다. 그것은 꼴라주다. 그것은 10년, 15년 또 20년 전에 거의 같은 낱말로 출간했던 기술, 분석, 논변을 담고 있다."(Feyerabend 1995/2009, 246면) 다만 이러한 논변들을 갈릴레이와 관련된 역사적 사례를 토대로 좀더 구체적으로 제시하려는 것이다. 예를 들어 이미 1968년에 'Against Method'라는 논문을 발표했는데, 거기서 그는 "이론과 관찰은 대응규칙에 따라 연결되는 상호독립적인 실재가 아니라, 분리될 수 없는 전체로서 형성된다"(Feyerabend 1995/2009, 246면)는 주장을 폈다. 그러면 이제 다음 장에서는 관찰의 이론의존성에 대한 그의 논변이 AM에서 어떻게 구체적으로 전개되는가를 살펴보겠다.

4. 갈릴레이 사례연구: 관찰의 이론의존성 논변

과학이 객관적 지식이라는 전통적 이미지는 관찰이 객관적이라는 믿음에 의존해왔다. 그것은 다시 관찰자료의 이론중립적 성격과, 가설과 그 관찰적 귀결 사이의 논리적 관계가 맺는 필연적 성격에 의존하는 것으로 여겨져왔다. 이렇게 널리 인정되는 과학관을 정식화하고 옹호하려는 입장을 과학철학에서는 '소박한 귀납주의'라고 부른다. 소박한 귀납주의자들은 관찰에 대해 기본적으로 두가지를 가정한다. 첫째는 과학이 관찰과 더불어 시작된다는 것이고, 둘째는 관찰이 과학적 지식의 군건한 토대를 마련해준다는 것이다. 한마디로 과학적 지식의 객관성을 보증해주는 것은 이러한 관찰이라는 것이다. 그러므로 관찰자가 과학자로서 제 구실을 하기 위해서는 정상적이고 온전한 감각기관을 갖고 아무것에도 사로잡히지 않은 채, 그가 보거나 들은 것을 기록해야 한다. 이렇게 기록된 것을 관찰진술이라고 하는데, 그것은 어떤 사람의 감각적 경험을 통해서도 참임을 확증할 수 있는 진술을 말한다.

이러한 소박한 귀납주의의 과학관은 핸슨, 쿤, 파이어아벤트 등에 의해 혹독한 비판을 받았다. 그들은 관찰과 관찰언명의 이론의존적 성격을 강조했다. 그들에 따르면, 개인의 지각 경험은 관찰되는 대상의 물리적 특성에 의해서만 객관적으로 결정되는 것이 아니고, 관찰자가 이미 품고 있는 기대와 관점, 그리고 이론적 배경에서 상당한 영향을 받는다. 이론과 사실은 하나의 덩어리로 혼합되어 있으며, 그 덩어리들은 서로 통약 불가능하다. 따라서 과학사에서 혁명기에 해당하는 시기에 경쟁하는 이론들을 비교하기 위한 중립적 사실이나 관찰은 존재하지 않는다. 우리는 이러한 주장을 '관찰의 이론의존성 테제'(theory-ladeness thesis of observation)라고 부른다. 그들은 이 테제를 두가지 논변으로 뒷받침한다.

첫째, 우리는 어떤 대상을 그저 '보는 것'(seeing)이 아니라, '무엇으로 본다'(seeing as). 우리가 어떤 대상을 볼 때, 관찰자로서 얻게 되는 경험은 광선의 형태로 관찰자의 눈 속에 들어온 정보나 관찰자의 망막에 맺힌 상에 의해 결정되지 않는다. 다시 말해 정상적인 두 관찰자가 동일한 장소에서 동일한 대상을 볼 때, 그들 각각의 망막에 맺힌 상은 사실상 같을 수 있다고 할지라도, 그들이 동일한 시각 경험을 필연적으로 얻게 되는 것은 아니다.

관찰자가 보는 것, 즉 그가 어떤 대상이나 장면을 볼 때 얻게 되는 주관적 경험은 망막에 맺힌 상에 의해 결정되지 않고, 관찰자의 경험, 지식, 기대, 문화적 배경 그리고 대개는 관찰 당시의 내적 상태에 의해 결정된다. 특히 과학에서 관찰 혹은 지각 경험에 영향을 미치는 것은 관찰자가 이미 인지하고 있는 이론이다. 그러므로 우리는 동일한 대상을 보고 이를 다르게 해석하는 것이 아니고, 애초에 달리 본다.

둘째, 관찰된 사실을 기록하는 관찰언명은 이론에 의존한다. 관찰언명은 어떤 이론의 언어로 구성되어 있으며, 그것이 의존하는 이론적 혹은 개념적 틀이 정확할수록 더욱 정확해진다. '전자 빔은 자석의 N극에서 휘어진다'라는 말이나, 어떤 환자의 퇴피(退避) 증상에 대한 정신과 의사의 말에는 이미 상당한 이론이 전제된 것이다. 물리학에서 사용하는 '힘'이라는 개념은 그것이 뉴턴 역학에서 차지하는 역할에 의해 그 의미를 얻는다.

파이어아벤트는 관찰의 이론의존성을 갈릴레이에 대한 사례연구로 뒷받침했다. 동시에 이 사례연구는 갈릴레이 사례에 대한 새로운 해석의 근거로 제시된다. 먼저 그는 갈릴레이가 당시 처했던 문제상황을 정리한다.

망원경으로 천체를 관측한 지 얼마 지나지 않아 갈릴레이는 그가 본 것을 조그만 책자인 『별의 사자(使者)』(*Sidereus Nuncius*, 1610)에 담아 발표했다. 그는 망원경을 통한 관찰에서 얻은 경험적 증거를 토대로 아리스토텔레스-프톨레마이오스의 우주 체계가 논박될 수 있으며, 따라서 자신은 코페르니쿠스의 우주 체계에 완전히 동의할 수 있다는 것을 과감하게 표명했다. 그러나 당시 우리의 일상적 경험과 육안에 의한 감각적 관찰은 아리스토텔레스의 자연학 및 프톨레마이오스의 천문학, 그리고 성경의 가르침과 서로 잘 부합하는 것으로 여겨졌다. 반면 코페르니쿠스의 태양중심체계는 육안에 의한 관찰에서 주어진 경험적 증거에 어긋난다는 이유로 거부되고 있었다. 그 코페르니쿠스 체계를 반대하는 대표적인 논증이 탑의 논증(argument of tower)이다.

갈릴레이가 『별의 사자』에서 주장한 망원경에 의한 발견을 당대 사람들로부터 인정받기 위해서는 다른 사람들도 갈릴레이가 본 것을 확인할 수 있어야 했다. 그랬다면 망원경에 의한 초기 발견들은 코페르니쿠스주의를 뒷받침하는 증거가 될 수 있었다. 그러나 당시 사람들이 갈릴레이의 주장을 확인하려고 했을 때, 그들이 발견한 것은 망원경에 의한 최초의 천체관측이 불명료하고 불확정적이고 모순을 안고 있으며, 누구든지 어떤 기구의 도움 없이 육안으로 볼 수 있는 것과도 상충된다는 사실뿐이었다.

파이어아벤트는 갈릴레이가 봉착한 상황을 몇가지로 집약한다. 첫째, 갈릴레이는 천상계의 물체들을 망원경으로 관찰한 것이 사실과 일치함을 설득할 만한 광학이론을 가지고 있지 못했다. 둘째, 감각은 통상적인 조건 아래서 주의깊게 사용될 때 세계에 대한 신뢰할 만한 정보를 필연적으로 제공해준다는 당시의 철학적 입장을 논파하기도 어려웠다. 셋째, 당시의 망원경은 여러가지 결함이 있었기 때문에 천체현상에 대한 만족스러운 보고를 제공하기 어려웠다. 결국 갈릴레이는 망원경에 의한 관측자료가 코페르니쿠스 이론을 지지한다는 것을 설득하기 위한 시각이론도, 광학이론도, 그의 주장을 뒷받침할 만큼 충분히 정확한 망원경도 가지고 있지 못했다.

관찰적 불일치와 이를 둘러싼 난점들에도 불구하고 오히려 새로운 현상의 실재성이 받아들여지고, 코페르니쿠스 이론이 지지되어가는 수수께끼 같은 발전이 진행되었다. 그렇다면 과학자들 사이에 의견의 일치가 회복되고, 관찰의 일치가 차차 확립된 놀라운 변화는 어디서 연유한 것일까?

파이어아벤트에 의하면 사람들은 현상에 주목하고, 그것을 가장 자연스럽다고 여겨지는 방식으로 해석한다. 바로 그것이 '자연적 해석'(natural interpretation)이다. '자연적 해석'이란 우리의 '감각작용에 개입하는 정신작용'을 말한다. 다시 말해 그것은 우리가 문화, 언어 등으로부터 습득한 '대상을 보는 방식 혹은 틀'이다. 자연적 해석은 우리의 관찰과정에 개입하여 그 과정의 일부를 이루고, 관찰내용을 표현하는 **관찰언어**를 결정한다. 그렇기 때문에 개인들은 자연적 해석의 본성과 그 존재를 명백히 알기 어렵다(Feyerabend 1975/1987, 74~102면). 코페르니쿠스의 견해와 모순되는 것은 현상 그 자체가 아니라, 현상에 대한 자연적 해석이다.

따라서 파이어아벤트는 프톨레마이오스주의로부터 코페르니쿠스주의로의 변화를, 한 모둠의 자연적 해석이 다른 모둠의 자연적 해석으로 대체되는 것으로 파악한다. 그에 의하면, 갈릴레이는 사람들에게 코페르니쿠스주의라는 새로운 자연적 해석을 제공함으로써, 이를 토대로 새로운 경험을 형성하게 만들고, 다시 그것을 통해 코페르니쿠스주의를 신봉하도록 사람들을 유도했다. 따라서 갈릴레이가 옹호한 코페르니쿠스 이론에 대한 승인은 이론의 변화뿐만 아니라, 무엇이 경험적 사실로 간주될 것인가에 대한 변화도 포함하고 있었다. 파이어아벤트에 따르면 그러한 변화는 주관적이고 심리적인 변화다. 이러한 변화를 겪고서야 당시 사람들은 비로소 갈릴레이의 발견을 승인할 수 있게 되었던 것이다. 코페르니쿠스의 원리와, 잘 알려져 있었지만 숨어 있었던 자연적 해석인 프톨레마이오스의 원리를 함께 검토함으로써, 갈릴레이는 숨어 있었던 자연적 해석을 다른 해석으로 대체했던 것이다. 달리 말하면 그는 코페르니쿠스 이론에 기초한 새로운 관찰언어를 도입했다. 그렇게 함으로써 감각을 탐구의 도구라는 본래의 자리로 되돌려놓았다.

파이어아벤트의 관점에서 볼 때, 한 모둠의 자연적 해석을 다른 모둠으로 대체하는 것은 한 모둠의 심적 작용을 다른 모둠의 심적 작용으로 대체하는 것을 뜻한다. 그런데 갈릴레이 이전의 통상적인 관찰자들은 그들의 문화적 배경, 일상적 경험, 언어 등으로 인해, 하나의 특수한 모둠의 관찰경험과 그에 대응하는 관찰언어를 갖도록 프로그램화되어 있었다. 그에 반해 갈릴레이의 『두 우주체계에 관한 대화』(*Dialogo dei due massimi sistemi del mondo*, 1623)의 내용을 받아들인 관찰자들은 새로운 방식으로 프로그램화되었기 때문에, 새로운 모둠의 관찰경험과 관찰언어에 이를 수 있었다.

이러한 관찰의 이론의존성 테제를 토대로 파이어아벤트는 통약불가능성 테제를 제시한다. 개념의 의미와 해석, 그리고 그러한 개념을 포함하는 관찰언명은 그것들이 발생하는 이론적 맥락에 의존한다. 어떤 경우에는 경쟁관계에 있는 두 이론의 근본원리가 본질적 측면에서 서로 다를 수 있기 때문에, 한 이론의 기본 개념을 다른 이론의 개념으로 나타내는 것조차 가능하지 않다. 결과적으로 경쟁관계에 있는 두 이론은 어떤 관찰언명도 공유하지 않는다. 이러한 경우 경쟁관계에 있는 이들에 대한 논리적 비교는 불가능하다. 따라서 두 이론은 통약 불가능하다. 이같은 파이어아벤트의 입장이 전제하는 의미론은 다음과 같이 요약될 수 있다.

(1) 과학 개념의 의미는 그것이 들어 있는 이론적 맥락에 의존한다.

(2) 이론에 들어 있는 과학적 개념의 의미는 그 이론이 변형되면 근본적으로 변화한다.

(3) 과학 개념 S의 의미는, 만일 그것이 다른 개념들과 근본적으로 다른 관계를 맺게 되면, 근본적으로 변화한다.

(4) 이론 T에 등장하는 과학 개념 S는, 만일 T가 변화하면 다른 개념들과 근본적으로 다른 관계를 맺게 된다.

(5) 따라서 만일 T가 변하면 그곳에 들어 있는 과학 개념의 의미는 근본적으로 변화한다.

파이어아벤트는 통약 불가능한 이론들의 예로 양자역학과 고전역학, 뉴턴 역학과 상대성이론, 유물론과 심신이론을 들고 있다. 이러한 입장에서는 통약불가능성이 경쟁관계에 있는 통약 불가능한 이론들을 비교할 수 있는 수단을 모두 배제하는 것은 아니지만, 필연적으로 과학이 포함하는 주관적 측면을 드러나게 한다. 따라서 그는 경쟁관계에 있는 이론들이 단지 논리적 수단에 의해서만 비교될 수 있다는 주장을 거부한다.

5. 『자유사회에서의 과학』과 『이성이여 안녕!』: 다원주의와 상대주의

파이어아벤트가 *AM* 초판에서 전개한 방법론적 다원주의의 귀결 중의 하나임에도 이 책에서는 개진하지 않은 주제가 있는데, 그것은 바로 다원주의와 상대주의다. 한마디로 그것은 여러 종류의 과학이 있을 수 있으며, 서구의 과학은 있을 수 있는 여러 과학 중의 하나라는 생각이다. 그는 『자유사회에서의 과학』(*Science in a Free Society*, 1978)과 『이성이여 안녕!』(*Farewell to Reason*, 1987)에서 이 주제에 집중했다. 이것은 그의 방법론적 다원주의가 지니는 정치적 함의를 드러내는 일이기도 했다.[8]

『자유사회에서의 과학』에서 그는 보편적 과학이성 혹은 방법론을 반대하는 그의 논증을 반복하면서, 이를 여러 사례들로 확장해간다. 그가 말하는 자유로운 사회는 각 개인이 독립적이고 성숙한 사고를 하는 사회다. 그는 이 책에서 우리는 그런 사회에서 과학에 대해 어떤 태도를 가져야 할 것인가를 논의한다.

그에 의하면, 산업사회에서 과학에 특별한 지위를 부여하게 된 주된 원인은 다른 지식의 형식과 비교해서 과학이 지니는 인식적 우월성에 대한 믿음이다. 이 믿음은 과학은 그 방법 때문에 우월하다는 생각에 기초한다. 그런데 사실상 엄격하게 적용되는 방법이란 것은 존재하지 않는다. 또한 과학적 지식이 다른 형태의 지식에 비해 우월하다는 주장은 철저히 검토되지 않았다. 대신에 다른 형태의 지식은 과학에 의해 간단히 배제된다. 결국 과학적 지식은 아무런 정당화 없이 특별한 지위를 누리고 있는 셈이다. 과학적 지식은 유리함과 불리함, 이득과 손해를 함께 품고 있는 지식의 한 형태일 뿐이다. 이것이 사실이라면 민주국가에서는, 국가가 과학과 특별한 관계를 맺는 일은 사라져야 한다. 민주사회에

---

8 파이어아벤트는 *AM* 제3판에서 그 내용을 손질하면서 제16장 등에 이 주제들을 포함했다.

서 모든 종교적 전통이 같은 권리를 누려야 하듯이, 모든 인식적 전통은 생존을 위한 동일한 조건을 받아들여야 한다. 국가는 그 어떤 것도 다른 것보다 유리하도록 선호해서는 안된다. 서구 과학의 특별한 전통은 아무런 정당성 없이 다른 전통들을 압도해왔다. 그러므로 국가와 교회가 분리되었듯이, 이제 과학과 국가의 분리가 이루어져야 한다.

『자유사회에서의 과학』의 주된 관심사는 근대과학이 마술 혹은 아리스토텔레스의 과학 같은 대안들에 비해 더 좋은 것인가를 검토하는 것이었다. 물론 파이어아벤트의 대답은 그렇지 않다는 것이다. 나아가 그는 자신의 무정부주의적 증식원리가 지니는 정치적 귀결을 논의한다. 여기서도 그의 주장은 한마디로 과학과 국가가 분리되어야 한다는 것이다. 그 이유는 다음과 같다. 첫째, 과학은 여러 전통 혹은 이데올로기 중의 하나일 뿐이다. 둘째, 자유사회는 여러 전통들 혹은 이데올로기들 사이의 평등함이 있는 사회다. 셋째, 교육, 의학 등에서 과학을 우월한 것으로 다루는 것은 다른 전통의 권리를 침해한다.

『이성이여 안녕!』은 방법론적 다원주의를 확장하여 문화적 상대주의로 나아가기 위한 논변을 담고 있다.[9] 파이어아벤트에 의하면, 과학적 지식은 어떤 영역의 문제를 해결하기 위한 국소적 이용물이고, 그것이 허용되기 위해서는 많은 협의가 필요하다. 이런 관점에서 본다면, 과학은 수많은 제도 중 하나일 뿐, 건전한 정보의 유일무이한 저장고는 아

---

9 말년에 파이어아벤트는『자유사회에서의 과학』과『이성이여 안녕!』에서의 상대주의적 입장의 차이를 설명했다. 그는 두 책 모두에서 과학이 다양한 지식 중의 한 형태라고 주장했지만 그것이 의미하는 바는 조금 다르다고 말했다. 즉, 앞의 책에서는 과학은 하나의 실재에 접근하는 여러 방식 중의 하나라는 생각과 지식(진리)은 상대적 개념이라는 생각을 합성했다면, 뒤의 책에서 첫번째 생각만을 이용하고, 두번째 생각은 제거했다는 것이다. Gonzalo Munévar ed. 1991, 519면.

니다. 또한 과학적 문화와 비과학적 문화를 비교할 때, 과학적 문화가 늘 우월한 것은 아니다. 따라서 과학 및 과학에 기초한 기술공학(IQ 테스트, 과학에 기초했던 의료나 농업, 기능 본위의 건축양식 등등)이 다른 모든 시도를 능가한다는 주장은 가치, 사실, 방법, 어느 것에 의해서도 지지받지 못한다. 모든 사람이 입수 가능한 모든 정보를 공유하고 동일한 방법으로 논쟁한다고 해도, 여전히 긴장은 남아 있다. 그것은 가치 사이의 긴장이다. 이러한 긴장을 해소하는 데는 힘, 이론, 그리고 대립하는 그룹들 사이의 개방된 교류라는 세가지 방법이 있다. 여기서 우리가 택해야 할 것은 세번째 방법이다. 이유는 이러하다. 과학에서의 이론적 승리는 도구, 개념, 논증, 기본적인 가정 등의 무기를 사용하여 달성되었는데, 그러한 무기는 지식의 진전에 따라 변화한다. 따라서 경쟁이 되풀이됨으로써 다른 결과가 생겨날 수도 있다. 승자가 패자가 되기도 하고, 그 반대가 되기도 한다. 그러므로 여러가지 관념, 방법, 편견의 역사는 과학적 실천의 중요한 부분이다. 또한 과학의 가치나 이용에 대한 결정은 과학적인 결정이 아니다. 그것은 '실존적'이라고 불러 마땅한 결단, 즉 어떤 특정한 방식으로 살아가고, 생각하고, 느끼고, 행동할 것인가에 관한 결단인 것이다.

여기서 그는 밀이 『자유론』(*On Liberty*, 1859)에서 제시한 다원주의의 원리를 받아들일 것을 권한다. 그것은 어떤 관념이 테스트에 의해 불충분한 점이 드러났다고 하더라도 그 관념을 유지하라는 견지의 원리(principle of tenacity)와, 비록 기묘하게 보이더라도 새로운 개념을 생각해보라는 증식의 원리(principle of proliferation)다. 파이어아벤트는 유럽의 여러 민족이 정체적 인류가 아닌 선진적 인류가 될 수 있었던 것은 그 문화의 다양성이 주목할 만했기 때문이라는 밀의 견해에 동의한다. 파이어아벤트는 상대주의가 문화의 다양성이라는 현상의 의미를 이해하고자 하는 시도이며, 나아가 인류의 진보를 가져올 다원주의적 지침이라고 보았다.

6. 파이어아벤트는 포모[10]인가?

프레스턴(J. Preston) 등은 파이어아벤트의 이러한 후기 과학철학의 입장들이 포스트모던한 성격을 띤다고 평가한다(Preston 2000, 80~101면). 이 글의 마지막 국면에서 필자는 『풍요로움의 정복』(*Conquest of Abundance*, 1999)[11] 등을 중심으로 파이어아벤트의 후기 과학철학에서의 포스트모던한 주제를 검토해보려고 한다. 이를 토대로 파이어아벤트가 어떤 점에서는 '포모'임에 틀림없지만, 포모이기에 그치지 않았음을 말하고자 한다. 이 점을 분명히하는 것이, 포모에 대해 일반적인 적의를 품고 소위 '과학전쟁'을 도발하면서 파이어아벤트를 '과학의 최악의 적'으로 낙인찍으려는 사람들에게 그를 제대로 이해시키는 길이라 믿기 때문이다.

이야기를 짧게 하기 위해, 먼저 과학에 대한 태도를 중심으로 포스트모더니즘의 일반적 성격을 다음의 몇가지로 집약하겠다.

---

10 '포모'는 '포스트모더니스트'(postmodernist)를 약간 빈정거리듯이 줄여서 일컫는 말이다. 어떤 대상을 '포모'라고 표현할 때는 포스트모더니즘이 갖는 반과학적인 태도를 강조하는 경우가 많다.

11 이 책은 파이어아벤트가 죽은 후, 그가 1990년대에 여러 학술지에 썼던 단편적인 글들을 한권의 책으로 묶어 1999년에 간행한 것이다.

첫째, 포스트모더니즘은 형이상학적 본질주의와 토대주의(founda-tionalism)를 거부한다. 토대주의란 지식은 선천적 제1원리나 감각적 경험이라는 확고한 기초를 지녀야 한다는 신념을 말한다. 과학에서의 모든 이론적 개념이나 명제가 경험적 사실을 기술하는 기록명제로 환원될 수 있을 때 의미를 지닌다는 환원주의(reductionism)는 토대주의의 한 양상이다. 포스트모더니즘은 그러한 선천적 제1원리나 객관적 감각경험의 존재를 부정한다. 포스트모더니즘은 형이상학적 본질주의와 토대주의를 거부함으로써, 다원주의와 복수주의의 가능성을 제공한다.

둘째, 포스트모더니즘은 말의 의미란 비고정적이며 근본적으로 포착하기 어려운 것이라고 본다. 대신에 의미의 비고정성과 해체를 주장한다. 언어의 의미는 언어를 넘어서는 독립된 실재가 아니라, 인간의 담론세계에서 발견되어야 한다. 이와 더불어 용법 혹은 쓰임새를 의미의 열쇠라고 본다. 과격한 입장을 취하는 해체주의는 사물을 명료화하고, 분류하고, 계통을 세우고, 체계 속에 포함시키고, 위계화하는 활동을 포기할 것을 주장한다. 포스트모더니즘은 말의 의미를 하나로 고정시킬 수 없는, 즉 다의적인 것으로 봄으로써 해석의 융통성과 다양성을 제시한다.

셋째, 포스트모더니즘은 거대담론을 거부한다. 특히 과학적 사고를 통해 인간, 사회, 역사를 통섭하는 거대담론을 형성할 가능성을 부정한다. 포스트모더니즘에서는 과학 자체도 하나의 동질적 담론이 아니다. 세상에는 그 나름의 게임을 하고, 각기 할 일에 대한 나름의 국소적 규칙을 생성하는 다수의 학문활동들이 존재한다. 과학이라는 것도 다양한 연구 분야와 활동에 붙여진 공허한 상표일 뿐이다. 포스트모더니즘은 거대담론을 거부하는 한편, 다수의 국지적 담론의 공존을 인정하고 권장한다.

넷째, 포스트모더니즘은 과학의 방법론적 통일을 거부하고 나아가 학문의 통일을 거부한다. 학문의 통일을 지향하는 일은 보편적 과학의 논리와 방법이 확립될 수 있다는 믿음을 기반으로 한다. 그런데 포스트모더니즘에 의하면 과학으로서 마땅히 적용해야 할 규범적 방법이나 기준이 있을 수 없으며, 다른 학문들이 모방하고 따라야 할 보편적 과학의 논리와 방법이 성립할 수도 없다. 과학의 방법을 확장하여 다른 학문에 적용해야 할 정당성도 인정되지 않는다. 따라서 포스트모더니즘은 인간 문화활동에서 과학활동의 우월성을 부정한다. 포스트모더니즘은 과학과 형이상학, 과학과 예술, 과학과 신화, 이성과 비이성의 융합가능성을 제시한다.

마지막으로, 포스트모더니즘은 모든 담론이 철학적 담론에 의해 정당화되어야 한다는 학문적 위계도 인정하지 않는다. 이러한 반권위주의에서 포스트모더니스트는 새로운 개념적 위계의 체계, 모종의 새로운 인식론적 권위를 도입하기를 원하지 않는다. 철학은 인식론적 지침, 혹은 과학적 지식의 철학적 기반을 제공하고 일반규칙을 부여하는 인식론적 '경찰'로서 활동하는 기능을 상실했다. 그것은 철학의 역할변화를 기대한다. 이것은 탈중심화, 탈권위주의를 함의한다.

이러한 포스트모더니즘은 그 나름의 중요한 난점을 품고 있다. 포스트모더니즘은 과학의 합리성과 객관성을 부정하고 규범적 기준의 성립가능성에 의문을 제기함으로써 상대주의, 회의주의, 비합리주의에 빠질 가능성이 다분하기 때문이다.

이 모든 포스트모더니즘의 관점들에 대해 파이어아벤트는 어떤 입장을 취할까? 그의 후기 과학철학은 위의 모든 관점들을 내포하는 것이 분명하다.

우선, 환원주의에 대한 거부는 파이어아벤트의 전·후기에 걸친 일관된 입장이었다. 1962년에 이미 그는 환원에 대한 형식적 설명이 불가능하다고 논파했다. 후기에도 그는 "주변적 지식 주장은 보다 근본적인 지식 주장으로 환원될 수 있고, 궁극적으로는 기본적인 입자물리학으로 환원될 수 있다는 생각은 과학적 실천에 관한 사실이 아니고, 형이상학적 요청이다"(Feyerabend 1999, 232면)라고 평가한다.

둘째, 언어의 의미에 대한 '의미의 맥락이론'은 그가 초기 작업에서 주장했던 이론이다. 그로부터 통약불가능성 테제를 이끌어냈다. 후기로 가면서 파이어아벤트는 의미의 불안정성, 나아가 애매성의 상존을 더욱 강조했다. 개념을 '분명치 않고, 불안정하며, 애매한 것'(Munévar ed. 1991, 515면)으로 여기고, 의미를 '근본적으로 포착하기 어려운 것'으로 보는 그의 입장은 포모들의 입장과 결코 다르지 않다.

셋째, 광범위한 일반화 대신에 특정한 사례연구를 강조하는 그의 과학철학 방법 자체는 거대담론에 대한 거부를 함의한다. 거대이론을 세운다거나, 체계를 확립하려는 시도는 그의 작업과 거리가 멀다. 이러한 그의 입장은 방법론적·존재론적 다원론의 기반이 된다.

넷째, 학문의 비통일성은 그의 후기 철학의 중요한 주제였지만, *AM*의 귀결이기도 하다. *AM*은 방법론적 단일론에 대한 근본적 반성이다. 『풍요로움의 정복』에서도 그는 "과학은 하나의 인식론을 포함하는 것이 아니다. 그것은 여러 인식론을 포함한다"(Feyerabend 1999, 231면)고 말한다. 그러므로 파이어아벤트에게 다원성(plurality)은 과학 자체의 고유한 특징이다.

마지막으로 포모 철학자들과 마찬가지로 그는 과학을 '정당화하는 일'에 관심을 두지 않았다. 그는 과학적 담론이 자율적이라고 믿는다. 물론 초기에 그는 철학적 작업을 통해 과학적 발전을 도모하려 했지만 후기에 가서는 이러한 생각을 포기한다. 오히려 그는 과학이 일반 사람들에 의해 평가되고 통제되어야 한다고 주장한다.

적어도 이러한 점들에서 파이어아벤트는 포모의 입장을 지지한 것으로 보인다. 그러면 역시 그는 포모들과 마찬가지로 반과학적 입장을 취하는가? 나아가 포스트모더니즘이 상대주의와 비합리주의로 귀결되는 것을 인정하는가? 바로 이 점에서 포모와 파이어아벤트 사이의 상이점이 발견된다. 그의 후기 철학에서 파이어아벤트는 상대주의를 거부한다. 그에게는 그가 이미 반박했던 객관주의와 더불어 상대주의 역시 극복해야 할 대상이었다.

7. 『킬링 타임』, 『풍요로움의 정복』: 객관주의와 상대주의를 넘어서

우리는 그의 자서전 『킬링 타임』(*Killing Time*, 1995)에서 *AM*을 두고 전개된 매도성 비판과 오해에 대한 그의 당당하고도 진솔한 답변을 들을 수 있다. '과학의 최악의 적'이라는 과학자들의 세평에 대해 그는 과학이 대중적 통제에 종속되어야 한다는 견해를 견지한다. 그가 보기에 과학은 이해관계로부터 그다지 자유롭거나 개방적인 작업이 아니기 때문이다. 비합리주의자라는 비판에 대해서는 자신이 비판하는 것은 어디까지나 권위적이고 경직된 이성이라고 반박한다. 또한 그는 과학과 상식의 영역이 철학 없이는 생존할 수 없다는 철학자들의 편견을 버려야 한다고 충고한다. 단순한 이론과 규칙으로 복잡한 과학의 세계를 포착하려는 시도 자체가 무모하다는 것이다. 그는 철학적인 우매화의 횡포로부터 사람들을 해방시키려던 *AM*의 목표는 일반 독자가 이해할 수 있는 간결한 스타일을 채택하지 못함으로써 실패할 수밖에 없었다고 술회한다.

한편 『킬링 타임』에 나타난 *AM*에 대한 회고에서는 파이어아벤트의 문화철학적 관점이 묻어난다. 그는 과학이 전체 인류문화에서 차지해야 할 적절한 비중이 있다고 생각한다. 그것을 넘어서는 것은 과학 자체를 위해서나 인류문화 전체를 위해 결코 바람직하지 않다는 것이다. 과학은 앎의 한가지 방식에 불과하고, 과학문화는 세계를 보는 하나의 태도이자 양식일 뿐이기 때문이다. 실제로 우리의 앎에는 여러가지 방식이 있고, 그것들은 서구적 문명화에 의해 훼손되기 전에는 상당히 효과적이었다. 과학적 태도와 방법은 자연현상과 그에 준하는 환경에 대해서만 유효하다. 그러므로 문화 전체가 과학화되어야 하는 것은 결코 아니다. 인간에게는 과학 이외에도 신화, 제의(祭儀), 종교, 예술, 문학, 철학이 골고루 필요하다. 우리는 세계를 예술적·미적 태도로 바라볼 수 있다. 종교적 관점에서 바라볼 수도 있고, 도덕적 관심에서 논의할 수도 있다. 이것들은 세계를 대하는 각기 다른 태도와 지향이요, 상이한 사고와 방법이며 개념체계다. 그러므로 인류문화는 각각의 문화양식이 조화롭게 만들어내는 교향악과 같을 때 진정으로 의미있고 아름다워진다. 그는 과학과 형이상학, 과학과 예술, 과학과 신화, 이성과 비이성이 함께 작용할 때, 또 과학자들이 신화, 종교, 형이상학으로부터 영감을 얻을 때, 오히려 과학이 과학다워질 수 있다고 주장한다.

그가 보기에 오늘날 현대문화에서 과학은 지나치게 이데올로기화되어 있다. 따라서 자유롭고 다원화된 사회를 확립하기 위해서는, 인류사회를 다른 독단적 이데올로기로부터 보호해야 하듯이 과학의 지나친 영향으로부터 보호해야 한다. 그가 과학에 대한 지나친 신화화, 과학 엘리뜨주의, 비민주적이거나 폐쇄적인 과학활동, 과학의 객관성과 합리성에 대한 지나친 신뢰, 과학에 대한 맹신과 중독, 과학에 대한 철학적 규범화, 지나치게 이성만 강조하여 자유로운 상상력을 잃게 하는 철학 등을 비판하는 근본적인 이유가 여기에 있다. 그의 이러한 철학은 바로 오늘날 포스트모던 시대의 다원화된 문화를 뒷받침하는 문화철학이라고 여겨질 수 있다. 이것은 그가 '지적 아나키즘'이라고 이름 붙인 파이어아벤트 철학의 궁극적 목표이기도 하다.

그러나 그는 생애 마지막 시기에 문화적 상대주의, 그리고 통약불가능성에 대한 자신의 생각을 바꾸었다. 그는 회갑논문집(Munévar ed. 1991)의 말미에 실린 인터뷰 「결론을 대신하는 비철학적 대화」(1989)에서 상대주의에 대한 자신의 철학적 입장이 『이성이여 안녕!』을 쓸 무렵부터 변했다고 말한다. 그런데도 대부분의 비판자들은 1975년 혹은 1978년, 기껏해야 1987년에 그가 말한 것에 대해 논평하고 있다는 것이다. 여기서 그는 상대주의에 대한 자신의 입장을 다음과 같이 피력했다. "우선 상대주의란 말 자체가 다른 철학적 용어들과 마찬가지로 모호합니다. 어떤 의미에서는 나는 열렬한 상대주의자입니다. 하지만 다른 의미에서 나는 분명히 상대주의자가 아닙니다. 무엇보다도, 나는 생각을 바꾸었습니다."(Munévar ed. 1991, 507면) 그는 자신이 내세웠던 상대주의적 관점에 철학적 난점이 있다고 인정한다. 그리고 객관주의와 상대주의는 생산적인 문화적 협력을 가로막는 지침으로서 앞으로 극복되어야 할 대상이라고 강조한다.

그가 보기에 문화적 상대주의는 다음의 전제들을 포함한다. 첫째, 문화는 특수한 절차와 가치를 지닌 상대적으로 폐쇄된 단위이고, 그리하여 다른 문화가 그것에 개입하기 어렵다. 따라서 모든 문화는 동등한 가치를 가지며, 다른 문화에 의해 존중되어야 한다. 둘째, 각 문화들 사이의 통약불가능성은 문화들 사이의 장벽이 너무나 커서 서로 완전히 단절되어 있다는 것을 상정한다.

그러나 그는 위의 전제들 가운데 적어도 일부는 정당화되기 어렵다고 본다. 왜냐하면 문화들 사이에는 활발한 교류가 있어왔고, 이를 통해 한 문화의 다양한 요소들이 다른 문화로부터 전달되고 변형되었기 때문이다. 또한 문화 간에는 서로 넘지 못할 간극이 있는 것도 아니다. 따라서 그는 문화가 상대주의와 객관주의 모두가 전제하는 것 이상으로 융통성을 지닌 것이라고 여긴다. 반면 상대주의와 객관주의는 문화에는 단일한 객관적 실재가 있다는 문화적 본질주의로 환원된다.

『킬링 타임』에서 우리는 상대주의에 대한 그의 마지막 입장을 엿볼 수 있다. 그에 따르면 "문화는 상호 작용하고, 변화하며, 그것의 안정되고 객관적인 구성요소를 넘어선다"(Feyerabend 1995/2009, 264면). 그는 인간이 문화적으로 상대로부터 얼마나 많은 것을 배우며, 그렇게 수집한 재료들을 어떻게 솜씨있게 변형시키는지를 고찰함으로써 다음과 같은 결론에 도달한다. "모든 개별적인 문화는 잠재적으로 모든 문화다. 그리고 특정한 문화적 특성은 하나의 단일한 인간 본성의 변화 가능한 표현이다."(Feyerabend 1995/2009, 264면)

이러한 입장은 다음과 같은 중요한 귀결에 닿는다. 문화적 특유성은 신성불가침한 것이 아니며, 자신의 확립된 규범 내에서만 배타적으로 평가되어서는 안된다. 오히려 문화적 실천은 외부로부터, 인도주의적 관점에서 정당하게 평가되어야 한다. 또한 모든 문화에 고유한 변화의 잠재력이 있다는 사실을 이해한다면, 우리는 다른 사람을 변화시키려고 애쓰기 전에 먼저 자기 자신이 변화할 수 있도록 마음을 열어야 한다.

파이어아벤트의 이러한 결론은 마치 그가 흄의 자연주의로 돌아간 것 같은 인상을 남긴다. 그가 인간의 본성(human nature)을 모든 문화적 동질성과 이질성을 설명하는 근거로 삼고 있기 때문이다. 이제 객관주의와 상대주의를 극복하려는 파이어아벤트의 시도를 정당하게 평가하는 일이 우리에게 남겨진 새로운 과제다.

| 정병훈 |

참고문헌

Andersson, Gunnar (1994) *Criticism and the History of Science: Kuhn's, Lakatos's and Feyerabend's Criticism of Critical Rationalism*, Leiden: E. J. Brill.

Feyerabend, Paul (1975) *Against Method: Outline of an Anarchistic Theory of Knowledge*, London: New Left Books. (『방법에의 도전』, 정병훈 옮김, 도서출판 흔겨레 1987)

_____ (1978) *Science in a Free Society*, London: New Left Books.

_____ (1987) *Farewell to Reason*, London: Verso.

_____ (1991) *Three Dialogues on Knowledge*, Oxford: Basil Blackwell.

_____ (1995) *Killing Time: The Autobiography of Paul Feyerabend*, Chicago: The University of Chicago Press. (『킬링타임: 파울 파이어아벤트의 철학적 자서전』, 정병훈·김성이 옮김, 도서출판 흔겨레 2009)

_____ (1999) *Conquest of Abundance: A Tale of Abstraction versus the Richness of Being*, Chicago: The University of Chicago Press.

Gower, Barry (1997) *Scientific Method: An Historical and Philosophical Introduction*, London: Routledge.

Kuhn, Thomas (1970) *The Structure of Scientific Revolutions* (2nd ed), Chicago: The University of Chicago Press.

Laudan, Larry (1996) *Beyond Positivism and Relativism*, Boulder: Westview Press.

Munévar, Gonzalo ed. (1991) *Beyond Reason: Essays on the Philosophy of Paul Feyerabend*, Dordrecht: Kluwer Academic Publishers.

Munz, Peter (1993) *Philosophical Darwinism: On the Origin of Knowledge by Means of Natural Selection*, London: Routledge.

Preston, John. Munévar, Gonzalo. Lamb, David eds. (2000) *The Worst Enemy of Science?: Essays in Memory of Paul Feyerabend*, Oxford: Oxford University Press.

Preston, John (1996) *Feyerabend: Philosophy, Science and Society*, Cambridge: Polity Press.

Suppe, Frederick (1977) *The Structure of Scientific Theories*, Chicago: University of Illinois Press.

2부

쟁점

현대 자연철학의 쟁점과 의미

1. 현대 자연철학의 존재론적 지위

과학철학은 실증주의에 기반을 둔 과학방법론 논쟁에서 벗어나 과학 형성에 대한 사회역사적 조망을 던짐으로써 그 폭을 크게 확장했다. 그렇더라도 과학철학은 과학에 대한 메타학문의 성격을 지닐 수밖에 없었다. 다만 전통적인 과학철학의 범주와 다르게 일선 자연과학의 이론과 양상 그 자체에 대해 직접적으로 해석하려는 시도가 있어왔다. 이러한 시도는 자연의 물질이나 운동에 대한 존재론적 지위를 묻는 데서 시작했다. 이를 보통 자연철학이라고 부른다. 탈레스(Thales)의 사유 역시 이와 같았다. 탈레스의 질문은 세계를 구성하는 단위가 초자연이 아닌 자연적인 무엇임을 깨닫는 데서 시작했다. 이런 점에서 고대에서 현대에 이르기까지 자연철학은 초자연성을 배제하려는 노력을 공통으로 한다. 자연철학은 고대 그리스 소크라테스 이전 시대의 자연철학, 중세신학과 윤리학에 나타난 자연철학, 나아가 19세기 독일을 중심으로 풍미했던 자연철학, 그리고 20세기 후반에 걸쳐 새롭게 부각된 현대 자연철학, 이 모두에서 인간 인식의 원천이 되는 그 어떤 존재에 대한 질문이었다. 근대 이전에는 자연철학의 흐름들이 '존재의 까풀 씌우기'를 중심으로 서술되었다. 예를 들어 중세 자연철학은 신학적 풍토 혹은 신비주의적 관심 안에 놓인 적도 있었다. '존재의 까풀 씌우기'는 존재를 지식의 권력으로 포섭하거나 그것에 인간의 희망을 덧붙이기도 하여 자칫 인간이 문학적 창작력 혹은 신화적 상상력 아니면 형이상학적 서사시의 주인공으로 치우칠 수 있었다. 반면 근대 이후에는 자연이 '존재의 까풀 벗기기'를 중심으로 서술되기 시작했다. 가능한 한 존재의 원형적 사실에 접근하려 하고, 과도한 사유의 포장을 벗어던지려는 본질을 지닌 '존재의 까풀 벗기기'는 신화적 권력의 위험도를 한껏 낮출 수 있었다. 20세기 중반 들어 자연철학에서 형이상학적 요소를 최대한 배제하려는 노력이 등장하는데, 이를 유럽 지식세계에서는 '현대 자연철학'이라고 부른다. 존재의 까풀이 본격적으로 벗겨지기 시작한 것은 바로 이런 노력 덕분이었다. 자연과학의 급속한 발달은 이를 위한 결정적인 원동력이었다.

현대 자연철학은 과학적 실재(reality)가 무엇인지를 물으며, 현실 자연과학의 물질관 및 우주관, 그리고 생명에 대한 철학적 탐구를 시도한다. 예를 들어 현대 자연철학은 뉴턴 역학의 공간론을 다루거나, 전통적 인과율에 대한 양자역학의 도전이 철학적으로 어떤 의미가 있는지를 깊이있게 질문하기도 한다. 혹은 현대 진화론을 토대로 인간 본성을 찾아가는 한가지 통로를 모색하기도 하고, 발생생물학이 보여준 존재의 의미가 전통적인 플라톤적 존재론과 어떻게 다른지 등을 질문한다.

166

또한 아인슈타인의 일반 상대성이론으로 본 우주진화론을 이야기하며, 고에너지물리학에서 본 물질과 에너지의 교차이론들, 복잡계이론에서 말하는 자연세계의 질서가 어떤 철학적 의미를 지니는지 등 일선 과학의 성과에 대한 존재론적 질문을 던진다. 철학적 반성을 통해 고전적인 과학적 세계관의 실재론적 존재탐구에서부터 현대 첨단과학의 반실재론적 경향까지 다각도로 조명하기도 한다. 이같은 자연철학 계통의 과학철학은 과학방법론의 인식론적 과학철학과 달리 존재론의 특성을 강하게 내비친다. 예를 들어 이 자연철학은 파동성과 입자성이라는 빛의 이중성이 보여주는 존재 자체의 필연적인 내적 관계 등을 철학적으로 주시한다. 또한 진화생물학을 통해 정지와 불변이라는 파르메니데스(Parmenidēs) 수준의 존재가 아닌, 운동과 변화라는 헤라클레이토스(Heracleitos) 수준의 존재가 가능함을 제시하기도 한다. 물론 그 반대의 존재 의미를 지니는 사례연구도 많다. 한 예로 면역학의 존재론은 변화의 존재론의 대표적 특성으로 간주되어왔지만, 최근 면역학 연구는 분자유전학에 의해 성과를 내는 경우가 많다. 이런 연구사례는 전통적 실재론에 의해 일선 과학의 탐구가 지속되고 있음을 의미한다.

현대 자연철학의 폭은 이러한 다양한 시선을 통해 확장된다. 그래서 현대 자연철학은 자연과학의 성과들을 항상 주목할 수밖에 없으며, 동시에 변화하는 과학이론의 성과를 발판으로 고정된 도그마를 부정한다. 물질 형성의 시간과 생명 형성의 역사를 배후에 둔 채 물질운동의 유기적 계기들을 통해 존재 간의 내적 관계를 조망하기도 하지만, 다른 한편으로는 엄격한 과학적 실재론에 근거하여 존재의 내적 관계를 물질들의 상호간 외적 관계로 환원하고자 꾸준히 시도하면서 이러한 시도가 매우 중요함을 보여준다. 이렇게 현대 자연철학은 환원주의, 실재론, 변화의 신존재론, 그 어느 하나에 고정하지 않고 다양한 존재에 대한 시선을 제시한다. 어쨌든 현대 자연철학은 실체론 중심의 전통적인 존재론에서 탈피하여 새로운 존재론을 제시한다는 점에서 매우 중요한 의미가 있다. 또다른 예를 들자면 진화의 생명 자체가 시간을 머금고 있는 운동성의 존재라는 점, 혹은 물질의 끝이라고 하는 쿼크(quark)에서 중력장에 이르는 존재들의 특성이 바로 시간을 포함한 운동 자체에 있다는 점은 현대과학에서 이제 더이상 논란거리가 아닐 정도로 분명해졌다. 데모크리토스와 같이 질적으로 단일한 원자들의 외적 관계로서 자연의 운동현상을 설명하거나, 혹은 아리스토텔레스에서 린네(C. Linne)에 이르는 종 분류방식대로 개별 생명종의 집합으로 생명현상을 설명하는 방식이 현대 자연과학에서는 더이상 통용될 수 없음이 밝혀지면서 현대 자연철학 역시 새롭게 조명받고 있다.

2. 현대 자연철학의 범위

현대 자연철학은 칸트가 바라보는 자연에 대한 기존의 인식영역에 제한되는 것을 거부한다. 현대과학이 발전하면서 그 작업은 인간이 인식할 수 있는 자연의 대상이 무한에 가깝다는 것을 신학이 아닌 경험학의 체계에서 수용하고자 한다. 따라서 현대과학의 새로운 인식론에 따르면, 인간의 한정된 인식영역을 제한적으로 구획한 칸트의 이론 이성의 영역 밖에서도 자연과학적 탐구가 가능해야 한다. 그 대표적 이론이 복잡계이론이다. 자연철학은 기존 과학방법론에 국한되거나 철학적 형이상학의 논의 안에 구속되는 것을 거부한다. 특히 현대 자연과학의 발전에 따른 자연철학의 이해방식은 방법론과 형이상학이 아닌 새로운 방식을 요청한다.

최근 자연철학의 경향은 다음과 같다. 첫째, 자연주의 혹은 자연주의적 인식론 혹은 자연주의 과학철학의 방법론을 수용하는 경우다. 이런 태도는 현대의 첨단 자연과학의 새로운 발견 위에서 논변을 전개한다. 둘째, 정역학적 관찰보다는 동역학적 관찰을 기반으로 하여 자연의 운동성을 총체적으로 기술하려는 시도가 본격화하고 있다. 이런 시도는 전통적 유기체철학과 연관이 있지만 형이상학을 철저히 배제한다는 점에서 기존 유기체철학과 다르다. 셋째, 앞의 두번째 경향과 비슷하지만 진화론적 사유구조를 철학영역으로 확장·포섭하려는 자연철학의 시도가 늘고 있다. 여기에는 시간의 추이에 따른 변화의 존재론을 수용하는 새로운 관점이 정착되고 있다.

아래에서는 현대 자연철학의 관심을 연구영역별로 분류해보았다. 개별 연구영역은 매우 다양하고 세분화되어 있지만, 여기서는 물리과학 분야의 두 영역, 생명과학 분야의 두 영역으로 크게 구분하여 제시한다.

1) 물리 분야

양자역학에 대한 철학적 해석이 등장한 이후 인식론과 더불어 존재론의 논의는 다양해졌다. 이는 우선 뉴턴 역학이 지니는 결정론적 인식론에 대한 반성에서 시작되었다. 여기에 양자역학에 대한 철학적 해석이 시작되고, 이후 보어의 상보성이론이 지니는 철학적 함의가 본격적으로 논의되기 시작했다. 양자역학의 자연철학적 함의는 '불확정성의 시대'라는 새로운 20세기 후반의 신드롬을 창출하면서 우연히도 포스트모더니즘의 기조와 내적 연관을 맺게 되었다. 양자역학의 철학은 자연철학 영역으로 볼 때 과학적 실재론 논쟁에서 비롯되었지만, 이는 곧 근대과학이 보여준 기계론적 세계관 자체의 변화를 요청하는 문명적 반성으로 이어지게 되었다.

2) 비선형 역학 분야

카오스이론, 복잡계이론 등이 1980~90년대 선풍적으로 유행하면서 결정론에 대한 기존의 형이상학적 시각이 크게 변해야 한다는 요구가 뒤따랐다. 카오스이론의 철학적 함의는 인간 이성과 근대과학이 만들어놓은 이성의 경계 폭을 뒤흔들어놓았다. 즉, 선형적 세계관의 기준으로 제한해놓은 경계를 풀어 비선형적 변화의 운동을 이성 인식의 영역으로 흡수해야 한다는 것이다. 현대 자연철학은 기존의 형이상학이 선뜻 수용하기 어려운 카오스이론의 철학적 함의도 나름대로 새로운 사유의 구조로 재구축할 수 있었다.

3) 생명 분야

진화생물학의 새로운 조명은 1980년대 이후 대단한 철학적 반향을 일으켰다. 진화론은 이제 생물학 내부만의 과학이론이 아니라 지식사회 전반에 영향을 끼치는 문화이론이 될 정도로 그 영향력이 커졌다. 다윈(C. R. Darwin)의 『종의 기원』의 핵심은 기존 형이상학을 거부하는 '변화의 철학'을 선보였다는 데 있다. 진화론이 보여준 그러한 변화의 철학은 진화론의 다양한 논쟁점, 예를 들어 적응주의 논쟁, 이기주의 논쟁, 본성과 양육의 문제, 신의 존재 논쟁, 진화심리학이나 사회생물학 등의 논쟁을 불러일으키면서 진화생물학이 현대 자연철학의 중심적 지위에 서는 데 일조했다.

4) 진화론 분야

진화생물학의 영역을 벗어나 최근에는 면역학, 신경생리학, 발달생물학 등에 대한 철학적 접근이 급증하고 있다. 특히 최근 그 연구 폭이 크게 넓어진 신경과학 분야는 전통적 인지과학 연구에 획기적 전환을 불러왔다. 신경과학과 만난 인지과학은 자연과학과 인문학이 만나는 중요한 지점이기도 하다. 인지과학은 심신론을 비롯하여 신경생리학, 최근의 컴퓨터학, 정보이론 모두가 수반되어야만 어느정도의 결실을 볼 수 있는 학문이라는 점이 인식되면서 이에 대한 자연철학의 참여의 중요성이 더욱 크게 부각되었다. 철학은 인공지능학과 융합하는 새로운 변신을 통해 그 시대적 필요성을 환기했다. 면역학이나 발달생물학이 보여준 자연철학적 함의는 매우 중요하게 평가되고 있으며, 특히 신경과학 분야는 인간본성론과 연관하여 철학적 논쟁이 가장 심화되는 영역이기도 하다.

위와 같은 자연철학의 최근 흐름을 한마디로 규정하기는 어렵지만, 한 가지 중요한 점은 기존의 실체론적 과학철학과 달리, 자연의 해석자로서 인간의 지위를 인정한다는 점이다. 기존의 과학철학은 관찰자의 지위를 갖는 인간을 배제하고 논의를 전개한다. 반면 현대 자연철학은 과학의 대상이 인간과 분리될 수 없다는 연결적 존재의 수평성 차원에서 논의한다. 현대 자연철학은 과학의 경험적 결과를 주목하여 전통적인 형이상학 같은 추상화의 철학에서 벗어나 구체화의 철학으로 가는 사유의 통로다. 그런 면에서 현대 자연철학 연구자는 자연과 인간의 구분을 무시하고 신비주의 경향의 전일론으로 치닫는 우를 범해서는 안될 것이다.

3. 현대 자연철학의 구체적 영역

1) 양자역학의 자연철학

뉴턴 과학의 역학적 배경은 절대공간과 절대시간의 존재 설정에 있다. 수학적으로 볼 때 그 역학적 체계는 미분방정식을 통해 완전히 기술될 수 있다는 전제를 포함한다. 따라서 이러한 동역학체계의 특성은 그 초기 조건만 정확히 주어진다면 미래의 모든 사건의 양상을 완전하게 결정할 수 있다는 데 있다. 고전역학의 이러한 결정론적 체계는 다음의 몇가지 가정 위에서 성립되었다. 첫째, 관찰대상은 그것을 관찰하는 관찰자와는 독립되어 그로부터 영향을 받지 않는다. 둘째, 이 물리세계는 하나의 거대한 시계다. 따라서 제작자는 원칙적으로 그 시계를 분해할 수도 있고 다시 조립할 수도 있다. 셋째, 뉴턴 역학은 시간 방향에서 대칭성이 있다. 과거를 알 수 있듯이 미래를 과거와 같이 예측할 수 있기 때문에 과거의 시간과 미래의 시간은 등질적이다. 넷째, 뉴턴 역학은 질점(質點) 역학이다. 즉, 뉴턴이 대상을 기술할 때 객체는 객체가 되기 위한 두가지 필요조건이 있는데, 그것은 객체의 위치와 운동량이다. 이는 고전역학의 환산질량(reduced mass) 개념의 기본 정의다.

양자역학의 차원에서는 뉴턴 역학과 전혀 다른 상황이 발생한다. 양자론은 미시적 세계를 다루고 있으며, 양자현상은 그 미시적 과정의 기본 성격인 확률의 파동함수로서 기술된다. 이 점은 물리적 실재(physical reality)에 대한 이해를 그 토대에서부터 바꾸어놓은 것이다. 양자론의 물리적 실재에 대한 이해방식은 기존 물리학의 인식론적 차원뿐만 아니라, 형이상학적 태도에도 변화를 요구했다. 보어 식의 양자역학 표준해석에 의하면, 미래의 완전한 예측을 위해 현재를 기술하는 것은 원칙적으로 불가능하다. 현재의 모든 이론적 방법과 실험적 도구를 동원한다 해도 양자계의 미래상태의 파동함수를 완전하게 예측할 수는 없다. 그들에 의하면 물리적 실재의 내적 본성이 원래 그런 것이어서, 동일한 시간에 실재에 대한 수많은 측면을 정확히 측정하기는 쉽지 않으며, 관찰자는 단지 측정을 원하는 측면만 선택해야 한다. 여기서 선택은 측정과 더불어 혹은 측정 이후에 객체에 대한 기술이 가능하지만, 측정 이전에는 그것이 확률적으로만 가능하다는 뜻이다. 이러한 생각은 고전 물리학의 세계관과 정면으로 배치된다.

야머(M. Jammer)에 의하면 양자역학적 세계관에 대한 보어의 입장은 관계성(Relationalität)과 전체성(Ganzheit)이라는 두가지로 요약된다. 우선 보어의 관계성 개념은 이렇게 설명할 수 있다. 보어는 양자현상이 독립적 실재로부터 나온 것이 아님을 확신했다. 그는 양자역학적 결과가 측정 장치와 대상의 관계에서 나온다고 보았다. 측정장치와의 상호작용을 통해 그 장치와 양자 대상은 비가역적 방식으로 하나의 특수한 상태로 진입한다. 그 과정에서 나온 측정결과는 측정자와 대화하는 결과치다. 이 상황은 보어에 의해 코펜하겐 해석(Copenhagen Interpretation of Quantum Mechanics)의 핵심개념인 상보성 개념으로 서술되었다. 그의 상보성 개념은 '물리적 실재에 대한 우리의 사유방식을 전격적으로 전회시킨 자연철학의 새로운 길'이라고 일컬어진다. 하이젠베르크와 보어가 정초한 양자론의 코펜하겐 해석은 이후 오랜 시간 동안 물리학의 사유를 흔들어왔다. 코펜하겐 해석 이후 양자역학적 현상에 대한 기술은 양자 대상과 그것의 성질에만 관여한 것이 아니라, 체계의 조건, 측정과정, 결과치를 얻어내는 방법 등에도 관여해왔다. 보어는 다음과 같이 주장했다. 피관찰대상과 그 측정에 사용된 장치는 하나의 비분화적인 통일을 이룬다. 그 통일성은 양자역학적 차원에서 분리된 개별 입자의 결과를 고립시켜 볼 수 없는 하나의 체계를 뜻한다. 주어진 개별 입자와 임의의 실험장치의 결합은 근본적으로 이와 같은 개별 입자와 다른 실험장치와의 결합과는 구분된다. 전(全)체계의 상태는 개별 입자와 모든 주어진 측정장치 사이의 관계로서 표현된다.

2) 카오스이론에서 복잡계이론까지

복잡계의 한 이론인 카오스이론은 예측 가능한 예측불가능성을 말한다. 따라서 이것을 결정론적 혼돈이라고 말한다. 혼돈은 다시 질서의 원천이 되었다. 혼돈은 잠재적 질서로, 우연은 필연성의 원천으로 인식되었다. 현상계의 다양성 속에서 보편적 법칙성을 찾으려는 카오스이론은 그 시작부터, 결정론으로 해석되는 질서구조의 존재를 인정한다. 과거의 고전 물리학은 이러한 복잡계를 과학탐구의 영역에서 배제했다. 그래서 바람과 구름 그리고 물이 흘러가는 모습은 과학의 대상이 아니라, 시인의 마음 안에서만 그 가치를 인정받아왔다. 그러나 19세기 말 유체역학이 등장하면서, 더군다나 1960년대부터 카오스이론이 등장한 이후 복잡성의 과학은 일반인 사이에서도 큰 관심의 대상이 되었다. 복잡성이론의 모형은 다음의 네가지 요인을 함의한다. 첫째, 복잡현상 과정은 연속적으로 변화하지 않고 서서히 누적되다가 갑자기 나타난다. 둘째, 복잡계는 아주 많은 수의 자유도(degree of freedom)를 지닌다. 셋째, 복잡계는 고전 물리학이 다루는 닫힌 계가 아니라 생명계의 열린 계 같은 '열린 계'다. 넷째, 복잡계는 비선형계다.

복잡계 조건은 물리학에서뿐만 아니라 철학에서도 매우 중요한 인식론의 문제다. 우리가 아는 것의 범위는 어디까지인가? 우리는 도대체 무엇을 안다고 하는 것인가? 우리가 알고 있는 것은 우리가 진실로 알고 있는 것인가? 이러한 철학적 물음은 2500년의 철학사를 이어오면서 계속 제기되어왔다. 과학에서는 묻지 못했던 이러한 물음들을 이제는 복잡계 과학에서도 하나씩 다루게 되었다. 지금까지 철학은 초월적 실체에 대해 형이상학이라는 이름 아래 거리낌없이 물어왔다. 반면 과학은 기껏해야 경험 안에 들어온 인식의 문제만을 다루어왔다. 복잡계이론은 과학과 철학이 하나의 문제를 다루게 되는 공동의 장을 마련했다. 카오스이론이 존재를 직접 묻는 것은 아니지만, 기존의 경험주의적 인식의 테두리를 붕괴시키고 나온 것임에는 틀림없다.

3) 진화생물학의 영역

다윈 이전의 생물과학은 신비주의적 생기론(生氣論)의 입장이었거나 린네처럼 실체론적 동식물 종분류학이었다. 19세기에 들어와 영국을 중심으로 경험과학적 방법론이 정형화하고 과학발전에 대한 믿음체계가 확고해지면서 형이상학과 신비주의를 제거한 과학의 전형이 형성되었다. 19세기 영국 빅토리아 시대의 과학적 경험주의 태도는 물리적 세계에 대한 단순한 호기심 차원이 아니라, 이성과 경험이 만나 실험과학과 이론과학을 통합하는 획기적인 계기를 만들어주었다. 데까르뜨로부터 이어져온 기계론적 사유방식은 빅토리아 시대에 그 관심이 폭발적으로 높아진 환원주의 물리과학에 힘입어 더욱더 세련된 거대이론으로 발전해갔다. 그러나 환원주의 물리과학과 기계론적 존재론의 득세에도 불구하고, 19세기 초까지만 해도 생기론의 입장이 강세였음을 무시할수는 없다. 이러한 기계론과 생기론의 상호배타적 상황을 해소한 것이 바로 다윈의 진화론이었다.

다윈의『종의 기원』이후 인간 행동과 사유에 관한 윤리적 해석에서 전통의 규범적이고 선천적인 접근방식에 대한 중대하고 혁명적인 전환이 예고되었다. 다윈은 인간의 존재에 대한 우월적 지위를 포기했다. 나아가 불변의 존재론 대신에 모든 자연이 변화한다는 변화의 존재론을 찾아냈다. 20세기 들어 다윈을 계승한 진화종합설 연구집단은 진화론에 대한 연구를 확대하면서, 자연선택의 적응 메커니즘이 인간의 행동양식에도 적용될 수 있다는 주장을 정착시켜갔다. 특히 최근 들어 분자생물학 및 뇌공학 연구진들에 의해 인간 행동패턴에 대한 생물학적 근거를 보고하는 연구성과가 급증하면서, 도덕의 근거가 선천적이라는 과거의 주장이 위협받게 되었다. 생물학적 사실의 문제가 선천적 당위의 문제를 대치할 수 있다는 유력한 경험적 주장들이 쏟아져나왔다는 점이다.

진화생물학계에서는 이미 1970년대부터 진화론적 윤리학의 연구가 상당부분 진척되어왔다. 그 연구성과의 주요 부문들은 다음과 같이 구분할 수 있다. 첫째, 자연주의 윤리학 및 진화인식론 연구, 즉 규범성과 선천성을 대체하는 자연주의 해석 및 캠벨(D. Campbell)과 폴머(G. Vollmer)의 진화인식론의 관점에서 진화윤리학을 연구하는 영역이다. 둘째, 진화의 선택단위(혹은 선택 수준) 해석을 통한 이기주의/이타주의 논쟁, 즉 개체선택, 집단선택, 유전자선택 등의 선택단위를 규명함으로써 이기주의/이타주의 관점에서 도덕원천의 윤리학에 접근하는 영역이다. 셋째, 진화심리학의 연구영역, 즉 성(性) 선택의 문제와 직접 연관된 주제로서 주로 인지심리학 혹은 행동심리학의 진화론적 근거를 연구하는 영역이다. 이 분야는 사회생물학 논쟁과 깊이 연관된다.

진화생물학에서 말하는 생명의 입장은 목적론이 주를 이루는 생기론을 부정하며, 동시에 현시적인 인과율에 얽매인 기계론을 부정한다. 현존 생명체는 진핵세포로부터 시작한 생명진화라는 장구한 시간변화의 역사를 안고 왔으며, 앞으로도 그러한 변화의 역사를 이어간다는 사실을 보여주었다. 생명진화에는 고정된 방향과 목적이 있을 수 없다는 진화론의 주요 내용은 변이와 선택이라는 두 자연변화의 생명 메커니즘으로 축약된다.

진화론의 핵심내용은 다음과 같다. 첫째, 지구상의 모든 생명체는 공통의 선조를 갖는다. 즉, 현재 생명종의 다양성은 단일한 생명나무로부터 가지치기된 결과다. 둘째, 자연선택은 생명체에게 생길 수 있는 모든 가능한 변이로부터 환경에 적응한 결과에까지 이르게 하는 원인이다. 진화의 방향은 잘 알려진 대로 목적이 없으며 우연에 의존한다. 그러나 그 우연은 마구잡이 우연이 아니라 최적의 선택적 인과성에 의한 우연이다. 사실 이러한 설명은 명제 자체로만 본다면 그 자체로 모순적이다. 그러나 여기서 말하는 우연이란 예측할 수 없다는 뜻이지 인과성 자체를 부정하는 것은 아니다. 마투라나(H. R. Maturana)는 이를 '역사적 표류'(historisches Driften)라고 표현한다. 표류란 망망대해에 떠다니는, 어디로 갈지 모르는 작은 조각배의 신세이긴 하지만 바닷물의 조류가 거대한 인과적 흐름의 한 단면이므로 그 표류가 완전히 무작위적인 것이 아니라는 점을 상징한다. 이러한 예측불가능성은 진화론의 목적론 부정을 대신 표현하는 것이기도 하다.

현대 진화계통학은 분자 차원에서 진화의 계통수를 밝혀내고 있다는 점에서 탁월한 성과를 보여준다. 또한 진화계통학은 전통적 적응주의 진화론의 한계에서 벗어나 적응이 아닌 자연선택의 메커니즘을 제시한다. 계통에 내재하는 항상성의 구조가 그것이다. 종합진화론 이후 적응은 자연선택의 충분조건이지만 필요조건은 아닐 수 있다는 입장이 검증된 것이다. 이는 현대 발달생물학의 등장에 힘입어 나타났다. 현대 진화론에서 진화생물학과 발달생물학은 근본적 차이가 있는 것이 아니라 서로 보완적이다. 이를 하나의 이론체계로 구성한 것이 최근 폭발적으로 연구가 진행되는 이보디보, 즉 진화발달생물학(Evolutionary Developmental Biology, Evo-Devo)이다.

진화생물학과 발달생물학의 중요한 차이는 다음의 두가지다. 첫째, 적응을 수용하느냐 아니냐의 차이다. 적응을 수용하지 않는다는 것은 적응에 의한 자연선택론의 논리적 추론 외에 다른 논리가 필요하다는 뜻을 담고 있다. 그것은 바로 발생학적 관점의 추론방식이다. 한편 그럴 경우 적응 외의 다른 메커니즘이 무엇인가라는 질문에 대해 발생학자들은 아직까지 시원한 답을 주지 못하고 있다. 물론 그 책임은 발생학뿐만 아니라 생물학 전반에 물어야 한다. 둘째, 변이와 적응의 관계다. 진화생물학이나 발달생물학 모두 변이가 선택의 기본 조건이라는 데 동의한다. 그러나 발달생물학은 표현형질의 변이가 모든 진화적 변화의 필요조건이기는 하지만 어떤 적응적 변이를 가져오게 만드는 직접적 원인은 아니라는 입장을 취한다. 쉽게 말해 선택은 외부환경에 의해 유발된 변이 말고도 유기체의 내부구조에서 비롯된 어떤 작용자의 영향력이 필요하다는 입장이다. 진화생물학은 앞서 말한 대로 자연선택의 메커니즘과 적응과 변이의 구체적 상황논리를 지닌다. 반면 발달생물학은 계통학과 발생학의 기저에서 출발한 것으로서 생명종의 분화를 통해 기능상의 분화와 분류가 일어나기는 하지만, 형태상의 고유성은 어느정도 유지된다고 본다. 그러나 1970년대 들어와서 이미 진화생물학과 발달생물학은 서로 연결·종합되어가고 있었다. 그 종합의 가능성은 적응주의의 적용 폭을 엄격하게 분석하는 데서 시작된다. 적응 이외의 다른 메커니즘이 무엇인지를 아직 분명히 정의하기 쉽지 않지만, 제어(constraint) 개념을 통해 진화발달생물학의 연구영역은 급속히 확대되고 있다.

4) 면역학과 신경과학의 철학

세포의 면역반응은 자기(self)와, 외부로부터 유입되거나 외부물질로 잘못 오인된 비자기(non-self)를 구분하는 생명세포의 본질적 작용이다. 비자기를 구분하는 메커니즘은 MHC(Major Histocompatibility Antigen) 발현에 의한 면역 씨스템이다. 이러한 면역작용은 가벼운 알러지에서부터 이식거부 반응까지 나타나고, 이 반응에 대처하는 일은 현대 의학 임상의 가장 어려운 문제다. 이를 해결하기 위해 현재 골수은행 같은 다양한 배아줄기세포 은행을 만들거나, 아니면 이식받을 환자의 MHC 항원을 줄기세포에 심거나, 체세포를 이용한 핵치환 방법을 이용해 이식자와 동일한 배아를 복제하여 이식자 자신의 줄기세포로 만드는 방법 등이 강구된다.

이러한 과정에서 바로 철학적 사유가 요청된다. 특히 윤리적 문제가 심각하게 제기된다. 진화적 시간의 의미에서 변이(mutation)와 선택(natural selection)을 거치면서 후손의 발현 특징을 예측할 수 없는 표류 현상이 면역학의 주요한 특징으로 드러나기 때문이다. 쉽게 말해 성체줄기세포를 이용하더라도 후손 생명개체로 유전되면서 어떤 유전체가 발현될지는 아무도 예측할 수 없다는 뜻이다.

신경과학의 철학적 특징은 신경세포, 즉 뉴런을 연결하는 부위인 시냅스(synapse)의 작용을 통해 발현되는 가소성(plasticity)의 현상에서 확인할 수 있다. 철학적 존재론의 관점에서 재해석될 경우, 뉴런세포의 가소성 면에서 인간 본성에 관한 후천성과 선천성의 분화적 갈등구조들이 많은 부분 해결될 수 있다. 쉽게 말해 양육과 본성의 오래된 논쟁을 조화롭게 풀 수 있는 철학적·과학적 통로가 제공될 수 있다는 점이다. 신경생리학 혹은 신경심리학자들은 이러한 뇌신경계의 가소성을 뇌신경이론의 한 현상으로 받아들이는 데서 그치고 만다. 단순히 말하면 가소성 개념은 기능을 상실한 뇌세포 대신에 상응하는 대체행동 기능을 유발하는 현상을 뜻한다. 신경세포의 존재론적 차원에서 첫째, 새롭게 형성되는 시냅스 차원의 미시적 생성성을 다루는 일, 둘째, 뇌신경세포군 차원의 거시적 가소성을 다루는 일은 신경과학과 철학 사이의 중요한 가교가 될 것이다. 시냅스의 미시적 생성과 거시적 가소성에 대한 신경과학의 연구성과를 설명함으로써 정지성, 국지성, 불변성 그리고 항상성으로 이미지화된 기존의 실체론적 존재 개념에서 탈피하여 변화와 운동을 함의하는 새로운 철학적 존재 개념을 확장할 수 있다.

4. 현대 자연철학이 보여준 새로운 세계관

1) 유기체적 관계론의 자연관

양자역학의 등장과 함께 기계론적 결정론과 환원주의를 반박하는 유기체론이 그 대안으로 떠오르기도 했다. 이러한 대안적 사조는 인문과학이나 자연과학 양면에 걸쳐 있었다. 유기체의 가장 중요한 특성은 꾸준히 자기갱신하는 자기조직성(Selbstorganisation)이다. 한 유기체의 중요한 특성인 자체조직 혹은 자기갱신 개념으로 기계론을 비판하는 관점은 각 부분들의 환원이 불가능한 산술적 합만으로는 설명할 수 없는 전체가 있음을 강조하는 것이다. 그러나 이러한 생각은 한 체계의 고립성을 표명하는 결과를 낳을 수 있다. 자기갱신의 개념은 다른 체계와의 내적 에너지 교환의 고리를 놓치면 제대로 이해될 수 없다. 이 둘은 상보적이다. 유기체적 패러다임도 실은 양자역학의 코펜하겐 해석의 상보성 개념과 밀접하다. 보어의 상보성이론을 설명하기 위해 그가 든 예를 하나 보자. 누군가 생체조직을 검사한다. 그러면 살아있는 피부조직을 떼어내 물감을 들인 다음 현미경의 대물렌즈 앞에 갖다놓아야 한다. 그러나 피부조직을 떼는 순간 그것은 살아있는 것이 아니라 죽은 세포일 뿐이다. 과학은 결국 고립화와 이상화(idealization)를 거쳐야만 한다. 이는 과학탐구의 기본 작업이었다. 이를 설명하기 위해서는 인과율을 어겨야 하고 인과율을 맞추다보면 설명이 불가능하다. 그러나 상보성이론에서는 위의 둘을 모순적 관계보다는 상호보완적이고 조화의 관계로 간주한다. 이러한 관계는 한 유기체에서 잘 나타난다. 물론 보어의 상보성은 입자성과 파동성, 물질을 정의하는 기본 요소인 위치(x)와 운동량(p), 혹은 시간과 에너지의 관계에 대해 언급한 것이었다. 이러한 개념의 상보성은 유기체론으로 발전되었으며 나아가 인문학에서 이야기하는 환원주의 비판, 문명비판론의 이론적 배경인 전일적(holistic) 세계관으로까지 연결되기도 한다.

　개체와 전체 사이의 상관성을 경험적으로 이해하고 기술할 수 있는지의 문제는 매우 복잡하다. 아직까지 우리의 경험적 언어로 자연의 자체적인 상관성을 이해하는 일은 쉽지 않다. 철학적으로 보면 이미 화이트헤드(A. N. Whitehead)가 유기체의 개념을 통해 전체와의 상관성을 언급했지만, 그의 전체 개념은 '열린 전체'이므로 이해가 그리 쉽지 않다. 물론 과학의 대상도 궁극적으로는 열린 전체다. 다만 실험실에서는 폐쇄된 전체를 임의로 만들어놓을 뿐이다. 앞서 말했듯이 우리는 이런 과정을 이상화라고 표현한다. 인간 이성은 과학의 성과를 얻어내기 위해 열린 전체를 임시적으로 닫힌 전체로 바꾸어놓고, 본래의 상관적 개체를 고립적 개체로 바꾸어놓는 이상화와 추상화의 작업을 해야만 한다. 과학에서 사다리 역할을 하는 개념의 정의는 곧 폐쇄와 고립이라는 이상화와 추상화 작업을 의미한다. 과학에서의 이런 작업은 과학진보의 결정적 계기가 되는 경우가 많다.

전체는 개체들로 구성되어 있지만 개체들의 단순한 집합체는 아니다. 즉, 개체들의 연산적 합산의 결과는 전쳇값과 차이가 생긴다. 이는 자연의 비분리성으로 추론되는 기본적인 사유의 바탕이다. 개체들의 집합과 전체 사이의 양적 혹은 질적 차이가 해명될 수 있다면 이 세계는 완전히 인과적으로 설명될 수 있을 것이다. 그 질적 차이의 해명은 양적 차이의 해명보다 그 길이 우회해 있고 멀지만, 물리학자에게는 기본적으로 거리가 가깝거나 혹은 멀다는 차이일 뿐이다. 과학철학이 이 정도에 이르면, 그것은 현시적 검증의 차원이 아니라 자연의 본질을 묻는 자연철학의 관심으로 연결된다.

2) 실재론 논쟁의 확장

현대 물리학은 고전 물리학의 대상인 화석화되어 고립된 대상을 다루는 학적 체계에서 상당히 벗어나 있다. 현대 자연과학은 요소들의 계량적 합으로서의 닫힌 전체가 아니라 자기창조적인 열린 전체를 과감하게 다루고 있다. 열린 전체 속에서 개체들의 현상은 끝없는 무질서로 보이기도 하지만, 그들 안에는 내적 질서가 존재한다. 내적 질서를 경험적으로 발견한 것은 질서 안에 모종의 숨겨진 변수(hidden variables)가 있다는 것을 인식하게 될 때부터였다. 이로부터 자연의 숨겨진 인과성이 조금씩 드러난다. 이렇게 숨겨진 변수의 존재를 인식하는 순간 인과율은 선천적으로 주어질 수 없으며, 항상 자연 속에서 찾을 수 있다는 신념으로 이어진다. 숨겨진 변수의 존재에 대한 믿음은 현대 자연과학자 대부분이 실재론에 대해 품는 신념에 해당하는 부분이다.

그러나 현대 물리학의 철학적 입장은 전통적 실재론을 그대로 수용하기가 어렵게 되었다. 만약 어떤 과학의 아주 확실한 결과들이 실재론적 구조 안에서는 포용될 수 없다고 한다면, 다른 존재의 양상체계를 찾아보아야 한다. 그러나 현대 자연과학에서는 실재론이 쉽게 포기되지는 않는다. 실재론은 이제 더이상 소박한 물리적 실재론만도 아니며 꾸준히 새로운 정의를 요구한다. 무엇이 주된 관심사이며, 실재론이 지니는 최소한의 의미론적 그리고 인식론적 요인은 무엇인가? 이와 같은 철학적 입장의 핵심전제에 대해 동의한다면, 최근의 논쟁들, 즉 내적 실재론과 형이상학적 실재론에 관한 논쟁들은 매우 분명하게 구분할 수 있다. 실재론이 실제로 무엇을 주장하는가에 대한 의미를 확실히 드러내지 않으면, 그 철학적 논쟁은 난국에 빠지게 된다.

실재론에 대한 서로 다른 개념적 사용으로 생긴 갈등은 양자역학의 파동함수를 통한 기술을 완전하게 실현할 수 있느냐에 관한 아인슈타인과 보어의 논쟁에서 결정적으로 드러났다. 그 역사적 논쟁의 주된 질문은 다음과 같다. 물리적 과정의 필연조건에 대한 시공적 기술(記述)이 실재한다고 간주될 수 있는가? 당시, 즉 1935년에는 순수 물리적 과정들이 시공적 구조를 포함해야만 하는가의 문제가 분명하지 않았다. 최근에 들어서야 비로소 양자장이론의 세련된 분석을 통해 미시세계의 대상들이 고전적인 시간과 공간의 개념으로 기술될 수 없음이 밝혀졌다. 따라서 이와 같은 미시세계의 성질들을 과학적 실재론의 내용에 포함하는 것은 설득력이 없다.

또다른 논쟁에서 자주 언급되는 분리성(separability)의 문제도 마찬가지다. 분리성은 아인슈타인 물리학의 기본적 가정으로, 한 대상에만 작용하는 외부적 힘이 공간적으로 멀리 떨어진 다른 대상에 영향을 줄 수 없다는 전제다. 즉, 공간적으로 분리된 두 체계는 서로 독립적이다. 이와 반대로 분리불가능성은 양 체계의 관계를 가정한 것으로 봄(D. Bohm)과 벨(J. S. Bell)에 의해 주장되었다. 봄이나 벨은 전통적인 물리적 실재(physical reality) 개념을 수정하도록 요구했다.

실재 개념에 대한 어느정도의 해명 또한 필요하다. 이는 특히 현대 자연철학의 문제들을 풀어가기 위한 아주 중요한 예비단계이기 때문이다. 현대 자연철학에서 요구하는 실재 개념의 변화는 다양한데, 이를 이해하기 위해 기존의 실재 개념을 살펴보는 일이 중요하다. '정신으로부터 독립적인 외부세계'(mind-independent external world)에 대한 존재 가설, 즉 과학이론의 의미 지시체이며 의식 외적 조건에 부분적으로 의존하는 지식으로 구성된 소위 최소실재론(minimal realism)이 과학실재론의 요점이다. 붕에(M. Bunge)는 이를 비판실재론(critical realism)이라는 이름으로 아래와 같이 형식화했다. 이는 현대 자연철학이 접근하는 실재의 개념과 유사하다.

규약1　자연적 물 자체(Ding An Sich)의 존재는 정신에 의존하지 않는다.

규약2 자연적 물 자체는 일시에 인식되는 것이 아니라 지속적이고 점근적인 탐구를 통해 부분적으로만 인식 가능하다.

규약3 자연적 물 자체에 대한 모든 인식은 경험과 이성의 연계 속에서 얻어진다.

규약4 자연적 사실의 인식은 필연적이 아니라 가설적이기 때문에, 수정 가능하며 궁극적이 아니다.

규약5 자연적 사실의 세계는 직접적이고 가시적으로 드러나지 않으며, 과학적 탐구를 통해 비로소 우회적이고 은유적으로 인식되는 경우가 많다.

이러한 반성적 혹은 비판적 실재론에 의하면 현대 자연철학의 탐구 대상들의 대부분이 인식론적으로 포섭 가능하다. 양자역학 파동함수로 드러나는 중첩원리(principle of superposition)는 소립자 수준의 미시적 대상에서 관찰 이전의 대상에 대한 상태 기술은 무한의 가능성을 지니지만, 관찰하는 순간 관찰된 결과만을 제외한 다른 모든 가능성은 사라진다고 말한다. 중첩원리는 이를 양자 붕괴(reduction)라고 표현한다. 이러한 상태의 파동방정식이 의미하는 지시체가 곧 중첩성(superposition)이며, 이는 기존의 실재론으로는 설명 불가능하지만 비판적 실재론으로는 부분적으로 설명 가능하다. 다른 예를 들자면, 발생 생물학이 보여주는 시간변이에 따르는 존재의 변화는 전통적 실재론으로 설명 불가능하지만 비판적 실재론으로는 어느정도 가능하다.

결론적으로 비판적 실재론을 통해, 일선 과학자가 놓지 못하는 실재론에 대한 강한 신념과 기존 실재론으로 설명할 수 없는 첨단 자연과학

의 성과를 상호 조율하는 관점과 시각의 통로가 가능하다는 점은 주목
할 만하다.

3) 자연을 이해하는 통로, 진화론적 사유구조

오늘날 유전학 및 생화학에 연관된 다윈 진화론은 생물과학의 여러
이론들 가운데 한가지 과학이론이 아니라, 유기체영역 전반에 걸친 기
본적인 하부구조 이론이다. 우리의 정신이 긴 역사를 통해 이어져오면
서, 진화론적 사유는 정신의 인식과정에까지 침투해왔다. 인간 인식은
유기체 인식 기능의 진화 안에서 긴 사슬 속에 자리잡은 하나의 발전적
단계다. 이처럼 인간의 인식능력을 진화의 소산물로 보는 오늘의 입장
이 바로 현대 자연주의 인식론의 출발점이다. 학자들은 자연주의 인식
론과 진화생물학의 대전제 등을 종합하여 새로운 자연철학의 사유방식
을 재축조할 수 있다고 보는데, 그것을 필자는 '진화론적 사유구조'라
고 부른다. '진화론적 사유구조'는 변화와 운동을 인정할 수 없는 서양
철학의 존재론에 얽매어 있지 않다. 오히려 실체와 본질을 부정하고 변
화와 운동을 존재의 중심으로 본다는 점에서 열린 사유방법론이기도
하다. 진화론적 사유구조가 무엇인지 대략적으로 살펴보자.

첫째, 서양에서는 철학의 역사를 2500여년 전 탈레스 등이 등장하는
고대 자연철학의 시대부터라고 규정한다. 그들은 철학의 시점을 신화
의 시대에서 이성의 시대로 접어드는 전환점에 둔 것이다. 그러나 진
화론적 사유구조는 사유의 단절을 거부한다. 그래서 구석기문화와 이
성의 문화를 연속적인 발전의 단계로 본다. 철학적 존재론처럼 신화의
시대 그 어느 시점에서 갑자기 탈피하여 이성의 시대로 접어드는 즉,
2500여년을 뛰어넘어 새롭게 출발하는 식이 아니다. 그런 존재론은 존

재 이면에 실체가 있어 불변성과 정지성을 지닌다는 형이상학적인 존재론이다. 진화론적 사유구조는 존재 자체가 항상 변화하는 진화존재론의 양상을 보인다는 점이 매우 중요한 특색이다. 즉, 역사의 흐름은 단절이 아니라 연속이다. 진화론적 사유구조의 특징은 역사적 연속성을 강하게 내포한다.

둘째, 철학적 우주론의 입장에서 볼 때 진화론적 사유는 존재의 처음과 끝을 상정하지 않는다. 이런 점에서 존재는 탄생하는 것이 아니라 원래부터 있었던 존재다. 그러므로 목적이 개입될 여지도 필요도 없다. 진화론적 사유구조에서 나온 존재의 양상은 변화성과 운동성을 지니므로 주어진 현재 시점에서 존재상태를 정량적으로 규정할 수 없으나, 전체적인 존재의 총량은 보존된다는 자연철학적 의미가 드러난다. 처음과 끝이 없다는 말은 존재의 생성과 소멸이 절대적이 아니며 일종의 변화의 특이점(critical point)에 지나지 않는다는 의미다. 생성과 소멸은 존재양상의 변화를 가져다주는 계기일 뿐이다. 결국 존재의 총량은 변하지 않는다고 말할 수 있다. 더 쉽게 말해 어느 하나가 소멸한다는 것은 그 질과 양을 바꾸어 다른 것으로 새롭게 생성된다는 말이다. 목적 없이 원래 그렇게 스스로 저절로 존재할 뿐이다.

셋째, 진화론적 사유구조는 존재와 그 존재가 뿜어내는 양상 사이에서 존재의 계층을 따지지 않는다. 다시 말해 본질과 현상을 구분하지 않으며, 실체와 양태의 위상을 분리하지 않는다. 또한 존재와 인식을 연속의 관계로 보며, 나아가 존재, 인식, 행위를 하나의 존재통합성으로 간주한다. 언뜻 이 말은 매우 어려워 보인다. 쉽게 말해 언어상의 동사와 주어를 구분하지 않는다는 뜻이기도 하다. 동사는 이미 주어의 주체를 포함하고 있으며, 주어는 동사와 함께할 때만 그 의미를 부여받는다. 강하게 표현한다면 동사나 형용사가 없는 주어는 의미가 없다는 뜻이다. '나는 길을 걷는다' '나는 밥을 먹는다' '나는 학교에 간다' '나는 지금 매우 즐겁다'로서의 내가 있는 것이지, 동사나 형용사 없는 형이상학적 주체로서의 '나'는 일종의 허상에 지나지 않는다는 말이다.

4) 현대 자연철학의 질문

현대 자연철학은 분석명제 중심의 철학과 달리 종합명제를 적극적으로 수용한다. 물론 일선 자연과학처럼 새로운 정보를 추가로 캐내는 종합명제를 구상할 수는 없지만, 존재론적 차원에서 사유의 확장을 통해 세계를 보는 개방적 시야를 갖게 한다. 현대 자연철학은 기성 철학과 다른 주제를 다루는 것이 아니라, 단지 다른 방식의 시선으로 사물을 바라봄으로써 동일 주제를 새롭게 사유할 뿐이다. 같은 대상이라도 새롭게 보는 일을 통해 창조적 사유가 축조될 수 있다. 현대 자연철학도 역시 문제에 답을 주기보다는 오히려 문제를 일으키고 질문을 던질 뿐이라는 점에서 기성 철학과 같다. 주어진 문제를 해결(solving)하기보다는 해소(dissolving)하면서 그 관점의 각도 폭이 매우 넓어진다는 점도 중요하다.

현대 자연철학은 인문학과 자연과학이 소통할 수 있는 일선의 지식 현장이기도 하다. 자연과학의 성과들을 고려하지 않고는 자연철학의 성립이 어렵다. 또한 자연과학자들에게 철학의 안내를 하는 일선의 사유 전선 또한 자연철학 안에서 가능하다. 현대문명은 어쩔 수 없이 과학과 동거할 수밖에 없다. 그런 현실에서 자연과학의 문명사적 책임의 문제는 단순히 윤리적인 차원만으로 해결되기 어렵다. 그리하여 과학적 세계관이 무엇이고 왜 과학적 실재가 그렇게 표상되는가에 대한 철학적 질문이 요청된다. 그런 질문은 해답이 없을지라도 과학자 자신의 실존적 현존을 인지하게 하는 지름길이다. 자연을 바라보는 모습에서 나자신을 반성하게 되고 그로부터 자연에 대한 책임의식이 생긴다. 한편자연철학은 이중적이면서 동시에 포괄적이다. 자연철학은 먼 발치에놓인 객체들을 관찰하는 철학이 아니라 바로 나와 함께하는 자연 안으로 나의 사유를 걸쳐놓을 수 있도록 돕는 학문이다.

| 최종덕 |

참고문헌

바이체커 C. F. (1995) 『자연의 역사』, 강성위 옮김, 서광사.

최종덕 (1995) 『부분의 합은 전체인가』, 소나무.

Kanitscheider, Bernulf. Hrsg. (1984) *Moderne Naturphilosophie*, Würzburg: Konigshausen+Neumann.

Küppers, Bernd-Olaf. Hrsg. (1987) *Leben=Physik+Chemie?*, München: Piper.

Mahner, Martin and Bunge, Mario (1997) *Foundations of Biophilosophy*, New York: Springer.

Selleri, Frenco (1983) *Die Debatte um die Quantentheorie*, Wiesbaden: Vieweg.

Tauber, Alfred (1994) *The Immune Self: Theory or Metaphor?*, Cambridge: Cambridge University Press.

Vollmer, Gerhard (1986) *Was Koennen Wir Wissen?* Bd 1·2, Stuttgart: Hirzel.

읽어볼 만한 책

데이비드 슬론 윌슨 (2004)『종교는 진화한다』, 이철우 옮김, 아카넷.

움베르토 마투라나 (1995)『인식의 나무』, 최호영 옮김, 자작나무.

요하임 바우어 (2007)『인간을 인간이게 하는 원칙』, 이미옥 옮김, 에코리브
르.

최종덕 (2003)『시앵티아: 과학에 불어넣는 철학적 상상력』, 당대.

과학방법론

    과학방법론은 성공적인 과학적 결실을 낳을 수 있도록 체계적으로 구성된 절차들을 말한다. 더 구체적으로 표현하면 과학방법론은 현상을 탐구하고 그로부터 자료를 추출하며 새로운 가설을 창출하고 제안된 가설을 검사하는 방법들의 덩어리다. 그리스 시대 이후로 자연철학자들은 진정한 과학적 연구에서 사용되는 하나의 포괄적인 방법이 있다고 굳게 믿었다. 갈릴레이나 뉴턴 같은 근대과학자들도 이러한 믿음을 가졌으며, 과학혁명기 같은 이론들이 교체되는 격변기에는 과학자 집단 내부에서 어떤 방법에 따라 자연을 탐구해야 할 것인지에 대한 심각한 논쟁이 발생하곤 했다.

    현재까지 진행된 과학방법론에 대한 논의들은 몇가지 유형으로 정리할 수 있다. 먼저 가장 일반적인 유형은 과학적 탐구가 어떤 단계들로 구성되어 있으며 어떤 추리적 특성이 있는지를 검토한다. 즉 그것은 관찰과 실험, 가설 생성, 가설 검사는 어떻게 상호 연관되는지, 그러한 과정이 전체적으로 귀납적인지 연역적인지를 다룬다. 이러한 첫번째 유형이 주어지면 보다 구체적인 과학방법론에 대한 문제들이 뒤따르게 된다. 즉 관찰과 실험의 방법, 가설 생성의 방법, 가설 검사의 방법, 가설을 이용한 설명의 방법 등이 그것이다. 이러한 것들은 과학방법론이면서도 그 자체로 과학철학의 중요한 한 영역을 차지한다. 예를 들어 설명의 방법은 방법론적 차원뿐만 아니라 설명, 예측과 관련된 사항들, 즉 법칙과 이론, 인과, 예측을 포함한다. 각각의 방법론들은 이 책에서 별도의 주제로 다루어지고 있으므로 이 글에서는 가장 일반적인 유형의 방법론만을 다루기로 한다.

1. 연역과 귀납

과학적 탐구의 방법에 대한 논의는 과학적 탐구가 수행되는 전체적 과정을 다룬다. 이와 관련하여 크게 두가지 대답이 주어졌다. 한가지 대답은 과학은 전체적으로 보면 관찰과 실험으로부터 출발하여 가설이나 이론을 구성하고 최종적으로 자연현상을 이해하고 설명하는 데 그 이론을 적용하는 귀납적 과정이라는 것이다. 다른 한가지 대답은 과학적 탐구가 자연현상을 관찰하고 자료를 수집하는 귀납으로부터 출발하는 것이 아니라 문제로부터 출발한다고 주장한다. 즉, 과학적으로 설명해야 할 문제가 발생하면 과학자들은 그 문제를 설명하기 위해 여러가지 가설을 제안하고 그 가설로부터 현상에 적용할 관찰결과를 연역하여 그것을 경험적 자료와 맞춰본다는 것이다. 이러한 대답에 따르면 과학적 절차는 다분히 연역적이며 그 표준적인 이름은 가설연역법이다. 과학적 탐구의 과정이 본질적으로 귀납적인지 아니면 가설연역적인지는 19세기 밀과 휴웰의 논쟁에서 구체적으로 나타났으며, 아직도 그 문제는 논쟁의 대상으로 남아 있다.

과학적 탐구의 많은 부분은 추리로 구성되어 있기 때문에 앞으로의 논의를 위해 연역추리와 귀납추리의 차이를 살펴보자. 연역추리는 아리스토텔레스의 고전 논리학과 그 이후 현대에 등장한 명제논리와 술어논리에 의해 효과적으로 연구되어왔다. 예를 들어 다음의 잘 알려진 연역추리를 살펴보자.

① 모든 사람은 죽기 마련이다.
   소크라테스는 사람이다.
   그러므로, 소크라테스는 죽기 마련이다.

이제 다음의 귀납추리를 살펴보자.

② 내가 태어나기 전에도 에메랄드는 녹색이었다고 한다.
   내가 태어난 이후로 계속 에메랄드는 녹색이었다.
   지금 이 순간에도 에메랄드는 녹색이다.
   =======================================
   그러므로, 내일도 에메랄드는 녹색일 것이다.

위에서 제시된 두가지 추리를 구분하는 가장 큰 특징은 ①의 경우 전제가 참이면 결론도 필연적으로 참인 데 비해, ②의 경우는 그렇지 못하다는 데 있다. ①의 두 전제가 참이라면, 즉 모든 사람은 죽기 마련이고 소크라테스가 사람이라는 것이 참이라고 가정하면 소크라테스는 반드시 죽을 수밖에 없다. 즉, 타당한 연역추리의 경우 전제의 참이 결론의 참을 보증한다. 그러나 귀납추리의 경우 설사 주어진 전제들이 모두 참이라고 하더라도 그 사실이 결론의 참을 보증하지 못한다. 위의 예에서 보듯이 내가 태어나기 이전부터 현재까지 에메랄드는 항상 녹색이었다는 것이 참이라고 하더라도 내일 에메랄드가 반드시 녹색을 띨 것이라고 보증할 수 없다.

에메랄드의 녹색이 필연적이라는 것을 주장하려면 주어진 전제들에 새로운 전제를 추가할 필요가 있는데, 예를 들어 그 전제는 자연이 항상 동일한 방식으로 운행한다는 진술이 될 것이다. 그러나 우리는 여기서 그러한 진술을 새로운 전제로 도입하는 경우 그것이 어떻게 정당화될 수 있는가라는 문제가 즉각적으로 발생한다는 점을 알아야 한다. 어떻게 우리는 자연이 항상 동일한 방식으로 운행한다는 것에 대한 근거를 제시할 수 있는가? 우리가 지닌 유일한 자원은 과거 경험뿐이다. 이제 우리는 귀납을 정당화하기 위해 귀납을 이용할 수밖에 없는 상황에 처해 있다는 것을 알게 된다. 이러한 이유로 흄은 귀납이 논리적으로 정당화될 수 없다는 점을 지적하고 귀납은 우리가 생존하기 위해 무의식적으로 행하는 습관이라고 주장했다. 흄이 지적한 문제는 일반적으로 귀납의 문제라고 알려져 있다. 그밖에도 귀납의 문제에 대한 많은 해결책들이 있는데, 그중에는 이성의 능동성에 기반을 둔 칸트와 포퍼의 제안도 포함된다.

위에서 우리는 연역추리와 귀납추리의 근본적 차이점은 전제가 참이면 결론도 참인가에 달려 있다는 것을 보았다. 두가지 추리에는 그밖에도 몇가지 중요한 차이점이 있는데, 이는 다음과 같다. 우선 전제와 결론에 포함된 정보의 크기를 비교해보았을 때, 타당한 연역추리의 경우 결론에 포함된 정보는 전제들에 포함된 정보보다 더 크지 않다. 다시 말하면 타당한 연역추리에서 결론은 전제에 포함되지 않은 내용을 주장하지 않는다. 이에 비해 ②와 같은 좋은 귀납추리의 경우 결론에 포함된 정보는 전제들에 포함된 정보보다 더 크다. 다시 말하면 좋은 귀납추리에서 결론은 전제에 포함되지 않은 새로운 내용을 주장한다는 점에서 '확장추리'다. 예를 들어 ②의 결론에서 주장된 '에메랄드의 내일의 색'에 대한 내용은 전제에 포함되지 않은 것이다. 연역추리와 귀납추리의 두번째 차이점은 기존의 전제에 새로운 전제를 추가했을 때 나타나는 결론의 안정성이다. ①의 추리에 새로운 전제 '소크라테스는 크산티페의 남편이다'를 추가했다고 해보자. 그 경우 해당 추리의 결론은 변경되지 않는다. 그러나 ②의 추리에 "오늘 자정이 지나면 에메랄드의 색이 변할 것이다"를 추가하면 결론은 더이상 성립하지 않는다. 이처럼 연역추리의 경우는 기존의 전제들과 모순되지 않는 새로운 전제를 추가할 경우에도 결론의 안정성이 보장되지만, 귀납추리의 경우는 그렇지 못하다.

이상의 논의를 정리하면 연역추리와 귀납추리는 매우 다른 특징이 있다는 점이 드러난다. 연역추리는 결론이 필연적으로 성립함을 주장하는 데 비해, 귀납추리는 아무리 공들여 구성했다 하더라도 결론의 우연성만을 보증할 뿐이다. 그러나 귀납추리는 연역추리가 갖지 못하는 특징을 지니고 있는데, 그것은 지식을 확장할 수 있다는 점이다. 즉, 전제에 포함된 정보나 지식의 양보다 더 많은 내용을 주장할 수 있다는 점에서 귀납적 비약이 발생한다. 상당수의 과학적 지식은 이러한 귀납적 비약을 통해 구성된 것이다. 그러나 귀납적 비약이 언제나 정당화되는 것은 아니다. 위에서 보았듯이 전제에 새로운 내용이 추가되면 귀납추리의 결론은 언제든지 변할 수 있다는 점에서 불안전하다.

2. 과학적 탐구 절차

이제 앞에서 살펴본 연역추리와 귀납추리의 특징을 이용하여 과학적 탐구가 근본적으로 귀납적인지 아니면 연역적인지를 검토해보자. 전통적으로 과학적 탐구는 귀납적이라는 생각이 철학자와 과학자 세계에서 지배적이었다. 베이컨으로부터 시작하여 밀에 이르는 경험주의적 전통에서는 과학적 탐구를 자연에 대한 관찰과 실험으로부터 시작하여 자료를 수집하는 데서 법칙과 이론을 이끌어내는 가정으로 간주했다. 이러한 관점에 따르면 과학적 지식은 '사실에서 도출된 지식의 체계'이며 과학적 지식이 객관적인 이유는 사실이라는 확고한 기반을 지니기 때문이다.

이처럼 과학적 탐구에서 귀납이 결정적인 역할을 한다고 보는 입장을 흔히 귀납주의라고 한다. 귀납주의에 따르면 과학적 가설은 자연을 관찰하거나 실험하여 수집된 자료로부터 형성된다. 자연에 대한 관찰로부터 법칙과 이론을 유도하고 그것을 다시 자연현상을 설명하기 위해 적용하는 전체 과정은 다음과 같이 정리할 수 있다.

1단계 관련된 모든 사실들에 대한 '선입견이 개입되지 않은' 관찰과 기록.

2단계 기록된 사실에 대한 '논리적 가설 이외에 다른 가설이 개입되

196

지 않은' 분석과 분류.

3단계 분석과 분류로부터 사실들 간의 관계에 대한 일반적 원리 유도.

4단계 설명과 예측을 통한 일반적 원리에 대한 시험.

위에서 제시된 과학적 탐구과정에서 과학의 객관성은 탐구의 1단계와 2단계에서 나타난 제한 조항들, 즉 '선입견이 개입되지 않은' 조항과 '논리적 가설 이외에 다른 가설이 개입되지 않은'이라는 조항을 통해 확보된다. 여기서 선입견은 문자 그대로의 의미뿐만 아니라 편견이나 경험적 자료에 선행하는 온갖 바람직하지 못한 인식론적 요소들을 의미한다. 귀납주의 지지자들은 관찰과 실험과정에서 그러한 선입견이 개입하게 되면 자연이 제공하는 자료를 그대로 기록하지 않고 자신의 입장이나 이론에 유리한 방식으로 기록하게 될 것이라고 우려한다. 2단계에 나타난 제한 조항도 같은 이유로 도입된다. 여기서는 특히 가설에 대한 제한을 두는데, 그 이유는 만약 과학자가 현재 관찰 혹은 실험 중인 대상에 대해 특정한 가설을 지지하는 경우 그 가설에 따라 관찰이나 실험의 결과를 기록하게 되면 객관적인 보고가 될 수 없기 때문이다.

객관성을 확보하기 위한 초기단계를 거친 후 3단계에서 관찰 및 실험결과에 대한 기록으로부터 일반화가 이루어져 비로소 과학적 법칙이 형성된다. 이 단계에서의 귀납과정은 같은 자연현상에 대한 반복된 경험으로부터 규칙성과 일반화를 유도하는 매거(枚擧)적 귀납이다. 다음의 예를 살펴보자.

③ 시간 T_1에 관찰한 까마귀는 검었다.

시간 T_2에 관찰한 까마귀는 검었다.

시간 T_3에 관찰한 까마귀는 검었다.

......

시간 T_n에 관찰한 까마귀는 검었다.

=======================================

모든 까마귀는 검다.

이처럼 3단계가 귀납적 과정인 데 비해 4단계는 경우에 따라 연역적일 수도 있고 귀납적일 수도 있다. 4단계의 핵심은 경험적 일반화를 통해 규칙성을 표현하는 법칙, 가설, 이론을 이용하여 자연현상을 설명하고 예측하는 데 있다. 앞에서 언급했듯이 과학적 설명이 어떻게 이루어지는가는 과학방법론의 중요한 분야 중 하나다. 어떤 현상을 설명하거나 예측하기 위해서는 어떤 법칙이나 이론이 그러한 대상을 어떻게 설명하거나 예측할 수 있는지를 보여야 하는데, 그것을 보여주는 가장 일반적인 방식은 해당 법칙이나 이론으로부터 그 대상을 연역하는 것이다. 일단 설명이나 예측이 제시되면 법칙과 그것을 지지하는(또는 반박하는) 경험적 증거 사이의 관계를 고려하는 확증과정이 뒤따르게 되는데, 이러한 확증과정은 경험적 자료를 이용한다는 점에서 귀납적이지만, 가설과 증거를 표현하는 진술 사이의 관계를 다룬다는 관점에서 보면 논리적이라고 볼 수 있다.

지금까지 살펴본 귀납주의는 과학적 탐구에 대한 우리의 일상적 견해와 뚜렷이 일치하고 그것을 지지하는 많은 이론가들이 있지만, 그럼에도 불구하고 과학적 탐구 전반에 대한 설명이 되기에는 부족한 몇가지 중요한 문제가 있다. 우선 귀납주의가 제시하는 과학적 탐구는 처음부터 작동되기 어려운 문제가 있다. 1단계에서 '관련된 모든 사실들의 수집'을 권고하고 있는데 그러한 요구는 실제로 불가능하기 때문이다. 귀납주의자들은 과학적으로 설명되어야 할 문제가 발생하면 일단 그 문제와 관련된 모든 사실을 수집해야 한다고 요구한다. 그러나 여기서는 어떤 대상이나 현상이 현재의 문제와 관련되는지의 여부를 알려주는 지침이나 기준이 제시되어야 한다. 오직 문제만으로는 어떤 사항이 그 문제와 관련되는지를 판단하기 힘들다. 예를 들어, 아직 원인이 밝혀지지 않은 질병으로 고생하는 환자를 치료하는 의사는 그 원인을 설명하기 위해 어떤 사실을 수집해야 하는가? 헴펠(C. G. Hempel)이 산욕열의 원인 발견에 대한 사례를 통해 잘 보여주었듯이 가설의 도움 없는 자료수집은 맹목적이며, 어떤 자료를 수집하는 것이 합리적인가는 탐구중인 문제가 아니라 작업가설에 의해 결정된다.

1단계의 문제는 이것으로 그치지 않는다. 더욱 심각한 문제는 선입견이 개입되지 않은 관찰과 기록에 대한 요구가 실현될 수 없다는 데 있다. 핸슨, 폴라니가 주장하듯이 모든 관찰은 관찰자의 과거 경험, 지식, 교육수준에 따라 달라진다. 동일한 자연현상을 보고 서로 다른 이론의 지지자들은 서로 다른 것을 관찰할 수 있다. 바다에서 떠오르는 해를 보면서 지구중심설을 주장하는 사람은 "해가 또 오르고 있다"고 말할 것이지만, 태양중심설을 주장하는 사람은 "지구가 아래로 움직이고 있다"고 말할 것이다. 이에 대해서는 귀납주의가 관찰자의 지식과 경험에 따라 같은 대상에 대해 서로 다른 관찰이 가능한 문제를 사전에 방지하기 위해 '선입견 배제'라는 제한 조항을 제안했다고도 볼 수 있다. 그러나 관찰의 이론의존성은 우리의 의지에 따라 임의로 조작할 수 있는 것이 아니라는 데 더 큰 문제가 있다. 예를 들어 의학을 공부한 적이 없는 보통 사람은 아무리 애를 써도 폐를 찍은 엑스레이 사진을 보고 폐를 알아

보기 힘들지만 의학훈련을 받은 의대생들은 폐뿐만 아니라 폐에 발생한 문제도 볼 수 있다. 일단 그들이 그러한 현상을 보기 시작하면 다시는 그 이전의 세계로 돌아갈 수 없게 된다. 이러한 사실이 주어지면 1단계가 제시하는 두가지 요구사항, 즉 관련된 모든 사실의 관찰과 기록, 선입견 배제 요청은 실현될 수 없다는 점이 드러난다.

귀납주의가 제시한 과학적 탐구의 절차들에서 이후의 단계들도 이와 비슷하거나 새로운 문제점들이 있다. 이상의 논의로부터 분명해지는 것은 가설이나 이론은 관찰된 자료로부터 귀납되는 것이 아니라 관찰된 자료를 설명하기 위해 창안된다는 점이다. 우리는 과학의 역사에서 가설 창안과 관련된 많은 사례들을 발견할 수 있다. 예를 들어 화학자 케쿨레(A. Kekulé)가 졸다가 벽난로의 불꽃을 보면서 벤젠의 분자구조를 발견한 사례나 뢴트겐(W. Röntgen)이 음극선 실험 중 원래 의도와는 달리 X선을 발견한 사례가 있는데, 누구나 그러한 상황에 처한다고 해서 케쿨레나 뢴트겐이 했던 발견을 할 수는 없을 것이다. 그러한 발견이 가능하기 위해서는 해당 연구분야에 대한 전문적 지식을 갖추어야 하고 창의력이 뛰어나야 할 뿐만 아니라 경우에 따라서는 행운도 따라야 한다.

이상의 논의로부터 과학적 탐구에 대한 또다른 유력한 방법론이 제시되는데, 그것은 흔히 가설연역적 방법(hypothetico-deductive method)이라고 한다. 가설연역적 방법에 따르면 과학적 탐구는 다음과 같이 진행된다.

1단계 탐구중인 문제에 대한 가설 제안.
2단계 가설을 이용한 설명 및 예측.

3단계 경험적 시험.

4단계 확증 또는 반증.

가설연역법에서 가장 눈에 띄는 것은 탐구과정에서 가설이 처음 단계부터 등장한다는 점이다. 앞에서 지적했듯이 귀납주의자들은 탐구과정의 초기단계에서 가설이 개입되는 것은 자료의 중립성을 훼손하는 요인이 되며 결과적으로 과학의 객관성을 보장할 수 없게 된다고 보았다. 그렇다면 가설연역법은 어떤 방식으로 과학적 탐구의 객관성을 확보하는가? 그 질문에 대한 답은 3단계에 있다. 즉, 과학적 객관성은 가설로부터 유도된 설명이나 예측에 대한 경험적 검사를 통해 확보된다. 포퍼는 특히 이 단계가 엄격히 진행되어야 함을 요구했는데, 그에 따르면 과학의 객관성은 자유롭게 가설을 제안하지만 제안된 가설에 대해서는 엄격한 검사를 부과하는 데 있다. 그러므로 과학이 발전하기 위해서는 누구나 자유롭게 가설을 제안하고 제안된 가설을 비판할 수 있는 자유가 보장되어야 한다. 포퍼는 이러한 사회를 '열린 사회'(open society)라고 불렀다.

3. 논리경험주의와 반증주의

반증주의를 대표하는 포퍼뿐만 아니라 논리경험주의의 대표자 중 한 사람인 헴펠 역시 가설연역법을 지지했다. 그러나 논리경험주의와 반증주의의 차이점이 있는만큼 그들이 제안한 방법에도 차이가 있다. 그 차이점은 특히 4단계에서 구체적으로 드러난다. 포퍼의 경우 가설이 경험적 시험을 통과하지 못한 경우 반증 또는 반박되었다고 하고, 해당 가설은 즉시 폐기되어야 한다고 주장한다. 포퍼는 임시변통 가설(ad hoc hypothesis)을 도입하여 반증된 가설을 구하려는 시도를 비판했다. 다른 한편 가설이 새롭고 대담한 예측을 제시하고 그에 대한 엄격한 시험을 해도 반박되지 않는 경우에 그것은 확인되었다고 본다. 아인슈타인의 중력장 이론에 대한 에딩턴(A. S. Eddington)의 일식관측이 그 좋은 예다.

논리경험주의자인 헴펠의 경우 가설이 4단계를 통과한 경우 확증되었다고 하고, 그렇지 못한 경우 미확증되었다고 한다. 포퍼의 경우와 마찬가지로 여기서도 미확증된 가설은 폐기되어야 한다. 그러므로 헴펠과 포퍼의 차이점은 그 반대의 경우, 즉 확증과 확인(방증)의 차이에 있을 것이다. 헴펠의 경우 입증된 가설은 앞으로도 경험적으로 충분하게 지지받을 것이라는 기대치를 동반한다. 이러한 점에서 헴펠의 가설연역법은 다분히 귀납적이며, 바로 그 이유 때문에 헴펠은 앞에서 언급한 귀납주의를 좁은 의미의 귀납주의라고 부르고 자신의 가설연역법을 넓은 의미의 귀납주의라고 부른다. 헴펠의 입장에서 보았을 때 과학적 지식은 선행연구를 통해 확증된 가설들이 누적되어 그 신빙성이 점차로 증가한다는 점에서 귀납적으로 구성되지만, 탐구과정은 앞에서 보았듯이 귀납적 과정과 연역적 과정이 혼합되어 있는 것이다.

반면 포퍼가 보았을 때 과학은 귀납적 과정이 아니라 연역적 과정이다. 만약 우리가 과학을, 귀납을 통한 객관적이고 보편적인 지식을 추구하는 활동으로 본다면 우리는 결코 그 목적을 달성할 수 없다. 왜냐하면 아무리 많은 관찰, 실험, 경험을 수행한다고 하더라도 그것은 보편적 지식을 구성하기에는 역부족이기 때문이다. 예를 들어 '모든 까마귀는 검다'라는 보편형식을 지니는 법칙이 있다고 하자. 얼마나 많은 사례들을 관찰해야 이 법칙을 유도할 수 있거나 확증할 수 있는가? 흔히 가정하듯이 가설은 그것을 지지하는 사례들이 늘어날수록 참일 확률이 높아진다고 해보자. 가설을 H라 하고 확률을 Pr이라고 표기하면 우리는 다음 식을 얻게 된다. 즉, Pr(H)=관찰된 사례/전체 사례다. 위의 까마귀 법칙의 경우 수억 마리의 까마귀를 관찰했는데 모두 검었다고 하자. 그러나 과거, 현재, 미래에 생존할 까마귀의 전체 수는 무한대일 것이므로 'Pr(H)=수억/무한대=0'이라는 결론이 나온다. 다시 말하면 보편형식의 가설은 귀납적으로 입증될 수 없다는 것이다. 이로부터 포퍼는 과학의 목적은 경험적 자료와 정확하게 들어맞는 가설을 구하는 데 있는 것이 아니라, 반증가능성이 높은 가설을 구하는 데 있다고 주장한다. 여기서 반증가능성이 높은 이론은 참신하고 대담한 예측을 하는 이론이다.

포퍼의 반증주의에 대한 가장 일반적인 비판은 포퍼가 의도한 대로 반증을 통해 잘못된 이론을 걸러낼 수 없다는 것이다. 가설 H가 관찰가능한 현상 P를 예측했는데 경험적으로 그 예측이 거짓으로 드러났다고 가정해보자. 이러한 상황을 논리적으로 표현하면 다음과 같다. (아래 식에서 H, P, A는 각각 가설, 예측, 보조가설을 나타내고, '-'와 '⊢'는 각각 부정과 연역을 나타내는 논리기호다. "H ⊢ P"는 H로부터 P가 논리적으로 연역된다는 것을 의미한다.)

④ H ⊢ P

‒ P

∴ ‒ H

즉, 가설 H는 경험적으로 반증되었다. 그러나 이것은 매우 이상적 상황에서나 발생할 뿐, 실제적으로 설명이나 예측을 하기 위해서는 그와 관련된 보조가설(A)들의 도움이 필요하다. 따라서 위의 상황에 보조가설의 존재를 도입하면 그것은 다음과 같이 표현될 것이다.

⑤ $H, A \vdash P$

  $- P$

∴ $- (H, A)$

반증주의에 대한 비판가들은 위의 결론을 이용하여 우리는 이론체계 (H, A)에 잘못이 있다는 것을 알 수 있지만 정확히 어디에 잘못이 있는지는 알 수 없다고 주장한다. 실험이나 관찰 같은 경험적 방법에 의해 개별 이론을 반증할 수 없으므로 반증주의는 잘못이라는 주장이 뒤따른다. 이러한 문제는 '뒤엠 문제'(Duhem's problem)로 알려져 있으며, 그 문제는 반증주의에만 적용되는 것이 아니라 경험적 검사를 이용하여 가설 수용을 결정짓는 모든 이론에 적용된다.

| 이영의 |

참고문헌

Feyerabend, Paul (1975) *Against Method, Outline of an Anarchistic Theory of Knowledge*, Atlantic Highlands, NJ: Humanities Press.

Fraassen, Bastiaan Cornelis van (1980) *The Scientific Image*, Oxford: Oxford

University Press.

Godfrey-Smith, Peter (2003) *Theory and Reality: An Introduction to the Philosophy of Science*, Chicago, IL: The University of Chicago Press.

Hepel, Carl Gustav (1966) *Philosophy of Natural Science*, Englewood Cliffs, NJ: Prentice Hall.

Kuhn, Thomas Samuel (1970) *The Structure of Scientific Revolutions* (2nd ed), Chicago, IL: The University of Chicago Press.

Mill, John Stuart (1843) *A System of Logic*, Toronto: University of Toronto Press.

Popper, Karl Raimund (1959) *The Logic of Scientific Discovery*, New York: Basic Books.

과학적 실재론 논쟁

1. 논의의 배경

16, 17세기 과학혁명을 통해 새로운 학문으로 등장한 과학(science)은 그때까지 존재하는 것으로 인정받았던 많은 대상들의 존재론적 자질을 박탈했다. 예를 들어 아리스토텔레스의 생기력, 연금술의 철인의 돌(The Philosopher's Stone), 플로기스톤(phlogiston), 열소(caloric), 전자기적 에터(ether) 등이다. 이 대상들이 허구적 존재자로 전락하게 된 것은 그 존재가 과학의 방법에 의해 경험적으로 확인되지 못했기 때문이었다. 19세기 말에는 X선과 방사능의 발견이 이루어지고, 20세기에 들어와서는 원자와 전자 같은 대상들이 원자폭탄, 전자레인지 같은 과학기술의 성공에서 중심적인 역할을 담당하게 되었다. 그러나 이러한 대상들의 존재는 경험에 의해 직접 확인될 수 없다. 즉, 이 대상들은 거시적으로 관찰할 수 있는 결과를 만들어내는 데 중심역할을 하지만, 정작

이 대상들의 존재를 경험적으로 직접 확인하는 것은 원리적으로 불가능하다. 그러면 이 대상들은 과거의 형이상학적 대상들처럼 허구적 존재자라고 간주해야만 하는가? 이 물음에 관한 논의와 그 전개과정은 중세의 보편자 논쟁, 근대의 실체론 논쟁과 비슷한 양상을 띤다. 이 글에서는 이에 관한 논의를 과학적 실재론 논쟁이라고 부르고, 논쟁의 전개과정을 고찰할 것이다.

간편한 논의를 위해 원자와 전자같이 우리의 경험에 의해 그 존재를 직접 확인할 수 없는 대상이나 과정을 이론적 대상(theoretical entity), 책상과 같이 그 존재를 직접 확인할 수 있는 대상이나 과정을 관찰적 대상(observational entity), 과거 플로기스톤 같은 대상들을 형이상학적 대상(metaphysical object)이라고 부르자.

2. 과학적 실재론과 반실재론

과학적 실재론 논쟁은 먼저 이론적 대상이 관찰적 대상처럼 실제 세계에 존재하는가에 대한 입장의 차이에서 시작했다. 과학적 실재론(scientific realism)은 이론적 대상이 실제 세계 안에 존재한다고 주장하는 입장이다. 반면 과학적 반실재론(scientific antirealism)은 이론적 대상이 형이상학적 대상처럼 실제 세계 안에 존재하지 않는다고 주장하는 입장이다.

과학적 실재론 논쟁은 의미론적 관점에서 먼저 나타났다. 의미론적 관점은 이론적 대상을 지시하는 이론용어의 의미를 관찰적 대상을 지시하는 관찰용어로 환원하여 경험적인 인식적 근거를 찾으려는 관점이다. 그래서 이론용어가 관찰용어로 완전하게 환원될 수 있으면 그 이론용어가 지시하는 이론적 대상은 경험적 의미를 지니게 되고 그 존재까지도 경험적으로 설명할 수 있다. 그러나 이러한 의미론적 환원에서, 만약 이론용어를 관찰용어로 모두 환원할 수 있다면 이론용어의 사용은 독자적인 중요성을 지니지 못하여 배제되어야 하고, 다른 한편 관찰용어로 완전하게 환원할 수 없다면 이론용어의 의미는 경험적으로 완전하게 설명할 수 없게 되어 그 사용이 경험적으로 배제되어야만 한다. 그러나 이 결과에는 과학의 실제와 부합하지 않는, 이른바 '이론가의 딜레마'가 나타나게 된다.

과학적 반실재론은 이러한 딜레마 상황에서 이론용어가 관찰용어로 완전하게 환원될 수 없으며, 따라서 이론용어는 경험적인 의미를 결여한다고 주장한다. 그러나 과학자라면 누구나 이론용어가 경험과학에서 중요한 역할을 담당하고 있다는 것을 받아들인다. 이 점에 대해 과학적 반실재론은 그 역할이 관찰현상을 예측할 수 있는 도구로서만 기능한다고 주장한다. 즉, 이론용어는 세계 안의 어떤 대상과 지시관계를 갖는 것이 아니며, 관찰 가능한 대상들의 작용이나 행태를 예측하고 설명하는 것을 도와주기 위해서만 고안된 편리한 허구적 대상에 불과하고, 그 필요성은 실용적 효용성 차원에서만 설명된다는 것이다. 또한 이론용어를 포함하는 이론문장도 세계와 대조할 수 있는 인식적 의미를 지니지 않기 때문에 진릿값을 갖지 않는다. 이러한 과학적 반실재론의 입장은, 마흐를 비롯한 20세기 초의 많은 과학자들이 원자와 분자의 존재를 의심했듯이, 그 주장의 타당성이 여전히 유효하며 그와 관련한 역사적 사례도 찾을 수 있다.

과학적 실재론도 의미론적으로 이론용어가 관찰용어로 완전하게 환원될 수 없다는 점을 인정하지만, 이론용어가 독자적으로 경험적인 의미를 지니기 때문에 그러하다고 주장한다. 그리고 이 이론용어가 지시하는 이론적 대상은 실제 세계 안에 실제로 존재한다고 주장한다. 이러한 주장의 근거로서 이론용어와 관찰용어의 구분이 자명하거나 절대적이지 않음을 제시한다.

화학이론에 따르면 다이아몬드는 모두 단일한 종류의 탄소 분자들로 이루어져 있다. 그러나 탄소 분자나 탄소 원자는 우리가 직접 관찰할 수 없는 이론적 대상들이다. 그러면 관찰할 수 없는 이론적 대상인 탄소 분자들이 모여 관찰할 수 있는 다이아몬드를 형성한다는 것은 이론용어와 관찰용어의 구별의 경계선이 자명하지 않음을 보여준다. 한편 박테리아는 광학현미경이 발명된 이후부터 그 존재가 확인되어 관찰적 대상으로 인정받았으며, 바이러스는 전자현미경에 의해서만 그 존재가 확인되지만 관찰적 대상처럼 존재하는 것으로 인정받는다. 그런데 전자현미경은 원리적으로 관찰될 수 없는 전자를 통해서만 바이러스의 존재를 확인한다. 이러한 바이러스의 경우를 보면 이론용어와 관찰용어의 구별이 절대적이지 않으며 존재 대상들은 인간의 생리구조, 현재의 지식상태, 인간이 이용할 수 있는 도구에 따라 상대적으로 설명된다는 것이 드러난다. 이론용어와 관찰용어의 구별이 자명하거나 절대적이지 않다면, 이러한 인식적 구별기준을 대상의 존재론적 해석의 범주체계에 적용하는 것은 정당화될 수 없다. 즉, 의미론적인 이론용어와 관찰용어의 구별이 이론적 대상과 관찰적 대상의 존재론적 자질의 차이를 만들어낸다는 주장은 정당화될 수 없다.

3. 과학적 실재론과 '기적의 논증'

이론용어와 관찰용어의 구별이 의미론적 관점에서 자명하지도 않고 절대적일 수 없다는 사실만으로 이론적 대상에 관찰적 대상과 동일한 존재론적 자질을 부여하는 것이 경험적으로 정당화되는 것은 아니다. 왜냐하면 이론적 대상의 존재를 경험적으로 직접 확인하는 것이 원리적으로 불가능하기 때문이다. 이론적 대상이 실제 세계에 존재한다는 것을 정당화하는 논증으로서 과학적 실재론은 '기적의 논증'(no miracles' argument)을 제시한다.

퍼트넘이 대표적으로 제시한 '기적의 논증'에 따르면, 과학이론이 전자 같은 이론적 대상들을 도입하여 관찰현상들의 발생에 관한 예측에 성공했을 경우, 이를 토대로 이론적 대상들이 실제로 존재하지 않는다고 한다면 이 경우는 아주 대단한 우연적 일치로서의 기적이라고 해석해야만 한다는 것이다. 또한 현재의 과학이론이 과거의 이론보다 적합하게 세계를 설명하고 예측에 있어서도 더 성공한다는 점과, 과학이론이 변화하면서 어떤 대상에 관한 사실들로 수렴해간다는 점은 과학사에서 누구나 경험적으로 확인할 수 있는 사실인데, 만약 이론적 대상이 존재하지 않으면 이 모든 사실은 설명 불가능한 기적 같은 현상이 된다. 그러나 실제로 아무도 과학기술이 이룩한 성공들을 기적 같은 현상으로 간주하지 않는다. 그러므로 이론적 대상도 관찰적 대상과 동일한 존재론적 자질을 지닌다고 과학적 실재론은 주장한다.

과학적 실재론은 기적의 논증에 근거하여 이론적 대상이 실재한다면 이론적 대상을 포함하는 세계는 우리의 인식능력과 독립적으로 존재하고 과학은 이러한 세계를 탐구한다고 설명한다. 또한 과학적 실재론은 우리의 인식능력과 독립적인 이론적 대상의 존재를 경험적으로 확인할 수 있는 인식적 방도는 과학이론이 세계와 대응한다는 의미에서의 진리 개념이 제공한다고 주장한다. 과학적 실재론의 이러한 주장은 다음과 같은 세가지 논제로 요약될 수 있다.

존재론적 논제 이론적 대상은 우리의 인식능력과 독립적으로 실제로 존재하고 세계는 우리의 인식능력과 독립적으로 존재한다.

수렴적 논제 과학이론은 누적성과 연속성을 유지하면서 수렴적으로 진보하지만, 현재 최선의 설명을 제공하는 과학이론도 수정 가능하기 때문에 점근적으로 참이다.

의미론적 논제 과학이론의 모든 문장들은 진릿값을 지니며 과학이론에서 사용되는 논리 외적인 모든 용어들은 세계 안에 존재하는 대상들을 사실적으로 지시한다.

4. 과학적 실재론 논쟁

과학적 실재론 논쟁은 세가지 문제와 연관하여 전개되었다. 첫번째는 이론적 대상과 관찰적 대상에 대한 의미론적 관점이 아니라 관찰 불가능성과 관찰가능성이라는 인식론적 구별(이론/관찰의 이분법적 구별)에 관한 논쟁이다. 두번째는 이론적 대상의 존재 확인을 위한 인식적 방도를 대응적 의미의 진리가 제공할 수 있는가에 관한 논쟁이며, 논리적 근거에서 제기된 이론 미결정성의 문제와 과학사의 사례들에 근거하여 경험적으로 제기된 비관적 메타귀납(pessimistic meta-induction)의 문제에 관한 논쟁이다. 마지막으로 기적의 논증의 정당성에 관한 논쟁이다. 이러한 논쟁의 전개에서 과학적 반실재론의 중심에 있던 인물은 반 프라센(B. van Fraassen)이다.

1) 이론/관찰의 이분법적 구별에 관한 논쟁

이론/관찰의 이분법적 구별에서 과학적 반실재론은 그 둘이 분명하게 구별될 수 있다는 입장을, 과학적 실재론은 분명하게 구별될 수 없다는 입장을 견지한다. 이 논쟁에서 관건이 되는 문제는 이론적 대상의 존재를 확인할 수 있는 탐지장치의 결과를 인식론적으로 어떻게 해석하는가다. 윌슨(C. T. R. Wilson)의 안개상자 속에 나타난 증기의 자취나 고공을 비행하는 제트기의 증기 자취가 그 한 예인데, 과학적 실재론은 이를 인식론적으로 전자나 제트비행기의 존재를 탐지한 관찰이라고 주장하고, 과학적 반실재론은 제트기의 경우에는 존재 탐지의 인식적 수단으로 인정하나 윌슨의 안개상자의 경우에는 인정하지 않는다. 이러한 논의는 관찰에 의해 확인할 수 있는 탐지장치의 관찰결과가, 이 결과와 연속성을 지닌 이론적 대상의 존재를 확인할 수 있는 인식적 수단이 될 수 있는가의 문제로 이어진다.

과학적 실재론은 맥스웰의 주장에 근거하여 어떤 하나의 대상을 육안, 안경, 망원경, 현미경으로 관찰하는 것은 하나의 동일한 대상에 관한 연속적인 존재를 탐지하는 일련의 행위라고 주장한다. 예를 들어 돌의 표면을 육안, 광학현미경, 고성능 전자현미경으로 관찰할 경우에 그 관찰결과들은 동일한 대상의 연속적인 존재를 탐지하는 행위들이다. 윌슨의 안개상자에서 증기 자취를 관찰하는 것도 전자현미경으로 바이러스를 관찰하는 것처럼 전자의 존재를 탐지하는 것이라고 볼 수 있다. 따라서 과학적 실재론은 바이러스와 전자에 대해서도 전자현미경에 의해 나타난 돌의 표면사진 같은 존재론적 자질을 부여해야만 한다고 주장한다. 즉, 정교한 고성능 탐지장치의 개발가능성은 이론적 대상과 관찰적 대상을 명확하게 절대적으로 구분할 수 없음을 보여준다고 주장한다.

과학적 반실재론자인 반 프라센도 관찰과 비관찰을 구별할 수 있는 경계선이 분명하게 그어질 수 없으며 경계선의 변화가 가능하다는 점을 인정한다. 그리고 대상이나 사건 들에 대해 직접 관찰될 수 있는 것들과 과학적 탐지장치를 사용하여 그 존재를 간접적으로 탐지할 수 있는 것들이 존재론적으로 연속되어 있다는 점도 인정한다. 예를 들어 달을 육안으로 관찰할 때와 망원경을 통해 관찰할 때, 그리고 우주선을 타고 직접 가서 관찰할 때는 일련의 존재론적인 연속성이 있으며, 우리들은 이러한 경우 중에서 어느 것이 관찰적이고 어느 것이 비관찰적인지를 구별할 수 없다는 것이다. 그러나 반 프라센은 이러한 내용이 '관찰 가능한'이라는 용어가 모호한 개념이라는 것을 보여줄 뿐이라고 주장한다. 모호한 개념은 대머리 논증에서처럼 어떤 범주의 경계선상에 있는 사례들을 지니는 개념이다. 비록 그 경계선이 모호할지라도 그 구별이 중요하지 않거나 실재하지 않는다고 말할 수는 없다는 것이다. 즉, 대머리와 대머리 아닌 사람의 구별이 명확하지 않더라도 양 극단에서는 이에 관한 명확한 사례들이 존재하며, 그래서 대머리와 대머리 아님에 관한 분명한 구별을 이끌어낼 수 없다는 것이 크게 문제되지 않는다고 주장한다.

반 프라센은 자신의 주장을 옹호하기 위해 목성의 위성들을 관찰하는 경우와 월슨의 안개상자를 통해 전자의 자취를 관찰하는 경우를 예로 든다. 그는 목성의 위성들을 관찰하는 것은 관찰의 명확한 경우지만, 안개상자 속의 전자를 의도적으로 관찰하는 것은 비관찰의 명확한 경우라고 설명한다. 목성의 위성들을 망원경을 통해 관찰하는 행위는 우주비행사가 목성에 가까이 가서 관찰하는 것과 존재론적인 연속성을 지닌다. 그러나 안개상자의 증기 맺힘을 탐지했고 그러한 탐지는 관찰될 수 있다 해도 우리가 전자를 관찰했다고까지 말할 수는 없다는 것이다. 왜냐하면 안개상자 속에서 탐지된 전자의 존재는 전자이론 자체의 특성상 직접 관찰하는 것이 원리적으로 불가능하기 때문이다. 반 프라센은 관찰가능성의 개념이 지닌 외연의 경계가 모호하다 할지라도, 관찰과 비관찰의 구별은 과학이론의 설명에 의해 경험적으로 판단될 수 있다고 주장한다. 그러므로 관찰가능성의 개념은 그 경계선이 변할 수 있다 해도 현재의 과학이 설명하는 우리 인간의 인식능력을 기준으로 그 적용의 외연이 결정될 수 있다고 주장한다.

반 프라센은 도깨비의 존재를 인정하지 않는 것이 현재의 과학이론에 의해 인간의 인식범위를 초월하기 때문이라면, 현재의 과학이론에 의해 인간의 인식범위를 초월하는 이론적 대상의 존재는 어떤 근거에서 인정할 수 있는가라고 되묻는다. 도깨비의 존재를 인식론적으로 확인할 수 없기 때문에 존재론적 자질을 부여하지 않는다면, 그와 똑같이 그 존재를 인식론적으로 확인할 수 없는 이론적 대상에 대해서도 존재론적 자질을 부여할 수 없다는 말이다. 물론 그는 인간에 의해 관찰될 수 없는 대상이라 해도 실제 세계 안에 존재할 수 있을지 모르지만, 이는 인식론적으로 아무런 의미가 없다고 주장한다. 다시 말해 우리가 관찰할 수 없는 대상은 세계에 대한 우리 인간의 인식에서 인식론적으로 아무런 역할을 담당하지 않는다는 것이다. 그래서 그는 탐지장치의 관찰로부터 이론적 대상의 존재 확인으로까지 연결하는 작업은 형이상학적 배경을 필요로 하며, 이러한 형이상학적 배경은 경험주의자에게는 쓸데없는 부담이라고 주장한다. 이론/관찰의 이분법적 구별이 절대적이거나 자명하지 않다는 것은 과학적 실재론의 주장에 대한 어떠한 지지근거도 제시하지 않는다는 것이다.

반 프라센의 이같은 주장에 관해 과학적 실재론은 관찰가능성의 외연과 인식가능성의 외연이 동일한 것으로 간주될 수 있는가의 문제를 제기한다. 이 문제는 우리가 어떤 대상을 관찰할 수 있으면 그 대상은 인식 가능한 것이고, 관찰할 수 없으면 인식 불가능하다고 간주되어야만 하는가의 문제다. 인간이 지닌 각각의 인식능력들은 그 인식의 확실성 면에서 상대적으로 정도의 차이가 있다. 그러나 이러한 정도의 차이로 인해 인식가능성과 인식불가능성이 구별될 수는 없다. 예를 들어 목성의 달을 망원경으로 관찰하는 것과 가이거 계수기(Geiger counter)를 작동하여 α입자의 존재를 확인하는 것은 인식론적으로 그 확실성 정도의 차이는 있지만 모두 정당화될 수 있으며, 따라서 α입자 같은 비관찰적인 이론적 대상들도 관찰적 대상인 목성의 달처럼 인식 가능한 것이다. 목성의 달과 가이거 계수기의 소리를 작동시키는 α입자에 대해 존재론적 자질을 각기 다르게 부여하는 반 프라센의 입장은 우리의 인식능력 중에서 특별히 시각에 비중을 두고, 세계에 대한 인식적 개입의 기준으로 사용하는 것이다. 어떤 대상에 대해 인식 가능하다는 사실은 관찰 가능하다는 사실에 비해 그 적용의 외연이 넓다. 만약 반 프라센의 이러한 인식적론적 설명이 정당하다면 시각적 인식능력을 지니지 못한 장님은 세계 안의 대상들의 존재를 확인할 수 있는 인식능력을 지니지 못한 것으로 보아야만 한다.

두번째로 과학적 실재론은 인식적 기준으로서의 관찰적 경험이 세계에 대한 존재론적 개입의 한계를 설정할 수 있는가라는 문제를 제기한다. 인간들의 관찰적 경험에 의하면 대상들의 존재론적 범주는 다음과 같이 구별될 수 있다.

(1) 아무런 보조도구 없이 육안으로 관찰할 수 있는 존재하는 대상들: 책상, 바위.

(2) 보조도구를 이용하여 관찰할 수 있는 존재하는 대상들: 박테리아, 목성의 위성.

(3) 보조도구를 사용한다 해도 원리적으로 관찰이 불가능한 존재하는 대상들: 전자.

(4) 보조도구를 사용한다 해도 존재 확인이 경험적으로 불가능한 형이상학적 대상들: 도깨비.

반 프라센의 인식적인 기준에 따르면 (1)과 (2)의 대상들은 존재론적 자질이 있지만, (3)과 (4)의 대상들은 존재론적 자질이 없다. 왜냐하면 그는 실험적 성공에 의해 확인된 경험적인 증거자료로부터 추리될 수 있는 존재론적 자질을 인정하지 않기 때문이다.

그러나 관찰과 비관찰의 구별이 모호하지만, 관찰적 경험의 범위는 과학기술의 발달에 따라 점차적으로 확장 가능하며, 그래서 그 범위도 정도의 차이에 불과하다. 그런데 관찰적 경험에 의해 획득한 대상에 관한 정보내용들은 과학기술의 발전에 따라 변할 수는 있어도, 존재하고 있지 않다가 점차 존재하는 것으로 변해가는 정도의 단계는 있을 수 없다. 즉, 관찰과 비관찰의 구별에 관한 경계선의 변화가능성은, 과학이론의 존재론적 개입의 범위를 제한할 수 없다. 반 프라센이 전자(電子)의 존재를 인정하지 않는다면, 이 경우에 비춰 바이러스의 존재 여부도 결정될 수 없는 것으로 간주해야만 한다. 이러한 결과는 (3)의 대상과 (4)의 도깨비 같은 대상의 존재를 동일하게 간주하는 것이며 과학의 실재와 부합하지 않는다.

2) 대응적 의미의 진리 개념에 관한 논쟁

대응적 의미의 진리 개념은 과학적 실재론의 의미론적 논제에서 등장한다. 이 진리 개념은 이론적 대상의 존재를 경험적으로 확인할 수 있는 인식적 방도를 제공하는 역할을 담당한다. 진리 개념에 관한 형식적 정의는 타르스키(A. Tarski) 등의 노력으로 정립되어 수학과 논리학에서 정설로 사용되고 있다. 진리 개념의 이러한 정의에서 중요한 것은 명제와 세계 안의 사실과의 대응관계이며, 과학적 실재론은 이 대응관계를 과학이론과 세계의 대응으로 해석한다. 이러한 실재론적 해석에 따르면 과학기술의 성공은 해당 과학기술 이론과 실제 세계가 대응하기 때문에 가능하며, 따라서 과학기술의 해당 명제들은 참으로 간주된다. 만약 과학기술이 성공했는데 참이 아니라고 간주된다면 그 과학기술의 성공은 기적이 된다. 과학적 실재론은 그런 의미에서 과학이론의 명제가 대응적 의미에서 참이라면 이 명제가 기술하는 대상인 이론적 대상도 존재해야만 한다고 주장한다.

이러한 주장에 대한 논쟁에는, 논리학에서 형식적으로 정의된 진리 개념에 의해 과연 안정적으로 이론적 대상의 존재를 확보할 수 있는가라는 문제에 대하여 논리적 근거에서 제시된 이론 미결정성의 문제와,

과학사의 사례들에 근거하여 제시된 비관적 메타귀납의 문제를 중심으로 한 과학적 실재론 논쟁이 있다.

이론 미결정성에 관한 논쟁

이론 미결정성(theory underdetermination by empirical data)의 문제는 콰인이 자신의 인식론에 근거하여 논리적 관점에서 제기했다. 이후 반 프라센은 뿌앙까레가 제시한 가능성으로서 맥스웰 전자기이론과 뉴턴 역학이론을 결합하여 절대속도를 측정하려는 계획을 그 예로 제시하여 이론 미결정성의 문제가 실제 과학에서 실현 가능함을 보여주려고 노력했다. 이론 미결정성의 문제는 어떤 관찰현상들을 경험적으로 동등하게 설명하면서도, 논리적으로는 서로 양립할 수 없는 둘 이상의 경쟁이론의 출현이 가능하며 이러한 경우에 경험적 자료에 근거하여 어떤 하나의 이론을 선택할 수 없다는 것이다. 즉, 논리적으로 양립할 수 없는 두 경쟁이론들이 경험적으로 모두 참이 될 수 있으므로 대응적 의미의 진리 개념이 이론선택의 표준적 기준이 될 수 없다는 것이다.

과학이론은 현재까지 주어진 자료들에 근거하여 현상들 사이의 규칙성에 관한 일반법칙을 귀납적으로 도출하고, 이를 토대로 연역적으로 미래의 사실을 예측하면서 현재까지 주어진 증거들의 지지범위를 초월하지 않을 수 없다.[1] 이러한 경우에 미래의 사실에 관한 예측이 반드시 성공할 것이라고 보장될 수 없으며, 과학이론에서의 진리 개념은 미래의 새로운 경험적 사실이 발견되면 수정될 수밖에 없다. 이러한 수정과정에서 동일한 경험적 현상을 설명하면서도 논리적으로 서로 상충하는

---

1 이것이 귀납적 방법의 추론적 성격으로부터 나오는 이른바 '귀납적 비약의 문제'다.

경쟁이론들이 나타날 가능성이 있다. 논리적으로 상충하는 경쟁이론들이 경험적 현상과의 대응에서 동등한 인식론적 지위를 얻게 되면, 우리는 어느 하나의 이론이 더 참되다고 경험적으로 판단할 수 없다. 대응적 의미의 진리 개념이 과학이론을 선택하는 데 무용지물이 되면, 과학적 실재론의 입장에서는 이론적 대상의 존재 확인에 관한 인식적 방도를 제공할 수 없게 된다. 더욱이 만약 이론 미결정성의 문제가 과학이론의 본성상 불가피하게 발생할 수밖에 없다면 과학적 실재론의 입장은 심대한 타격을 입게 된다.

이론 미결정성의 문제는 경쟁이론들 중에서 어떤 한 이론을 선택할 경우에 진리가 표준적 기준이 될 수 없다고 주장하는 점에서 이론 사이의 통약불가능성의 문제와 일견 유사한 것처럼 보인다. 그러나 이론 미결정성의 문제는 통약불가능성과 달리, 경쟁이론들이 적어도 관찰적 경험 면에서 공통된 부분을 지닌다는 것을 인정한다. 이에 반해 통약불가능성은 이론 사이의 공통된 부분이 존재함을 부정하면서도 이론 맥락적일지라도 진리 개념이 과학이론 안에서는 중심적 개념임을 인정한다. 따라서 통약불가능성의 문제는 과학이론의 수렴적 발전에 대해 비판하며, 이론 미결정성의 문제는 대응적 의미의 진리 개념의 역할을 비판한다.

이론 미결정성의 문제에 근거하여 과학적 반실재론은 이론적 대상의 존재에 관한 인식적 방도는 대응적 의미의 진리 개념이 아니라 관찰적 경험만이 제공할 수 있다고 주장한다. 예를 들어 한 사람의 과학자가 이론적 대상에 관한 이론을, 그것이 넓은 범위의 관찰자료들을 설명할 수 있다는 사실에 근거하여 옹호한다고 생각해보자. 이에 대해 과학적 반실재론자는 그러한 사실을 인정하면서도 그 자료들은 다른 경쟁이론들에 의해서도 설명될 수 있다고 주장한다. 그러면 여러 이론들 중에서 그 과학자의 이론을 선택해야만 하는 인식론적인 근거는 관찰자료에 의해 주어진 경험을 넘어설 수밖에 없다. 이러한 주장을 전개한 반 프라센은 이론적 대상의 존재에 관해 불가지론의 입장을 취한다.

뒤이어 카트라이트(N. Cartwright)와 해킹의 대상적 실재론(entity realism)이 등장한다. 이는 이론 미결정성의 문제의 출현이 불가피함을 인정하고 대응적 의미의 진리 개념이 아닌 다른 인식적 방도를 통해 이론적 대상의 존재론적 자질을 확인할 수 있다는 주장이다. 카트라이트는 과학이론의 법칙을 이론적 법칙과 현상적 법칙으로 구분하고 현상적 법칙만이 세계를 기술하며, 인과적 영향력을 지닌 이론적 대상에 관해서는 현상적 법칙에 의해 그 존재론적 자질을 확인할 수 있다고 주장한다. 해킹은 이론적 대상의 존재론적 자질을 확인하는 인식적 방도가 실험적 방법이나 조작이라고 주장한다. 그러나 대상적 실재론은 실험적 방법을 적용할 수 없는 블랙홀 같은 천문학적 대상의 존재론적 자질을 인정할 수 없게 되는 문제가 있다.

이론 미결정성의 문제에 대해 일부 과학적 실재론은 이론을 선택할 수 있는 단순성(simplicity), 다산성(多産性, fruitfulness) 같은 선택기준들이 있다고 주장한다. 그러나 이 기준들이 대응적 의미의 진리 개념과 어떻게 연결될 수 있는가를 다시 설명해야만 하는 문제가 남는다.

똑같은 경험적 자료들을 설명할 수 있는 여러 경쟁이론들이 가능하다는 이론 미결정의 상황은 경험적 자료들이 이론들을 필연적으로 함축하지 않는다는 논리적 관계로 해석될 수 있다. 그런데 이러한 해석은 논리적으로 귀납적 비약의 문제를 함축한다. 귀납적 비약의 문제가 논리적으로 해결될 수 있다면 이론 미결정성의 문제도 해결될 수 있는 방안이 모색될 수 있다. 귀납적 비약의 문제는 이론적 대상에 관한 과학이든지 관찰적 대상에 관한 과학이든지 모든 과학의 방법이 지니는 공통된 문제이기 때문에 유독 이론적 대상에 관한 과학의 진리 개념에만 논리적으로 문제가 되는 것은 아니다. 그러므로 과학적 실재론은 이론 미결정의 상황은 과학의 모든 발전과정에서 발생할 수 있으며, 이론 미결정성의 문제가 관찰적 대상에 관한 과학에서 해소될 수 있다면 이론적 대상에 관한 과학에서도 해소될 수 있다고 주장한다. 이러한 근거에서 과학적 실재론은, 어떤 하나의 사태가 논리적 가능성이 있다고 하여 반드시 발생하는 것은 아니라고 주장하면서, 이론 미결정성은 논리적 가능성이 있지만 과학의 실제 역사적 상황에서는 일시적 현상으로서만 존재하고 실제로는 미해결상태로 존재하지 않는다고 주장한다. 그래서 이론 미결정성의 문제는 단지 논리적 관점에서만 우려할 수 있는 단순한 기우에 불과하다고 주장한다.

비관적 메타귀납에 관한 논쟁

비관적 메타귀납의 문제는 과학사의 이론변화(theory change)에 근거하여 제기되었다. 과학이론의 변화는 해당 이론이 지닌 진리의 변화를 초래하게 되고, 이 진리에 의해 그 존재가 안정적으로 확보되었던 이론적 대상의 존재론적 자질이 부정되는 결과를 초래한다. 예를 들어 빛에 관한 에터이론과 열에 관한 열소이론이 겪은 변화를 생각해보자. 라우든(1981)에 따르면 에터이론과 열소이론은 당시 세계 안의 현상들을 설명하는 데 성공한 이론으로 볼 수 있다. 그러나 아인슈타인의 특수 상대성이론에 의해 에터의 존재론적 자질이, 열동역학 이론에 의해 열소(칼로릭)의 존재론적 자질이 부정되었다. 이러한 이론변화의 가능성은 현재 입증받고 있는 과학이론에도 적용될 수 있다. 그러면 현재의 최신 과학이론들이 전제하는 이론적 대상의 존재도 미래에는 부정될 개연성이 있다.[2]

라우든의 비판에 직면하여 과학적 실재론은 여러 방향으로 대응했다. 첫째, 라우든이 사례들로 제시한 성공한 이론들은 과학이론으로 간주될 수 없는 이론들이기 때문에 성숙한 과학이론에서는 여전히 대응적 의미의 진리가 이론적 대상의 존재를 확인할 수 있는 인식적 방도를 제공한다고 주장할 수 있다. 또한 진리 개념의 이러한 역할이 두드러지게 나타난 경우로서 이전에 한번도 관찰하지 못했던 사실을 새로이 예측하는 참신한(novel) 예측의 경우를 든다. 그러나 현재의 성숙한 과학이론의 범주 설정에 관한 기준과 참신한 예측의 경우를 어떻게 규정할 수 있는가에 관한 문제가 새롭게 제기된다.

둘째, 이론의 변화에 따라 개정 가능하면서도 어떤 대상에 대한 지식을 수렴하는 방향으로 과학이론이 발전한다는 의미에서 점근적 진리(approximately true)의 개념을 도입하여 대응적 의미의 진리 개념을 보존하려고 시도한다. 그러나 여기서도 새로 제기되는 문제들이 있다. 즉, 점근적 진리 개념이 모호하지 않은가, 과학이론의 변화에서 계속 유지되는 진리의 내용과 배제되는 거짓의 내용은 어떻게 분별할 수 있는가, 수렴하는 이론들 사이의 존재론적 연속성을 어떻게 설명할 수 있는가 등이 바로 그것이다.

---

2 라우든의 입장과는 달리 이론의 변화에 따른 존재론적 단절을 강조하는 상대주의 입장이 있다. 파이어아벤트와 쿤은 각각 무정부주의적인 과학관과 패러다임 의존적인 과학관을 제기했고, 이에 따라 상대주의 과학관이 등장했다. 라우든은 상대주의 입장을 거부하고 있다.

최근에 주목받는 입장은, 기적의 논증에 근거하여 비관적 메타귀납의 문제를 해소하는 방안으로서 워럴(J. Worrall, 1989)이 제시한 구조실재론(structural realism)이다. 워럴은 탄력성을 지닌 에터의 존재를 전제하는 프레넬(A. J. Fresnel)의 에터이론에서부터 오늘날 전자기학의 고전적 이론으로 받아들여지는 맥스웰의 전자기이론에 이르는 발전을 경험적 사례로 든다. 그 사례에 따라 그는 이론의 변화에도 불구하고 구조의 보존이 이루어진다는 것을 과학적 사실로 간주할 수 있으므로 그 수렴의 대상은 에터가 아니라 이론의 구조라고 주장한다. 그래서 워럴은 에터라는 대상이 아니라 과학이론의 구조가 연속성을 띠고 실재한다는 구조실재론을 주장한다. 워럴은 이 구조실재론이 이론적 대상들의 특성에 관해 기술하는 과학이론의 내용을 절대적 진리로 간주하지 않으므로 비관적인 메타귀납의 문제를 피할 수 있으며, 이론의 구조가 세계를 기술한다고 간주하여 참신한 예측을 포함한 과학의 성공을 기적으로 만들지 않는 과학적 실재론의 입장이라고 주장한다.

워럴의 구조적 실재론에 대해 래디먼(J. Ladyman, 1998)은 이론적 대상들 사이의 관계를 구조로 해석하는 인식적 구조실재론, 구조가 먼저 존재하고 이 구조에 의해 이론적 대상들의 특성이 규정되며 이론적 대상은 본질적 특성을 지니지 않는다고 전제하는 존재적 구조실재론으로 나누고, 존재적 구조실재론이 과학적 실재론의 전통을 계승한다고 주장한다.

이러한 구조실재론의 주장에 대해 반 프라센(1997)은 존재적 구조가 실제 과학에서 수학적 구조인지 아니면 물리적 구조를 말하는 것인지가 분명하지 않다는 점을 지적한다. 구조적 실재론에 대해서는 이밖에도 인과성에 관한 설명의 문제와 이론적 대상의 존재를 확인할 수 있는 본질적 특성의 존재에 관한 문제 등이 새롭게 제기되고 있다.

3) 기적의 논증에 관한 논쟁

기적의 논증은 최선의 설명으로의 추론(inference to the best explanation)에 관한 논쟁을 불러일으켰다. 왜냐하면 기적의 논증은 과학의 성공을 최선으로 설명하는 것이 과학적 실재론이라고 주장하기 때문이다. 이러한 주장이 정당화되려면, 과학적 실재론 외에는 과학의 성공을 설명하는 다른 대안적 설명들이 존재할 수 없거나 설사 존재한다 하더라도 그러한 대안적 설명들이 정당화될 수 없다는 사실을 입증해야 한다.

반 프라센은 대안적 설명으로서 이른바 '진화론적 설명'을 제시한다. 진화론적 설명은 자연의 생물체들이 지금까지 생존하게 된 것은 자연환경과 그에 대한 적응능력에 따른 자연선택의 원리에 의해 가능하다고 말한다. 반 프라센은 과학이란 생물학적 현상이며 환경과 유기체의 상호작용을 촉진하는 일종의 유기체에 의한 활동이라고 주장한다. 과학이론들은 이러한 활동의 결과로서 치열한 경쟁의 삶, 약육강식의 정글 속에서 태어났으며, 오직 성공하는 이론들만이 자연의 실제 규칙에 사실상 부합하는 이론들로서 생존하게 된다. 생물체의 생존활동처럼 과학도 경쟁상태에서 살아남을 수 있는 이론선택에 관한 자연선택의 메커니즘을 그 자체에 지니고 있기 때문에, 현재의 과학이론은 성공하게 된다. 반 프라센은 이러한 선택 메커니즘에 따라 나타난 과학의 성공은 기적이나 놀라운 사실이 아니라고 주장한다. 더불어 그는 만약 과학의 성공을 대응적 의미의 진리 개념에 대한 확인 증거로 간주하게 되면, 본질주의자의 설명처럼 정당화될 수 없는 형이상학적 가설을 전제하기 때문에, 기적의 논증은 정당화될 수 없다고 주장한다. 이에 반해 진화론적 설명은 형이상학적 가설이 아니라 자연에 내재하는 선택 메커니즘에 근거하여 과학의 성공을 설명할 수 있기 때문에, 진리에 의존하지 않고도 과학의 성공을 설명한다는 점에서 경험적으로 정당화될 수 있는 것처럼 나타난다.

이러한 진화론적 설명에 대해 과학적 실재론은 자연선택의 메커니즘이 자연에 내재한다는 주장 자체가 경험적 사실이 아니라 하나의 형이상학적 가설로 간주될 수 있다고 비판한다. 설사 이러한 선택 메커니즘이 자연 안에 존재하는 경험적 사실이라 할지라도, 진화론적 설명이 과학의 성공에 적용될 수 있는가라는 문제가 있다. 왜냐하면 과학은 자율적으로 행위할 수 있는 생물체 같은 유기체가 아니기 때문이다. 따라서 과학이론이 이러한 진화론적 설명대로 발전한다는 사실은 결국 인간이 과학적 탐구활동을 통해 자연환경에 능동적으로 대처한 결과로 설명할 수밖에 없다. 즉, 과학적 탐구활동과 이를 행하는 인간의 역할이 구별될 수 있다. 그러면 우리들은 선택된 이론이 어떠한 근거로 성공하게 되는가를 물을 수 있다. 즉, 과학적 탐구활동과 이론선택의 주체가 인간이기 때문에, 우리는 그 이론을 왜 선택하게 되었으며 선택된 이론이 어떻게 성공하게 되는가에 대한 설명을 요구할 수 있다.

이러한 요구에 대해서는 두가지 종류의 답변이 가능하다. 첫째, 반 프라센의 진화론적 설명은 과학이 그러한 선택 메커니즘을 지녔기 때문이라고 대답할 수밖에 없다. 둘째, 선택된 이론이 사실적으로 참이어서 실제 세계와 대응하기 때문에 성공한다는 실재론적 해석의 답변도 가능하다. 이 답변들 중에서 선택 메커니즘에 의한 답변은 참된 이론이 생존하게 된 과정은 설명할 수 있지만, 선택된 이론이 그 이상 어떠한 근거에서 성공하게 되는가는 설명하지 못한다. 그러나 실재론적 답변은 세계와의 대응적 의미에서 참된 과학이론만이 선택될 수 있고, 그러한 선택된 과학이론이 참이기 때문에 성공한다고 설명한다. 그래서 지금까지 지지되어온 이론들이 앞으로도 성공적 예측을 수행할 수 있다는 사실도 잘 설명할 수 있다. 진화론적 설명의 입장에서는 지금까지 성공한 과학이론이 앞으로도 성공적으로 예측한다는 사실은 기적 같은 현상이 된다. 과학적 실재론은 이러한 입장의 차이가 참신한 예측적 성공의 경우 분명하게 드러난다고 주장한다.

이밖에도 파인(A. Fine) 같은 과학적 반실재론자는 기적의 논증에는 순환성의 문제가 숨어 있다고 비판한다. 파인은 기적의 논증이 진리 개념을 전제하지 않고도 관찰에 의해 경험적으로 확인되고 설명될 수 있다고 본다. 파인은 또한 관찰적 경험에 의해 설명 가능한 과학의 성공에 대해, 기적의 논증은 과학의 성공에 관한 실재론적 해석을 이미 전제하여 시작한다고 비판한다. 파인의 이러한 비판에 대해, 과학적 실재론은 단순히 관찰적 경험이나 실용적 개념에만 근거해서는 설명될 수 없는 참신한 과학의 성공이 있고, 이러한 성공들이 과학이론의 해석이나 과학의 진보적 발전에 중심역할을 하고 있으며, 진리 개념을 전제해야만 설명될 수 있다는 방향으로 답변을 전개한다.

이밖에도 최선의 설명으로의 추론으로서 기적의 논증이 형식논리적으로 후건(後件) 긍정의 오류라는 지적에 대해 일부 과학적 실재론자들은 이를 연역적으로 타당한 논리적 형식으로 구성하려고 노력했다. 그러나 이러한 노력은 근본적으로 귀납적 방법의 틀을 벗어날 수 없는 과학의 방법에서 귀납적 비약의 문제를 논리적으로 해소할 수 없는 한 설득력을 얻지 못한다.

226

5. 향후 논의방향

이제까지 고찰한 과학적 실재론 논쟁은 원자나 전자 같은 이론적 대상이 책상 같은 관찰적 대상처럼 실제 세계에 존재하는가에 관한 문제를 중심으로 전개되었다. 처음에 이 논쟁은 의미론적 환원의 관점에서 이론용어의 배제로 진행하게 되는 이론가의 딜레마가 실제 과학적 상황과 부합하지 않게 된다는 문제로부터 시작되었다. 이후 논의는 이론용어와 관찰용어의 구별이 이루어질 수 있는가의 문제로부터 이론적 대상의 존재에 관한 기적의 논증으로 발전했다.

과학적 실재론에 대해, 이론/관찰의 이분법적 구별에 관한 논쟁, 대응적 의미의 진리 개념(이론 미결정성과 비관적 메타귀납)에 관한 논쟁, 기적의 논증에 관한 논쟁을 중심으로 논의의 전개과정을 고찰했다. 이러한 전개에서 이론 미결정성의 문제 등을 극복하려고 노력하면서 과학적 실재론을 옹호하는 많은 주장들은 기적의 논증처럼 어느정도 일치된 방향으로 수렴하지 못했다. 그러나 최근에 이른바 '일거양득' (the best of both worlds)의 입장에서 기적의 논증을 보존하면서 비관적 메타귀납의 문제를 피할 수 있다는 워럴의 구조실재론이 등장한 이후, 이를 발전시킨 래디먼의 인식적 구조실재론과 존재적 구조실재론의 세분화, 구조실재론에 관한 반 프라센(2008)의 비판 등을 통해 과학적 실재론 논쟁에 관한 철학적 관심이 다시 부각되고 있다. 과학적 실재론 논쟁은 중세의 보편자 논쟁, 근대의 실체론 논쟁과 마찬가지로 인식론과 존재론의 균형을 찾으려는 철학적 관심에서 시작되었다. 그러한 의미에서 이를 수학이나 자연과학을 비롯한 현대과학의 특성과 함께 분석하면 더욱 흥미있게 바라볼 수 있다.

| 박영태 |

참고문헌

〈전통적·과학적 실재론 논쟁〉

Churchland, Paul M. and Hooker, C. A. ed. (1985) *Images of Science* (Essays on Realismand Empiricism, With a Reply from Bas C. van Fraassen), Chicago: The University of Chicago Press.

Fraassen, Bastiaan Cornelis van (1980) *The Scientific Image*, Oxford: Clarendon Press.

Laudan, Larry (1981) "A Confutation of Convergent Realism," *Scientific Realism*, ed. Leplin, I., Berkeley: University of California Press.

Maxwell, Grover (1962) "The Ontological Status of Theoretical Entities," *Minnesota Studies in the Philosophy of Science* vol. III, ed. Feigle, Herbert and Maxwell, Grover, Minneapolis: University of Minnesota Press.

Okasah, Samir (2002) *Philosophy of Science: A Very Short Introduction*, New York: Oxford University Press, 58-76면.

Putnam, Hilary (1975) "The Meaning of 'Meaning'," *Mind, Language and Reality*, philosophical papers vol. 2, New York: Cambridge University Press.

Smart, John Jamieson Carswell (1968) *Between Science and Philosophy*, London: Random House.

〈구조실재론〉

Fraassen, Bastiaan Cornelis van (2008) "Structure: Its Shadow and Substance,"
      The British Journal for the Philosophy of Science 57, 275-307면.

_____ (2008) *Scientific Representation*, Oxford: Oxford University Press.

Ladyman, James (1998) "What is Structural Realism?" *Studies in History and
      Philosophy of Science* 29, 409-24면.

Ladyman, James and Ross, D.(with Spurrett, D. and Collier, J.) (2007) *Ev-
      ery Thing Must Go: Metaphysics Naturalised*, Oxford: Oxford University
      Press.

Worrall, John (1989) "Structural Realism: The Best of Both Worlds?" *Dialecti-
      ca* 43, 99-124면. Reprinted in Papineau, D. ed., *The Philosophy of Science*,
      139-65면, Oxford: Oxford University Press.

읽어볼 만한 책

제임스 래디먼 (2003) 『과학철학의 이해』, 박영태 옮김, 이학사, 제2부.

과학전쟁

Philosophy of science without history of science is empty;
history of science without philosophy of science is blind. (I. Lakatos)

'과학전쟁'(Science Wars)은 1990년대 후반에 과학의 본질과 속성을 둘러싸고 벌어졌던, 전쟁과 흡사할 정도로 격렬했던 일련의 논쟁을 지칭한다. 과학전쟁은 1990년대 초반에 사회구성주의 과학사회학을 비판하는 과학자들에 의해 점화되었고, 이후 여기에 사회구성주의나 페미니스트 과학론을 비판하는 철학자들이 가세했으며, 소위 '쏘칼의 날조'(Sokal's Hoax) 사건으로 정점에 이르렀다. '쏘칼의 날조' 이후 쏘칼(A. Sokal)은 사회구성주의자들과 프랑스 포스트모던 철학자들을 비판하는 책을 냈지만, 비슷한 시기부터 과학 '전쟁'이 아닌 '평화'를 모색하는 논의가 시작되었다. 과학자들과 사회구성주의자들이 함께 자리한 학회가 개최되기도 했고, 이렇게 대화와 타협, 휴전과 평화를 모색한 결과는 2000년대 초반부터 학술적인 성격의 책과 논문으로 출판되었다(홍성욱 1999; 2004).

이름은 '전쟁'이었지만, 실제로 논쟁은 비판을 쏟아부은 진영과 이에 대해 스스로를 방어한 진영으로 나뉜다. 그런데 논쟁을 거치면서 비판의 대상이 된 사람이나 이론이 항상 고정되어 있었던 것은 아니다. 어떤 비판자는 사회구성주의 과학사회학을 표적으로 삼았고, 다른 사람들은 민족수학(ethnomathematics)에 근거한 대안수학(alternative mathematics) 진영을 비판했으며, 또다른 사람들은 페미니스트와 프랑스 철학자들에게 비판의 화살을 겨누었다. 과학사회학자 라뚜르는 사회구성주의(social constructionism)와 진검승부를 벌였던 행위자-네트워크 이론가(actor-network theorist)였지만 사회구성주의자라는 이유로 비판의 대상이 되었고, 쿤 역시 사회구성주의에 대해 비판적이었지만 역시 같은 다발로 묶이고 말았다. 심지어 쿤의 패러다임 이론을 과학에 대한 모독이라고 평가했던 포퍼도 과학에 대한 회의론자로 분류되어 비판의 대상이 되었다.

논쟁을 미시적으로 들여다보면 진영을 정확하게 구별하는 일이 쉽지 않지만, 거시적으로 볼 경우에는 대립하는 두 진영의 윤곽을 그리는 것이 그다지 어렵지 않다. 크게 볼 때 과학전쟁은 과학이 합리적이라고 믿는 진영과 과학이 사회적이라고 믿는 진영 사이의 논쟁이었다. 과학이 합리적이라고 믿는 사람들은 과학이 자연의 실재(reality)에 대해 이야기해주는 특별한 지식이라고 여긴다. 과학이론이 실재를 온전히 반영하는 것은 아니어도, 실재에 닻을 내리고 있거나, 적어도 실재에 닿아 있다고 보는 것이다. 그렇기 때문에 과학이론에서 얻어진 이론값이 실험에서 얻어진 실험값과 놀랄 만큼 일치하는 일이 생긴다는 것이다. 과학의 진보는 과학이 자연의 실재를 점점 더 잘 이해하는, 실재에 점점 더 접근해가는 과정이다.

한편 과학이 본질적으로 사회적이라고 생각하는 사람들은 과학의 핵심이 모델을 만들고 근사치를 얻어내는 데 있다고 본다. 이들에게 과학 이론은 가설적인 성격이 강한 것이고, 실험은 여러가지 이유에서 불확실하고 문제투성이다. 이러한 과학이 지식의 형태로 정리되는 과정에는 과학자가 지닌 세계관, 가치, 정치경제적 이해관계, 믿음, 신념, 상상력 등이 영향을 미친다. 과학은 사회적 요소가 개입함으로써 왜곡되는 것이 아니라, 더 온전해진다. 과학은 인간이 하는 일이고, 여기에는 인간이 지닌 여러가지 인식적·사회적 요소가 동시에 영향을 미치는데, 이러한 요소에는 주관, 직관, 상상력, 편견 같은 개개인의 지적인 요소는 물론이고 야망, 경쟁, 질투, 권위, 정치, 권력 같은 사회적 요소까지 개입한다. 인식론적으로 보아도 과학은 실재를 잘 반영하는 것이 아니라, 모델을 잘 세우는 작업이다. 과학의 이론과 실험 사이의 일치는, 실험결과에 적합한 이론적 모델이 선택되고 살아남는 과정에 다름아닌 것이다.

이 두 진영 사이에 접점이 있을 수 있을까? 과학전쟁이 막바지로 접어들었을 때, 전쟁에 참여했던 사람들 중 일부는 서로를 비난하는 것을 멈추고 상대를 이해하려는 소통을 시도하면서 '전쟁' 대신 '평화'를 모색했다. 이들은 과학과 인문학, 과학과 과학학(science studies)이 하나의 문화로서 총체적으로 이해되어야 한다는 데 동의하기도 했는데, 이때 사용된 '하나의 문화'(one culture)는 이러한 모색을 가장 잘 드러낸 표현이다. 우리나라에서는 격렬한 과학전쟁은 없었지만, 과학과 인문학이 하나가 되고 통섭해야 한다는 이야기는 그 어느 나라보다 더 강하게 표출되었다. 과학과 인문학, 과학과 사회과학 사이의 학문 간 연구, 융합연구, 경계 넘나들기에 대한 담론은 이제 충분하다 못해 과잉이다.

그런데 이런 평화의 모색은 구체적으로 어떤 결과를 낳았는가? 섣부른 판단일 수 있겠지만, 평화의 모색을 시작한 지 수년이 지난 지금, 하나의 문화가 탄생하고 있다는 징후가 뚜렷이 보이지는 않는다. 과학자와 과학사회학자가 이전에 비해 더 많은 대화를 나누는 것 같지도 않고, 서로를 더 많이 필요로 하는 것 같지도 않다. 과학자들과 과학사회학자들은 연구논문을 내야 한다는 점증하는 압력 아래에서 그 어느 때보다 자신만의 연구에 몰두하고 있다. 과학전쟁을 직접 경험하지 못했던 신세대 학자들은 이를 오래전에 있었던 하나의 해프닝으로만 알고 있다. 과학과 과학학이 소통해야 한다는 '맹세'는 전쟁의 포화가 가시면서 그 유효기간이 끝나버린 듯하다.

1. 과학의 두 요소: 합리성과 사회성

과학의 합리성과 사회성이라는 두가지 특성에서 시작해보자. 우리가 던질 수 있는 첫번째, 가장 핵심적인 질문은 과학이 사회적이라는 주장과 합리적이라는 주장이 하나로 합쳐질 수는 없을까라는 것이다. 이 문제가 너무 어렵다고 여겨지면, 우리는 우선 이 둘을 모순되지 않게 배치시킬 수 있는 방법에 대해서라도 질문을 해야 한다. 과학철학이 과학의 합리성에 깊은 관심을 품고 있고 STS(Science and Technology Studies, 과학기술학)는 과학의 사회적 성격을 탐구대상으로 삼기 때문에, 이러한 질문들은 과학철학과 STS가 한 테이블에 앉아 공통된 관심사를 모색해보는 가능성을 묻는 것이라고 할 수 있다. 실제로 최근 몇몇 과학철학자들은 과학철학이 STS에 줄 수 있는 함의들에 대해, 그리고 그 역방향의 영향의 가능성에 대해 심각하게 고민하기 시작했다.

우선 모두가 동의할 수 있는 전제에서부터 시작해보자. 과학이 합리적이라고 생각하는 사람들도 과학에 사회적 요소가 있다는 것을 부정하지는 않고, 반대로 과학이 뼛속 깊숙이 사회적이라고 믿는 사람도 사람들이 합리성이라고 부르는 인지적(epistemic) 요소가 과학에 있음을 부정하지 않는다. 과학은 인간이 두뇌와 몸을 사용해서 행하는 활동이고, 인간의 창의성에 의존하는 활동이다. 과학자라는 인간은 오랜 기간에 걸쳐서 이미 확립된 과학을 교육받는데, 이 과정은 인식적인 과정이면서 동시에 사회적인 과정이다. 따라서 인간이 주체가 되어 수행하는 과학에 사회적 요소와 인식론적 요소가 함께 있다는 것이 어색할 이유는 전혀 없다. 그렇다면 이렇게 합의하고 악수하면 될 것을 왜 '전쟁' 같은 논쟁을 통해 해결하려고 했는가?

이 두가지 요소가 함께 있다는 것에 동의를 해도, 문제는 그다음 단계부터 생긴다. 만약 누군가 각각의 요소가 얼마나 중요한지를 물어본다면, 합의는 순식간에 깨진다. 합리성을 믿는 사람은 과학의 사회성이 부차적인 특성이고 과학의 본질과는 거리가 멀다고 여긴다. 과학에 사회적인 과정이 없는 것은 아니지만, 그것은 과학의 합리성과는 무관하다고 생각한다. 아니, 사회성이 너무 강해지면 과학의 합리성을 질곡한다고 본다. 반면 과학의 사회성을 믿는 사람은 거꾸로 생각한다. 과학의 합리성이라는 것은 사회적 과정을 통해 얻어진 결과라는 것이다. 과학 그 자체가 특별해서 합리적인 것이 아니라, 사회적이고 제도적인 요소를 오랜 시간에 걸쳐 적절히 확립해놓은 결과로서 합리적인 지식이 나왔다는 것이다. 이렇게 보면 합리성, 객관성 등은 인식론의 대상이 아니라, 과학의 사회사(social history)나 과학사회학의 분석대상이 된다.

따라서 이 둘이 합쳐질 수 있는 가능성을 탐색하는 대화를 위해서는 한가지 특별한 '전략'이 필요하다. 그것은 논의를 충분히 진행시키기 전까지는 합리성과 사회성의 두가지 특성 중 하나에 무게를 두지 말자는 것이다. 어느 것이 '더 본질적이다' '더 핵심적이다'라고 하는 것은 우리의 대화를 위해서는 좋은 전략이 못된다는 얘기다. 무엇이 본질이고 무엇이 핵심인가는 논의가 무르익을 때까지 보류하는 것이 좋다. 그런 뒤에 우선 시작할 수 있는 것은 합리성과 사회성을 하나의 틀 속에 나란히 배열해보는 것이다. 이 둘을 하나로 합치기 전에, 우선 따로 떨어져 있는 것들을 가까이 붙여보는 일을 해야 한다는 뜻이다. '잡종' (hybridity)에는 상이한 요소들이 완전히 섞이는 퓨전도 있지만, 둘을 적당히 버무리는 비빔밥도 있을 수 있다.

그렇다면 이제부터 어떻게 하면 과학의 합리성과 사회성의 '잡종'을 만들 수 있는지 고민해보자. 그나마 무척 다행스러운 사실은 이러한 고민을 했던 선각자들이 꽤 많다는 것일 게다.

2. 합리성과 사회성의 '잡종'은 어떻게 만들어지는가

쿤은 자신의 과학혁명과 정상과학 개념을 사용해 과학의 합리성과 사회성을 하나의 틀 속에 놓고 이해하는 방법을 제안했다. 패러다임이 급격하게 변하는 과학혁명의 시기에는 과학의 변화에 사회적 요소를 포함한 과학 외적인 요소들이 영향을 미치고 개입할 여지가 커진다. 특히 경쟁하는 패러다임 중에 하나를 선택하는 과정은 합리적 판단에 의한 것이라기보다 거의 개종 같은 것이기 때문에, 이 과정에 사회적 요소를 포함한 비합리적인 요소들이 영향을 미친다. 초기에 코페르니쿠스 체계를 선택한 천문학자들이 신플라톤주의나 헤르메스주의의 영향을 받았다는 예가 이러한 경우다. 반면 정상과학 시기에는 이러한 사회적 요소가 영향을 미칠 가능성이 극히 줄어드는데, 그 이유는 정상과학 시기의 과학자들은 주어진 패러다임 아래에서 이론값과 실험값을 맞추기 위해 이론을 보완하는 것처럼 패러다임을 완벽하게 하는 데 필요한 여러가지 세세한 작업에 몰두하기 때문이다(Kuhn 1977).

쿤이 과학혁명과 정상과학 시기를 나누어 생각할 수 있었던 이유 중 하나는 그가 제창한 패러다임 자체가 사회적 속성과 합리적 속성 모두를 지니고 있었기 때문이다. 패러다임은 과학철학에서 논의하는 과학적 가설, 법칙, 이론, 실험 방법 등을 포함하는 것이었고, 따라서 그 자체 안에 합리성의 여러 기준을 지닌 것이었다. 그렇지만 동시에 패러다임은 한 무리의 과학자들이 공유하는 사회적인 것이었다. 한가지 패러다임을 공유한 사람들과 또다른 패러다임을 공유한 사람들은 쿤이 '통약불가능성'이라고 말한, 세상을 인식하는 서로 다른 프레임을 지니고 있었다. 따라서 경쟁하는 패러다임 가운데 무엇을 선택하는가는 패러다임 내의 합리적 요소들로는 설명될 수 없는 것이었다.

과학철학자 해킹은 '스타일'(style)이라는 개념을 사용해서 쿤과 비슷한 시도를 했다. 스타일은 과학자의 연구를 규정짓는 일종의 프레임과 흡사한데, 해킹은 이러한 스타일이 고대부터 현대에 이르기까지 특정한 시점에 하나씩(혹은 여러개가 동시에) 생겨났다고 본다. 가장 오래된 스타일은 고대에 만들어진 기하학적 스타일이고, 16~17세기 과학혁명기 동안에 확률적 스타일, 실험적 스타일 등이 생겨났고, 18세기에 분류학적 스타일, 19세기에는 통계적 스타일이 만들어졌다. 해킹에 의하면 특정한 스타일을 받아들이면 그 속에서의 연구나 논쟁은 합리적 성격을 띠게 되지만, 이 스타일을 받아들인 사람과 그렇지 않은 사람의 논쟁은 합리적일 수가 없고, 따라서 여기에는 다른 사회적 요소들이 개입할 수 있는 여지가 커지게 된다. 해킹에 따르면, 17세기 과학혁명기에 유독 논쟁이 많았던 이유는 그 시기가 여러가지 과학 스타일이 새롭게 등장한 시기였기 때문이다(Hacking 1992).

머턴(R. Merton) 같은 제도주의 과학사회학자도 과학의 합리성과 사회성을 하나의 틀 속에서 이해했다. 머턴에게 과학은 본질적으로 합리적인 것이었는데, 이러한 합리성이 사회적인 과정을 통해 더 확고해진다는 것이 그의 생각이었다. 예를 들어 보편주의, 집합주의, 무사무욕(無私無欲), 조직화된 회의주의같이 과학자들이 공유한 규범은 분명히 사회적인 속성을 지닌 것이지만, 이러한 규범은 과학의 심사체계 및 보상체계를 형성하는 토대가 되어 궁극적으로 과학을 더 합리적인 것으로 만드는 기능을 했다. 과학자 개개인은 비합리적인 연구를 할 수 있지만, 이들이 제출한 논문은 심사과정에서 걸러지기 때문에 과학의 합리성을 침해하지 못한다는 식이었다. 종종 과학적 발견의 우선권을 둘러싸고 과학자들 사이에서 거의 비합리적으로 보이는 논쟁이 벌어지지만, 머턴은 이러한 현상도 넓게 보면 과학이라는 제도 전체를 합리적으로 유지하는 데 필수적인 요소라고 해석했던 것이다(Merton 1973).

과학의 합리성에 대한 역사적 입장도 가능하다. 과학사학자 대스턴(L. Daston)은 과학의 합리성의 핵심이라고 간주되는 객관성이라는 개념이 역사적으로 성립된 것이라고 보았다. 18세기 이전만 해도 지금 우리가 객관성이라고 보는 과학의 특성은 오히려 주관성이라 불렸다. 객관성은 여러가지 역사적 과정을 거쳐 형성되었는데, 그중 가장 중요했던 계기는 과학을 수행하는 인간 개개인의 고유한 개성이 과학연구에 배태되는 것을 방지하기 위해 인간의 판단을 배제한 기계를 과학에 도입한 것이었다. 이러한 기계는 18세기 말엽부터 자동기록기기의 형태로 과학에 도입되었다. 19세기에 사진이 발명되어 과학연구에 널리 쓰인 뒤에는 자연을 그대로 드러낸다는 '기계적 객관성'(mechanical objectivity) 개념이 과학을 특징짓는 것으로 정착되었다. 이러한 역사적 과정을 통해 과학은 객관적이고 따라서 다른 지식에는 없는 합리성을 가지고 있다는 생각이 자연스럽게 받아들여지게 되었다는 것이다. 그녀에 의하면 합리성은 오랜 역사적인 과정을 통해 정착된 것이었다 (Daston 1992; Daston and Galison 2007).

라뚜르는 전혀 다른 방식으로 이 둘의 공존을 꾀했다. 그는 '과학'(science)과 '연구'(research)를 구분하는 방법을 취했다. '과학'은 이미 잘 확립되어 교과서에 실릴 정도로 널리 받아들여진 지식으로, 여기에는 합리성, 객관성, 보편성 등 과학의 특성이라고 알려진 여러가지 특성이 잘 나타난다. 반면 '연구'는 모르는 영역을 개척하는 활동으로, 여기에는 전형적인 방법론이 존재하지 않고, 과학자들은 자신들에게 허용된 여러가지 자원(resource)을 사용해서 한발 한발 모르는 세상을 탐험해나간다. 이 영역에서는 과학자의 세계관, 그를 둘러싼 여러가지 사상적·사회적 요소들이 그에게 영향을 미칠 가능성이 커진다. '과학'은 확실성으로, '연구'는 불확실성으로 특징지어지며, 다시 전자는 합리성으로, 후자는 사회성으로 특징지어진다. '과학'을 보고 '연구'의 특성을 가늠해서도 안되지만, '연구'만을 살펴본 뒤에 모든 과학이 이러한 특성을 지닌다고 판단해서도 안된다는 것이 라뚜르의 관점이다. 지금 우리가 사는 세상에서 여러가지 문제를 낳는 과학기술은 대부분 '연구'의 영역에 속한 것인데, 이를 해결하는 데 '과학'의 영역에서 적용되는 합리성과 객관성만을 강조하는 것은 문제가 있을 수 있다는 결론도 이러

238

한 구분에서 도출될 수 있다(Latour 1998).

사회구성주의자들도 여러가지 방법을 통해 과학의 사회성과 합리성을 동시에 이해하려는 시도를 했다. 에딘버러 학파의 시조 블루어는 스트롱 프로그램(strong programme)이 출범할 때부터 자신의 이론은 사회적 요소와 인식적 요소 들이 벡터의 합처럼 합쳐지는 것을 의미한다고 주장했다. 즉 과학의 발전은 인식적 요소로만 가능한 것도, 사회적 요소로만 가능한 것도 아니며, 마치 벡터의 합처럼 이 둘이 합쳐져서 가능해진다는 것이다. 과학의 발전을 위해 이 두 요소는 필수적이다. 그렇지만 블루어의 논의에서는 이러한 벡터가 가리키는 방향이 무엇인지, 이 두 벡터가 같은 평면에 위치하는 것인지, 왜 합을 이루는 벡터는 두 개만 있는지와 같은 문제들에 대한 해명이 분명치가 않다. 블루어는 이 둘이 같은 차원이라고 주장하지만, 그에 반대하는 많은 사람들은 사회적 요소와 인식적 요소가 같은 차원 내에서 더해질 수 있는 요소가 아니라고 생각하기 때문이다(Bloor 1981; 1991).

머턴과 비슷한 설명이 과학사회학자 기어린(T. Gieryn)에 의해 제시되었다. 기어린은 과학의 여러가지 특성들이 원래 과학에 내재한 것이라기보다는 과학자의 경계 그리기 작업에 의해 형성되었다고 본다. 과학이 합리적이라면 그것은 과학자들이 합리성을 과학의 특성으로 만드는 데 성공했기 때문이고, 과학이 자연의 실재에 대해 기술한다면 그것은 과학자들이 '자연'을 과학의 대상으로 설정하는 데 성공했기 때문이다. 과학의 경계작업(boundary work)은 과학과 과학 아닌 것 사이의 경계를 그림으로써 과학의 지적·사회적 권위를 유지하고 강화하는 것을 목적으로 하기 때문에, 다양한 경계작업이 항상 일관성을 지닌 것은 아니다. 예를 들어 어떤 경우에는 과학자들이 과학의 특성으로 순수성을 강조하지만, 또다른 경우에는 그것의 응용성을 강조할 수도 있다는 것이다. 마찬가지로 기어린에 의하면 과학자가 정의하는 과학의 합리성도 그때그때의 경계작업에 따라 그 특성이 달라질 수 있는 것이다 (Gieryn 1983).

과학사가 갤리슨(P. Galison)은 과학의 합리성의 연원을 사회적 과정에서 찾는다는 점에서 머턴이나 기어린과 같은 출발점을 공유한다. 그렇지만 그가 주목하는 과학자들의 사회적 과정은 분업과 협력이다. 어떤 연구팀이 세계에서 하나밖에 없는 가속기를 갖고 실험을 해서 새로운 입자를 발견했다고 주장한다면, 우리는 이 결과를 어떻게 믿을 수 있는가? 갤리슨은 이러한 연구를 하는 하나의 연구팀이 실제로는 경쟁하는 여러 그룹으로 구성되어 있다고 강조한다. 팀의 발표는 경쟁 그룹들 사이의 강도높은 토론과 비판과정에서 살아남은 결과라는 것이다. 게다가 이러한 그룹은 이론을 주로 담당하는 그룹, 실험조건을 고려하는 그룹, 기구 모델을 세우는 그룹 등으로 세분화되어 있다. 이 그룹 사이의 토론은 이론–실험-기구가 서로 물고 물리는 형태를 띠는데, 그에 의하면 이렇게 역할을 나눠 상이한 증거를 찾고, 경쟁하면서 협력하는 사회적 과정이 과학을 합리적으로 만든다는 것이다(Galison 1999).

이 절을 마무리하기 전에 이 문제에 대한 최근 과학철학에서의 논의를 하나만 더 살펴보자. 과학철학자 기리(R. Giere)는 합리성을 인간의 머리 밖으로 꺼낼 것을 제안한다. 인간이 순수하게 두뇌만을 사용해서 할 수 있는 인식적 작업은 많지 않기 때문이다. 과학연구를 포함한 대부분의 인식적 작업은(아주 간단한 계산 등을 포함해서) 외부의 재현물, 상징, 기구, 조직 등을 이용해 이루어진다. 과학자가 연구를 수행할 때 도움을 받는 수많은 공식, 그래프, 기구, 보조인력 등은 사회적이면서 동시에 인지적인 요소다. 합리적인 과학연구가 이러한 보조물들을 사용해서 이루어졌다면, 그 과정은 동시에 사회적인 과정인 것이다. 이러한 '분포된 인지체계'(distributed cognitive system) 개념을 사용하면 합리적인 것과 사회적인 것을 통합할 수 있다는 것이 기리의 관점이다 (Giere 2000).

3. STS와 과학철학에 바란다

과학의 합리성과 사회성을 동시에 고려하는 방법에는 이렇게 여러 가지가 있을 수 있다. 과학사, 과학철학, 과학사회학을 포함한 넓은 의미의 과학학을 전공하는 거의 대부분의 학자들은 과학이 합리적이면서 동시에 사회적이라는 데 동의할 것이다. 그렇지만 처음에 지적했듯이 우선순위에서의 차이는 분명히 존재한다. STS 학자는 과학의 사회성이 더 본질적인 것이라고 생각할 수 있고, 많은 과학철학자는 과학의 합리성이 더 우선이라고 볼 것이다.

1970년에 라카토슈는 그의 유명한 논문 「과학사와 그 합리적 재구성」을 "과학사 없는 과학철학은 공허하고, 과학철학 없는 과학사는 맹목적이다"라는 경구로 시작했다. 그렇지만 그에게도 선호는 있었다. 라카토슈는 과학사가 과학의 합리적 재구성보다 더 풍성할 수는 있지만, 후자가 전자보다 더 근본적이라고 보았기 때문이다. 특히 사회적 요소를 다루는 외적 과학사는 과학사의 각주(footnote)에서 다뤄지는 것으로 충분하다고 보았다. 외적 요소는 내적 발전의 속도, 지역성, 선택 등을 이해하는 데 사용될 수 있는데, 그나마 이렇게 부차적인 외적 요소는 과학의 내적 발전에 의해 정의되고 해석되는 것들이었다. 과학의 내적 발전이 없다면 과학에 영향을 미치는 외적 요소들도 있을 수 없다는 것이 그의 태도였다(Lakatos 1970).

라카토슈의 해석은 1970년대에 과학의 합리성과 사회성을 함께 인식하는 전형적인 철학적 태도였다. 그리고 당시에는 과학내용의 발전을 다루는 내적 과학사가 주류였다. 라카토슈가 지적하지 않았어도, 과학의 사회사는 내적 과학사의 각주 정도의 위치밖에는 차지하지 못했던 것이다. 그런데 1980년대 이후 상황이 급격하게 바뀌었다. 과학의 사회사와 문화사는 내적 과학사를 제치고 과학사의 큰 흐름으로 부상했으며, 과학의 사회적 성격과 과학지식의 특성을 연결짓는 STS분야가 발전하면서 많은 성과를 내기 시작했다. 과학의 사회사는 각주에서 본문으로 그 자리를 바꾸었는데, 이 문제와 관련한 과학철학의 인식은 아직도 70년대에 머무는 경향이 있다.

과학철학자 키처(P. Kitcher)는 과학전쟁의 와중에 과학사회학에 대해 인식론적인 문제를 너무 천착하지 말고, 과학과 사회, 과학과 정책 등 사회적으로 중요한 문제에 대해 모델을 세우고, 정량적 설명을 통해 인과관계를 제시하는 사회학적인 작업을 더 많이 수행해줄 것을 요구했다. 인식론적인 문제에 너무 사회성을 주입하다보면 과학의 합리성을 믿는 과학자들이나 과학철학자들과 불필요하게 충돌하는 경우가 자주 생긴다는 이유 때문이었다(Kitcher 1998; 2000). 키처의 요청에는 분명히 타당한 측면이 있고, 요즘처럼 학문이 전문화된 시대에는 현실적인 요청이기도 하다. 그렇지만 과학철학은 과학의 인식적인 합리성에만 초점을 맞추고, STS는 과학의 사회성에만 초점을 맞추어야 한다고 말하는 것은, 지금까지 이 둘을 하나의 틀 속에서 이해하려 했던 여러 학자들의 노력을 하찮은 것으로 만들 위험도 있다.

과학의 사회성과 합리성을 하나로 융합하는 일은 쉽지 않아 보인다. 수많은 시도가 있었지만, 이 주제에 대한 논의가 그중 하나로 수렴되거나 합의를 이룰 조짐은 보이지 않는다. 나는 과학의 합리성을 주 연구대상으로 삼는 과학철학 분야에서 인풋(input)이 너무 적은 것이 하나의 원인일 수 있다고 본다. 과학전쟁에서 커트기(N. Koertge)나 브라운(J. Brown) 같은 과학철학자들이 과학의 합리성을 옹호한 과학자 편을 들면서 STS를 비판한 것을 보면, 광의의 과학학 안에 속하는 두 분야 사이의 거리가, 과학과 과학철학의 거리보다 더 멀게 느껴지는 것이 현실이다(Koertge 1998; Brown 2001).

대화를 위해서는 STS만이 아니라 과학철학 측의 변화도 요구된다. 나는 여기서 우선 두가지만 제안해보려 한다. 첫째로, 과학철학자들이 과학의 지식적인 측면만이 아니라, 과학의 '기술'(technology)적 측면에 대해서도 더 많은 관심을 보이는 것이 필요하다. 최근 과학철학자 중에 '기술철학'에 관심을 두는 사람들이 늘어나고 있으며, 이러한 현상은 분명히 바람직하다. 그렇지만 아직도 '과학을 기술로서' 간주하고 분석의 대상으로 삼는 과학철학자는 많지 않다. 이 이야기는 과학에서 사용하는 기구, 그래프나 그림같이 과학자가 만드는 여러 종류의 인공물들, 과학자의 몸과 숙련, 과학의 응용, 프리온(prion)처럼 그 특성에 대해 아직 합의가 안된 대상들에 대한 더 많은 관심이 필요함을 의미한다. 이러한 논의는 지금 우리가 살펴본 여러가지 시도들 중에 행위자-네트워크 이론, '분포된 인지', 갤리슨의 주장 등과 접점을 형성할 수 있다.

그리고 이러한 인공물에 관심을 품다보면 자연스럽게 과학철학자의 관심 일부가 지금 진행되는 '연구'에 맞춰질 수도 있다. 기후변화의 모델링, 에너지과학의 미래 예측, 환경과학에서의 가설의 위치, 생물 다양성 연구, 지적 설계론의 과학적 근거 같은 주제는 라뚜르가 '연구'라고 불렀던 주제이며, 과학사회학자 라비츠(J. Ravetz)가 '탈정상과학'(post-normal science)이라고 명명한 과학의 연구주제들이다(Funtowiz and Ravetz 1993). 과학철학자는 이러한 '연구'나 '탈정상과학'의 주제와 방법이, 잘 확립된 '과학'과 얼마나 다르고 얼마나 비슷한지를 탐구함으로써 과학의 사회성에 대해 새로운 함의를 던져줄 수 있다.

　게다가 이러한 관심은 '덤'으로 과학철학을 우리의 삶과 더 밀접한 학문으로 만들어줄 수도 있다(Maxwell 2009). 과학의 발전이 '위험사회'의 여러 문제들을 자동적으로 해결해주지 못해 사람들이 과학에 대해 불안을 느끼고 철학자에게 도움을 구한다면, 그때 조언을 해주어야 할 사람은 철학자 중에서도 과학철학자가 아니겠는가? 이때 과학철학자가 풀어놓는 보따리에는 과학에 대한 깊은 철학적 숙고가 들어간 현대과학에 대한 의미있는 통찰이 담겨 있어야 하지 않겠는가?

| 홍성욱 |

참고문헌

홍성욱 (1999)『생산력과 문화로서의 과학기술』, 문학과지성사, 제2장.
홍성욱 (2004)『과학은 얼마나』, 서울대학교출판부, 제3장.

Bloor, David (1981) "The Strengths of the Strong Programme," *Philosophy of*

Social Science 11, 199-213면.

_____ (1991) *Knowledge and Social Imagery* (2nd ed), Chicago: University of Chicago Press. (『지식과 사회의 상』, 김경만 옮김, 한길사 2000)

Brown, James R. (2001) *Who Rules in Science: An Opinionated Guide to the Wars.* Cambridge, MA: Harvard University Press.

Daston, Lorraine (1992) "Objectivity and the Escape from Perspective," *Social Studies of Science* 22, 597-618면.

Daston, Lorraine and Galison, Peter (2007) *Objectivity*, New York: Zone Book.

Funtowiz, S. O. and Ravetz, J. R. (1993) "Science for the Post Normal Age," *Futures* 25, 739-55면.

Galison, Peter (1999) "Trading Zone: Coordinating Action and Belief," in *Science Studies Reader*, ed. Mario Biagioli, New York: Routledge, 137-60면.

Giere, Ronald N. (2002) "Scientific Cognition as Distributed Cognition," *The Cognitive Basis of Science*, ed. Carruthers et al., Cambridge, MA: MIT Press, 285-99면.

Gieryn, Thomas F. (1983) "Boundary-Work and the Demarcation of Science from Non-Science: Strains and Interests in Professional Ideologies of Scientists," *American Sociological Review* 48, 781-95면.

Hacking, Ian (1992) "'Style' for Historians and Philosophers," *Studies in History and Philosophy of Science* 23, 1-20면.

Kitcher, Philip (1998) "A Plea for Science Studies," *A House Built on Sand: Exploring Postmodernist Myths about Science*, ed. Noretta Koertge, Oxford: Oxford University Press, 32-56면.

_____ (2000) "Reviving the Sociology of Science," *Philosophy of Science* 67,

S33-S44면.

Koertge, Noretta ed. (1998) *A House Built on Sand: Exploring Postmodernist Myths about Science*, Oxford: Oxford University Press.

Kuhn, Thomas (1977) "The History of Science" & "The Relations between History and the History of Science," *Essential Tension*, Chicago: University of Chicago Press, 105-61면.

Lakatos, Imre (1970) "History of Science and Its Rational Reconstructions," *PSA: Proceedings of the Biennial Meeting of the Philosophy of Science Association* Vol. 1, 91-136면.

Latour, Bruno (1998) "From the World of Science to that of Research," *Science* vol. 280, 208-09면.

Maxwell, Nicholas (2009) *What's Wrong With Science? Towards A People's Rational Science of Delight and Compassion*, London: Pentire Press.

Merton, R. K. (1973) *The Sociology of Science*, Chicago: The University of Chicago Press.

3부

확장

아인슈타인의 상대론적 시간과 공간 개념

근대과학에서 현대과학으로의 이행은 자연의 진리나 물리적 실재에 대한 절대적 관념, 실체론적 사고를 폐기한 경험주의적 과정과 진리상대론으로 특징지을 수 있다. 아인슈타인의 상대성이론은 이러한 과정의 선구자로 평가된다. 갈릴레이, 케플러, 데까르뜨, 라이프니츠 등 근대과학을 선도한 학자들은 객관적이며 실체적인 진리의 존재를 믿었으며, 그런 진리를 보증하는 보루로서 신의 선의지(善意志)나 지성을 상정했다. 경험과학자인 뉴턴도 예외가 아니었다. 뉴턴은 신을 우주의 모든 사건을 객관적으로 인지하는 관점의 주체로 보았다. 뿐만 아니라 자신의 운동법칙들이 의미를 지니려면 절대적 관점이 전제되어야 한다고 생각했다.

실체론적 사고에 의문을 제기하고, 상대론적 가능성을 제기한 사람들은 경험주의자였다. 경험주의자들은 귀납이나 인과성 같은 추론 메커니즘의 객관적 타당성과 진리를 향한 이성적 접근가능성에 대한 믿음에 의문을 제기했다. 경험주의와 실체론을 비판적으로 분석·절충한 칸트는 인간 지성에 의해 포착된 객관적 진리란 인간에 대해 상대적으로 객관적이며, 실체적 진리는 지성의 권한 밖에 있다고 주장했다. 칸트의 비판을 계기로 실체론적 신념은 퇴색하기 시작했다. 또한 감각적 경험 내지 정량화 가능성을 물리적 실재의 조건으로 본 현대 물리학에서 진리 혹은 실재는 계측적 개념을 통해서만 정의되었다. 이로써 정량화 가능성을 벗어난 실체적 개념이나 진리 개념은 더이상 의미를 지니지 못하게 되었으며, 진리는 규약적·도구적 의미로 상대화되었다. 현대 물리학의 이러한 경험주의적 과정은 근대의 뉴턴적 시공간 개념을 폐기하고 그 개념들을 상대화한 아인슈타인으로부터 시작되었다.

1. 뉴턴의 절대시간, 절대공간

뉴턴은 공간과 시간을 물리적 실재라고 보았다. 그는 공간을 상대공간과 절대공간으로 구분하는데, 전자는 경험적으로 인지되는 공간이며, 후자는 그러한 상대공간들을 포괄하는 진정한 공간을 말한다. 뉴턴에 의하면, 절대공간은 그 내부에 존재하는 물질과는 상관없이 독립적으로 존재하는 실재이고, 그 안에 모든 사물이 존재하며 모든 자연의 사건들이 발생하는 하나의 그릇 같은 존재다. 그것은 무한하고, 특정한 물리적 방향성(등방성, Isotropie)을 띠지 않으며, 질적으로 균일하다(Homogenität)는 특징이 있다. 뉴턴은 절대공간을 태양의 질량의 중심이 정지해 있는 공간이라고 여겼다. 또한 그는 시간을 상대시간과 절대시간으로 구분한다. 상대시간은 하루, 한달, 일년 등 우리가 자연의 변화를 측정하기 위해 사용하는 시간으로, 자연의 어떤 사건을 시간 측정의 기준으로 정하느냐에 따라 달라진다. 그러나 절대시간은 상대시간과 달리 균일하게 흐르는 시간이다.

공간과 시간은 모든 자연의 운동과 변화를 시간과 공간의 함수로 서술하는 기계론적 물리학의 전제조건이다. 뉴턴이 특별히 절대공간과 절대시간을 규정한 이유는 그 전제 아래에서만 자신의 물리학적 법칙들이 의미를 지닐 수 있기 때문이다. 뉴턴의 제1법칙(외부의 힘을 받지 않는 모든 물체는 등속운동을 한다)은 관성계를 전제한다. 이 관성계는 우주의 실질적(절대적) 운동을 기술하기 위해 사용하는 좌표이며, 여기에는 좌표의 관측자가 정지해 있는 공간이 전제되어야 한다. 이 공간이 절대공간이다. 시간의 경우도 이와 유사하다. 서로 등속도로 운동하는 관측자들은 모든 물체의 가속도를 동일하게 관찰하게 된다. 한 관성계에 대해 등속으로 운동하는 다른 좌표계 역시 관성계다. 이 관성계에서도 뉴턴의 세 법칙은 동일하게 적용된다. 배가 정지해 있건 직선상을 움직이고 있건, 그 배에 탄 사람에게는 우주의 모든 운동이 동일하게 기술된다. 즉, 물체의 운동은 좌표계에 상대적이지만, 등속직선운동을 하는 모든 좌표계(관성계)에서 역학법칙은 항상 동일하게 적용된다는 것이다. 이것이 고전적 의미의 상대성이론인데, 이는 절대시간의 전제 아래에서만 타당하다. 즉, 서로 등속도로 운동하는 관측자들은 임의의 두 물리적 사건이 발생한 시간 간격을 동일하게 관찰한다는 조건이 전제되어야 하는 것이다. 그런데 이 전제는 물리적 시간의 흐름은 관찰자가 어떤 상태에 있든지 동일하다는 것을 의미한다. 다시 말해 모든 사건에 동일하게 적용되는 시간의 흐름을 보증하는 시간이 절대시간이다.

뉴턴은 시공간을 외부의 물질과 무관하게 독립적으로 그리고 그것들에 선행하여 실재하는 것으로 보았다. 절대시간과 절대공간은 다른 물리적 상황이나 자연법칙의 지배를 받지 않으며, 자연현상은 그런 시공간 안에서 이루어진다. 그리고 그것들은 서로 관련이 없다. 뉴턴은 자신의 기계론적 물리학을 물리신학적으로도 변호했는데, 공간은 신적 감관(sensorim dei)을, 공간의 무한성과 시간의 영원성은 바로 전지전능한 신의 속성을 나타낸다고 보았다.

2. 아인슈타인의 상대성이론의 시공간 개념

뉴턴의 절대공간과 절대시간 개념은 이후 철학자 바클리와 물리학자 마흐 등에 의해 문제시되긴 했지만, 아인슈타인의 상대성이론에서 물리학적으로 무의미한 개념으로 판명되기까지는 일반적으로 당연시되었다. 그러나 아인슈타인의 상대성이론에서 시간과 공간은 뉴턴의 그것과 개념적으로 비교할 수 없는 의미를 지니게 되었다. 그리하여 뉴턴적 개념은 아무런 의미를 지니지 못하게 된다.

그러나 아인슈타인의 상대성이론은 아인슈타인 혼자만의 연구성과가 아니라, 마흐, 로렌츠(H. A. Lorentz), 뿌앙까레, 하위헌스, 맥스웰 등에 의해 이루어진 일련의 연구성과들을 배경으로 한다. 특히 19세기 후반에 이루어진 빛과 전자기 현상에 대한 연구가 핵심이 된다. 뉴턴은 빛을 미세 미립자의 운동으로 보았지만, 19세기 중반을 거치면서 빛이 파동현상의 일종이라는 파동론이 실험적으로 증명되었다. 맥스웰은 전자기파의 연구를 통해 빛도 전자기파의 일종이라는 인식에 도달했다. 하위헌스를 비롯한 파동론자들은 빛의 전파 매질로 에터(ether)라는 액체 형태의 물질을 가정했다. 에터는 아리스토텔레스가 우주 공간을 채우고 있다고 여긴 순수한 물질이었다. 또한 이들은 에터가 채우고 있는 공간을 절대공간으로 여겼다. 이후 1852년, 1881년에 빛을 수단으로 하여 에터 속에서 지구의 운동을 확인하려는 실험들이 각각 피조(A. H. L. Fizeau)와 마이켈슨(A. A. Michelson) 등에 의해 행해졌지만 성공하지는 못했다. 대신 그들은 진공에서의 빛의 속도가 운동방향과 상관없이 언제나 동일하다는 사실을 밝혀냈다. 유사한 연구과정에서 로렌츠는 운동에 관한 변환식(Lorentz-Transformation)을 발표했다. 이 '로렌츠 변환식'은 상대적으로 등속으로 운동하는 두 관성계의 시공간 및 속도를 환산하는 공식인데, 이 변환식에 따르면 한 관성계 $K(x, y, z, t)$와 상대적으로 속도 v를 지니고 등속운동하는 관성계 $K'(x', y', z', t')$ 사이에는 공식 $x'=(x-vt)/\sqrt{(1-v^2/c^2)}$, $y'=y$, $z'=z$, $t'=(t-vx/c^2)/\sqrt{(1-v^2/c^2)}$가 성립한다. 고전 물리학에서는 소위 갈릴레이 변환식(Galilei-Transformation)을 사용했다. 이에 따르면, 시간 t를 포함하는 두 계 K와 K'의 좌표 축을 각각 (x', y', z', t')와 (x, y, z, t)라 한다면, 이는 $x'=x-vt$, $y=y'$, $z=z'$, $t=t'$로 환산된다. 갈릴레이 변환에서는 두 물체가 u, v의 속도로 마주보고 접근할 때의 상대속도 공식이 $w=u+v$다. 그러나 로렌츠 변환에 의하면 $w=(u+v)(1+uv/c)$가 된다. 이 변환식의 의미는 하나의 좌표계에서 운동하는 물체의 운동상태는 다른 좌표계에서 기술할 경우 달리 서술되지만, 자연법칙은 좌표변환에 상관없이 불변한다는 것이다.

이러한 연구들을 배경으로 아인슈타인은 1905년 『물리학 연보』(An-nalen der Physik)에 특수 상대성이론을 발표했는데, 주 내용은 상대적으로 등속운동하는 두 좌표계 사이에 나타나는 물체의 운동을 기술하는 것이었다. 여기서 그는 물리법칙이 모든 관성계에서 동일하다는 고전적 의미의 상대론과, 빛의 속도는 서로 등속운동을 하는 좌표계에서 어떤 관측자가 보더라도 일정하며 물질의 최고 속도라는 것을 전제로 하여 특수 상대성이론을 도출했다. 이 특수 상대성이론은 로렌츠 변환식과 맥스웰의 전자기 방정식에서 제시된 수학적 결과들을 함축하는 일련의 연역과정으로 되어 있으며, 시간과 공간에 대해 상대적 의미를 제시한다. 이에 따르면 정지길이 L인 물체가 일정 속도 v로 운동할 경우, 길이는 물체의 운동방향으로 $(1-v^2/c^2)^{\frac{1}{2}}$만큼 줄어들며, 그 물체와 같은 속도로 진행하는 좌표계의 시간 간격은 정지해 있는 관측자에 비해 $(1-v^2/c^2)^{-\frac{1}{2}}$의 비율로 증가하는 것으로 관측된다. 이러한 사실은 공간의 크기와 시간의 흐름은 하나의 보편적 척도에 의해 규정될 수 없으며, 물질의 특성이나 운동 또는 관련된 좌표계의 운동상태 등 사건이 성립하는 물리적 조건에 의해 상대적으로 결정된다는 것을 의미한다. 여기서는 질량도 운동의존적이며 상대적인 개념이 된다. 가령 질량이 m^0인 물체가 v의 속도로 운동할 경우 정지계에서 볼 때 질량 m은 $m^0/(1-v^2/c^2)^{\frac{1}{2}}$으로 늘어나며, 속도가 광속에 접근하면 무한히 커지게 된다.

특히 시간에 대한 상대론적 결론은, 서로 떨어진 두 지역 또는 각기 다른 관성계 간에 통용될 수 있는 보편시간의 존재는 원리적으로 확인될 수 없다는 동시성의 확인작업에서 구체적으로 입증된다. 동시성을 확인하기 위한 시도는 서로 떨어진 두 지역 사이의 동시점(同時點)을 광신호로 좌표화하는 방법으로 이루어지는데, 빛의 운동이 선택되는 이유는 빛이 정보를 전달하기 위한 가장 빠른 방법(최대 전달속도)이기 때문이다. 여기에 두가지 경우가 있다. 1) 빛의 속도가 무한히 큰, 즉 순간적인 V∞=∞의 경우이고 2) 빛의 속도가 유한한 V∞=c의 경우가 그것이다. 1)의 경우는 한 지역의 시간 정보가 순간적으로 다른 지역에 전

254

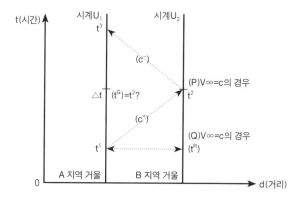

t(시간)

시계U_1 시계U_2

t^3

(c^-)

(P)$V\infty=c$의 경우

$\triangle t$ $(t^G)=t^2$? t^2

(c^+)

(Q)$V\infty=c$의 경우

t^1 (t^R)

0   A 지역 거울   B 지역 거울 d(거리)

(Q)$V\infty=\infty$의 경우, 즉 광신호의 전달이 순간적인 경우 B지역의 시간(t^R)은 t^1와 동일
(P)$V\infty=c$의 경우, B지역의 t^2와 동시점에 해당하는 A지역의 시간 (t^G)=t^1+$\triangle t$=t^2(아인슈타인의 가정)
$\triangle t = \frac{1}{2}(t^3-t^1)$

달될 수 있기 때문에 다른 지역에서의 동시점이 확인될 수 있으며, 모든 다른 공간지역에 대해 타당한 보편시간도 얻어진다. 광속을 무한한 것으로 생각한 뉴턴 물리학에서의 경우가 이에 해당한다.

사건전달 속도가 유한한 2)의 경우에는 다른 지역의 동시점을 명료히 규정하는 것은 불가능하다고 나타난다. 서로 떨어진 두 공간 A와 B 사이에 동시점을 규정하기 위해서는 A에서 B로 시간 t_1에 빛을 쏘아 보낸다. 일정한 시간 $\triangle t$가 경과한 후 t_2의 시각에 빛 (c+)는 B에 도달할 것이다. 그리고 즉시 빛 (c-)는 거울에 반사되어 원래의 공간 A로 t_3의 시각에 되돌아온다. 이 경우 우리는 논리적으로 t_1과 t_3 사이에 존재하는 t_2를 B지점에 빛이 도달한 시점, 즉 동시점으로 잡을 수 있다. 그러나 이는 빛이 모든 경로(AB, BA)에서 동일한 속도로 진행한다는 빛의 등방성(c+=c-)과 공간의 동질성을 전제하는 조건 아래에서 성립한다. 그러나 빛이 모든 경로에서 같은 속도로 운동하는지는 확인할 수 없다. 그것을 확인하기 위해서는, 역시 빛이 통과한 경로의 양 끝에 동시적으로 진행하는 시계(보편시간)가 있다는 것이 전제되어야 한다. 그러나 보편시간은 동시성 확인작업의 출발점이다. 이러한 순환성 때문에 동시점을 확인하는 것은 불가능한 것으로 판명된다. 우리가 알 수 있는 것은 광신호가 각 지점에 도달하는 시각들의 위상적(선-후) 관계뿐이다. 즉, 동시점 t_2는 A지점에서 빛이 출발한 시각과 B지점에서 거울에 반사되어 다시 A지점으로 되돌아온 t_3 사이에 존재한다는 것이다($t_1 < t_2 < t_3$). 아인슈타인은 동시점 확인이 지닌 논리적 순환성을 피하고, 위상적 다의성을 해결하기 위해 빛의 등방성과 공간의 동질성을 가정하고 t_2를 동시점으로 규정한다. 아인슈타인은 이러한 가정이 경험적 증거에 근거한 것이 아니라, 계산적 단순성과 합목적성을 기준으로 선택한 일종의 규약임을 밝힌다.

과학이 일정한 관계에 따라 개별 경험들을 질서지우는 것인 한, 그러한 경험들을 질서 지우는 틀로서 시공간에 대한 보편적 척도는 필수 전제가 된다. 뉴턴의 절대시간과 절대공간 개념은 바로 보편 척도의 의미를 지닌다. 절대공간은 우주에 존재하는 모든 물리적 사건이 자리하는 보편공간이며, 절대시간은 모든 물리적 사건들의 계기적 질서를 규정하는 시간이다. 이처럼 우주적 공간과 시간 또는 절대적 좌표를 수단으로 하여 우리는 과거, 현재, 미래의 모든 경험의 내용들을 명료하게 규정할 수 있다고 여겨왔다.

반면 아인슈타인의 특수 상대성이론은 모든 관성계, 모든 사건에 보편적으로 적용될 수 있는 시간과 공간은 존재하지 않는다는 것을 보여준다. 시간은 관찰자의 운동상태에 의존하며, 크기는 상대적으로 결정된다. 각 관찰자나 계에 대해 그에 타당한 하나의 고유한 시간경과가 있을 뿐이며, 보편시간은 존재하지 않는다. 시간과 마찬가지로 공간도 관찰자의 운동상태에 의존한다. 공간도 그 자체가 존재하는 것이 아니라, 일정한 시간에서의 공간이 존재하는 것이다. 그리고 공간을 동시적으로 존재하는 사물들의 관계공간으로 본다면, 동시라는 것은 운동상태와 관계해서만 의미를 지니기 때문에, 공간도 서술자의 운동상태에 의존하여 상대적으로 서술된다. 운동상태와 무관한 공간은 존재하지 않는다. 시간과 공간의 내적 연관성과 의존성은 3차원의 유클리드 공간에 1차원의 시간이 결합되어 있는 형태의 서술방식을 넘어, 시간-공간이라는 개념으로 통일되어 있는 4차원의 '민꼽스끼 공간', 즉 4차원의 시-공 연속체 개념으로 나타난다. 민꼽스끼(H. Minkowski)는 시공간의 이러한 의존관계를 웅변적으로 표현하고 있다. "우리는 시간 t에서의 공간이 아니라, 시-공적 사건의 전체성에 관해서만, 여러 다른 방식으로 언급할 수 있다. 즉, 사건의 집합을 하나의 시간에 대한 공간으로 표현할 수 있다. 지금부터 공간 또는 시간 그 자체는 폐기되어야 하며, 오직 시-공의 결합만이 인정될 수 있다."

시간에 대한 상대론적 개념에서 주목해야 할 점은 우선 시간과 공간이 뉴턴에서와는 전혀 다른 의미를 지닌다는 것이다. 첫째, 시간과 공간은 정의된 전제로 주어지는 것이 아니라 물리적 사태 가운데서, 즉 물체의 운동관계에 관한 상대성이론적 기술 안에서 파생적으로 규정된다는 것이다. 둘째, 시간과 공간은 각기 분리된 개념이 아니라 상호의존적인 관계에 있으며, 크기는 고정불변한 것이 아니라 물질들이나 좌표계 사이의 운동상태에 따라 상대적으로 규정된다는 것이다. 이러한 상대론적 결론은 측정가능성을 물리적 실재의 전제조건으로 본 아인슈타인의 방법론적 확신의 필연적 결과였다. 뉴턴의 절대시간과 절대공간 또는 에터같이 측정 불가능한 개념은 물리학적으로 고려의 가치가 없는 개넘이 된다. 시공간의 상호의존성, 상대성은 측정 가능한 사실을 전제로 도출되는 파생적 개념이 된다.

3. 시공간의 물질, 사건 의존성

시간과 공간의 내적 연관성과 상대성, 물리적 의존성은 1916년에 발표한 일반 상대성이론에서 더욱 명료해진다. 일반 상대성이론은 특수 상대성이론에서 상대적으로 등속직선운동을 하는 좌표계, 즉 관성계에서 이루어진 운동에 제한된 상대성원리를 가속운동이 이루어지는 비관성계, 즉 중력장 안에서의 운동현상으로 확장한 것이다. 일반 상대성이론은 중력과 관성력은 동일하다는 것, 즉 등가원리(Aquivalent Principle)를 전제로 한다. 관성질량(inertial mass)은 뉴턴의 제2법칙에 등장하는바, 물체에 가해진 힘에 비례하는 가속도가 힘에 대해 지니는 비례상수(F/a=m)이며, 중력질량(gravitational mass)은 보편중력 같은 중력장이 존재할 때 그 영향 아래에서 측정되는 질량을 말한다. 이 두 질량의 비율이 동일하다는 것은 19세기 말경에 실험으로 확인되었다. 자유낙하하는 승강기 안의 물체는 자유낙하라는 가속운동에 의해 중력과 크기는 같으나 방향이 반대인 관성력을 지닌다. 이 경우 우리는 중력을 절대적인 힘이라기보다는 좌표계의 가속운동에 의한 상대적인 힘, 관성력으로 볼 수도 있다. 그렇다면 지구의 중력이 작용하는 방향으로 자유낙하하는 승강기에 있는 관측자에게는 모든 물체의 운동이 관성계에서 정지해 있는 관측자와 정확히 동일하게 기술될 것이다.

예를 들면 중력장에서 운동하는 물체는 승강기의 관측자에게 등속운동을 하는 것으로 관찰될 것이다. 따라서 승강기의 관측자는 우주의 항성에 대해 정지해 있는 관측자와 대등하다. 이러한 관측자의 관성계를 국소적 관성계라 한다. 만약 중력장의 방향이 모든 곳에서 일정하다면, 모든 국소적 관성계는 상호 등속운동을 하는 것으로 간주될 수 있으며, 그렇게 되면 중력장을 하나의 관성계로 대체하는 것이 가능할 것이다. 그러나 실질적인 중력장에서는 중력이 특정한 장소를 향하고 있으며, 국소적 관성계들이 상호 가속운동을 한다. 그 때문에 이러한 상태는 하나의 유클리드적 좌표에서는 서술될 수 없다. 이 문제를 해결하기 위해 아인슈타인은 유클리드적 좌표를 버리고, 리만(B. Riemann)이 고안한 4차원의 시공간 구조를 지니는 비유클리드 기하학을 도입한다. 리만 기하학의 특성은 공간이 여태처럼 추상적인 기하학적 논리가 아니라, 물질 및 힘의 상호관계에서 결정된다는 데 있다. 리만이 고안한 비유클리드 기하학은 모든 지점이 곡률을 지니는 휜 공간의 기하학이다. 곡률의 크기는 중력을 만드는 물체의 질량에 따라 결정되며, 중력장에서 운동하는 물체는 측지선(geodetic line)이라 불리는──유클리드기하학에서 직선에 해당하는──경로를 따라 움직이는 것으로 기술된다. 이로써 아인슈타인은 중력장을 4차원의 비유클리드적 시공간의 기하학으로 대체한다. 여기서 공간이 비유클리드적이라는 것은 휘어진 유클리드적 공간이 아니라, 공간이 질량분포에 의해 좌우된다는 물질의존성을 의미한다.

아인슈타인은 물질의 밀도(또는 질량분포 상황)와 시공간 구조의 연관성을 나타내는 중력장 방정식($R_{ik} - \frac{1}{2}g_{ik}R = 8 \, \Pi \, K/c^4 \, T_{ik}$)을 수립했다. 이 방정식의 우변은 물질의 분포를, 좌변은 물질이 존재하는 시공간의 구조를 나타내는데, 여기서 시간과 공간의 척도(metric)는 물질 또는 에너지 분포의 함수를 나타낸다. 이 중력장 방정식은 시공간의 물질의존성과 상대성을 한층 더 명확하게 보여준다. 이를테면 공간이 휘는 현상은 중력장의 영향인데, 중력장은 물질의 질량분포에 의해 규정된다. 그리고 공간은 그 안에 존재하는 질량에 의해 규정되는 힘의 장(場)이라는 의미를 지닌다. 이는 공간이 독립적으로 존재하지 않으며, 물질에 의해 상대적으로 결정된다는 것을 말해준다. 우리가 물질 또는 장을 제거한다면, 공간도 존재하지 않게 된다. 시간 역시 중력장과 물질분포에 의해 결정된다. 중력장이 강할수록 그리고 물질의 밀도가 높을수록 시간은 더 지연된다. 하나의 진짜 시간은 존재하지 않는다. 하나의 계에 대해 타당한 시간경과가 존재할 뿐이다.

뉴턴(질료적 원자론적 물질관, 기계론적 운동관)에서 시공간은 물질에 대해 독립적으로 존재하며, 물질은 불가침투성의 질량을 지닌 미립자로 규정된다. 그리고 운동은 공간에서 입자들의 위치변환으로 이해된다. 이러한 특성들은 뉴턴 물리학에서 질량, 절대운동, 절대정지, 절대공간 그리고 절대시간 개념의 배경을 이룬다. 그러나 아인슈타인의 상대성이론에서는 시간과 공간 및 물질은 상호의존적이며 상대적 개념으로 어떤 절대적 의미도 지니지 못한다. 장을 포함하여 물질의 운동으로부터 시공간이 도출된다는 사실은, 물질은 운동으로부터 분리될 수 없고 시공간은 물질과 운동에 의존적이며 상대적이라는 것을, 나아가 시간과 공간 그리고 물질은 뗄 수 없는 하나의 단일체(Raum-Zeit-Materie-Union)를 이루며 존재한다는 것을 말한다. 즉, 공간은 물질이 있는 곳에, 시간은 사건이 일어나는 곳에만 존재한다. 물질과 사건이 존재하지 않는 곳에서 시간과 공간의 존재는 의미가 없다. 시간과 공간, 물질 및 운동 의존성은 경험 가능한 물리적 지역공간(Ort-Raum)을 공간의 원형으로 여긴 아리스토텔레스나 공간을 물질(연장)과 동일시한

260

데까르뜨와 유사성을 보여준다. 이들은 물질세계와 시공간을 물질의 전제가 아니라 물질에 부속되는 것으로 보았으며, 물질세계가 없다면 공간도 시간도 존재하지 않는다고 생각했다.

4. 뉴턴-로렌츠-아인슈타인, 연속 대 단절?

뉴턴 물리학은 근대과학의 패러다임 역할을 했다. 그러나 뉴턴 패러다임은 20세기 들어 아인슈타인의 상대성이론과 양자물리학 분야에서 이루어진 일련의 연구를 통해 전반적으로 붕괴하는 양상을 보였다. 이러한 상황에서 뉴턴 물리학으로부터 현대 물리학에 이르는 과정에 대한 연구가 20세기 초중반의 철학적 관심사로 대두되었다. 특히 과학발전의 연속성-불연속성 문제는 흥미있는 주제의 하나였으며, 뉴턴으로부터 로렌츠를 거쳐 아인슈타인에 이르는 발전과정이 중요한 사례로 다루어졌다. 우선 이 과정을 연속적인 것으로 보는 사람들은 다음과 같은 논리를 토대로 한다. 뉴턴 물리학에서 아인슈타인 상대성이론으로 전개되는 과정에 로렌츠가 자리하고 있는데, 로렌츠 변환식은 두 이론을 연결하는 고리로 이해되어야 한다는 것이다. 뉴턴 물리학은 고전적 의미의 상대성이론(갈릴레이 변환)을 전제한다. 그런데 로렌츠 변환식은 갈릴레이 변환을 특수한 경우로 함축한다. 로렌츠 변환식에 의하면 $w=(u+v)(1+uv/c)$가 되는데, 여기서 u 또는 v가 c에 비해 상대적으로 아주 작을 때는 갈릴레이 변환이 되며, 뉴턴 물리학이 타당하다는 결론이 나온다. 즉, 모든 운동이 광속에 비해 상당히 작은 지구물리적 경험의 차원에서는 뉴턴 물리학이 적용될 수 있다. 절대공간과 절대시간은 가정될 수 있으며, 뉴턴의 역학법칙들도 타당하다. 그러나 아인슈타인의 상대성이론이 관계하는 광속이나 전자기장 같은 물리적 사건의 차원에서는 뉴턴의 법칙이 성립하지 않으며, 로렌츠 변환이 적용되어야 한다. 이로써 아인슈타인의 상대성이론에서 로렌츠 변환이 연역되며, 상대성이론은 예측의 엄밀성이나 예측영역의 포괄성 측면에서 뉴턴 물리학을 능가하고, 더 큰 설명력을 지니는 진보된 이론으로 평가될 수 있다. 이 경우 뉴턴 물리학은 상대성이론의 특수한 경우로 해석된다. 이런 의미에서 뉴턴에서 로렌츠를 거쳐 아인슈타인으로 이어지는 과정은 점진적 발전과정 또는 연속성을 보여준다고 할 수 있다.

그러나 과학이론의 의미가 단순히 예측의 정확성과 이론적 포괄성에만 있는 것이 아니라, 이론이 근거하는 개념체계와 그것을 통한 자연현상에 대한 총체적 의미 해석에 있다고 보는 사람들은 상대성이론으로의 전개를 연속적 발전으로 판단하는 것이 적절치 않다고 생각한다. 뉴턴의 시공간 개념과 이론구조는 아인슈타인의 상대성이론의 그것과는 전혀 다르다. 뉴턴 물리학에서는 절대정지해 있는 공간과 균일하게 흐르는 보편시간이 각기 독립된 물리적 사실로 전제되며, 또한 절대강체와 빛의 직진 및 순간적 운동이 전제된다. 그리고 그러한 전제 아래 공간의 구조는 특정한(유클리드) 기하학의 체계에 따라 규정되며, 공간적으로 서로 떨어진 또는 운동하고 있는 관찰자들의 시간적 동시성도 인정된다. 이에 반해 아인슈타인의 상대성이론에서 시간과 공간은 뉴턴 개념에서처럼 보편적 의미로 정의되지 않으며, 독립적 의미를 지니지 못한다. 시간과 공간은 시-공-물질 통일체로 주어지는 물리적 사건 안에서만 의미를 지니며, 크기와 구조도 상대적으로만 결정된다. 시간과 공간은 언제나 물리적 사건과의 연관 속에서만 의미를 지닌다. 공간은 물질이 있는 곳에, 시간은 사건이 일어나는 곳에만 존재한다. 물질세계가 없다면 시간도 공간도 존재하지 않는다. 이처럼 뉴턴 물리학과 상대성이론에서 시간과 공간은 각기 환원될 수 없는 의미들을 함축한다. 서로 환원될 수 없는 의미를 함축하는 두 이론은 통약 불가능한 이론이며, 통약 불가능한 이론들은 그 우위를 비교할 수 없다. 불연속성 또는 통약 불가능성을 주장하는 사람들은 이처럼 통약 불가능한 두 이론을 예측적 정확성과 포괄성에 의거해 우위를 비교하는 것이 옳지 않다고 본다.

로렌츠 변환식과의 관계에 대해서도 사정은 비슷하다. 로렌츠 변환은 아인슈타인의 이론에서 연역되며 수학적으로는 대등하다. 그러나 그 둘의 의미는 동일하지 않다. 로렌츠 변환식도 아인슈타인의 이론처럼 시공간의 크기는 운동상황에 따라 상대적으로 결정되는 것으로 서술하지만, 로렌츠는 뉴턴의 절대시간과 절대공간 개념을 여전히 전제하며, 에터 등의 존재를 가정한다. 이런 개념들은 상대성이론에서는 무의미한 개념들이다. 두 이론은 개념적 토대가 전혀 다르며, 의미상 서로 환원될 수 없는, 즉 비교할 수 없는 부분들을 지닌다. 그로 인해 두 이론을 수학적 관계를 기준으로 비교하는 것은 적절치 않다는 것이다. 이러한 점에 근거하면, 뉴턴 물리학에서 상대성이론으로의 발전은 지식의 누적적 결과라기보다는 패러다임 전환 같은 이론적 혁신의 결과라는 주장이 설득력을 얻는다. 아인슈타인의 상대성이론이 토대로 하는 패러다임은 실체론적 사고의 폐기 그리고 철저한 경험주의라 할 수 있다. 뉴턴도 경험 불가능한 개념은 물리학에서 추방되어야 한다고 보았지만, 절대적인 것에 대한 가상으로부터 완전히 자유롭지는 못했다. 상대성이론은 뉴턴에서 한발 더 나아가 물리적으로 측정 가능한 것만을 실재로 인정한 아인슈타인의 철저한 경험주의적 정신의 결과라 할 수 있다.

5. 칸트, 뉴턴과 아인슈타인 사이에서

칸트의 인식론은 뉴턴적 고전 물리학을 방법론적으로 정당화하는 것을 목적으로 했다. 그 때문에 현대 물리학이 등장하고 고전 물리학의 한계가 밝혀진 상황에서 칸트의 인식론이 철학적 정초 기능을 상실하는 것인지, 아니면 여전히 타당성을 지니는지가 흥미있는 관심사가 되었다. 시간과 공간의 상대화, 비유클리드적 공간 개념, 동시성의 불확정성과 규약적 특성 등, 뉴턴적 사고를 폐기한 상대성이론에 관해 칸트의 인식론은 어떤 해명을 제공할 수 있는가가 중요한 탐구과제가 되었다.

칸트에 의하면 과학은 체계적으로 구성된 지식을 의미하는데, 이것은 단편적 경험들을 일정한 질서에 따라 연결·종합하는 인식 주관의 지적 작업에 의해 이루어진다. 경험을 연결·종합하는 작업은 두 종류의 틀을 통해 이루어진다. 하나는 직관을 통한 경험의 수용이며, 다른 하나는 지성을 통한 경험의 개념적 연결이다. 경험을 수용하는 직관의 기본 형식은 시간과 공간이다. 시간은 내감(內感)의 형식이며 공간은 외감(外感)의 형식이다. 시간과 공간은 인식 주체가 선천적으로 소유하며 물질세계나 경험으로부터 독립된 순수한 형식이고 경험의 전제조건이다. 모든 경험이 시간과 공간의 형식으로 주어지며, 물질세계에 관한 모든 법칙이 시간과 공간의 함수로 설명되는 이유가 여기에 있다.

칸트에 의하면 공간은 유클리드의 기하학에 준하는 형식을 지닌다. 그리고 시간은 균일한 흐름을 지닌 1차원적 연속체로서 과거-현재-미래라는 계기에 따르는 비가역적 형식을 지닌다. 시간과 공간의 형식을 통해 수용된 감각 자료들은 양, 질, 관계, 양상 등 지성의 개념에 따라 연결됨으로써 '완성된 지식'이 되는데, 지성의 개념적 연결도 마찬가지로 근본적으로 시간의 양태에 따라 규정된다. 칸트가 말하는 균일한 흐름을 지니는 시간과 유클리드적 형식의 공간은 물리적 사건으로부터 독립된 선천적이고 순수한 형식이며, 언제 어디서나 동일하게 적용되어야 하는 보편성을 지닌다. 시공간의 물리적 독립성, 선천성 그리고 보편성을 주장하는 칸트의 생각은 뉴턴의 절대공간, 절대시간과 일맥상통하며, 앞서 살펴본 상대성이론적 시공간 개념는 모순되는 것처럼 여겨질 수 있다. 그러나 우리가 칸트의 생각을 좀더 면밀히 살펴본다면, 칸트의 인식론적 시공간론은 근본적으로 상대성이론적 개념에 모순되지 않으며, 특정 물리학이론에 중립적이라는 것을 알 수 있다.

칸트가 말하는 물리적 사건으로부터 독립된, 순수하며 보편타당한 시간과 공간은, 뉴턴이 요구한 절대시간과 절대공간처럼 보편시간과 보편공간의 존재를 의미하는 것은 아니다. 우선 직관과 개념적 종합의 선천적 형식인 균일하게 흐르는 수학적 시간과 순수한 유클리드적 공간은 모든 지식활동이 만족해야 하는 보편적 조건이기는 하지만, 그것들이 실제로 경험될 수 있는 시공간의 형식은 아니라는 점이 지적될 수 있다. 칸트에 의하면, 객관적 지식은 인식 주관이 지니는 선천적 형식과 물리적 사실, 즉 자연에 대한 실질적 경험이 만나는 곳에서 이루어진다. 이 말은 선천적 형식은 인식 주관의 형식으로 객관적 지식의 형성에서 하나의 조건에 불과하다는 뜻이다. 그러나 주관의 형식만으로는 객관적 지식이 성립하지 않는다. 객관적 지식은 주관적 형식이 실질적 경험과 만나 내용을 얻음으로써 이루어진다. 실질적 경험이란 물질의 질료적 특성과 운동에 관련된 자연의 원리나 사실을 말한다. 이를테면, 광속, 원자의 구조, 플랑크상수(Plank 常數) 같은 사실들이다. 이러한 물리적 사실들은 선천적 형식을 채워 구체적 경험이 만들어지게 하는 기본 자료가 된다. 그리고 그것들은 인식 주관으로부터 독립되어 주관의 영향력 밖에 있는 것들로 주관의 형식을 제약하는 의미도 지닌다.

인식 주관과 물리적 사실은 객관적 인식이 성립하는 과정에서 합작 또는 상호제약적 관계에 있다고 할 수 있다. 이러한 사태는 시간과 공간의 문제에도 동일하게 적용된다. 모든 지식은 칸트가 말하는 시간과 공간이라는 형식을 취해야 한다. 그러나 실질적으로 공간과 시간이 어떤 구조를 지니느냐 하는 것은 물리적 세계의 객관적 조건에 의해 결정되어야 하는 경험과학의 문제다. 이 원칙을 적용하면, 칸트가 유클리드적 기하학 체계를 공간의 형식으로 보지만, 물리적 공간이 무조건 유클리드적 형식을 충족시켜야 한다고는 볼 수 없다. 물리적 공간이 어떤 형태를 취하느냐 하는 것은 실질적 경험, 객관적인 물리적 조건 들을 통해 결정되어야 한다. 따라서 칸트는 물질세계의 실질적 공간은 물질 및 운동과 필수적 관계에 있음을 밝힌다.

칸트에 따르면, 물질세계의 모든 운동은 상대적으로만 파악된다. 따라서 공간은 상대공간으로서만 인지된다. 이런 이유로 칸트는 뉴턴이 요구하는 절대공간, 절대시간 개념을 거부한다. 칸트는 뉴턴이 전제한 모든 상대공간을 포괄하는 절대공간이 논리적으로는 가정되지만, 물리적으로는 확인될 수 없다고 말한다. 뉴턴이 말하는 절대공간은 공간에 대해 형식적으로 요청되는 무제약성과 보편타당성을 부당하게 물리적 특성으로 탈바꿈시킨 결과다. 칸트는 공간형식을 원칙적으로 유클리드적이라 보았다. 하지만 위와 같은 논리를 적용하면, 실질적인 공간은 물리적인 경험조건에 따라, 예를 들면 광속의 법칙이나 중력장 같은 물리적 사실과 측정도구의 특성에 의해 그리고 경우에 따라서는 합리적 선택에 따라, 즉 물리학적 차원에서 결정되어야 한다. 그것은 1차원의 시간좌표가 합성된 3차원의 유클리드적 형식이 될 수도 있고, 시-공 통일체적인 4차원의 비유클리드적(리만 기하학적) 형태가 될 수도 있는 것이다.

선천적 원리와 물리적 사실의 합작이라는 원칙은 시간에도 동일하게 적용된다. 경험을 수용하고 연결하여 하나의 지식으로 만드는 지성의 종합작업을 경험의 통일이라 한다면, 경험의 통일은 근본적으로 시간의 형식을 취한다. 시간은 지속성, 선-후의 계기관계 그리고 동시성을 기본 형식으로 하며, 이 형식에 따라 경험자료들이 개념으로 연결되면서 객관적 경험이 이루어진다. 경험의 통일은 다름아닌 시간형식에 따른 통일인 것이다. 바로 이러한 시간형식에 따라 물리학적 사고의 기본 범주인 실체성, 인과성, 상호인과성 개념이 성립한다. 이와 더불어 뉴턴 물리학의 세 법칙들이 각기 실체성, 인과성, 상호인과성 개념을 토대로 이루어진다. 모든 속성의 변화에도 불구하고 실체는 불변한다는 실체 개념은 시간에서의 지속의 형식에 따라 성립한다. 또한 두 사건을 원인과 작용으로 연결하는 인과성의 개념은 선후의 시간적 계기형식에 따라, 그리고 두 사건을 상호원인이면서 동시에 결과가 되는 관계로 규정하는 상호인과성은 시간적 동시의 형식에 따라 성립한다. 이 세가지 시간형식은 칸트에서 인식의 형식적 조건으로 일단 전제된다. 그러나 공간에 관한 논리와 마찬가지로 이러한 시간의 형식들이 곧 물리적으로 실재함을 의미하는 것은 아니다. 이를테면 시간의 지속성, 즉 균일하게 흐르는 하나의 시간이 하나의 우주적 시간의 실재성을 의미하는 것은 아니다. 왜냐하면 실질적인 시간은 물리적 조건들 아래 이루어지는 구체적 경험을 통해 알려지기 때문이다.

칸트는 공간과 마찬가지로 시간도 경험에 의해 제약되는 경험의 시간으로, 그것이 아무리 포괄적일지라도 유한한 상대적 전체, 또는 개별 시간으로만 우리에게 알려진다고 말한다. 하나의 보편적 시간은 최대 전달(정보교환)속도가 뉴턴의 시대에 그렇게 믿어졌던 것처럼 순간적이라면, 우주의 어느 지점에서든 확인 가능하다. 그러나 우리는 그러한 순간적 전달수단을 갖지 못하기 때문에 보편시간을 확인할 수 없다. 칸트는 뉴턴이 전제한 절대시간을, 절대공간 비판에서와 같은 논리로 시간의 형식적 보편성을 부당하게 물리적 실재로 탈바꿈시킨 결과라고 비판한다. 그 원인은 모든 물질, 모든 상대공간을 포괄하는 의미의 보편공간과 마찬가지로 모든 시간적인 것들을 하나의 경험 전체에 속하는 것으로 파악하고자 하는, 즉 경험의 시간적 통일을 추구하는 의미를 지니지만, 그것은 이성의 단순한 바람이지, 경험 가능한 사실은 아닌 것이다.

상대성이론에서 동시성의 확인문제도 동일한 관점에서 이해할 수 있다. 칸트는 두 지각내용이 상호인과적으로 작용하는 것으로 연결되면, 그 둘이 동시적 관계에 있는 것으로 규정한다. 이 규정에 앞서 언급된 시간 인식의 경험적 단일성의 원칙을 적용하면, 두 사건의 개념적 연결이 하나의 공통시간을 전제하기 때문에, 동시성은 그러한 두 사건의 상호인과적 연결이 단일한 시간척도에서 이루어지는 경우를 의미한다. 따라서 동시성의 확인문제는 두 사건이 실제로 하나의 공통된 시간척도에서 상호인과적으로 연결되어 하나의 경험으로 파악될 수 있는가 하는 문제로 환원된다. 칸트가 이와 같이 상호인과성으로 동시성을 설명하는 것은 앞서 살핀 두 지역 사이의 사건의 인과적 전달, 즉 광신호에 의해 동시성을 확인하는 상대성이론적 방법에 부합하는 것이다.

광신호에 의한 시도에서 두 사건이 상호인과적으로 연결되어 하나의 경험으로 성립되는 과정을 보면, 두 사건이 동일한 공간에 있는 경우와 최대 전달속도가 순간적인 경우는 두 사건의 연결이 하나의 시간척도에 의해 또는 시차 없이 직접적으로 이루어짐으로써 동시성은 문제없이 확인된다. 그러나 두 사건이 공간적으로 떨어져 있고, 사건전달 수단이 유한한 속도를 지니는 경우는 상호인과적 연결이 직접적으로 가능하지 않으며, 따라서 동시점도 불확실해진다. 이 시도에서 동시점이 확인될 수 없는 이유는 떨어진 두 지역 간의 빛의 운동(빛의 운동속도 또는 B지역 도착시간)이 시간적 관계에서 명료하게 규정될 수 없다는 데있다. 빛의 운동이 하나의 경험(속도 인식)으로 주어지기 위해서는 하나의 공통 시간에서 포착될 수 있어야 한다. 그러나 시간의 개별성, 즉 모든 시간은 상대적이라는 점으로 인해 두 지역에 공통된 시간은 주어져 있지 않다. 동시점을 인식하기 위한 속도규정은 그에 필요한 단일한 시간척도의 결여로 말미암아 불가능하게 된 것이다.

이러한 사태는 바로 칸트가 말하는 것처럼 시간의 통일과 경험의 통일 간에 존재하는 상호관계를 나타내며, 라이헨바흐가 지적했듯이 양자가 사실은 순환관계에 있음을 드러낸다. 즉, 떨어진 두 지역 간의 광신호 운동이 규정될 수 있기 위해서는(경험의 통일) 공통된 시간(시간의 통일)이 필요하다. 그러나 공통된 시간이 주어지기 위해서는 두 지역 간의 광신호 운동이 규정될 수 있어야 한다. 이러한 사태는 물리학적 차원에서 동시점 규정과 속도 규정 사이에 존재하는 순환성이 시간의 통일과 경험의 통일 간에 존재하는 인식론적 상호의존성에서 기인함을 알려준다. 또한 이러한 상호의존성과 물리적 조건으로 말미암아 광신호를 수단으로 공간적으로 떨어진 두 사건의 동시점을 확인하고자 하는 시도는 원리적으로 불가능한 것으로 나타난다. 이러한 사실은 칸트의 동시성 정의가 동시성에 관한 상대성이론의 불확정성과 모순되지 않고, 오히려 이것을 인식론적으로 해명한다는 점을 보여준다.

칸트의 시간과 공간 개념은 자연탐구에서 한 부분을 담당하는 주관적이고 형식적인 조건을 탐구하는 인식론적 개념으로 상대성이론적 개념과는 무관하며, 특정 물리학의 이론에 대해 중립적으로 기초되어 있다. 물리학에서 말하는 시공간의 문제는 구체적인 경험적 사실에 근거하여 자연을 탐구하는 자연과학의 과제에 속한다. 마흐가 요구한 측정 가능한 시간, 아인슈타인의 상대성이론에서 나타나는 시공간 개념, 또는 민꼽스끼가 표현하는 시-공-연속체는 실질적인 물리적 상황에서 경험되고 측정되는 물리학의 계측적 시공간 개념이다. 이러한 계측적 시공간 개념은 물질의 특성, 힘, 자연의 법칙, 측정기구 등 물리적·경험적 조건에 의해 규정되며, 인식의 주관적 조건과 원칙만을 탐구하는 인식론의 영역을 넘어서는 문제다. 칸트는 자연탐구에서 인식 주체가 선천적으로 사용하는 형식이나 규칙 들을 인식의 전제조건으로 규정하지만, 자연이 실질적으로 어떻게 경험될지에 대해서는 미리 알 수 없으며 그것이 인식 주관의 권한 밖에 있는 문제임을 밝힌다. 실질적 경험은 인식 주체와는 독립된 물질세계의 조건(물리적 선행조건)에 의해 좌우된다. 모든 물리적 측정이 측정을 제약하는 물리적 조건, 이를테면 강체(剛體)나 주기적 사건 그리고 사건의 전달수단에 의존하는 것처럼, 시간과 공간의 실질적 규정도 경험적 조건에 의존한다. 만약 절대적 좌표와 순간적인 사건 전달, 절대강체가 가능하다고 본다면, 그에 따라 뉴턴의 보편공간과 보편시간 개념이 추론된다. 그러나 최대 전달속도인 광속은 유한하고, 절대강체는 존재하지 않는다는 경험적 조건 아래에서는 당연한 귀결로서 상대론적 시공간 개념이 나오는 것이다.

따라서 상대성이론적 시공간 개념은 실질적인 경험적 사실에 근거하여 고전적 시간 개념을 재고한 것에 불과하다고 말할 수 있다. 뿌앙까레가 말한 것처럼 만일 더 빠른 사건 전달방법이 있다면 동시성은 다시 정의될 것이다. 칸트의 시공간론은 시공간에 대한 경험적 인식이 가능하게 되는 조건에 관한 원리론으로, 시간이 실제로 어떻게 지각되고 어떤 크기로 규정되어야 하는가 하는, 즉 물리학의 경험적인 시간 인식문제와는 연관되지 않는다. 특정한 경험적 조건에 연관된 문제와는 무관한 칸트의 인식론에서의 시공간 개념은 특정한 물리적 조건 아래 성립하는 물리학적 시공간 개념, 이를테면 고전적 개념과 상대론적 개념에 대해 중립적으로 기초되어 있다고 할 수 있다.

6. 시공간 개념의 물리적 객관성

선천적 원리와 물리적 선행조건의 합작이라는 칸트의 인식론적 원칙은 시공간에 관한 관념론적·규약주의적 또는 도구주의적 해석들을 비판적으로 재고하게 하는 의미를 지닌다.

관념론자들은 관찰자의 상태의 중요성과 아인슈타인의 장(場)방정식의 해석에서 물질과 운동이 시간과 공간으로 환원되고, 다시금 기하학으로 환원되는 사태에 주목한다. 그들은 이에 근거하여 기하학적 형상과 대수적 비례를 자연의 실체적 원리로 본 플라톤적인 사고에 초점을 맞춰, 시공간과 그것을 매개로 한 자연법칙의 본질을 관념적인 것으로 풀이한다. 시간과 공간을 각기 물질의 계기적 질서 및 동시적으로 공존하는 사물의 관계로 본 라이프니츠의 개념도 시공간에 대한 관념론적 해석을 가능하게 한다. 이와 더불어 규약주의(conventionalism)적 해석도 있다. 동시점의 규정이나 일반 상대성이론의 실험적 증거들을 만족하기 위해 보조가설을 도입하여 확장된 4차원의 유클리드 기하학과 비유클리드적 리만 기하학의 선택상황은 경제성과 편의성을 기준으로 한 학자들의 합의의 문제로서 규약주의적 성격을 나타낸다. 규약주의적 해석은 진리를 실용성에 기초한 약속으로 보는데, 그 대표적 인물은 뿌앙까레다. 이러한 규약주의를 존재론적으로 해석하는 관점이 도구주의다. 이에 따르면, 진리란 자연을 실용적으로 이해하기 위한 도구에 불과하다. 도구로서의 진리는 실체적 진리와는 무관하며, 실용적 목적에 따라 언제든지 폐기될 수 있고 또한 새로이 만들어질 수 있다는 생각이다. 시간과 공간에 관한 관념론적 해석이나 규약주의적 해석, 도구주의적 해석에도 불구하고 간과될 수 없는 점은 모든 관찰과 서술은 관찰 주체의 특정한 관점이나 상황으로부터 독립적인 물리적 사태를 전제한다는 것이다. 물체의 속성이나 정지길이, 정지질량, 정지시간, 최대 전달속도(광속), 중력, 강체 등은 칸트가 말하는 것처럼 물리적 선행조건으로 인식 주체로부터 독립된 객관적 사실이며, 관찰과 서술을 조건짓는다. 주체는 서술의 자유를 가지며, 다양한 서술방식을 고안하고 선택할 수 있다. 그러나 그 자유는 객관적 사실인 물리적 선행조건의 한계 안에서만 행사될 수 있는 것이다. 이러한 사실은 시공간의 인식이 지니는 물리적 객관성을 드러낸다.

| 김국태 |

읽어볼 만한 책

Audretsch, Jürgen and Mainzer, Klaus, hg. (1988) *Philosophie und Physik der Raum-Zeit, Grundlagen der exakten Naturwissenschaften*, Bd. 7, Mannheim/Wien/Zürich: BI-Wiss.-Verl.

Einstein, Albert (1988) *Über die spezielle und die allgemeine Relativitätstheorie*, Berlin: Braunschweig.

Hanns und Margret Ruder (1993) *Die spezielle Relativitätstheorie*, Vieweg studium, Grundkurs Physik, Berlin: Braunschweig.

Lorentz, Hendrik Antoon, Einstein, Albert, und Minkowski, H. (1982) *Das Relativitätsprinzip, Eine Sammlung von Abhandlungen*, Darmstadt: Vieweg+Teubner.

Mittelstadt, Peter (1989) *Philosophische Probleme der modernen Physik*, Mannhein/Wien/Zürich.

Reichenbach, Hans (1977) *Philosophie der Raum-Zeit-Lehre*, Gesammelte Werke, Bd.2, Braunschweig.

Sellien, Ewald (1910) *Die erkenntnistheoretische Bedeutung der Relativitätstheorie* (Kantstudien Nr. 48), Berlin.

Stromeyer, Ingeborg (1980) *Transzendentalphilosophische und physiaklische Raum-Zeit-Lehre*, Grundlage der exakten Wissenschaft, Bd.2, Mannheim/Wien/Zürich: Bibliogr. Inst.+Brockha.

양자역학의 철학
보어와 아인슈타인의 논쟁[1]

양자역학의 철학이 무엇인지 설명하기 위해서는 양자역학에 관한 논쟁을 소개하면서 그 논쟁 속에 담긴 철학적 사고를 보여주는 것이 가장 좋다. 왜냐하면 양자이론이 지닌 역설은 너무 기묘하여, 양자역학 철학을 말할 때 양자역학적 상황을 기술하지 않고서는 너무 추상적이 되어버리기 때문이다. 따라서 이 글에서는 양자이론의 발전사에서 가장 중요한 논쟁인 아인슈타인과 보어의 논쟁을 선택했고, 그중에서도 EPR-보어의 논쟁을 주로 다루고자 한다.

양자역학의 철학적 문제들은 '결정론-비결정론 논쟁' '보어의 상보성' '불확정성원리와 세계의 미결정성' '입자-파동의 이중성' '양자논리' '대상과 주체와의 관계' '인과성' '실재론-반실재론' '개별자 존재론과 전체론' '국소성과 비분리성' '다세계 해석' 등 다양하다.

---

1 이 글은 김유신(2008, 2011 근간)을 참조했다.

이러한 철학적 주요 문제들은 양자이론의 초기부터 나오기 시작했는데, 특히 아인슈타인과 보어의 논쟁은 철학적 문제들이 활발히 논의될 수 있는 중요한 계기를 제공했다. 이 두 거인들의 논쟁의 내용은 매우 심오하여 물리학사에서 이에 필적할 만한 논쟁이라면 아마도 라이프니츠-클라크 논쟁 정도를 꼽을 수 있을 것이다. 아인슈타인과 보어의 논쟁은 크게 세 시기로 나누어볼 수 있다.

첫번째는 양자역학이 체계적이고 합리적인 역학으로 등장하기 전까지의 시기로, 양자역학의 형성과정에서 논쟁이 벌어졌다.

두번째는 새로운 합리적 역학이 체계적으로 형성되고 난 이후의 시기다. 여기서 체계적이고 합리적인 역학은 하이젠베르크의 매트릭스 역학과 슈뢰딩어(E. Schrodinger)의 파동역학을 말한다. 하이젠베르크의 매트릭스 역학은 하이젠베르크가 처음에 만든 새로운 운동학을 나중에 보른과 하이젠베르크, 요르단(P. Jordan)이 함께 완성한 것이다. 이 역학의 문제점을 해결하고 이를 해석하기 위해 새로운 사상이 제시되었는데, 하이젠베르크의 불확정성원리와 보어의 상보성원리가 그것이다. 이때는 체계적인 양자역학의 이론이 형성되었기 때문에, 두 거인의 논쟁에서는 양자역학 자체의 이론적·인식론적 지위와 관련된 아인슈타인의 비판과 옹호가 주를 이루었다.

세번째는 1935년 아인슈타인, 포돌스키(B. Podolsky), 로젠(N. Rosen)이 세 사람의 이름으로 발표한 「물리적 실재에 대한 양자역학적 기술은 완전할 수 있을까?」(Can Quantum-Mechanical Description of Physical Reality be Considered Complete?)라는 논문에서 양자역학 자체에 대한 핵심적인 비판을 한 이후의 시기다──이 논문을 EPR(EPR이란 Einstein, Podolsky, Rosen의 첫 글자의 조합으로, 이하에서 EPR은 이 세 사람을 가리킨다) 논증이라고 부른다. 이 논문에 대해 보어는 즉각 반론했는데, 이 논쟁을 EPR-보어 논쟁이라고 부른다. 이 논쟁 이후 보어는 양자역학의 해석에 관한 입장을 바꾸었고, 그에 따라 논쟁의 초점이 달라졌다. 다시 말해 EPR-보어 논쟁 이전에는 양자역학에 관한 주요 논쟁점이 결정론, 비결정론, 인과성, 확률론 등이었다. 그러나 EPR-보어 논쟁 이후에는 논쟁의 주요 주제가 국소성-비국소성, 분리성-비분리성, 전체성, 실재론-반실재론 등으로 바뀌었다. 이처럼 EPR-보어 논쟁을 통해 철학적으로 풍성한 주제들이 등장했고 이는 학계에 많은 자극을 주었다. (그러나 EPR-보어 논쟁 이후 양자역학에 관한 논쟁은 교착상태에 있었다. 이러한 상황에서 벨 정리가 출현했고 이 정리에 대한 실험결과는 과학철학에 새로운 돌파구를 열어주었다.)

이 글에서는 아인슈타인과 보어의 논쟁 전부를 다루기보다, 물리학 내외적으로 풍부한 철학적 논쟁을 촉발시킨 세번째 단계인 EPR-보어 논쟁의 중요한 부분만을 다루고자 한다.

1. EPR 논증

양자역학은 출현 후 많은 성과를 거두었지만, 아인슈타인은 양자역학의 비고전적 성격을 이유로 이를 만족스럽게 여기지 않았다. 1927년 쏠베이(Solvay)학회에서 아인슈타인은 이미 아래와 같은 다섯가지 노선을 토대로 양자역학을 비판하고 있었다.

(1) 양자역학의 방정식은 상대론적으로 불변이 아니다.

(2) 거시 대상의 고전적 행태에 대해 좋은 근사치를 주지 못한다.

(3) 접촉작용(action-by-contact) 원리를 위반하는 상관관계가, 서로 떨어진 대상들 사이에 존재한다.

(4) 본질적으로 통계적 이론이므로 개별 씨스템 행태를 기술하는 것이 불가능하다.

(5) 교환관계(commutation relations)의 범위는 이론이 가정하는 것처럼 실제로 그렇게 넓지 않을 것이다.

아인슈타인은 나중에 여러 학자와의 논쟁을 통해 (5)의 비판은 포기하게 되나 그뒤로도 위의 네가지 부분에 대한 비판은 견지했다. 1935년 3월 25일 아인슈타인은 포돌스키, 로젠과 함께 『물리학 리뷰』(*Physical Review*)에 「물리적 실재에 대한 양자역학적 기술은 완전할 수 있을까?」라는 제목으로 양자역학을 통렬하게 비판하는 논문을 발표했다. 이 논문은 많은 물리학자의 주의를 끌었고, 그후 잇따른 토론은 물리학 공동체 바깥에서도 양자물리학의 철학적 측면에 대해 많은 흥미를 불러일으켜, 이 논증에 관한 엄청난 양의 논문이 쏟아져나왔다.

EPR 논문(Einstein, Podolsky, Rosen 1935, 777~80면)은 양자역학 이론의 부분적 결함이나 개별 적용의 문제, 형식적 모순성을 다루기보다는 양자역학이라는 이론 전체가 물리적 실재에 대한 적절한 해명을 하기에는 불완전한 이론이라는 것을 보여주려 했다. 따라서 이 논문은 비록 수학적·형식적·기교적 내용을 담고 있지만, 본질적으로 물리적·형이상학적·인식론적 성격을 띤다.

EPR 논문은 양자역학이 불완전하다는 것을 보여주기 위해, 완전한 이론이 갖추어야 할 두가지 조건을 제시했다. 그리고 양자역학은 이 두가지 조건 중 하나를 만족하지 못하는 것을 보여줌으로써 양자역학이 불완전하다는 것을 보여주려 했다. EPR이 제시하는, 만족할 만한 물리 이론이 되기 위한 기준은 다음과 같다.

첫째, 그 이론은 옳은가(correct)? 둘째, 그 이론에 의해 주어진 기술은 완전한가(complete)? 여기서 이론의 '옳음'은 이론이 세계에 대한 '참'(truth)을 제시하는가에 대한 것이라기보다는, 오히려 이론이 실용적으로 현상을 적합하게 해명하거나 예측할 수 있기만 하면 된다는 것을 의미한다. 이것은 양자역학이 보여주는 경험적 성공으로 충분하다.

완전함에 대한 언급은 이론의 경험적 성공보다는 그 이론이 물리적 실재에 대해 완전히 기술해낼 수 있는가에 대한 것이다. 즉, 이론이 세계를 완전히 반영하는가에 대한 이야기다. '완전한'(complete)이란 용어는 그 뜻이 애매하여 여러 의미를 지닐 수 있는데, EPR은 이를 명확하게 정의한다. 즉 "물리이론이 완전한 이론이 되려면 다음과 같은 필요조건을 갖추어야 한다"라고 주장한다.

완전성 조건 물리적 실재의 모든 요소는 각각 물리이론 속에 대응 부분(counterpart)을 지녀야 한다.

여기서 물리적 실재의 요소란 무엇인가? EPR은 그것을 선험적인(a priori) 철학적 고려에 의해 결정되지 않고, 아래와 같이 실험과 측정의 결과에 호소하여 발견할 수 있는 것으로 정의한다.

물리적 실재의 조건(condition of physical reality) 물리 시스템을 어떤 방식으로든지 교란시키지 않고 정확하게 확률 1을 갖고 그 물리 시스템에 속하는 물리적 양(physical quantity)의 값을 예측할 수 있다면, 이 물리적 양에 대응하는 물리적 실재의 요소는 존재한다.

이러한 물리적 실재의 조건은 완전성 조건과는 달리, 필요조건이 아니라 충분조건이다. 실재에 대한 이 기준이 고전역학에는 분명히 적용되겠지만, 양자역학에도 해당될지는 의문이다. 그런데 EPR은 이 조건에 대해 물리적 실재를 대상으로 다루는 모든 물리이론이 반드시 만족해야 할 조건이라고 본 것이다. EPR은 양자역학이 이 조건을 만족하지 않는다고 주장하며, 그것은 이 조건에 문제가 있는 것이 아니라, 양자역학이 물리이론으로서 불완전하고 문제가 있다고 보았다.

EPR이 제시한 두가지 조건을 자세히 검토해보자. 완전성 조건이라는 첫번째 조건은 당연하고 분명한 것처럼 보이지만, 실제로 보이는 것보다 더 많은 것을 함축한다. 그것은 물리적 실재는 이론과는 독립적으로 존재한다는 가정과, 이론은 이 실재에 대응하는 요소를 그 안에 지녀야 한다는 전제를 함축한다. 그리고 물리이론이 완전한 이론이라면, 이론은 모든 물리적 실재의 요소에 대응하는 모든 이론적 요소들을 이론 내부에서 발견할 수 있어야 한다.

문제는 물리적 실재의 기준은 무엇인가다. 이것이 바로 물리이론이 완전하기 위한 두번째 조건이다. 이 두번째 조건이 있어야 첫번째 조건이 의미를 지닌다. 어떤 물리량에 대응되는 물리적 실재가 존재하는지의 여부를 이론으로 어떻게 알 수 있는가? EPR은 이것이 가능하다고 주장한다. 즉, 교란 없이 어떤 물리량의 값을 확률 1로, 즉 '완벽하게' 예측할 수 있다면 그 물리량에 대응되는 물리적 실재가 존재한다는 것이다. 여기서 EPR은 '물리적 실재'라는 존재론적 주장을 예측이라는 인식론적 주장을 토대로 정의하고 있다. 그런데 두번째 조건에서 비록 이론이 특정 물리량에 대해 예측 가능하다고 하더라도 세계는 이론 독립적이기 때문에, 거기서 그 물리량에 대응되는 물리적 실재의 존재에 대한 주장까지 도출해낸다는 것은 비약이 아닌가라는 비판이 가능하다. 이 비판은 곧 두번째 조건이 불충분하다는 주장이다. 이 점을 살펴보자.

아인슈타인의 기본 입장은 물리량에 대응되는 물리적 실재를 오직 이론으로만 알 수 있다는 것이었다. 이는 과학적 실재론자들의 주장이기도 하다. 아인슈타인은 실재론자이지만, 소박한 실재론자들과는 달리 세계와 우리가 직접 대면할 수 없다는 점을 받아들인다. 우리가 세계와 대면할 때는 반드시 이론이 매개가 된다. 따라서 이론을 이용하여 측정대상이 되는 씨스템을 교란하지 않고(교란하더라도 측정과정이 이론에 의해 완전히 예측되는 경우에는 문제시되지 않는다) 특정한 물리량의 값을 정확히 예측할 수 있으면, 그 물리량에 대응되는 물리적 존재는 실재한다고 보는 것이 EPR의 실재론적 주장이라고 볼 수 있다.

측정은 관찰자가 자신과 독립적인 세계와 상호 작용하는 것인데, 그 상호작용을 통해 물리적 실재는 변화를 일으키며, 동시에 측정장치에서도 변화가 일어난다. 문제는 고전이론에서는 측정장치에 나타나는 변화에 두 존재자의 변화량 모두 반영되어 있다는 점이다. 이때 이론이 총 변화량을 실재에 속하는 부분과 관찰장치에 속하는 부분으로 분리해낼 수 있다면, 측정은 관찰대상의 속성을 완전하게 기술해내어 그 대상의 속성을 예측할 수 있다. 하지만 그렇더라도 관찰대상이 실재한다고 어떻게 보증할 수 있는가? 이는 논리적 비약 아닌가? 여기에 대한 답변으로 '만일 그 대상이 실재하지 않는다면, 어떻게 정확한 예측이 가능할 것인가, 단지 우연인가'라는 질문을 역으로 던질 수 있다. 즉, 증명

280

의 부담(burden of proof)을 상대에게 전가할 수 있다는 것이다.

아인슈타인이 두번째 조건에서 "씨스템을 교란하지 않고 측정하는" 것을 물리적 실재의 조건을 위한 일차적 시도로 삼은 중요한 이유는 하이젠베르크의 불확정성원리에 대한 그의 이해를 반영한다. 하이젠베르크는 불확정성원리를 측정에서 발생하는 교란으로 인한 것으로 해석한다. 고전역학에서 운동량과 위치는 동시에 측정 가능하다. 그 이유는 비록 측정할 때 교란이 발생하더라도 그 교란의 양을 잘 처리해내는 방식을 이론 속에서 찾을 수 있기 때문이다. 그러나 양자역학의 불확정성원리는 이것을 의미하지 않는다. 고전역학이나 우리의 상식과는 맞지 않는 이 불확정성원리의 의미를 보여주기 위해 하이젠베르크는 감마선 현미경을 사용한 사고실험을 제시한다. 전자의 위치를 측정하기 위해 파장이 아주 짧은 감마선을 비추면 위치의 정확성을 높일 수 있으나, 감마선의 에너지가 크기 때문에 전자에 일으키는 교란이 매우 커서 운동량에 대한 오차는 심해진다. 또한 그 오차를 알 수 있는 방법은 없다. 따라서 불확정성원리의 성립이 타당하다고 설명한다. 하이젠베르크의 이 논증은, 교란 없이 전자의 위치와 운동량을 동시에 측정할 수 없기 때문에 불확정성원리는 타당하다는 주장을 함축한다. EPR은 이 점에 주의하여 실재의 조건을 끌어냈다.

불확정성원리는 수학적으로 유도되는 양자역학의 핵심요소이기 때문에, 불확정성원리의 비판은 바로 양자역학 자체의 비판으로 이어질 수 있다. 아인슈타인은 하이젠베르크의 설명을 좇아 불확정성원리를 교란의 문제로 본 것이다. 쏠베이학회에서 아인슈타인은 사고실험을 통해 교란을 일으키지 않고 운동량과 위치를 동시에 잴 수 있는 방안을 제안했다. 이에 보어가 반론을 제기하자 아인슈타인은 좀더 근본적인 방식으로, 즉 교란 없이 대상의 속성을 알 수 있는 방식을 제안했다. 이것이 바로 EPR 논증이다.

EPR은 앞에서 논한 것처럼 완전성 조건과 물리적 실재의 두 조건을 고안하여 하나의 가정으로 제시했다. EPR은 이 가정을 토대로 양자역학이 이론으로서 불완전하다는 것을 보여주기 위해 다음의 사고실험을 수행하여 두 단계로 논증했다.

EPR 논증의 첫번째 단계

(A1) S or R

S: 파동함수에 의해 주어지는 실재에 대한 양자역학적 기술은 완전하지 않다.

R: 두 물리적 양에 대응되는 연산자들이 서로 교환되지 않을 때, 그 두 양은 동시적 실재를 지닐 수 없다.(Einstein, Podolsky, Rosen 1935, 778면) EPR은 (A1)을 참으로 인정한다.

위의 단계에 관하여 EPR은 사고실험을 수행했다.

두 시스템 I과 II가 있다고 가정하자. 먼저 시간 t=0와 t=T 사이에 두 시스템을 서로 상호 작용시킨 후 이 두 시스템을 서로 더이상 상호 작용하지 못하도록 멀리 떨어져 있게 한다. 나아가 t=0일 때 두 시스템의 상태를 알고 있다고 가정한다. 그러면 우리는 슈뢰딩어 방정식을 이용해서, 결합된 시스템 I+II의 상태를 기술하는 파동함수를 계산할 수 있다: 특히 어떤 t>T에 대해 시스템 I+II에 대응되는 파동함수를 ψ라고 하자. 그러나 상호작용 후에 그 시스템 중 어느 하나가 처해 있는 상태를 계산할 수는 없다. 이것은 양자역학에 의하면, 집속파동의 환원으로 알려진 과정을 통한 측정의 도움으로써만 알려질 수 있다.(Einstein, Podolsky, Rosen 1935, 779면)

이때 씨스템 I, II는 서로 상관관계를 지닐 수 없도록 멀리 떨어져 있도록 했기 때문에 씨스템 I을 측정해도 특수 상대성이론에 의해 측정하는 시간 내에서 씨스템 II는 영향을 받지 않는다. 이때 씨스템 I의 물리적 양 A를 측정하면, 보존법칙에 의해 씨스템 II의 파동함수를 알게 되고 그 파동함수를 이용해 씨스템 II의 물리적 양 A를 정확하게 예측할 수 있다. 따라서 씨스템 II의 물리적 양 A는 교란받지 않고 정확히 예측할 수 있기 때문에 물리적 실재성(reality)을 지닌다.

그다음에 씨스템 I의 물리적 양 B를 측정한다면, 마찬가지 방법으로 우리는 씨스템 II의 파동함수를 계산해낼 수 있고, 이것을 이용해 씨스템 II의 물리적 양 B를 계산할 수 있다. 곧 씨스템 II에 영향을 주지 않고 씨스템 II의 물리적 양 B를 정확히 예측할 수 있기 때문에 씨스템 II의 물리적인 양 B는 실재성을 지닌다.

두 씨스템이 상호 작용한 후에 씨스템 I에 대한 두개의 측정결과로서 씨스템 II는 두개의 다른 파동함수를 지닌 상태에 놓이게 된다. 다른 한편, 측정하는 시각에는 두 씨스템이 더이상 상호 작용하지 않기 때문에 씨스템 I에 일어나는 결과에 의해 씨스템 II에 일어나는 실재적 변화는 전혀 없다. 이리하여 똑같은 실재(reality)에 대해 두개의 다른 파동함수의 부여가 가능하다. 즉, 이 두개의 다른 파동함수가 동일한 실재를 기술하게 된다. 그 두 파동함수는 물리량 A와 B를 갖는다. 파동함수에 의해 실재에 대한 기술이 완전하다면, 우리는 씨스템 II의 물리량 A와 B를 교란 없이 정확하게 예측할 수 있다.

물리량 A, B를 운동량과 위치라고 했을 때, 그 각각에 대응되는 연산자들은 서로 교환 가능하지 않다. 이 씨스템 II는 씨스템 I의 A 또는 B 중 어느 하나의 측정이 이루어지더라도 전혀 영향을 받지 않는다. 따라서 두번째 씨스템의 운동량 또는 위치를 정확하게 예측할 수 있게 된다. EPR의 실재성 기준에 의하면, 운동량과 위치는 동시적 실재를 지닌다고 할 수 있다. EPR은 "파동함수는 물리적 실재에 대해 완전한 기술을 제공한다는 가정 아래에서, 우리는 서로 교환되지 않는 두개의 연산자에 대응되는 두개의 물리적 양이 동시에 실재성을 지닐 수 있다는 결론에 도달했다"고 밝힌다(Einstein, Podolsky, Rosen 1935, 780면). 여기서 '−S → −R'이라는 식이 나온다. 이리하여 EPR은 다음과 같은 두번째 단계를 끌어낸다.

EPR 논증의 두번째 단계

(A2) −S → −R

EPR 논증의 구조를 형식논리로 다음과 같이 표현할 수 있다. (A1)과 (A2)에서

즉, S or R / −S → −R ∴ S

따라서 양자역학적 기술은 완전하지 않다.

그런데 여기서 EPR은 운동량과 위치를 동시에 측정하는 것으로 간주하지 않았다. 따라서 운동량과 위치의 동시적 실재성을 주장하는 데

는 문제가 있다고 지적할 수 있다. EPR은 이러한 반론을 예견하고 아래와 같이 서술했다.

이러한 관점에서는 P와 Q〔시스템 II의 운동량과 위치에 각각 대응되는 연산자〕둘 중의 하나 또는 다른 하나 그러나 동시에 둘 다가 아닌 하나만 예측될 수 있기 때문에, 그들이 동시에 실재하는 것은 아니다. 이것은 P와 Q의 실재성이 시스템 I에 수행한 측정과정에 의존하게 만드는데, 그것은 어떤 방식으로든 시스템 II에 영향을 주지 않는다. 실재에 대한 어떠한 합리적인(reasonable) 정의도 이것을 허용하는 것을 기대할 수 없을 것이다.(Einstein, Podolsky, Rosen 1935, 780면, 〔 〕는 인용자)

EPR은 실재에 대한 어떠한 합리적인 정의도 이것(씨스템 I에 수행하는 측정이 어떤 방식으로든 씨스템 II에 영향을 주는 것)을 허용하는 것을 기대할 수 없을 것이라고 답한다. 사실상 EPR의 논문은 입자 I과 입자 II를 일단 처음에 상호 작용시킨 후 서로 멀리 떨어져 있게 되는 상황을 설정한다. EPR은 이때 입자 I을 측정하는 행위가 입자 II에 영향을 주지 않는다는 것이 우리의 기본적 직관과 일치한다고 생각한 것이다. 여기에 내포된 가정은 '입자 II의 물리적 성질은 입자 I의 측정과 상관없이 이미 결정되어 있다'는 것, 그리고 '입자 I과 II는 시공간적으로 서로 떨어져 있어 입자 I에 대한 측정이 입자 II에 영향을 미친다는 것은 상대성이론에 위배된다'는 것이다.

상대성이론에 위배되는 주장이란 바로 국소성(locality)의 거부이며, 비국소성의 수용이다. 이 비국소성을 받아들이지 않는다면, EPR의 주장은 바로 운동량과 위치가 동시적 실재를 가질 수 있다는 의미를 지닌다. 그러나 불확정성원리에 의해 양자역학에서는 그것이 불가능하다. 따라서 양자역학은 물리적 실재의 기술로서는 불완전하다고 볼 수밖에 없다는 것이 EPR의 결론이다.

EPR의 논문은 원격작용의 거부라는 국소성 문제와 물리적 대상의 성질이 관찰 독립적으로 존재한다는 실재론, 즉 국소적 실재론을 거부할 수 없는 것, 마치 선험적으로 참인 것처럼 암암리에 가정했다. 그러므로 EPR은 이것이 거부된다는 것을 택하기보다는 양자역학이 불완전하다는 것을 택한 것이다. 보어는 EPR 논증에 대해 어떻게 반응했을까? 보어의 다음 반론을 살펴보자.

2. EPR 논증에 대한 보어의 답변

보어는 EPR 논문에 대한 반론을 『네이처』(*Nature*)의 예비노트(preliminary note)로 먼저 발표했다(Bohr 1935a, 65면). 보어는 이 한쪽 분량의 논문에서 EPR의 실재의 조건이 애매해 양자역학적 현상에는 적용할 수 없다고 지적하면서, 이에 대해 『물리학 리뷰』에 발표하는 글로 충분히 비판할 것이라고 밝혔다. 보어는 곧이어 『물리학 리뷰』에 EPR 논문과 동일한 제목으로 글을 발표했다(Bohr 1935b). 보어는 먼저 자신이 이해한 불완전성에 대한 EPR 논증을 요약하고, 뒤이어 이것을 자신의 상보성을 더 자세히 설명할 수 있는 기회라고 생각하면서 비판을 했다.

보어 반론의 핵심은 EPR 논증이 지니는 여러 함축, 예를 들면 국소성-비국소성, 실재론 문제를 직접적으로 다루기보다는,[2] EPR 논증의 결론 자체를 받아들이지 않고 그로써 EPR 논증의 가정 중 하나인 '물리적 실재'의 기준을 거부하는 것이었다. 보어는 물리적 실재의 기준이 양자역학의 문제에 적용될 때는 본질적인 애매성을 지닌다고 보았다.

애매하지 않은 의미가 "물리적 실재" 같은 표현에 부여될 수 있는 범위는 물론 선험적인 철학적 개념으로부터 연역될 수 없고, 그러나──논문의 저자들이 스스로 인용한 것처럼──실험과 측정에 대한 직접적인 호소 위에 세워져야 한다. 이 목적을 위해 그들은 다음과 같이 정식화한 "실재의 기준"을 제시했다. 만약 어떠한 방식으로도 씨스템을 교란하지 않고, 우리가 물리량의 어떤 값을 확률 1을 갖고 예측할 수 있다면, 이 물리적 양에 대응되는 물리적 실재의 요소는 존재한다.(Bohr 1935b, 73~74면)

EPR은 물리적 실재를 선험적으로 정의하지 않고 "씨스템을 교란하지 않고 물리량의 값을 정확하게 예측할 수 있으면, 이러한 물리량에 대응하는 물리적 실재가 존재한다"며 조작주의(operationism)에서 정의하는 것처럼 측정할 수 있는 상황을 설정했다(그러나 아인슈타인은 조작주의자가 아니다). 즉, 씨스템 I의 어떤 물리적 속성을 측정하는 것이 씨스템 II에 아무런 물리적 효과를 미치지 않는다는 것이다. 따라서 씨스템 I의 어떤 물리적 속성을 측정하더라도, 씨스템 II에 아무런 교란을 일으키지 않고, 이론에 대응하는 씨스템 II의 물리적 속성을 예측할 수 있다. 이처럼 물리적 실재에 대한 EPR의 기준은 겉으로 보기에는 그 조

---

2 이러한 것들은 지금의 관점에서 보면 당연히 다루어야 할 것 같지만, 그 당시는 그렇게 생각되지 않았다. 물론 비국소성의 힌트는 아인슈타인의 글에도 나타나 있지만, 자세한 논의는 벨 정리 이후에 이루어졌다.

작적 정의를 구성하는 어떤 요소도 애매하지 않고 분명하다. 그러면 보어가 주장하는 "물리적 실재의 기준의 애매성"은 어디에 있을까? 보어의 진술을 보자.

> 흥미있는 예를 통해 (…) 저자들은 다음으로 양자역학에서는 고전역학에서처럼 역학적 시스템의 기술과 연관된 어떤 주어진 변수의 값을 이전에 상호 작용해온, 전적으로 다른 시스템에 행해진 측정들로부터 예측하는 것이 적절한 조건 아래에서 가능하다는 것을 보여주려고 한다. 그러므로 그들은 자신들의 기준에 의하여, 그러한 변수들에 의해 표상되는 각각의 〔물리〕량에 실재의 요소를 부여하기를 원한다. 게다가 정규적으로 공액인(canonically conjugate) 변수 둘 모두에 명확한 값을 부여하는 것이 역학적 시스템의 상태 기술에서는 결코 가능하지 않다는 것이 양자역학의 현재 형식체계의 잘 알려진 특징이다. 그렇기 때문에, 그들은 결과적으로 이러한 형식체계는 불완전하다고 생각하며, 더 만족스러운 이론이 개발될 수 있다는 믿음을 표현한다.(Bohr 1935b, 74면)

요약하면 EPR의 사고실험적 상황에서, EPR은 자신들의 실재기준에 의해, 즉 씨스템 I의 측정이 씨스템 II에 아무런 영향을 미치지 않는다는 고전역학의 전제를 양자역학에서도 적용되는 것으로 가정하여 씨스템의 공액변수에 명확한 값을 부여할 수 있다고 보았다. 그러나 수학적으로 정합적인 형식에 기초를 둔 양자역학의 형식체계는 공액변수에 동시적인 값을 주지 못하기 때문에 불완전하다는 것이 EPR의 주장이다.[3] 보어는 이에 대해 다음과 같이 반론한다.

고려하고 있는 측정에는 시스템과 측정장치와의 어떠한 직접적인 역학적 상호작용도 배제되어 있다. 그러나 좀더 자세히 조사하면, 측정과정은 문제가 되는 물리적 양의 바로 그 정의가 놓여 있는 조건에 본질적 영향을 미친다는 것이 드러난다. 이러한 조건들은 '물리적 실재'라는 용어가 애매하지 않게 적용될 수 있는 현상의 본래적인(inherent) 요소로서 고려되어야 하기 때문에, 위에서 언급된 저자들의 결론은 정당화되는 것처럼 보이지 않는다.(Bohr 1935a, 65면)

고전역학에서는 씨스템 I의 측정이 씨스템 II에 물리적 영향을 주지 않는 것은 물론이고, 씨스템 I에 대한 측정이 씨스템 II의 현상의 정의에 본래적으로 내재하는 조건에도 영향을 주지 않는다. 그러나 양자역학에서는 다르다. 보어는 씨스템 I의 측정이 씨스템 II에 물리적 효력을 미치지 않는다는 점을 인정한다. 그러나 앞의 인용문처럼 측정변수가 공액변수일 경우 씨스템 I의 측정은 우리가 고려하는 씨스템 II의 **물리적 속성을 정의하기 위한 필요조건**에 본질적인 영향을 미친다고 본다.

따라서 보어는 양자역학적 현상에서는 EPR의 물리적 실재의 기준이 애매할 수밖에 없다고 보았다. 씨스템 I의 물리적 속성에 대한 측정행위는 결국 어떤 의미에서 그에 대응되는 씨스템 II의 물리적 속성을 정의하기 위한 필요조건에 영향을 준다는 것이다. 그러면 이 "물리적 속성을 정의하기 위한 필요조건"은 무슨 뜻인가? 이것은 결국 씨스템 I의 물리적 속성을 측정하는 것은 씨스템 II의 물리적 속성의 정체성을 구성

---

3 보어는 상호 작용한 두 씨스템 중 하나에서 공액인 두 변수를 동시에 측정하지 못하기 때문에 다른 쪽을 교란하지 않고 두 공액변수의 값을 동시에 부여할 수 있다는 것은 잘못이 아닌가라는 일반적 이야기로 EPR 논증의 약점을 문제삼지는 않는다.

하는 요소의 역할을 한다는 것이다. 이렇게 보면 보어가 지적하는 EPR 의 "물리적 실재의 기준의 애매성"은 EPR이 지적한 양자역학의 모순이 양자역학의 불완전함을 드러내는 것이 아니라, 양자역학이 관심을 두 는 종류의 현상에 대해 고전 물리학적 관점이 본질적으로 부적합하다 는 것을 드러내는 것이다. 즉, EPR의 관점은 고전역학의 가정인 분리성 논제가 양자역학적 현상에도 성립한다는 전제를 토대로 양자현상을 설 명하려고 한다는 것이다.

그렇다면 보어는 이런 식으로 씨스템 I의 공액변수 하나를 측정하면, 그 측정이 씨스템 II에 대응되는 공액변수를 정의하는 조건에 어떻게 영향을 주는지를 보여주려 했는가? 보어는 두개의 슬릿(slit) 실험을 사 용하여 자신의 주장을 증명하려 한다. 이때 보어는 그들의 실험적 장치 가 단순히 어떤 물리량의 공액변수의 동시적인 값을 필연적으로 수학 적 형식에 의해 알 수 없다는 것을 주장하는 것이 아니라는 점을 분명히 한다. 즉, 공액변수 중 하나의 값을 알면 다른 값은 필연적으로 알려지 지 않는다는 것이 아니라, 그러한 공액변수의 동시적 값을 애매하지 않 은 방식으로 정의하는 것조차도 불가능하다고 주장한다.

> (…) 고유한 양자현상의 연구에 적합한 각각의 실험장치에서는 단
> 순히 어떤 물리량의 값에 대한 무지를 다루는 것뿐만 아니라, 이러한
> 양을 애매하지 않은 방식으로 정의하는 것의 불가능성도 다루어야 한
> 다.(Bohr 1935b, 78면)

보어는 앞의 인용문의 마지막 진술을 EPR 실험에 적용한다. 그는 격 막(diaphragm)이 장치의 다른 부분에 느슨하게 혹은 단단하게 고정되

어 있는지를 고려하면서, 두개의 슬릿을 가진 장치를 이용한 사고실험을 다음과 같이 수행한다.

> 그들〔EPR의 세 저자〕이 수학적으로 표현한 두 자유입자의 특정한 양자역학적 상태는 두개의 평행하는 슬릿을 가진 고정된 격막을 포함하는 하나의 간단한 실험장치에 의해 적어도 원리적으로는 재현될 수 있다. 슬릿의 폭은 두 슬릿 사이의 간격보다 훨씬 적고, 초기 운동량을 가진 한 입자는 다른 입자와 독립적으로 각각의 슬릿을 통과할 수 있다. 만약 입자가 통과한 후에(물론 통과하기 전에도) 이 격막의 운동량이 정확하게 측정된다면, 우리는 동일한 방향으로 그들의 초기 위치좌표들의 차이는 물론, 통과하는 두 입자의 운동량에서 슬릿에 수직인 성분의 합을 사실상 알 수 있을 것이다. 반면에 물론 두개의 공액량, 즉 그들의 운동량 성분의 차이와 그들의 위치좌표의 합은 전적으로 알려지지 않는다.(Bohr 1935b, 78~79면)

이러한 배열에서는, 입자들 중 한개의 위치와 운동량 가운데 어느 하나가 측정되면, 자동적으로 다른 입자의 위치 혹은 운동량이 정확하게 결정될 것이다. 즉 우리가 한 입자의 위치나 운동량을 알면 다른 입자의 위치나 운동량을 임의의 정확성을 갖고 알 수 있다. 적어도 각 입자의 자유로운 운동에 대응되는 파장이 슬릿의 폭에 비해 충분히 짧다면 그렇다. 앞서 EPR에 의해 지적되었듯이, 이 단계에서는 관심을 둔 입자와 직접적으로 간섭하지 않은 과정에 의해 후자(관심을 가진 입자와 상호작용한 다른 입자)의 물리량들(위치 혹은 운동량) 중에서 어느 것을 우리가 결정하기를 원하든지 간에 상관없다(Bohr 1935b, 79면). 그리고 우리는 격막의 한 슬릿을 통과한 입자의 위치 혹은 운동량의 예측에 적합한 실험적 과정들 중에서 자유롭게 결정할 수 있다. 그러나 보어에 의하면, 자유롭게 선택할 수 있다고 해서 운동량과 위치의 동시적 실재를 인정해서는 안되고, 고전적 개념의 모호하지 않은 사용을 허용하는 서로 다른 실험적 과정들 사이의 합리적 차별이 있어야 한다. 보어는 이 합리적 차별을 보여주기 위해 아래와 같이 길게 이야기한다.

사실상 입자들 중 어느 하나의 위치를 측정한다는 것은 입자의 행태와 공간적 준거 틀(reference)을 정의하는 받침대에 고정적으로 장착되어 있는 어떤 도구와의 관계를 형성하는 것을 의미한다. 그러므로 그러한 측정은 묘사된 실험조건 아래에서 입자가 슬릿을 통과할 때, 이러한 공간적 준거 틀에 대한 격막의 위치에 관한 지식을 우리에게 제공할 것이다. 다른 입자의 위치를 알기 위해 그 입자에 대한 교란을 원치 않기 때문에, 우리는 단지 이러한 방식으로만, 나머지 장치와 상대적으로 다른 입자의 초기 위치를 얻기 위한 토대를 얻을 수 있다. 첫번째 입자가 슬릿을 통과할 때 위치를 파악할 수 있지만, 슬릿에 충돌했을 때 받침대로 전해지는 본질적으로 통제할 수 없는 운동량의 변화를 허용하게 된다. 이 본질적으로 통제할 수 없는 양으로 인해, 격막과 두 입자들로 구성되는 시스템에 운동량 보존의 법칙을 적용하더라도 우리는 그 시스템의 미래의 가능성을 예측할 수 없다. 즉, 이 통제할 수 없는 양은 우리 자신을 시스템의 미래 가능성에 관한 지식으로부터 차단한다. 그리고 우리는 두번째 입자의 행태에 관한 예측에서 운동량 관념을 애매하지 않게 적용할 수 있는 유일한 기초를 잃어버린다. 역으로, 만약 우리가 입자들 중 하나의 운동량 측정을 선택하면, 우리는 그러한 측정에서 불가피한 통제 불가능한 변위를 통해 이 입자의 행태로부터 나머지 장치에 상대적인 격막의 위치를 연역해낼 수 있는 어떠한 가능성도 잃게 된다. 이리하여 우리는 다른 입자의 위치에 관한 예측을 위한 기초가 어떤 것이든 간에 아무 결론도 얻지 못한다.(Bohr 1935b, 79~80면)

EPR은 씨스템이 정확한 운동량과 위치를 동시에 지닌다는 것을 추론하기 위해 이론적 정의와 관찰을 사용할 수 있는 실험적 상황을 생각해냄으로써 양자역학의 불완전성을 보이려 한다. 이에 반해, 보어는 앞에서 보여주었듯이 실험적으로 측정할 수 있는 장치를 전제하지 않으면, 애매하지 않게 물리량을 정의하는 것 자체가 불가능함을 주장한다. 예를 들면 위치의 측정을 위한 실험장치로는 위치만 측정할 수 있지, 운동량을 측정할 수 있는 어떠한 연역적 기초도 마련하지 못한다. 즉, 운동량을 정의하는 데 필요한 조건이 형성되지 않는다는 것이다. 마찬가지로 운동량의 측정을 수행하는 장치로 운동량을 정의하면, 위치를 애매하지 않게 정의하는 것이 불가능하다. 그러나 동시에 이 두 실험장치는 서로 배타적이면서, 상보적이다.

보어의 답변은 정의와 측정을 정확히 분리할 수 없다는 것을 의미한다. 그리고 보어는 정의와 관찰의 상보성을 주장한다. 즉, 어떤 물리량을 측정하는 관찰장치를 구성하는 것이 원리적으로 불가능하다면, 그러한 물리량을 정의조차 할 수 없다는 것은 무엇을 말하는가? 보어의 주장은 극단적 조작주의가 아닌가라는 의심을 받을 수 있다. 얼핏 납득하기 어려워 보인다. 보어의 주장이 지니는 이러한 문제점을 EPR은 이미 그들의 논문에서 적절하게 지적했다.

만약 두개의 혹은 더 많은 물리량이 동시적으로 측정되거나 혹은 예측될 수 있을 때에만, 그 물리량들이 실재의 동시적인 요소가 된다고 주장한다면 우리의 결론에 도달할 수 없다. 이러한 관점에서는 물리량인 P〔운동량〕와 Q〔위치〕중에서 하나 혹은 다른 하나 그러나 둘 다 동시적이지 않게 예측될 수 있기 때문에, 그들은 동시적으로 실재적일 수 없다. 그 측정과정은 어떤 방식으로든지 두번째 시스템〔시스템 II〕을 교란시키지 않는데도, 두번째 시스템의 P와 Q의 실재를 첫번째 시스템〔시스템 I〕에서 수행한 측정과정에 의존하게 만든다. 실재에 관한 어떠한 합리적 정의도 이것의 허용을 기대할 수 없을 것이다.(Einstein, Podolsky, Rosen 1935, 780면)

보어는 여기에 대해 어떻게 답변하는가? 우리가 이론적 예측을 확증하는 데 있어, 어떤 변수를 측정해야 하는가는 우리의 자유로운 선택에 달려 있다. 우리가 위치를 선택하여 위치를 측정하려면 운동량을 결정하는 데 필요한 조건이 배제되는 실험적 배열을 구성함으로써만 가능하다. 반면에 고전역학은 운동량을 결정하는 필요조건을 배제해버리는 실험적 장치를 구성하지 않고도 위치 측정이 가능하다. 또한 운동량을 선택하면 마찬가지로 역으로 할 수 있다. 그러므로 보어는 상호작용 속에서 관찰된 그대로의 물리적 씨스템이 실제로 존재하는가 아닌가에 대해 논쟁하는 것이 아니다. 보어의 요지는 양자 공준으로 인해 우리가 한 씨스템의 상태를 정의하기 위해 사용하는 고전 물리학적 개념을 그와 상호 작용하는 관찰 씨스템의 상태로부터 분리하여 정의하거나, 이에 대해 경험적으로 알 수 없다는 것이다. 여전히 고전적인 인식론적 이상에 함몰된 EPR은 이러한 점을 불합리한 것으로 본 셈이다.

보어의 이러한 주장은 과학이론은 도구적이고 실재는 물 자체(Ding An Sich)이므로 알 수 없다는 것을 받아들이는 자에게는 문제가 없으나, 과학이론이 실재를 반영하고 드러낸다는 실재론적인 생각을 지닌 사람들에게는 얼핏 납득하기 힘든 주장인 것처럼 보일지 모른다. 하지만 사실상 그렇지 않다. 보어는 세계에 대한 어떤 이해는 선험적으로 규정하기보다는 경험에 기초해야 한다는 점을 받아들인다. 이 점은 과학적 실재론과 견해를 같이한다. 단, 여기서 보어는 물리적 실재에 대한 원초적 태도가 바뀔 수도 있음을 보여주는 것이지, 결코 도구주의자로서 그러한 주장을 한 것은 아니다.

보어는 「원자물리학에서의 인과의 문제」에서 아래와 같이 말했다.

사실상, 그 역설은 양자역학적 형식의 틀 내에서 그것의 완전한 해결책을 발견한다. 그것에 따르면 "상태" 개념의 정의에 수반된 외부조건들이 보조체에 대한 훨씬 더 적합한 통제에 의해 명백하게 고정되어서야 비로소 이러한 개념에 대한 잘 정의된 사용이 접촉해 있었던 그 보조체로부터 분리된 대상을 지시하는 것으로 정해질 수 있다.(Bohr 1938[1998], 102면)

여기에서 보어의 주장은 명백하다. 고전역학에서 어떤 씨스템의 "상태"라는 개념은 이 씨스템과 접촉해왔던 외부조건으로부터 분리된 상태를 가정할 수 있다고 보기 때문에, 그 씨스템의 "상태"란 개념을 정의할 수 있다. 그러나 양자역학에서는 외부조건, 즉 관찰조건과 분리된 씨스템의 "상태"란 관념 자체가 "애매하지 않게 통제하는 것의 불가능성" 때문에 성립될 수 없다. 그것은 오직 추상일 뿐이다.

EPR의 실험에서는 하나의 동일한 씨스템에 가해지는 두개의 가능한 측정 중에서 어느 것을 택할 수 있다는 선택의 자유가 우리에게 있다는 점을 전제한다. 고전 물리학적 측정과 지시 개념에 의하면, 물리적 씨스템의 상태에 관한 지식은 그 씨스템의 측정을 통해 얻어진다. 그런데 만약 '위치'나 '운동량' 같은 용어에 경험적 의미를 주기 위해 '씨스템'의 두 변수 중 어느 것이 관찰되어야 한다는 의미로 해석되어야 한다는 보어의 가정을 받아들인다면, 위치나 운동량의 측정을 위한 실험장치의 배열들은 서로 배타적이기 때문에, 우리는 두 관찰이 동일한 대상을 지시하기 위한 것으로 볼 수 있겠는가라는 질문을 할 수 있다. 여기에 대해 폴스(H. Folse)는 동일한 대상을 지시하기보다는 오히려 두개의 서로 구별되는 어떤 "현상적" 대상들의 속성을 지시한다고 결론을 내려야 할 것이라고 주장한다(Folse 1998, 151면).

폴스의 이러한 주장은 일견 타당한 것처럼 보이지만, 두개의 구별되는 "현상적" 대상이 가능하기 위해서는 배후에 있는 어떤 동일한 대상을 가정해야 한다. 그렇지 않으면, 운동량은 그 씨스템의 운동량 또는 그 씨스템의 위치라고 할 수 없다. 다시 말하면 입자 I(씨스템 I)의 운동량이거나, 입자 I(씨스템 I)의 위치여야 한다는 말이다. 여기서 보어는 원자적 대상의 존재를 받아들이는 실재론자로서 동일한 대상의 속성이란 말을 언급한 것으로 보인다.

그러면 왜 두 변수를 측정장치와 독립적으로 생각할 수 없는가? 내가 관찰하지 않으면 그 입자는 그 위치에 있지 않은가? 내가 보아야만 그 위치에 있는가? 이것은 직관적으로 받아들이기 힘들지 않은가? 보어는 이러한 질문에 이미 답변을 내놓았다. 측정대상은 외부세계와 어떤 형태로든지 관계 속에 놓여 있다. 독립된 씨스템이란 것 자체가 추상이고 그 추상적인 것에 경험적 값을 부여할 수 없으며 오직 '관찰장치 상대적으로'(relative to apparatus) 양자 이론에 의해 주어질 수밖에 없다.

따라서 운동량이라는 변수에 경험적 값을 주기 위해서는 측정장치를 고려해야 한다. 그 장치와 독립적인 대상의 위치라는 개념은 추상이다. 이에 대해 양자이론에 따라 위치의 측정은 운동량을 통제와 분석이 불가능한 방식으로 변화시키기 때문에 운동량을 정확히 알 수 없다고 생각하면 잘못이다. 이러한 생각은 하이젠베르크가 자신의 불확정성원리에 대해 감마선 현미경을 토대로 내린 초기 해석에 대한 오해에 기초한다. EPR은 이 생각을 염두에 두고 불확정성이 측정에 의한 '교란'이기 때문에 교란 없이 측정한다면 불확정성을 제거할 수 있다고 생각한 것이다.

"(…) '상태' 개념의 어떠한 잘 정의된 사용도 대상이 접촉하는 시스템으로부터 분리된 대상을 지시하는 것으로서 만들어질 수 없다." 여기서 추론할 수 있는 것은 보어가 씨스템을 전체로 보기 때문에 '교란 없이' 씨스템의 한 부분의 운동량을 측정하는 것은 곧 상호 작용하는 다른 씨스템의 물리적 속성을 정의하는 조건에 영향을 준다는 것이다. 그런데 보어는 이 영향이란 것의 본성에 대해서는 더이상 분석하지 않은 것 같다.

EPR 사고실험은 이후 벨 정리의 발견과 더불어 EPR-Bohr-Bell 사고실험으로 정식화되고, 아스뻬(A. Aspect) 등에 의해 실제 실험으로 구현되었다. 여기에서는 EPR의 결론과 달리 양자역학을 지지하는 결과가 나왔다. 국소성, 분리성, 결정론, 실재론 등의 철학적 문제들이 나오게 된 것이 바로 그때부터다.

3. 아인슈타인의 반론

EPR 논문이 출간되긴 했지만, 그것을 본래 아인슈타인이 썼는지는 미지수다. 아인슈타인은 EPR 논문이 현학적이어서 자신이 의도한 인과적 국소성이 묻혔다고 스스로 이야기한 적이 있다. 이러한 정황은 아인슈타인 자신의 양자역학 비판에서도 알 수 있다.

양자역학에 대한 아인슈타인의 비판은 EPR의 것과는 매우 다르다. 아인슈타인은 자신의 관점을 1936년에 『프랭클린 인스티튜트 저널』(*Journal of the Franklin Institute*)에 발표된 논문 「물리학과 실재」에서 제시했다(Einstein 1936). 이 논문에서 아인슈타인은 물리적 실재의 기준에 대해 이야기하지 않으며, 동시에 이론의 완전성 조건 등이 중요한 역할을 하지 않는다고 말한다. 여기서 아인슈타인은 양자역학적 기술이 단순히 수많은 원자의 평균적 행태를 해명하는 수단으로서 여겨져야 한다고 논변한다. 양자역학이 개별 현상에 관한 완전한 기술을 제공해야 한다는 믿음에 대한 아인슈타인의 태도는 다음 구절에서 잘 드러난다. "믿는 것은 논리적으로 모순 없이 가능하다. 그러나 그것은 나의 과학적 직관과 모순되기 때문에 나는 양자역학보다 더 완전한 개념을 위한 탐구를 그만둘 수 없다."

아인슈타인의 양자역학에 대한 반론의 구조는 다음과 같다.

1. EPR 사고실험에서처럼 대상 A와 대상 B가 상호 작용한 후에 서로 멀리 떨어졌을 때, 대상 A의 물리적 상태는 멀리 떨어진 대상 B의 어떤 속성을 측정하느냐에 의존하는 상태 벡터(state vector) Ψ 혹은 Φ 중 어

느 하나에 의해 기술될 수 있다.

　2. 두 대상은 멀리 떨어져 있기 때문에 한 대상에 행한 측정은 다른 대상의 물리적 상태에 광속 이상의 속도로 영향을 미치지 않는다(분리의 원리와 특수 상대성이론).

　3. 그러므로 EPR 사고실험에서 대상 A는 Ψ로 기술되거나 Φ로 기술되거나에 관계없이 동일한 물리적 상태에 있다. 즉, B에 무엇을 측정하느냐에 관계없이 A는 동일한 상태에 있다(위의 가정 1과 2에서).

　4. 상태 벡터는 대상의 물리적 상태를 유일하게 그리고 완전하게 기술한 것이 된다(양자역학의 가정).

　5. EPR 사고실험에서 대상 A의 물리적 상태는 Ψ함수나 Φ함수 모두에 의해 기술될 수 있다.

　6. 따라서 Ψ나 Φ는 어느 것도 대상 A의 물리적 상태에 대한 완전한 기술이 될 수 없다(위의 가정 4에 의해).

　7. 따라서 상태 벡터는 대상의 물리적 상태를 완전하게 기술할 수 없다.

　8. 양자역학은 상태 벡터가 대상의 물리적 상태를 완전히 기술한다고 주장한다.

　9. 따라서 양자역학은 불완전한 이론이다.

가정 1은 보존의 원리로서, EPR과 보어 모두 받아들인다. 예를 들면 대상 B의 어떤 방향의 스핀을 측정하면 대상 A에 같은 방향의 스핀 값을 알 수 있다. 가정 2는 분리성 원리와 특수 상대성이론에 의한 국소성원리다. 아인슈타인은 분리성 원리는 그의 선험적인 고전적·실재론적 직관에 의해, 그리고 특수 상대성이론이라는 경험적 이론에 의해 타당한 가정으로 받아들인다. 가정 2는 아스뻬 등에 의해 실험되어 부정된다. 보어는 앞의 3절 'EPR 논증에 대한 보어의 답변'에서 지적했듯이, 가정 2를 받아들이지 않는다. 가정 3은 가정 1, 2에서 유도된다. 가정 4는 완전성 원리로서 양자역학의 중요한 주장이다. 이 완전성 조건은 물리적 상태에 대해 오직 하나의 기술만이 있다는 것으로 여겨졌다. 그런데 아인슈타인에 의하면, 가정 5는 가정 1, 2, 3에서 자연스럽게 나온다. 그리고 가정 5로부터 6, 7, 8의 추론을 거쳐 9에 도달한다.

그런데 가정 4와 5는 모순이다. 가정 5는 가정 1, 2, 3에서 나오는데, 아인슈타인에 의하면 2를 받아들여야 한다고 믿지만, 보어는 2를 거부한다. 아인슈타인이 2와 4의 모순으로 2를 받아들일 것인가, 아니면 4를 받아들일 것인가는 양자택일적이다.

이것은 아인슈타인이 슈뢰딩어에게 보내는 편지에서 잘 나타난다.

이제 다음과 같이 말하기를 원할 것이다: ψ는 실재 씨스템의 실재상태와 일대일 대응관계에 있다. (⋯) 만약 이것이 이루어진다면, 나는 이론에 의한 완전한 기술에 대해 이야기하는 것이다. 그러나 그러한 해석이 가능하지 않으면, 나는 이론적 기술을 '불완전'하다고 부를 것이다.(Howard 1985, 179면에서 재인용)

그런데 이 완전성 조건은 관찰에 관계없이 물리적 대상은 이미 어떤 물리적 상태를 지니고 있음을 함축한다. 아인슈타인은 「양자역학과 실재」(Einstein 1948)와 「자전적 단상들」(Einstein 1949, 83~87면)에서 만약 상태 벡터가 개별 대상의 물리적 상태에 대한 완전한 기술을 제공하는 것으로 간주된다면, 어떤 경우에 측정은 이미 존재하는 물리량의 값을 드러내기보다는 그 값을 창조하는 것이라고 했다. 주어진 완전성 논제에서 만약 대상이 어떤 물리량의 고유 벡터(eigen vector)가 아닌 상태 벡터로 기술되는 물리적 상태에 있으면, 그 양은 그 상태에서 명확한 값을 지니는 것이 아니다. 그 양의 측정은 이미 존재하는 값을 드러내는 것이 아니라 그 값을 어느정도 형성하는 것이다.

아인슈타인은 EPR 사고실험에서는 두개의 상호배타적인 대안들 사이에서 어느 하나를 선택하는 것에 직면했고 가정 4 '완전성 논제를 유지할 것인가' 또는 논제 2 '분리의 원리를 유지할 것인가'의 선택의 기로에서, 가정 2 분리의 원리를 유지하고 4 완전성 논제를 버린 것이다. 보어는 그 반대의 선택을 했다. 보어는 완전성 논제를 유지하기 위해 분리의 원리를 버렸다.

4. 결론

안정된 과학활동은 과학자나 과학공동체가 의식하지 못하는 철학적 전제 속에서 이루어진다. 쿤은 이러한 과학을 정상과학이라고 불렀다. 그러나 당시 정상과학인 고전역학이 감당할 수 없는 물리학적 문제들이 야기되었고 이를 해명하기 위해 양자역학이 출현했다. 양자이론이 출현하는 과정에서 양자역학의 여러 주장들은 우리가 당연하다고 여겼던 세계에 대한 가정들에 위배되었다. 이 글에서는 고전적 역학이 지닌 형이상학적 가정들을 부정하는 양자역학이 과연 타당한 학문이 될 수 있는가에 대한 아인슈타인과 보어의 논쟁, 특히 중요한 EPR-보어 논쟁을 다루었다.

EPR-보어 논쟁은 '물리적 실재에 대한 양자역학적 기술은 완전할 수 있을까?'라는 동일한 제목으로 같은 물리학 저널의 동일한 권, 호에 실렸다. 그 논문들은 과학논문임에도 불구하고 철학적 문제들을 야기했다. 이것은 철학과 과학이 분리되지 않고 얽혀 있음을 보여주는 좋은 예다. 아인슈타인은 고전적 가정을 가능한 그대로 유지하려 했고, 보어는 이것을 거부했다.

양자역학을 둘러싸고 이 두 거인이 끊임없이 벌인 논쟁은 단순히 그들이 세계와 이론에 대해 지닌 철학적 가정이 달랐던 것 때문만이 아니라, 과학적 지식에 대해 그들이 지닌 철학적 이해와도 부분적으로 관련이 있다. 따라서 그 논쟁의 진정한 의미는 그들이 과학적 지식이 무엇인가에 대해 어떻게 이해했는지를 살펴봄으로써 드러날 수 있다. 이 글에서는 자세히 다루지 않았지만, 이 논쟁은 과학에서 철학과 지식에 대한 인간적 태도 등이 서로 분리된 것이 아니라 얽혀 있다는 것을 잘 보여준다.

폰 바이츠재커(von Weizsäcker)가 보어와 아인슈타인의 철학적 태도에 대해 한 이야기는 철학과 과학, 지식에 대한 태도의 연관성을 잘 드러내준다. 그는 "아인슈타인은 스스로가 그렇게 묘사했듯이 (⋯) 스피노자의 후예로서 무엇이 존재하는가에 초점을 두는 위대한 존재론적 전통에 있다"고 말했다(von Weizsäcker 1987, 280면). 또한 그는 "보어는, 내가 볼 때, 우리가 무엇을 알 수 있는가라는 질문을 던진 칸트의 후예로서, 그의 질문은 인식론적이고 소크라테스적이다"라고 말했다. 보어가 확실히 개념적이고 분석적 사고를 중시하는 인식론적 전통에 더 가까운 사람이라면, 아인슈타인은 실제로 무엇이 존재하는가에 관심을 지닌 존재론적 전통에 더 가까운 사람처럼 보인다. 이처럼 두 거인의 서로 다른 철학적 태도가 양자역학이라는 거대한 물리학 이론에 대한 논쟁으로 나타날 수 있는 이유는 물리학이라는 학문의 본성이 바로 해석의 문제와 형이상학과 관련을 맺기 때문이다.

　두 사람의 논쟁이 철학적인만큼, 그 철학적 논쟁은 그들의 손을 떠난 뒤에도 여전히 다른 형태로 계속된다. 보어와 아인슈타인의 논쟁이 교착상태에 있을 때, 두 사람의 사후 논쟁에 새로운 전기를 만든 것은 벨이다. 벨의 정리는 보어와 아인슈타인의 논쟁 이후 그 논쟁이 어떻게 변모했는지를 잘 보여준다.

| 김유신 |

참고문헌

김유신 (2008) 「보어와 실재론 논쟁」, 『과학철학』 제11건, 제2호(12월), 35~80면.

김유신 (2011 근간) 『양자역학의 역사와 철학: 보어, 아인슈타인, 실재론』, 이학사.

Aspect, A., Grangier, P. and Roger, G. (1982) "Experimental realization of Einstein-Podolsky-Rosen-Bohm Gedankenexperiment: a new violation of Bell's Inequalities," *Physical Review Letters* vol. 49, 91-94면.

Bell, John Stewart (1964) "On the Einstein-Podolsky-Rosen paradox," *Physics* vol. 1, 195-200면.

Bohr, Niels (1935a) "Quantum Mechanics and Physical Reality," *Nature* vol. 136 (July 13, 1935), 65면.

_____ (1935b/1998) "Can Quantum-Mechanical Description of Physical Reality be Considered Complete?" *Physical Review* vol. 48, 696-702면, in *The Philosophical Writings of Niels Bohr* vol. 4. *Causality and Complementarity*, ed. Jan Faye and Henry Folse, Woodbridge, Connecticut: Ox Bow Press, 73-82면.

_____ (1938/1998) "Causality Problem in Atomic Physics," (originally delivered at a Conference on New Theories in Physics, Warsaw, May 30-June 3, 1938) in *The Philosophical Writings of Niels Bohr* vol. 4. *Causality and Complementarity*, ed. Jan Faye and Henry Folse, Woodbridge, Connecticut: Ox Bow Press, 94-121면.

_____ (1949/1987) "Discussion with Einstein on Epistemological Problems in Atomic Physics," *The Philosophical Writings of Niels Bohr* vol. 2. *Essays 1933-1957 on Atomic Physics and Human Knowledge* (APHK), Woodbridge, Connecticut: Ox Bow Press, 32-66면.

_____ (1985) *Niels Bohr Collected Works* vol. 6. *Foundation of Quantum Physics I* (1926-1932), ed. JØrgen Kalckar, Amsterdam: North-Holland Publishing Co.

Einstein, Albert (1964/1905) "Einstein's Proposal of the Photon Concept— Translation of Annalen der Physik Paper of 1905," by Arons, A. B. and Peppard, M., "Concerning an Heuristic Point of View toward the Emission and Transformation of Light," by Einstein, *American Journal of Physics* vol. 33, no. 5, 367-74면. Originally Einstein (1905) "Über einen Erzeugung und Verwandlung des Lichtes betreffenden heuristishcen Gesichtspunkt," *Ann. Physik* vol. 17.

_____ (1936) "Physics and Reality," *Journal of the Franklin Institute* vol. 221, No. 3(March 1936), 349-82면. Reprinted in Einstein, Albert (1954) *Ideas and Opinions*, New York: Wing Books, 290-323면.

_____ (1948) "Quantum Mechanik und Wirklichkeit," *Dialectica* 2, 320-24면.

_____ (1949/1970) "Autobiographical Notes," *Albert Einstein: Philosopher-Scientist*, ed. Paul Arthur Schilpp, New York: MJF Books, 1-95면,

Einstein, Albert, Podolsky, Boris and Rosen, Nathan (1935) "Can Quantum-Mechanical Description of Physical Reality be Considered Complete?" *Physical Review* vol. 47, 777-80면.

Faye, J. and Folse, Henry eds. (1994) *Niels Bohr and Contemporary Philosophy*, Dordrecht: Kluwer Academic.

Fine, Arthur (1996) *The Shaky Game, Einstein Realism and the Quantum Theory* (2nd ed), Chicago: The University of Chicago Press.

Folse, Henry (1998) *The Philosophy of Niels Bohr*, Amsterdam, Oxford, New York, Tokyo: North-Holland.

Heisenberg, Werner (1925) "Über Quantetheoretische Umdeutung Kinematischer und Mechanische Beziehungen," *Zeitschrift für Physik* vol. 33, 879-93면.

_____ (1983) "The Physical Content of Quantum Kinematics and Mechanics," in *Quantum Theory and Measurement*, ed. Wheeler, J. and Zurek, W. H., Princeton: Princeton University Press, 62-84면. Originally printed (1927) "Über den anschaulichen Inhalt der quantentheoretischen Kinematik und Mechanik," *Zeitschrift für Physik* vol. 43, 172-198면.

Reprinted in (1963) *Dokumente der Naturwissenschaft* vol. 4, 935면.

_____ (1958) *Physics and Philosophy: The Revolution in Modern Science*, New York: Haper and Row. Originally printed at Gifford Lectures at St. Andrews, winter term, 1955-56. (하이젠베르크 『철학과 물리학의 만남: 현대 물리학의 혁명』, 최종덕 옮김, 한겨레출판 1985 참조)

_____ (1967) "Quantum Theory and Its Interpretation," *Niels Bohr: His Life & Work As Seen by Friends and Colleague*, ed. Rozental, S., Amsterdam: North-Holland, 94-108면.

Howard, Don (1985) "Einstein on Locality and Separ Ability," *Stud. Hist. Phil. Sci.* vol. 16, no. 3, 171-210면.

Weizsäcker, Carl Friedrich Freiherr von (1987) "Heisenberg's Philosophy," in *Symposium on the Foundation of Modern Physics, The Copenhagen Interpretation 60 years after the Como Lecture* (Joensuu, Finland, 6~8th Aug. 1987) Pekkea Lahti University. Turku, Peter Mittelstaedt, University of Colongne, 277-93면.

읽어볼 만한 책

안톤 차일링거 (2004) 『아인슈타인의 베일』, 전대호 옮김, 승산.

하이젠베르크 (1985) 『철학과 물리학의 만남: 현대 물리학의 혁명』, 최종덕 옮김, 한겨레출판.

실험철학의 진전

증거 만들기, 가설 입증하기, 실험적 재능

근래 들어 실험과학의 철학 또는 실험철학은 과학철학 분야에서 많은 발전을 이루어왔다.[1] 이 글에서는 실험철학의 일반적 쟁점을 다루는 한편, 그 쟁점을 좀더 깊이 전개해보고자 한다. 특히 실험철학의 논의 가운데 실험적 증거를 어떻게 만들고, 이론 또는 가설을 입증하는 데 그 증거를 어떻게 사용하는가에 대해 다룰 것이며, 특히 증거를 만드는 실험적 재능의 중요성을 강조하고자 한다.

그동안 과학이론의 선택이 과학철학의 중요한 연구주제가 되어왔음에도 불구하고, 이 주제는 관찰을 중심으로 제한적으로 다루어져왔다. 이런 점에서 필자는 과학에서 관찰과 동등한, 혹은 분야에 따라서는 더

---

1 실험에 대한 철학적 연구가 갖는 주요 의의와 쟁점을 이해하고자 할 경우 이상원 (2004)「실험철학의 기획」, 이중원·홍성욱·임종태 엮음『인문학으로 과학 읽기』, 실천문학사, 81~110면; 이상원 (2004)『실험하기의 철학적 이해』, 서광사, 2, 3장을 참조하면 좋다.

중요한 기능을 수행하기도 하는 실험을 중심으로 이론선택의 문제를 탐구하고자 한다. 이를 위해 실험실에서 증거가 어떤 방식으로 만들어지며, 그것이 이론과 어떻게 비교되는지를 살펴볼 것이다.

1. 이론선택과 과학혁명

실험과 관련하여 이론선택 문제를 다루기에 앞서 이 문제가 논의되어온 과학철학적 맥락을 추적해보자. 이는 논리실증주의, 쿤, 파이어아벤트의 이론선택과 관련한 논의[2]를 간명하게 다루어 실험하기와 이론선택의 관계를 탐구하기 위한 기초적 작업이다.

1) 검증과 입증

이론선택이라는 주제가 부각되기 전까지 과학철학의 전개양상을 살펴볼 필요가 있다. 이로써 이론선택 문제가 어떻게 해서 과학철학의 주요 주제의 하나로 떠오르게 되었는지에 대한 부분적인 단서를 얻을 수 있기 때문이다.

20세기 과학철학을 논의할 때에는 으레 빈학단의 운동을 가장 먼저 떠올리게 된다. 1920년대 중반 오스트리아 빈에서는 새로운 철학적 움직임이 나타났다. 이는 현대 철학사에서 대단히 중요한 의미를 띠는 사건이었다. 학단의 성원들은 그 성향과 색채가 다양했지만 주로 자연과

---

2 이들의 입장을 좀더 자세히 이해하기 위해서는 Alan Chalmers (1999) *What is This Thing Called Science?* (3rd ed), Indianapolis/Cambridge: Hackett Publishing Company, Inc., 신중섭·이상원 옮김 (2003) 『과학이란 무엇인가?』, 서광사를 참조할 것.

학을 지향하는 인물들이었다고 볼 수 있다.

빈학단을 중심으로 하는 논리실증주의자들이 모든 형이상학적 논의를 배격했음은 잘 알려진 사실이다. 초기 논리실증주의자들의 주된 인식적 관심은 어떠한 진술의 '유의미성'을 확보하는 기준을 제시하는 일이었다. 그들은 과학의 언어만이 경험적 유의미성을 지니며, 과학언어에 대한 분석작업이 철학의 참된 임무라고 선언했다. 그 이유는 형이상학적 진술은 경험적 의미를 결여하고 있어 철학의 영역에서 형이상학을 배제해야 한다고 보았기 때문이다. 당시 논리실증주의자들은 이론선택 문제와 관련하여, 과학이론 사이의 경쟁상태에 주목했다. 또한 어떤 이론이 승리하느냐에 관심을 기울이는 것은 물론, 더 큰 문제, 즉 과학으로 불리는 것과 과학이 아닌 것 사이의 구획기준을 제시하는 데 열심이었다.

논리실증주의자들은 철학의 새로운 임무를 설정했다. 그들은 철학의 과제를 과학언어에 대한 분석작업이라고 보았다. 그러한 분석은 논리적 방법을 통해 가능한 것이어야 했다. 사회적·역사적 분석이 아니라 논리적 분석이었다. 카르납이 보기에, 헤겔 철학처럼 형이상학적 사변을 무한히 담은 철학은 이제 더이상 철학이 아니었다. 그러한 철학은 오히려 철학이라는 범주 안에서 완전히 축출되거나 제거되어야 할 것으로 규정되었다. 논리실증주의자의 입장에서 볼 때 일체의 형이상학적·윤리적·종교적 명제는 철학적 탐구의 대상이 아니었다. 그러한 명제들은 경험 가능한 영역에서 '인식적 유의미성'을 확보할 가능성을 전혀 지니지 않는 무의미한 것으로 선고되었기 때문이다.

빈학단의 슐릭을 중심으로 이들이 제시한 '검증원리'는 근본적으로 실증주의적 태도에 근거한다. 슐릭은 빈학단의 결성에 결정적 역할을 했다. 그는 베를린대학에서 플랑크 밑에서 공부했고 1904년 박사학위를 받았다. 논문주제는 비균질 매질에서 일어나는 빛의 반사에 대한 것이었다. 자연과학 연구의 방법과 표준에 친숙했던 그는 당시 베를린대학에 퍼져 있던 신칸트학파의 인식론적 영향과 이미 널리 알려져 있던 후썰(E. Husserl)의 현상학에 강한 불만을 느꼈다. 대신에 그는 경험주의 내지는 현상주의(phenomenalism) 경향을 내비친 마흐 등의 과학자-철학자 들의 연구에 자신의 철학적 탐구의 기초를 두었다. 검증원리에 따르면, 어떤 언명의 의미는 '우리의 감각기관에 직접적으로 들어오는 지각내용'에 비추어보아 확실하게 보장되는 것으로 보였다. 그러나 시간이 얼마 지나지 않아 이러한 검증원리는 지나치게 경직된 유의미성의 표준이라고 비판받게 되었다.

그리하여 그후 등장하게 된 것이 이른바 '입증원리'(confirmation principle)다. 입증원리는 카르납에 의해 정교화된 바 있다. 카르납은 논리실증주의의 대표적 인물로 프라이부르크(Freiburg)대학과 예나(Jena)대학에서 물리학, 수학, 철학을 공부했다. 당시 예나대학에는 프레게가 있었는데, 카르납은 그로부터 큰 영향을 받았다. 카르납은 이미 그 시절에 기본적으로 경험주의 입장에 서서 과학 개념의 논리적 분석에 깊이 관심을 두었던 것으로 보인다. 그는 어떤 언명의 경험적 의미는 직접적 관찰내용에 의해 확실하게 확보되는 것이 아니라 다만 입증되어가는 것이라고 주장했다. 즉, 어떤 언명의 경험적 의미가 결정적으로 검증될 가능성은 원칙적으로 존재하지 않으며, 다만 경험적 입증도(degree of confirmation)의 증가가 언명의 의미 확보와 관련하여 중요사항으로 지적되어야 한다는 것이다. 그러나 이렇게 입증원리로 후퇴하는 작업도 비판에 직면해야 했다.

310

2) 혁명적 과학관과 이론 다원론

실제 과학사를 보면 이론의 변화가 단지 경험의 누적을 통해 일어나지만은 않음을 보여주는 사례를 쉽게 발견할 수 있다. 예를 들어 아리스토텔레스 자연철학을 대체한 근대과학을 경험의 누적이라는 관점으로 이해할 수는 없다. 아리스토텔레스 자연철학에 경험적으로 무언가를 자꾸 더해 근대과학이 나온 것은 아니기 때문이다. 이런 인식의 영향으로 인해 이론선택 문제를 논리실증주의적 구도와는 다른 방식으로 이해해야 할 필요성이 인정되기 시작했다.

이같은 움직임은 1950년대 말부터 등장했다. 이론선택 문제가 과학철학의 중심적 주제가 된 것은 쿤과 파이어아벤트의 등장 이후라고 할 수 있다. 1960년대까지 대다수의 과학사학자들은 과학사 연구를 통해 과학의 단일성(unity of science), 보편성, 누적성, 합리성을 실현할 수 있다고 여겼다. 과학사란 그러한 과학의 속성들이 관철되어온 역사여야 한다고 믿었던 것이다. 과학사는 연속적이며, 여기서 연속이란 과학이론의 교체시 기존 이론을 대체한 이론이 대체된 이론을 포함해내는 변화를 의미하는 것이었다. 한편 1960년대로 접어들면서 과학사와 과학철학에서 새로운 경향이 출현했다.

쿤은 『과학혁명의 구조』에서 과학이론의 변화는 누적적 과정이라기보다는 혁명적 과정이라고 주장했다. 쿤이 보기에 패러다임 전이는 곧 과학혁명이었고, 이 혁명은 관찰결과의 누적에 의한 결과가 아니라 과학자 사회가 전향하여 하나의 패러다임을 버리고 다른 패러다임을 수용하는 상황에 의해 이루어지는 것이었다. 아리스토텔레스 자연철학에서 뉴턴의 자연철학으로 전향한 것이 바로 그 예다. 또한 관찰은 세계관으로서의 패러다임에 지배된다. 이는 실증주의 과학관과는 정면 배치되는 입장이다. 관찰은 이론선택 과정에서 별다른 힘을 발휘하지 못한다. 관찰에 기초하여 이론 구성과 평가를 강조한 카르납과 달리, 쿤은 이론에 우선성을 두었고 그에 기초하여 관찰 개념을 이해했다. 이러한 논의과정에서 쿤은 카르납처럼 실험과 관찰을 뚜렷이 구분해내려는 의도를 전혀 지니지 않았던 것으로 보인다. 쿤이 보기에 실험이 관찰과 별다른 차별성이 없다면, 실험결과 역시 이론선택에 별다른 힘을 못 쓰게 된다.

쿤은 과학에 대한 누적성, 합리성의 신화를 깨뜨렸다. 그에 따르면, 대체한 과학과 대체된 과학은 서로 '공약 불가능'(incommensurable)하며, 이론의 교체는 단지 논리적 과정이 아니라 사회적 과정일 수도 있다. 그는 과학자 사회의 속성이 과학의 진행과 변화에 주요한 기능을 한다는 시각을 제시했던 것이다.

쿤의 이론은 관찰적 사실이 누적되면서 과학지식이 성장한다고 믿던 이들에게 커다란 충격을 주었다. 실증주의자의 배는 쿤에 의해 거의 좌초되는 것으로 보였다. 과학자 사회가 합의를 통해 새로운 패러다임을 수용한다는 그의 혁명적 과학관은 과학에 대한 실증주의적 단일성을 파괴하는 데 큰일을 해냈다. 과학이 단지 실증주의적으로만 진행되지 않으며 그런 식으로 이해될 수 없음이 드러나면서, 많은 과학연구가들은 새로운 시각으로 과학에 대한 이해를 도모할 필요성을 느끼게 되었다. 이 모두가 쿤의 덕택이라고 해도 지나치지 않을 것이다. 그러나 쿤의 이론은 실증주의자의 관찰에 대한 강조를 이론(패러다임)의 우위로 대체한 것에 가깝다. 쿤 이후의 과학에서 자연세계는 세계관으로서의 패러다임에 따라 이해되었다. 관찰은 이론에 따라 조직화되고 의미를 지니게 되었다.

파이어아벤트는 과학이론이 이론중립적 관찰언어(예를 들면 논리실증주의자의 관찰문장)를 통해 의미를 확보하는 것이 아니라고 주장했다. 그는 또한 과학의 변화는 이론간의 환원(reduction)으로 이루어지지 않으며, 그보다는 오히려 여러 이론이 존재하는 상태에 기반하여 일어난다고 주장했다. 그는 이론중립적 관찰언어에 기초한 단일한 과학방법론을 부정하고, 이론다원론(theoretical pluralism)을 옹호하여 실증주의적 입장에 선 과학철학자들을 비판했다. 쿤과 파이어아벤트, 이 두 사람은 자신들의 주장을 논증하기 위해 역사적 방법론을 취했다. 과학사 사례연구를 통해 자신들의 철학적 주장을 논증했던 것이다.

2. 관찰과 실험의 상대적 차이

1) 직접적 지각과 도구를 매개로 하는 경험

인간이 쓰는 개념은 역사적으로 많은 변화를 겪어왔다. 개념이 다양하게 쓰이다보니 때로 혼동이 벌어지기도 한다. 과학의 개념들도 대부분 그러한 과정을 거친다. 관찰은 경험의 전형적인 경우다. 실증주의 입장에서 볼 때, 관찰은 우리의 감각기관으로 직접 들어오는 지각정보를 말한다. 고·중세의 과학은 이러한 직접적 관찰과 깊은 관련이 있었다. 예를 들어 고대에 발달한 천문학은 이러한 관찰적 세계와 밀접한 연관을 맺었다. 하지만 근대 이후 과학, 특히 현대과학에 각종 도구가 도입되었고, 그에 따라 관찰의 의미도 확대되었다. 망원경을 쓰는 관찰도 이제는 관찰이다. 관찰의 개념은 이처럼 큰 변화를 겪었던 것이다.

그런데 실험은 관찰과 어떻게 구별되는가? 많은 이들이 관찰과 실험은 거의 구별되지 않는다고 여긴다. 실제로 이 둘이 구별되지 않는 경우가 있다. 예를 들어 어떤 금속에 염산을 부었을 때 일어나는 변화를 보는 경우는 실험이자 동시에 관찰이라고 할 수 있다. 현대과학 속에서 자연에 대한 관찰은 대부분 이런 경우에 해당한다. 그런 의미에서 관찰과 실험의 구분은 무의미한지도 모른다. 하지만 관찰과 실험이 구분된다고 볼 수 있는 경우도 있다. 그런 경우에 비추어, 실험의 가장 큰 특징은 대상에 대한 '조작'의 유무라고 이야기할 수 있다. 여기에 가장 잘 부합하는 예는 입자물리학에서 계수기를 쓰는 실험이다. 계수기는 우리 눈에 보이지 않는 소립자의 충돌횟수를 보여주는 도구다. 그러나 이 도구를 통한 관찰은 전통적 의미에서의 그것과는 전혀 다르다. 눈으로 볼 수 없는 사건이 몇회 발생했음을 결과적으로 시사해줄 뿐이지, 충돌 자체를 육안으로 관찰하게 해주는 것은 아니기 때문이다.

조작의 유무라는 기준에 따를 때, 예를 들어 망원경을 쓰는 것은 관찰에 가깝다. 이 경우는 망원경이 대상을 조작하거나 변형한다고 보기 어렵기 때문이다. 그러나 볼록렌즈로 빛을 모아 종이를 가열하는 작업은 실험이다. 혜성이 앞으로 얼마의 시간이 흐른 뒤에 하늘의 어느 위치에서 관찰되리라는 예측은 관찰과 관련이 깊고, 양성자를 어떠한 에너지를 지닌 전자로 때릴 때 어떤 결과가 나오리라는 예측은 실험과 관련이 있다.

2) 실험으로 만들어내는 사실

실험은 경험의 특수한 경우다. 현대과학에서 실험은 어떤 의미에서 관찰보다 더 중요한 역할을 한다고 말할 수 있다. 실험적 조작은 특히

'현상의 창조'(creation of phenomena)와 관련이 깊다. 기본적으로 실험은 자연계에서 순수상태로는 존재하지 않는 대상, 과정 등을 만들어 내는 작업이다. 해킹(1983)은 실험의 이러한 성격을 강조한 바 있다. 전자, 양성자, 중성자 같은 소립자의 충돌은 자연상태에서 거의 존재하지 않거나 존재하더라도 오랜 시간간격을 두고 짧은 시간 동안에만 나타나기 때문에 과학자의 이론적 작업에 실질적인 도움을 주지 못한다. 따라서 실험에 의한 현상의 창조는 이러한 자연의 제약을 넘어서게 해줌으로써 자연탐구 영역의 폭을 극대화했다. 실험과학자는 자연에 존재하지 않는 과정을 실험실 안에서 창조하여 자연의 본성에 접근하는 길을 연 것이다. 그런 의미에서 실험은 적극적 활동이다. 이에 비해 관찰은 상대적으로 소극적 활동이라고 할 수 있다.

일상적 관찰영역에서의 실험이 아니라, 인간이 자연에 적극적으로 개입하여 자연상태에서는 나타나지 않는 현상을 창조해내는 실험이 있다. 실험철학자들이 깊은 관심을 보이는 실험이 바로 이러한 종류에 속한다. 갤리슨과 해킹은 이런 실험을 '실험실 과학'(laboratory sciences)이라 불렀다. '실험실 과학'은 일정한 공간에서 행해지는 것이 보통이다. 그러나 단지 실험실에서 하기 때문에 실험실 과학이라 부르는 것은 아니다. 이러한 실험실 과학의 특징은 인위적인 '현상의 창조'와 관련이 깊다.

갤리슨(1987)은 도구 의존적인 실험적 전통의 성립에 대해 논의했다. 그는 실험이 이론을 시험하는 것도 중요하지만, 실험이 실제로 어떻게 행해지고, 도구가 어떻게 도입되며, 또 그러한 도구가 도입되면 어떤 실험적 전통이 성립하는가가 실험의 본성에 대한 연구에 중요하다고 보았다. 우선 여기서는 실험과정이 자료(데이터)를 낼 수 있느냐 없느냐가 문제된다. 그다음으로, 이론을 시험하는 경우라면 그 자료가 어떤 의미에서 증거로 채택될지 여부가 결정되어야 한다. 그러나 이론에 관한 시험이 목적이 아니라면, 그 자료가 어떤 의미를 지니는지가 토론될 것이다. 특히 아주 놀라운 현상이 주어지는 경우라면, 그와 관련한 새로운 이론적 사변이 이어질 가능성이 크다.

3. 가설 입증과 실험

1) 가설과 경험의 연결

과학은 기본적으로 경험과 관련된다. 한 가설이 있을 때, 그 가설이 경험과 연관을 맺지 않는다면 우리는 그 가설을 의미있는 것으로 받아들이기 힘들다. 따라서 가설이 경험과 어떤 식으로 연결되는지 살펴보아야 한다.

아인슈타인의 일반 상대성이론도 경험적으로 확인되기 전까지는 가설상태에 있었다고 할 수 있다. 다행히 우리는 일반 상대성이론으로부터 경험적으로 확인이 가능한 내용을 도출해낼 수 있었다. 그 대표적인 것이 질량체 부근에서 일어나는 공간의 변화다. 일반적으로 가설 자체를 경험적으로 확인하기는 쉽지 않다. 보통의 경우에는 그 가설로부터 경험적으로 확인 가능한 명제를 이끌어낸다. 그러한 명제를 '시험명제'라고 한다.

질량체 부근에서 벌어지는 공간의 휘어짐 같은 내용이 바로 시험명제에 해당한다. 그리고 가설로부터 시험명제로서 이끌어낸 이러한 귀결이 실제로 경험과 부합하는지 살펴보는 과정을 '이론의 시험'이라 한다.

일반 상대성이론이 발표된 지 몇년 지나지 않아 일반 상대성이론의 한 귀결인 '질량체 부근에서 빛이 구부러진다'는 시험명제가 실제로 시험에 놓이는 상황이 벌어졌다. 1919년 아프리카 적도 지방에서 일식이 일어나는 동안 태양 가까이 지나는 별빛의 구부러짐이 관찰되었다. 이 관찰결과는 그해 11월 아인슈타인의 일반 상대성이론을 입증하는 사례로 발표되었다. 아인슈타인의 일반 상대성가설은 이와 같이 입증되어 일반 상대성이론이 된 것이다.

위에서 가설연역법의 사례로 든 일반 상대성이론의 입증의 예는 관찰의 상황과 관련이 깊다. 그러나 가설연역법은 실험의 상황에서 더욱 큰 의미를 지닌다. 왜냐하면 우리의 감각기관에 의해 직접 확인이 안되는 미시적 세계를 다루는 가설은 그 가설의 입증과정에서 거의 항상 시험명제에 의존하기 때문이다.

2) 실험적 재능의 중요성

실험은 주로 우리가 직접적으로 관찰하기 어려운 현상이나 과정을 인위적으로 만들어내는 작업이다. 예를 들어 양성자와 관련된 가설을 검토할 때, 그 가설에서 시험명제의 역할은 매우 중요하다. 왜냐하면 양전자와 어떤 소립자의 충돌을 자연상태에서 원하는 시간에 원하는 장소에서 발견하기란 어렵기 때문이다. 그러한 충돌은 높은 에너지를 써서 실험실 안에서 인위적으로 산출해내는 실험적 조작을 통해 실현해 볼 수 있다. 관찰과 관련이 깊은 과학분야는 시험명제의 역할이 상대적으로 덜 강조된다. 혜성의 궤도를 도출하는 예측의 경우와, 양전자를 어떤 소립자로 때렸을 때 나타나는 상황에 대한 시험명제를 도출하는 경우를 비교할 때, 후자 쪽에서 시험명제가 훨씬 강력하게 기능한다는 사실을 알 수 있다. 고에너지물리학 같은 분야에서는 이론이 상당히 추상적이기 때문에 그 추상적 가설로부터 감각과 연결되는 시험명제를 추론하는 것이 매우 중요하다. 만일 시험명제가 가설로부터 추론되지 못한다면, 그 가설이 아무리 수학적으로 완벽하다고 하더라도 경험과 연결되지 않는 공허한 가설에 그치고 말 것이기 때문이다.

실험도구는 어떤 탁월한 이론이 그 실험도구가 존재해야만 한다고 주장한다고 해서 만들어지는 것이 아니다. 도구는 실험가의 재능과 노력에 의해 창출된다. 실험도구, 실험기법의 개발과 개선을 포함하는 실험적 재능은 이론적 재능에 비해 평가절하되어오지 않았나 싶다. 하지만 실험적 재능과 이론적 재능은 대등하다고 봐야 하며 실험적 재능은 그 독자성을 인정받아야 한다.

| 이상원 |

참고문헌

이상원 (2004a) 「실험철학의 기획」, 이중원·홍성욱·임종태 엮음 『인문학으로 과학 읽기』, 실천문학사, 81~110면.

이상원 (2004b) 『실험하기의 철학적 이해』, 서광사 2004.

Chalmers, A. (1999) *What is This Thing Called Science?* (3rd ed), Indianapolis/Cambridge: Hackett Publishing Company, Inc. (『과학이란 무엇인가?』, 신중섭·이상원 옮김, 서광사 2003)

Galison, Peter (1987) *How Experiments End*, Chicago: The University of Chicago Press.

Hacking, Ian (1983) *Representing and Intervening: Introductory Topics in the Philosophy of Natural Science*, Cambridge: Cambridge University Press. (『표상하기와 개입하기: 자연과학철학의 입문적 주제들』, 이상원 옮김, 한울 2005)

읽어볼 만한 책

이상원 (2005) 「옮긴이의 말」, 이언 해킹 지음 『표상하기와 개입하기: 자연과학철학의 입문적 주제들』, 이상원 옮김, 한울, 6~12면.

이상원 (2009) 『현상과 도구』, 한울.

이언 해킹 (2005) 「한국어판 서문」, 『표상하기와 개입하기: 자연과학철학의 입문적 주제들』, 이상원 옮김, 한울, 13~26면.

Ackermann, Robert (1985) *Data, Instrument, and Theory*, Princeton: Princeton University Press.

_____ (1989) "The New Experimentalism," *British Journal for the Philosophy of Science* 40, 185-90면.

Baird, Davis (2004) *Thing Knowledge: A Philosophy of Scientific Instruments*, Berkeley: University of California Press.

Bogen, James and Woodward James (1988) "Saving the Phenomena," *The Philosophical Review* Vol. XCVⅡ, no. 3, 303-52면.

Cartwright, Nancy (1983) *How the Laws of Physics Lie*, Oxford: Oxford University Press.

Franklin, Allan (1986) *The Neglect of Experiment*, Cambridge: Cambridge University Press.

_____ (1990) *Experiment, Right or Wrong*, Cambridge: Cambridge University Press.

Galison, Peter (1987) *How Experiments End*, Chicago: The University of Chicago Press.

_____ (1997) *Image and Logic: A Material Culture of Microphysics*. Chicago: The University of Chicago Press.

Gooding, D., Pinch, T. and Schaffer, S. eds. (1989) *The Uses of Experiment: Studies in the Natural Sciences*, Cambridge: Cambridge University Press.

Hacking, Ian (1992) "The Self-Vindication of Laboratory Sciences," *Science as Practice and Culture*, ed. Pickering, Andrew, Chicago: The University of Chicago Press, 29-64면.

Latour, Bruno and Woolgar, Steve (1986) *Laboratory Life: The Construction of Scientific Facts* (2nd ed.), Princeton/New Jersey: Princeton University Press.

Mayo, Deborah G. (1996) *Error and the Growth of Experimental Knowledge*, Chicago: The University of Chicago Press.

Polanyi, Michael (1958) *Personal Knowledge: Towards a Post-Critical Philosophy*, Chicago: The University of Chicago Press.

Radder, Hans (1988) *The Material Realization of Science*, Assen/Maastricht, The Netherlands: Van Gorcum.

_____ (1996) *In and About the World: Philosophical Studies of Science and Technology*, Albany: State University of New York Press.

_____ ed. (2003) *The Philosophy of Experimentation*, Pittsburgh, PA: University of Pittsburgh Press.

Ravetz, Jerome R. (1971) *Scientific Knowledge and Its Social Problems*, New York: Oxford University Press.

Shapere, Dudley (1982) "The Concept of Observation in Science and Philoso-phy," *Philosophy of Science* 49, 231-67면.

기술철학

만약 당신이 1899년에 살았던 물리학자에게, 1999년에는 하늘에 떠 있는 인공위성을 통해 동영상이 전세계의 가정으로 전송되고, 엄청난 위력을 가진 포탄이 인류를 위협하고, 전염병을 치유하는 항생제와 더 강해진 전염병이 맞붙어 싸우고, 여자들이 투표를 하고 피임약을 먹으며, 수백만명의 사람들이 매 시간 비행기를 타고 내리는데 그 비행기는 사람이 손대지 않아도 뜨고 내릴 수가 있고, 대서양을 시속 2000마일로 건널 수 있고, 사람이 달로 여행을 하고, 현미경으로 원자 하나하나를 볼 수 있고, 몇그램 안 나가는 무선전화기를 들고 다니면서 세계 어디로든 전화를 할 수 있는데, 그걸 가능하게 만드는 것이 양자역학을 이용한 우표딱지만한 칩이라는 이야기를 한다면, 그 물리학자는 당신이 미쳤다고 할 것이 틀림없다.

이 대부분의 발달이 1899년의 물리학자에게는 상상할 수 없는 것이었다. 당시의 이론은 이런 일이 불가능하다고 단정했기 때문이다. 그때 상상 가능했던 몇 안되는 것들의 경우에도 지금 우리가 목격하는 규모와는 비교할 수 없는 수준이었다. 비행기를 상상한 사람들은 있었는지도 모른다. 그러나 동시에 만대의 비행기가 하늘을 떠다니는 것을 상상할 수 있던 이들은 없었다.(Crichton 1999)

철학적 사유가 경이로부터 비롯되었다는 주장은, 가장 최근에 생겨난 철학의 분과들 중 하나인 기술철학의 경우에도 유효하다. 기술철학은 지난 200년간 인간이 일구어낸 엄청난 변화에 대한 경이에서 시작되었다. 물론 탈레스의 경우처럼 순수한 호기심이나 스스로 생각하기에서 출발한 것은 아니다. 오히려 그 시작은 "내가 무슨 짓을 한 거야"라고 중얼거리는, 약간은 겁에 질린 물음에 더 가깝다고 해야 할 것이다. 엄청난 성취를 이루고 난 뒤의 벅찬 감동과 기쁨이 잦아들고 사태를 좀 더 냉정하게 바라보게 되면, 새로운 종류의 성찰이 시작된다. 고대 철학자들이 자연을 향해 품었던 경이와 기술철학자들이 현대기술을 바라보면서 느끼는 경이의 공통점은 바로 그것이 성찰을 요구한다는 사실이다.

이러한 경이와 물음은 첨단기술의 사용자에게만 해당되는 것이 아니다. 인류의 절반 이상이 현대기술의 이익을 거의 입지 못하고 있지만, 그들 역시 시간과 공간을 뛰어넘는 현대기술과 그로 인한 정치·경제·사회·문화적 상관관계에서 벗어날 수 없기 때문이다. 결국 기술철학의 물음은 모두의 물음이다. 여느 철학의 분과에서와 마찬가지로 기술철학의 물음도 보편성을 지향한다.

이 글에서는 기술철학이 생겨나게 된 맥락과 그 짧은 역사, 그리고 현재의 모습을 간단하게 소개한다. 먼저 유관분야인 과학철학과의 연관성을 살펴보고 기술철학의 핵심주제를 알아볼 것이다. 이어서 기술철학의 주요 흐름을 둘로 나누어 살펴보고, 그와 별도로 대두되는 몇몇 쟁점과 앞으로의 전망에 대해 정리해볼 것이다.

1. 과학철학과 기술철학

19, 20세기를 거치면서 과학과 기술은 눈부신 발전을 이루었다. 이 시기에 물리학, 화학, 생물학 등 과학의 모든 분야가 현대적 기틀을 잡았고, 이는 다시 자본주의의 발달과 더불어 현대기술의 눈부신 성장을 불러왔다. 순수한 이론적 탐구로서의 과학과 철저하게 경험적이고 현실적이던 기술이 하나로 합쳐지고, 나아가 둘을 따로 나누어 생각하기 힘들게 된 것도 이때부터다. 과학철학과 기술철학은 이같은 급격한 변화에 대한 철학적 대응으로 생겨난 분과다. 어떤 의미에서 이들은 각각 한 가지 현상의 두 측면을 주제로 삼았다고 할 수 있다.

과학철학의 기본 물음인 '과학이란 무엇인가'라는 질문은 자연과학의 특별한 설명력을 이해하기 위해 제기되었다. 처음에는 철학의 일부였던 자연과학이 자연에 대한 지식을 축적해가면서 진보를 이루어가자, 철학자들은 이 분야가 다른 지적 활동과 어떻게 다른지 묻지 않을 수 없었다. 과학철학의 초기 연구들이 과학적 방법론과 그 정당화, 그리고 구획의 문제를 중심으로 이루어진 데는 이러한 배경이 있다.

반면 '기술(technology)이란 무엇인가'라는 물음은 19세기부터 급속도로 발전하기 시작한 기술의 성취에 대한 반응으로 제기되었다. 사실 인간이 철학적 사유를 시작하기 전부터 이미 기술을 사용해왔는데도 불구하고 철학은 기술의 문제에 관심을 둔 적이 별로 없었다. 그런데 과학과 기술, 자본이 만나면서 갑자기 기술이 인간 활동의 중심으로 떠오르게 되었고, 자연히 철학적 탐구의 대상이 되었다. 기술발전의 원인을 찾자면 다시 과학적 방법론으로 돌아갈 수도 있겠지만, 기술철학에서는 현대기술이 인간과 사회에 미친 영향력을 중심으로 논의를 진행한다. 그래서 과학철학과 기술철학에서의 기본 물음은 형식 면에서 '○○은 무엇인가'로 비슷하지만, 그 내용은 각각 방법론적(혹은 인식론적) 접근과 사회철학적 접근으로 구별된다.

과학철학이 철학의 주요 분과로 발전하여 연구업적이 꽤 축적되고 상당한 규모의 학문공동체를 이룬 데 반해, 기술철학은 학문의 영역에서 상대적으로 큰 관심을 끌지 못했다. 이는 이론적 특성이 강한 과학철학에 비해 기술철학이 상대적으로 좀더 실천적인 경향을 띠었기 때문일 것이다. 그리하여 기술철학의 문제제기는 기술정책, 환경운동, 대안기술 운동 등 좀더 현실적인 여러 영역에서 저 나름의 영향력을 발휘하고 있다.

2. 기술철학의 주제: 기술의 시대, 인간의 자리

기술철학의 주요 관심사를 한마디로 요약하자면, 현대기술의 시대에서 인간의 자리는 어디인가에 대한 물음이라 할 수 있다. 이 물음은 기술이 단순한 도구가 아니라는 전제를 바탕으로 성립한다. 흔히 기술이 목적을 이루기 위한 도구라고 생각하기 쉽지만, 도구는 도구를 사용하는 사람과 사용의 목적 자체에도 영향을 미치게 마련이다. 고대사를 석기, 청동기, 철기 시대로 나누는 것도 도구가 인간의 삶을 획기적으로 바꾸었던 역사적 사실을 반영한다. 물론 그 시대에는 기술의 발전속도가 매우 느렸기 때문에 그로 인한 변화들은 오랜 시간에 걸쳐 사람들의 눈에 띄지 않는 방식으로 이루어졌다.

기술이 인간 활동의 중심에 놓이게 된 현대의 상황은 매우 다르다. 과거에 비해 훨씬 복잡한 기술들이 인간의 삶 전반에서 사용되고 있다. 현대기술이 인류의 삶과 사고의 변화에 직접적으로 미치는 영향력은 과거의 그것과는 비교하기 어려울 정도로 커졌다. 이에 따라 목적은 인간이 세우고 기술은 수단일 뿐이라는 종전의 통념에도 변화가 생겼다. 어느 순간부터인가 기술발전 자체가 하나의 목적이 된 것 같은 느낌마저 들게 된 것이다.

인간은 여전히 기술의 주인인가? 기술의 영향력은 인간의 통제 아래 있는가? 현재의 기술발전은 인간에게 더 나은 환경과 기회를 제공하는가? 만약 그렇지 않다면, 상황을 개선하기 위한 방안은 무엇인가? 좋은 기술은 어떤 기술인가? 이같은 물음들은 궁극적으로는 기술이 아닌 인간을 향한다.

3. 자유를 상실한 인간

'기술철학'이라는 말을 처음 사용한 독일의 철학자 카프(E. Kapp)나 러시아의 엥겔마이어(P. K. Engelmeier) 같은 사람들은 기술과 기술의 영향력을 정확하게 이해하고자 했다. 카프는 기술을 인간 몸의 외면화라고 보았고, 엥겔마이어는 사회변혁의 도구로 보아 공학자가 사회를 이끌어가는 테크노크라시(technocracy)를 꿈꾸었다.

그러나 초기 기술철학자들의 논의는 서양철학의 맥락과 상대적으로 동떨어진 채 단발적으로 제기되어 이후 충분한 반향을 얻지 못했다. 20세기 초중반에 기술에 대한 논의가 좀더 활성화되었을 때 기술철학의 논의를 이끈 것은 현대기술이 비인간화를 초래한다는 비관적 입장이었다. 가장 잘 알려진 학자로는 하이데거가 있고, 그밖에 엘륄(J. El-lul), 멈퍼드(L. Mumford), 마르쿠제(H. Marcuse), 요나스(H. Jonas) 같은 학자들을 이러한 부류로 이해할 수 있다. 이들은 저마다 조금씩 다른 맥락에서 현대기술의 문제를 지적했는데, 공통적으로 전통기술과 현대기술의 차이를 강조하고 후자에 대해 부정적인 평가를 내렸다. 기술철학에서는 이러한 견해를 '고전적 기술철학'(Classical Philosophy of Technology)이라 부르며 그 이후의 흐름과 구분한다.

고전적 기술철학자들이 지적한 현대 기술사회의 가장 큰 문제는 앞서 언급한 목적과 수단의 전도다. 수단으로서의 기술이 인간의 목적에 영향을 미치는 것은 조금만 생각해보면 알 수 있는 일이지만, 수단이 목적의 자리를 차지하는 것은 또다른 문제다. 고전적 기술철학자들은 현대사회에서 기술의 발전 그 자체가 목적이 되어버린 상황에 주목한다. 오늘날 기술의 발전은 선택의 문제가 아니라 하나의 대의가 되었다. 좀더 빠른 자동차, 좀더 큰 용량의 컴퓨터, 좀더 다양한 기능의 휴대전화가 끊임없이 개발되지만, 누구도 그것이 왜 필요한지를 묻지 않는다. 사람이 필요로 하는 것을 개발하는 것이 아니라, 개발한 다음에 필요를 만들어내는 형국이 된 것이다. 인간은 더이상 기술의 발전을 제어할 수 없게 되었을 뿐 아니라, 인간 자신이 거대한 기술 씨스템의 한 부분이 되어버렸다. 고전적 기술철학자의 대표자인 하이데거와 엘륄의 사상이 이러한 분석의 전형적인 예다.

하이데거는 현대기술의 문제를 서양철학의 존재 이해와 연결하여 진단했다. 그는 근대정신이 합리적 이성으로 자연과 인간을 대상화하여 파악하고 지배하려 했다고 보고, 이러한 근대정신이 극대화된 결과가 바로 현대기술이라고 보았다. 현대기술은 인간이 설정한 목적을 실현하는 도구가 아니라, 존재가 우리에게 드러나는 통로다. 그에 따르면 현대기술은 인간을 포함한 모든 존재자를 부품으로 드러나게 한다. 인간과 자연은 그 자체의 의미를 잃고 거대한 기술 씨스템에서 어떤 역할을 하느냐에 따라 그 존재의 의미를 부여받게 된 것이다. 오늘날 일반적으로 사용되고 있는 '인력개발' '구조조정' '인간자원'(human resources) 같은 용어들이 하이데거의 주장을 뒷받침하는 예라고 볼 수 있겠다.

프랑스의 역사학자이자 사회학자인 엘륄은 현대기술발전의 과정에서 인간의 판단이 개입할 여지가 점차 줄어들어, 이제 정치적, 종교적, 윤리적, 심지어 경제적 판단도 현대기술의 지속적인 발전을 제어하지 못하게 되었다고 주장한다. 기술의 발전에서 유일하게 문제가 되는 것은 효율성이다. 기술의 발전은 인간의 판단에 좌우되는 것이 아니라 효율성의 법칙에 따라 진행된다. 이같은 상황을 엘륄은 "기술이 자율적으로 되었다"라는 말로 표현한다. 인간만이 진정한 자유를 누릴 수 있는 존재인데, 현대인들은 그 자유를 완전히 박탈당한 것이다.

고전적 기술철학의 진단은 산업혁명 이후의 기술발전을 통해 지상천국이 도래할 것이라고 보았던 근대인들의 기대가 섣부른 것이었음을 잘 보여주었다. 이들의 강력한 경고는 기술의 혜택을 누리면서도 막연한 불안감에 시달리던 서구인들에게 반성의 계기를 마련해주었다.

4. 기술사회의 극복을 위한 노력

고전적 기술철학의 비판이 나름대로의 반향을 일으킨 것은 사실이지만, 그 효과가 지속적이었던 것은 아니다. 얼마 지나지 않아 이같은 경고는 기술사회의 문제를 극복할 구체적인 대안을 제시하지 않았다는 반론에 부딪쳤다. 또 수많은 개별 기술들이 있는데 뭉뚱그려 '기술'이라는 대상을 놓고 분석을 시도한 것이 너무 막연하다는 비판도 제기되었다. 물론 고전적 기술철학자들은 자신들이 비관론을 설파했다는 비판 자체를 받아들이지 않았지만, 기술사회에 대한 그들의 진단과 제언이 추상적이고, 그들의 기술 개념이 모호한 것은 사실이었다.

1970년대 후반 기술철학회가 조직될 즈음에는 이러한 한계를 극복하기 위한 노력이 생겨나기 시작했다. 현재 활발하게 활동하는 기술철학자들은 대부분 이러한 새로운 흐름을 따르고 있다. 이 흐름을 '경험으로의 전환'(empirical turn)이라고 부른다.

1) 기술은 인간의 통제 밖에 있는가?

기술이 인간의 통제를 벗어났다는 진단을 문자 그대로 받아들인다면 더이상의 논의는 불필요해진다. 그래서 고전적 기술철학을 극복하기 위한 노력의 첫번째 단계는 인간이 여전히 기술의 주인이라는 사실을 확인하는 것이었다. 이러한 시도는 기술의 발전에 대한 역사적이고 사회학적인 연구가 활발하게 진행되면서 자연스럽게 이루어졌다.

이에 대해 가장 대표적인 논의를 전개한 것은 사회구성주의자들이다. 이들은 기술 전체를 막연하게 하나의 개체처럼 다룰 것이 아니라,

개별 기술의 역사를 면밀하게 검토해야 한다고 주장했다. 사회구성주의자들은 자전거나 냉장고 같은 구체적 기술의 발전사를 토대로, 기술의 발달이 단순히 효율성을 따라 이루어지는 것이 아니라 발달과정에서 여러가지 사회적 영향을 받는다는 점을 밝혔다. 어떤 기술이 처음 등장했을 때, 그 기술을 어떤 용도로 이해하느냐에 따라 관련 사회집단들(relevant social groups)이 다른 해석을 내리게 되고, 어떤 해석이 최종적으로 선택되느냐에 따라 해당 기술의 발전방향이 결정된다는 것이다. 사회구성주의자들은 이같은 근거를 바탕으로 기술은 엘륄이 말한 것처럼 효율성의 법칙에 따라 필연적 경로로 발전하는 것이 아니라, 사회적 판단과 여건에 의해 우연적으로 구성되어간다고 주장했다.

미국의 철학자 위너(L. Winner)는 사회구성주의자들의 이론이 고전적 기술철학이 지적한 현대기술의 근본 문제, 즉 비인간화와 자율성 상실의 문제에 대한 해답을 제시하지 못하고 지엽적 사실관계의 재구성에만 치중하고 있다고 비판하면서, 현대 기술사회에 대한 새로운 해석을 제시했다. 그는 기술이 인간의 통제를 벗어나 있다는 고전적 기술철학의 주장을 상당부분 받아들이면서도, 문제의 원인은 인간이 스스로 통제권을 버렸기 때문이라고 보았다. 따라서 현대 기술사회를 살아가는 사람들에게 요구되는 것은 자율성이 상실된 상태에 대한 한탄이 아니라, 인간의 손을 떠난 것처럼 보이는 기술에 대한 주도권을 다시 회복하려는 자세인 것이다. 오늘날 활발하게 활동하고 있는 기술철학자 대부분이 이와 유사한 입장을 취하면서 고전적 기술철학자들과 거리를 두고 있다.

2) 민주주의와 기술

기술이 인간의 통제 아래로 다시 들어올 수 있다면, 어떤 과정을 거쳐야 하는가? 기술사회의 문제를 극복하기 위한 구체적인 방안으로 고전적 기술철학자들이 제시한 대표적 해법은 기술과 민주주의를 연결하는 것이다. 기술을 민주화해야 한다거나 민주적 기술을 개발해야 한다는 주장이 그것인데, 이는 기술이 인간의 삶에 미치는 영향이 결국은 정치적 결과를 낳게 된다는 인식에 기반을 둔다. 새로운 기술의 개발은 기존의 삶의 방식에 변화를 가져오게 마련이다. 그 변화는 어떤 이들에게는 유리하지만, 다른 이들에게는 불리할 수 있다. 게다가 현대기술은 너무나 복잡해서, 그 기술로 인해 초래되는 변화에 제대로 대응하기 힘들 뿐 아니라 전문가들에 대한 의존도도 필연적으로 높아진다. 결국 기술의 문제는 권력의 문제, 정치의 문제로 해석될 수 있는 것이다.

민주주의란 권력의 불가피한 불균형 상태를 권력에 대한 제어 씨스템을 통해 극복하는 방법이다. 따라서 기술이 권력으로서의 역할을 한다면 그것 역시 민주적 제어의 대상이 되어야 하는 것이다. 기술의 민주화를 주장하는 사람들은 기술의 발전과정에 시민의 참여가 가능하도록 해야 하며, 시민의 민주적 참여를 어렵게 만드는 종류의 기술발전은 지양해야 한다고 주장한다.

위에서 언급한 사회구성주의자들과 위너는 각각의 입장을 토대로 기술의 민주화를 주장했다. 사회구성주의자들은 기술이 관련 사회집단의 사회적 선택에 따라 발전하는만큼, 시민사회가 어떤 기술을 원하는지를 명백히 밝히는 것을 통해 전문가들의 일방적인 기술개발을 통제할 수 있다고 보았다. 위너는 좋은 법을 만들기 위해 의원들을 민주적으로 선출하고 그들의 활동을 감시하듯이, 기술개발과 관련해서도 시민들이 관심을 두고 민주적으로 의사를 표명할 필요가 있다고 주장한다.

3) 대안기술 운동

기술사회 극복을 위한 또다른 노력으로는 대안공동체를 중심으로 이루어지는 대안기술 운동을 들 수 있을 것이다. 대표적인 예로는 슈마허(E. F. Schumacher)가 제시한 중간기술(intermediate technology) 개념과 적정기술(appropriate technology) 운동 같은 것을 들 수 있다. 이들은 점차 거대화·집중화되는 현대기술의 발전양상은 지속될 수 없다고 보고, 소규모·지역 중심의 기술발전을 대안으로 삼는다. 이들은 핵발전소를 지어 전국에 전기를 공급하거나, 곡물을 대량생산하여 전세계에 수출하는 전지구적인 기술의 활용을 거부한다. 기술의 발전이 지역적 자발성과 자율성을 최대한 보장하는 방향으로 이루어지는 것이 인류 전체가 오랫동안 행복하게 살 수 있는 대안이라는 것이 이들의 확신이다.

이러한 움직임은 기술철학의 이론적 발전과정과는 별도로 이루어졌으나, 이후 기술철학의 분석대상 및 가능한 대안의 한 모델로 다루어졌다. 1960년대 이래 유사한 운동들이 꾸준히 이어지고 있으며, 이는 '지속 가능한 개발' 같은 정책 개념이나 제3세계 원조방법론과도 연결되어 있다.

5. 기타 논점들과 향후 과제들

1) 기술철학의 정체성 논란

기술철학은 무엇인가 혹은 기술철학은 어떤 역할을 해야 하는가라는 물음은 이 분야가 철학의 분과로서 어느정도 틀을 잡은 이래 지속적으로 제기되어왔다. 기술철학의 주요 논의들이 기술사회에 대한 진단과 처방을 둘러싸고 이루어졌기 때문에 정체성 문제는 변방에서만 다루어진 것이 사실이지만, 이는 매우 중요한 주제가 아닐 수 없다.

기술철학의 역할에 대한 논의는 크게 두가지 차원에서 이루어진다. 하나는 기술철학이 이제 규범적 논의를 벗어나 인식론적 논의에 집중해야 한다는 입장이다. 버지니아 공대의 피트(J. Pitt)는 기술철학은 하이데거나 엘륄 식의 사회비평을 멈추고 기술활동이 인간의 다른 활동과 무엇이 다른지에 초점을 맞추어야 한다고 주장한다. 그는 이 기술활동의 모델이 과학철학이 되어야 하며, 그러한 인식론적 기초가 있어야 비로소 올바른 기술활동에 대한 평가를 내릴 수 있다고 주장한다.

다른 하나는 기술철학이 기존의 기술사회에 편입되는 것을 우려하는 입장이다. 기술사회의 확장에 따라 기술정책의 중요성이 점점 커지고 있으며, 이에 따라 기술철학자들은 정부나 기업들의 정책결정에 조언하는 역할을 하게 된다. 그런데 이같은 역할의 수행은 대개의 경우 논의대상이 되는 개별 기술의 개발에 대한 근본적인 비판보다는 예상 가능한 위험(risk)을 최소화하는 데 치우치게 마련이다. 따라서 기술철학이 충분히 반성적·비판적이 되지 못하고 기술사회의 기존 질서를 유지하는 데 면죄부를 제공하는 결과를 초래할 수도 있다.

2) 공학설계의 철학

일반적으로 기술철학의 주제는 기술의 정의, 기술과 사회, 기술과 인간, 그리고 구체적 기술에 대한 철학적 분석이었다. 그런데 최근 기술활동 중에서도 공학설계에 대한 철학적 물음이 제기되고 있다.

공학설계는 현대기술에서 매우 중요한 부분을 차지하는 활동이다.

공학설계는 문제를 설정하고 정의하는 것에서부터 여러가지 제약조건을 평가하고, 모든 것을 종합하여 구체적 해결책을 구상하는 것까지의 단계를 말한다. 앞서의 논의들에서 언급된 기술의 효율성, 사회적 영향, 도덕적·정치적 판단들이 모두 공학설계와 관련되어 있거나 관련될 수 있다. 나아가 기술을 인간 신체나 활동의 외면화라고 본다면 공학설계는 그 첫번째 단계가 된다. 기술은 제작활동, 그 활동에 필요한 지식, 그 활동의 결과물 등 다양한 방식으로 이해할 수 있는데, 공학설계는 그 모두와 특별한 방식으로 관계한다. 특히 공학설계는 인간과 기술이 만나는 중요한 접촉점이다.

공학설계에 대한 철학적 담론은 다양한 방식으로 전개될 수 있다. 인식론적으로 보자면 공학설계는 기술활동이 인간의 다른 활동과 어떻게 구분되는지를 말할 수 있는 중요한 지점이다. 공학설계의 대상, 동기, 전제, 목표, 수행과정 등은 예술, 정치, 놀이, 자연과학적 연구, 경제활동 등 인간의 주요 활동과는 다른 면모와 특징을 지닌다. 기술철학의 규범적 측면을 강조하는 경우에는 공학설계가 비인간화, 환경파괴 같은 주요 문제들을 해결하는 계기가 된다는 점이 부각된다.

3) 공학윤리와 기술철학

최근 융·복합 교육, 이공계 학생들에 대한 인문교육 등에 관심이 늘어나면서 많은 대학들이 공학도들에게 공학윤리(engineering ethics)를 가르친다. 공학윤리는 기술과 윤리를 함께 생각한다는 점에서 기술철학의 사회철학적 관심과 일맥상통해 보이지만, 실제 교육되는 내용은 공학자들의 직업윤리를 강조하는 행동강령에 초점이 맞춰져 있는 경우가 많다. 따라서 기술철학이 추구하는, 기술과 인간의 관계에 대한 이해와 기술사회 전반에 대한 폭넓은 시각을 갖추게 하는 데 부족한 점이 없지 않다. 한편, 기술철학에서도 기술의 문제를 다루면서 공학자가 어떻게 사고하고 행동해야 할 것인지의 문제 같은 각론에 크게 신경쓰지 않았던 것이 사실이다.

앞으로 공학윤리와 기술철학의 학문적 소통뿐 아니라 교육에서의 소통을 늘리다보면, 기술사회가 직면한 문제들에 대해 좀더 적극적인 대안이 제시될 수 있을 것이다. 이런 소통을 통해 공학도들이 현대기술의 엄청난 영향력을 실감하게 되면, 그들은 자신의 역할이 지니는 의미와 중요성을 깨우칠 수 있을 것이다.

4) 개별 기술들의 철학

과학철학이 자연과학 일반을 염두에 두고 구획의 문제에 초점을 맞추다보니 물리철학, 화학철학 등으로 세분화된 것처럼, 기술철학 안에서도 개별 기술들에 대한 철학적 분석을 시도하는 일이 늘어나고 있다. 특히 나노기술이나 정보통신 기술, 로봇기술같이 응용분야가 넓은 기술들을 중심으로 철학적 논의가 이루어진다. 생명의료 기술의 경우는 생명의료 윤리학이 이미 독자적인 분과로 성립되었다.

개별 기술들의 철학은 일차적으로는 기술정책 등과 관련한 윤리적 논의를 중심으로 하지만, 인식론적이고 인간학적인 논의들도 병행된다. 신기술의 개발이 인간 삶의 지평을 바꾸는 경우가 늘고 있기 때문에, 기술과 관련한 철학적 논의들은 앞으로 더욱 활성화될 것이다.

5) 한국에서의 기술철학: 현황과 전망

다른 선진국들과는 달리 빠른 시간 동안 급격한 기술발전을 이룬 우리나라에서는 기술철학의 문제들이 훨씬 더 절실할 수밖에 없다. 한국에서 기술철학 연구가 왕성하게 이루어진 것은 아니지만, 1979년 이초식(李初植) 교수가 「기술철학의 접근」이라는 논문을 숭실대학교 철학과 학술지 『사색』(제6집)에 발표한 이래 꾸준한 논의가 이어져왔다. 1995년에는 한국철학사상연구회의 『시대와 철학』이 '기술과 인간'이라는 주제로 특집 논문들을 실었으며, 그 즈음에 서울대 철학과 대학원에서 기술철학 세미나가 열리기도 했다. 2003년에는 한국과학철학회가 '기술철학의 문제들'이라는 주제로 심포지엄을 열었다. 이런 계기들을 통해 기술철학 관련 논문과 단행본 들이 점점 더 많이 발표·출간되고 있으며, 유관분야인 과학기술학(STS)과의 교류도 꾸준히 이루어지고 있다. 최근 철학의 대중화와 응용철학에 대한 관심이 점점 높아지고 있어 기술철학에 대한 관심 또한 조금씩이나마 커질 것으로 기대한다.

6. 결론: 기술철학의 자리 찾기

인류사에서 기술이 없었던 적은 없지만, 산업혁명 이후 기술은 엄청난 속도로 발전하면서 인간과 사회를 시시각각 바꾸고 있다. 어느 틈엔가 기술이 무엇을 위해 발전하고 있는가를 잊을 정도가 되었으며, 인간 삶의 모든 부분에 침투하여 강력한 영향력을 발휘하게 되었다. 현대기술은 삶과 죽음, 노동과 생산 같은 기본적인 개념의 의미조차 바꾸고 있기 때문에, 수천년을 이어온 철학의 물음들 역시 얼마간 다시 제기될 수밖에 없다. 이런 의미에서 현대에 제기되는 대다수의 물음들이 기술철학과 연결된다고 할 수도 있을 것이다.

다른 한편, 현재 기술철학은 기술이 철학적 고려의 대상이라는 것을 부각시키는 것조차 힘겨워하면서, 자신의 역할과 자리를 확보하는 데 안간힘을 쏟고 있다. 기술철학의 짧은 역사에서 이루어진 논의와 통찰들은 아직 그 영향력을 제대로 발휘하지 못하고 있다. 명확한 정체성에 대한 고민, 공학윤리와의 융합, 개별 기술에 대한 철학적 담론들이 이 숙제를 해결하기 위한 통로가 될 것이다.

| 손화철 |

생각해볼 문제

– 현대기술시대에 인간은 여전히 자율적인가?

– 기술발전의 목적은 무엇이어야 하는가?

– '좋은 기술'은 어떤 기술인가?

읽어볼 만한 책

김성동 (2005)『기술—열두 이야기』, 철학과현실사.

돈 아이디 (1998)『기술철학: 돈 아이디의 기술과 실천』, 김성동 옮김, 철학과 현실사.

랭던 위너 (2000)『자율적 테크놀로지와 정치철학』, 강정인 옮김, 아카넷.

_____ (2010)『길을 묻는 테크놀로지』, 손화철 옮김, CIR.

사회와철학연구회 (2004)『과학기술 시대의 철학』, 이학사.

손화철 (2006)『현대기술의 빛과 그림자: 토플러와 엘륄』, 김영사.

이상욱 외 (2009)『욕망하는 테크놀로지』, 동아시아.

이정우 (2001)『기술과 운명: 사이버 펑크에서 철학으로』, 한길사.

이중원·홍성욱 외 (2008)『필로테크놀로지를 말한다』, 해나무.

임홍빈 (1996)『기술문명과 철학』, 문예출판사.

장 이브 고피 (2003)『기술철학: 테크노월드 속의 도구적 인간』, 황수영 옮김, 한길사.

차인석 외 (1998)『사회철학대계 4: 기술시대와 사회철학』, 민음사.

프레더릭 페레 (2009)『기술철학』, 박준호 옮김, 서광사.

한국철학회 (1998)『기술문명에 대한 철학적 반성』, 철학과현실사.

Crichton, Michael (1999) *Timeline*, Random House, ix-x면.

과학철학과 STS

1. 과학을 이해하려는 가깝고도 먼 이웃?

과학철학이 과학인지 철학인지 묻는 사람들이 있다. 역사철학이 역사가 아니라 철학이듯 과학철학도 과학에 '대한' 철학이다. 과학에 대한 철학적 작업은 매우 다양한 방식으로 이루어질 수 있고, 실제로 여러 철학자들에 의해 다양한 방식으로 이루어져왔다. 유전자나 플로기스톤처럼 과학이 가정하는 대상이 진정으로 존재하는 것인지 아니면 현상을 설명하기 위한 도구에 불과한 것인지를 검토하는 형이상학적 탐구도 있고, 과거의 과학과 현대의 과학이 누적적인 방식으로 발전하는 것인지 아니면 이따금씩 일어나는 과학혁명을 통해 단절적으로 변화하는 것인지를 묻는 인식론적 연구도 있다. 여기에 더해 최근 수많은 사회적 쟁점의 중심에 과학기술이 부각되면서 이와 관련된 윤리적 논의 또한 활성화되고 있다. 이 과정에서 과학철학은 과학연구가 윤리적으로 옹호될 수 있는 방식으로 수행되는지, 과학지식이 관련 과학논쟁에서 정당화될 수 있는 방식으로 활용되는지 등에 대해 탐색하기도 한다. 이처럼 과학철학은 과학과 관련된 다양한 물음을 다층적으로 탐색하고 이에 대한 답을 찾으려는 노력이다.

STS는 과학기술학(Science and Technology Studies) 혹은 과학-기술-사회(Science, Technology and Society) 연구분야를 지칭하는 줄임말이다. 과학기술학과 과학-기술-사회 사이의 차이는 주로 STS의 학술적 정체성을 어떻게 규정할 것인지와 관련되어 있다. 과학기술학으로서의 STS는, 현대사회에서 그 중요성이 점점 더 부각되고 있는 과학기술이 철학, 역사학, 인류학, 사회학 등 개별 분과학문의 개념이나 이론을 통해 이해되기에는 너무 복잡하고 다층적이라는 점에 주목한다. 과학기술학자들은 과학기술이라는 복합적 대상을 학술적으로 올바르고 유용하게 이해하기 위해서는 여러 분과학문의 시각을 통합하여 분석하는 것이 필수적이라 본다. 이는 마치 인간 지적 능력의 다양한 양상을 오롯이 이해하기 위해 진화생물학, 컴퓨터과학, 철학, 신경과학, 인지심리학, 언어학 등 여러 분야의 협력이 인지과학이라는 학제적 연구를 통해 이루어지듯, 과학기술에 대해서도 STS라는 학제적 연구를 통해 통합적 이해를 추구하려는 것이다. 이렇게 정리하면 과학기술학으로 이해되는 STS와 과학철학은 자연스럽게 수많은 연구관심을 공유하게 되며, 과학철학은 과학기술학 연구의 중요한 참여자로 자리매김하게 된다.

과학-기술-사회로 이해되는 STS는 과학과 기술의 '사회적' 측면에 집중한다. 예를 들어, 과학기술에 대한 대중의 이해 정도와 대중의 평가 사이에 어떤 관련이 있는지, 과학기술 연구가 어떤 사회적 영향에 좌우되는지, 바람직한 과학기술 연구가 지향해야 할 방향은 무엇인지 등에 대한 연구가 그것이다. 이런 이유로 과학-기술-사회로 이해되는 STS 의 초기 연구는 과학기술정책학이나 과학기술사회학이 주도했다. 하지만 지금도 반드시 그런 것은 아니다. 최근에는 STS를 여러 학문분야가 각자의 정체성을 유지한 채 과학기술의 사회적 측면이라는 연구주제에다 같이 관심을 품고 다학문적(multi-disciplinary) 연구를 수행하는 것으로 이해할 것인지('과학-기술-사회'로 이해하는 진영), 아니면 과학철학, 과학사, 과학사회학 등 기존의 연구분야를 뛰어넘는 새로운 간학문적(inter-disciplinary)·융복합적 정체성을 지니는 새로운 학문분야로 이해할 것인지('과학기술학'으로 이해하는 진영)가 더 중요한 구별기준으로 부상하고 있다. 예를 들어, 매사추세츠 공과대학(MIT)과 코넬대학 모두 STS 대학원 과정을 열고 있는데, MIT 과정명은 과학-기술-사회(STS)이고 코넬대학 과정명은 과학기술학(STS)이다. 자연스럽게 MIT의 STS 과정에서는 과학사와 기술사를 기반으로 과학기술의 사회적 성격을 부각하는 연구가 주로 이루어지는 반면, 코넬대학의 STS 과정에서는 철학, 역사학, 사회학, 어느 한 분야로 특징짓기 힘든 나름의 스타일을 가진 연구, 즉 과학기술학이라는 새로운 학문분야의 정체성을 규정지으려는 실험적 노력이 담긴 연구들이 다수 이루어지고 있다.

결국 STS를 과학기술학으로 이해하든 과학-기술-사회로 이해하든, 과학철학과 STS 모두 과학과 기술에 대해 메타적 연구를 한다는 점에서 학문적 근친성을 지닌다. 물론 과학기술학으로 이해되는 STS인가, 과학-기술-사회로 이해되는 STS인가의 여부에 따라 과학철학과의 접점은 달라질 수 있을 것이다. 예를 들어 새롭게 정체성을 형성해나가는 과학기술학에서 과학철학이 어떤 비중과 역할을 차지할 수 있는지에 대한 고민이 필요할 수 있다(이상욱 2005). 한가지 분명한 점은 과학철학과 STS 사이에 적극적 협력까지는 아니더라도 평화로운 공존은 기대해 봄 직하다는 것이다.

실은 두 학술분야간의 역사는 이보다 좀더 복잡하다. 어떤 형태로 이해되든 STS는 과학지식 자체와 이를 생산해내는 연구과정의 사회적 성격을 강조한다. 그에 비해 과학철학에서 과학지식은 전통적으로 객관적 세계에 대한 참된 진리가 역사적으로 발견·누적된 것으로 여겨져왔으며, 과학연구는 이런 의미의 객관적 지식을 얻기 위해 철저한 경험적 방법론을 적용하는 합리적 과정으로 간주되어왔다. 물론 모든 과학자가 과학적 방법을 완벽하고 올바르게 적용하여 연구하기는 쉽지 않은 일이지만, 적어도 '이상적' 과학연구와 지식의 성장은 모든 과학연구가 도달해야 할 규범성을 지니는 것으로 이해되었다. 과학철학자들의 이같은 견해는 사회과학자들에게도 상당부분 공유되었기에, STS가 본격적으로 등장하기 전에 이루어진 과학에 대한 사회적 연구는 연구주제 선정에 있어 제한적인 모습을 보였다. 즉, 과학지식의 생산과정에 긍정적으로 도움을 주는 요인과 부정적으로 방해하는 요인을 구별하고 이를 제도적으로 분석하는 데 치중하거나, 과학자 사회의 독특한 가치체계에 대한 분석에 집중하는 식이었다.

STS는 과학에 대한 기존 경험연구에 문제를 제기하며 등장했다. 우선 STS 연구자들은 과학연구에서 특정 이론이 선택되는 과정이 경험적 증거에 의해 전적으로 결정될 수 없음을 강조했다. 경험적 증거는 대개 너무 많거나 너무 적었다. 즉, 여러 경쟁하는 이론들은 각기 자신을 지지해줄 경험적 근거를 상당수 확보하고 있는 경우가 많았고, 이들 중 어느 경험적 근거를 더 '우선시'할 것인지에 대해서는 합의가 도출되기 어려웠다. 한편 특정 이론만 남기고 다른 모든 이론을 배제해줄 수 있는 '결정적' 경험적 근거를 찾기도 어려웠다. STS 연구자들은 이 사실에 근거하여 특정 이론의 선택은 연구자들 사이의 수사적 설득과 사회적 이해관계 조정을 통해 이루어진다고 주장했다.

이 과정에서 사회적 영향은 다양한 방식으로 개입할 수 있었다. 결과적으로 과학적 사실은 '발견'되기보다는 '구성'되는 것으로 보아야 했다. 물론 STS 연구자들이 과학적 사실이 구성된다고 말한 것은 과학자들이 소설을 쓰듯 허구를 지어낸다고 주장했다는 뜻은 아니다. 다만 경험적 자료가 특정 이론이나 해석을 강요할 만큼 강력하지 않은 상황에서 다양한 가치와 영향력이 특정 과학적 사실이 선택되는 데 인과적으로 더 중요한 역할을 한다는 주장이다. 결국 STS 연구는 과학적 사실의 인식론적 지위에 대한 판단(즉, 진정으로 '참'인지 여부)을 유보한 채 특정 이론이 선택되거나 특정 과학적 사실에 대한 과학자 사회의 합의가 도출되는 과정을 자세하게 분석하는 데 초점을 맞추게 되었다.

이 과정에서 STS는 상당히 의식적으로 기존 과학철학의 연구성과를 건너뛰거나 제쳐두려는 모습을 보였다. 예를 들어, 실험자 회귀현상에 대한 콜린즈의 흥미로운 분석은 과학적 실재론이나 실험철학의 논의 같은 최근 과학철학의 연구들은 전혀 고려하지 않은 채 귀납의 문제 같은 근대철학의 문제의식만을 부각시킬 뿐이다(Collins 1992; 이상욱 2006a). 이는 STS 연구자 대다수가 쿤의 선구적인 작업과 비트겐슈타인의 후기 저작이 자신들에 끼친 영향을 공식적으로 인정한다는 점에서 다소 의아하게 보일 수 있는 부분이다.

아마도 STS 연구자들은 독립된 정체성을 지닌 학문체계로 자신들의 연구를 정립하기 위해 과학이론의 참/거짓 같은 평가적 질문이나 과학연구의 방법론적 규범성에 대한 질문을 의도적으로 회피함으로써, 과학철학적 분석과 무관하게 과학연구의 사회적 성격을 경험적으로 드러낼 수 있다고 기대했던 것으로 짐작된다.

한편, 새롭게 부상하는 STS에 별다른 관심을 보이지 않는 것은 대다수의 과학철학자들도 마찬가지였다. 그들이 보기에 STS는 라이헨바흐가 제안한 '발견의 맥락'에 치중하는 경험연구로, 궁극적으로는 규범적이어야 할 과학철학 연구에 별다른 영향을 줄 수 없었다. 보수적 윤리학자라면 일반인들이 얼마나 도덕적으로 행동하는지에 대한 경험적 연구가 규범윤리학 논의에 참고사항 이상의 관련은 없다고 생각하듯이, 보수적 과학철학자들도 STS 연구와 과학철학 연구 사이에는 오직 비본질적 학적 연계만이 있을 뿐이라고 보았던 것이다. 하지만 STS가 본격적으로 부상하고 이 책의 다른 절에 소개된 '과학전쟁'이 전개된 뒤에는, 이런 양측의 기대는 정당화될 수 없는 것으로 드러났다. 두 분야의 연구가 공통적으로 관심을 가질 수밖에 없고 상대의 연구를 참조하지 않고는 진정으로 설득력있는 결론을 이끌어내기 어려운 연구주제들이 부각되기 시작했다. 실제로 두 분야 학자들 사이의 진지한 논의도 진행되고 있다. 이 점에 대해 구체적으로 살펴보자.

2. 과학연구 실행과 과학지식 생산 다시 보기

쿤은 비록 자신이 STS 연구와 연루되는 것을 극도로 싫어했지만, 그와 그의 동료 과학철학자들이 1960년대에 시작한 과학철학 연구의 새

흐름은 과학철학과 STS의 공통 관심주제들에 대한 수많은 흥미로운 연구가 양 분야 모두에서 활성화되는 밑거름이 되었다.[1] 그 연구들은 과학연구가 구체적으로 이루어지는 실행(practice)과정과 과학지식이 실제로 생산되는 과정을 좀더 면밀하게 검토한다는 특징을 공유한다. 이 과정에서 부각되는 것은 과학연구 실행과 과학지식의 생산 모두 사회적이고 역사적이며 예술적인 성격을 지닌다는 점이다. 이와 더불어 이론의존성(ladenness), 미결정성(underdetermination), 가치중립성(value-neutrality) 같은 오래된 과학철학적 주제에 대한 새로운 분석도 시도되고 있다.

현대 과학철학 연구자와 STS 연구자 모두 과학연구가 수행되는 과정에 영향을 끼치는 다양한 범위와 방식의 사회적 요인에 주목한다. 과학철학자들은 쿤을 따라 정당하게 고려될 수 있는 사회적 요인을 과학자 공동체 내부로 한정하려는 경향이 있지만 반드시 그런 것도 아니다. 예를 들어 키처는 한정된 자원과 시간을 가진 연구자가 연구할 가치가 있는 무수한 연구주제 중 어떤 것이 '더' 연구할 가치가 있는지를 판단하는 상황이라면, 관련 이론의 설명력이나 단순성 같은 인식적 판단기준

---

1 STS 연구의 주요 흐름인 사회구성주의자와 쿤의 입장 차이는 '사회적'이라는 용어가 의미하는 범위에 대한 생각에서 결정적으로 나타난다. 쿤에게 과학연구는 당연히 사회적이지만 과학연구과정에서 합리적으로 허용할 수 있는 사회는 과학자 공동체(사회)만을 의미했다. 과학연구가 이를 넘어선 사회로부터 영향을 받는다는 것은 해당 과학이 아직 충분히 성숙(mature)하지 못했다는 증거로 간주되었다. 그에 비해 사회구성주의자들은 사회적 영향을 쿤 식으로 좁게 규정하는 것이 실제 과학실행에 비추어 경험적으로 타당하지 않다고 본다. 이 점에 대한 쿤의 견해는 Thomas S. Kuhn (2000) *The Road Since Structure*, Chicago, IL: The University of Chicago Press 제3부 참조. 사회구성주의자들이 쿤을 원용하는 방식의 예는 Barry Barnes (1982) *T. S. Kuhn and Social Sciences*, New York: Columbia University Press 참조.

만이 아니라 인류 복지에 얼마나 더 기여할 수 있는지 같은 비인식적 가치를 고려하는 것이 마땅하다고 주장한다(Kitcher 2001). 키처는 이런 사회적 고려가 과학의 객관성을 훼손하지 않는다고 본다. 그 이유는 특정 과학이론이 경험적·이론적 증거에 의해 얼마나 잘 지지되는지에 대해서는 여전히 인식론적 기준에만 입각하여 엄격하게 판단할 것을 요구하기 때문이다. 이처럼 연구주제의 선정과정과 연구결과의 평가과정에 개입하는 사회적 요인을 구별함으로써, 현대 과학철학은 현실 과학자사회가 다양한 수준의 사회적 요인을 고려하며 연구를 실행하는 과정을 적절히 고려하면서도 여전히 과학적 지식의 객관성을 추구하고 있다.

STS 연구자들은 과학연구 수행과정에 개입하는 좀더 포괄적 의미의 사회적 영향에 집중한다. 여기서 사회적 영향은, 19세기 에딘버러 진보진영이 기존 신분제도를 대신하여 능력 위주의 사회를 달성하는 데 골상학(phrenology)이 도움을 줄 것이라 기대하고 이를 지지했다는 새핀(S. Shapin)의 분석처럼 큰 규모의 거시사회학적 요인일 수 있다. 한편 미시사회학적 요인의 사례도 많다. 한 물리학자가 동료학자의 중력파 검출 주장에 대해 자신의 후학들이 그 이설에 빠져 학자로서의 미래를 망칠까 우려하여, 학계 중진으로서 자신의 영향력을 총동원하여 반박했던 사례가 이에 해당한다. 중요한 점은 이들이 보기에 이러한 다양한 사회적 요인이 과학이론선택과 논쟁이 종식되는 과정에 개입하는 것은 불가피할 뿐 아니라 종종 결정적이라는 사실이다.

이 과정에서 자주 활용되는 개념이 이론의 미결정성(underdetermination)이다. 경험적 증거가 불충분하여 어떤 이론이 인식적으로 정당하게 수용될 수 있는지를 판단하기 어려운 상황, 즉 이론의 미결정 상황은 과학연구과정에서 자주 발생한다. 이때 과학자들은 비교적 빠르게 합의를 도출하여 다음 단계 과학연구를 진행하는 효율성을 보인다. 과학논쟁 분석에 집중하는 사회구성주의자들은 이러한 합의도출의 효율성이 다른 학문분야에서는 찾아보기 힘들다는 점을 지적하고, 그 이유가 과학자들이 관찰, 실험, 조사 등 전통적으로 인정된 절차를 통해 얻은 경험적 요인만이 아니라 다양한 수준의 사회적 요인을 적절히 활용하기 때문이라고 주장한다.

하지만 모든 STS 연구자가 과학논쟁 종식과정에서 사회적 요인을 경험적이거나 개념적인 요인보다 우선시하는 데 찬성하는 것은 아니다. 라뚜르처럼 사회와 자연이 과학연구과정을 통해 함께 구성되기에 어느 한쪽이 다른 쪽에 일방적으로 영향을 준다는 생각 자체가 문제라고 보는 학자도 있고, 대다수의 과학사학자들처럼 자신이 다루는 과학자의 연구과정에 영향을 준 다양한 요인을 인과적 우선순위를 매기지 않은 채 최대한 골고루 드러내려고 노력하는 사람들이 적지 않다.[2]

STS 연구자들 사이의 이러한 의견 차이를 고려할 때 STS와 관련되어 자주 언급되는 과학지식의 사회적 구성에 대해서도 조심스러운 태도를 취할 필요가 있다. 분명한 점은 과학철학자와 STS 연구자 모두 과학연구 실행과정의 세부적 내용에 관심을 기울이고, 그 과정에서 사회적 요

---

2 과학철학자를 제외하더라도 STS 연구자들은 이처럼 연구방법론이나 연구대상에 대한 서술방식 면에서 상당한 차이를 보인다. 이 점이 분명히 드러난 예를 보고 싶다면 프랑스인들에게는 과학자 영웅인 빠스뙤르에 대한 기슨, 라뚜르, 콜린즈-핀치의 서술을 비교해보라. Gerald L. Geison (1996) *The Private Science of Louis Pasteur*, Princeton, NJ: Princeton University Press; Bruno Latour (1993) *The Pasteurization of France*, Cambridge, MA: Harvard University Press; Harry Collins and Trevor Pinch (1998) *The Golem: What You Should Know About Science* (2nd ed), Cambridge: Cambridge University Press, chapter 4.

인이 차지하는 역할이 무조건 부정적이기보다는 많은 경우 생산적이거나 긍정적일 수 있다는 점을 인식한 것이다. 이는 과학자가 하늘에서 떨어진 천사가 아닌 이상, 동료들의 상호검증을 통해 과정의 연구를 개선하고 과학자 공동체 수준에서 과학지식을 합의해나간다는 점을 고려할때 지극히 당연해 보이기까지 한다. 이런 포괄적이고 다소 모호한 의미에서 과학지식이 사회적으로 구성된다는 점을 부인할 STS 연구자는 없을 것이고, 상당수의 과학철학자들도 이에 동의할 것이다.

하지만 구체적인 사례연구를 통해 이러한 구성과정이 어떻게 진행되는지 그리고 그 과정에서 어떤 사회적 요인이 어떤 인과적 역할을 했는지가 설득력있게 제시되기 전까지는 이런 의미의 사회적 구성이 정확히 무엇을 함축하는지 알기는 어렵다. 특히 충분히 강력한 논증 없이 과학지식이 어떤 형태로든 사회적으로 구성되는 측면이 있다는 사실로부터 사회구성주의자들이 선호하는 상대주의적 과학관이 따라 나온다고 볼 수는 없다. 간단히 정리하면 과학지식의 사회적 구성을 받아들인다고 해서 모두 사회구성주의자가 되어야 할 이유는 없는 것이다(Hacking 1999; 이상욱 2006b).

과학연구의 실행과정에서 나타나는 사회적 성격은 자연스럽게 과학지식 생산의 역사적 성격과 맞물려 있다. STS 연구의 확고한 배경믿음(background belief)은 과거의 과학을 현재의 잣대로 평가하지 않는 것이다. 꼬이레, 쿤, 툴민 등의 과학사 연구에서 잘 드러나듯, 현재 우리가알고 있는 사실이나 믿고 있는 이론에 입각하면 비합리적으로 느껴지거나 잘 이해되지 않는 과거 과학자들의 연구행태를 그 시대의 과학연구나 연구방법론, 이론평가기준 등에 비추어보면 수긍되는 경우가 많다. 이런 이유로 과학지식의 생산은 역사적으로 조건이 형성된, 즉 특정

시기의 과학자 공동체가 공유했던 존재론적 가정, 인식론적 전제조건, 연구방법론적 제한조건, 검토 가능했던 경험적 증거 들에 의해 한계가 설정된 방식으로 이루어지게 된다.

STS 연구자들은 이 점을 지나치게 강조하여 종종 과학지식에 대한 평가 자체를 애써 피하려는 경향을 보인다. 즉, 과거의 과학자가 어떻게 연구해서 어떤 근거에서 어떤 결론을 제시했는지를 세세하게 밝혀내는 데만 관심이 있고, 그 과학자의 최종 결론이 현재 우리의 지식에 비추어볼 때 어떤 한계가 있으며 그러한 한계는 어디에 기인하는 것인지에 대해서는 그다지 관심이 없거나 아예 의도적으로 침묵한다. 과학사학자의 경우 이는 과학지식의 진보라는 특정 관점에 입각한 역사서술(흔히 휘그주의 역사서술이라 불린다)에 대한 거부로 나타난다(Butterfield 1957/1997). 사회구성주의자의 경우 이런 태도는 과학지식에 대한 참/거짓 판단을 관련 과학자 공동체에 일임한 채 그 판단과정에 작용하는 인과적 요인만을 경험적으로 분석하려는 대칭적 연구방법론으로 나타난다.[3]

하지만 이론에 대한 인식적 평가 및 과학연구 활동에 대한 규범적 평가를 꺼리는 이런 태도는 과학지식의 생산이 역사적으로 조성된다는 점을 받아들인다고 해서 반드시 따라야 하는 태도가 아니다. STS 연구자가 과학지식이 역사적으로 어떻게 '성장'하는지에 관심이 있다면, 우리에게 낯선 패러다임의 영향 아래 연구했던 과학자를 올바르게 이해하기 위해 그들의 패러다임에 입각해야 한다는 점을 받아들이면서도

---

3 사회구성주의적 과학사회학의 연구방법론에 대한 논의는 David Bloor (1991) *Knowledge and Social Imagery* (2nd ed), Chicago, IL: The University of Chicago Press 참조.

우리의 과학지식이 어떤 근거에서 그들보다 나은지 여부를 논할 수 있다. 만약 서로 다른 패러다임 아래에서 누적된 과학지식이 비교 가능하고 지식이 성장한다는 점이 인정된다면(다수의 STS 연구자는 이에 동의할 것이다), 우리는 다음과 같이 질문할 수 있게 된다. 즉, 그러한 지식의 성장이 정확히 어떤 의미에서 단순한 차이가 아니라 성장이라 불릴 수 있는지, 성장의 정도를 측정할 수 있는 적절한 지표는 무엇인지, 그리고 그러한 지식의 성장이 우리의 이론이 점점 더 세계에 대한 참된 지식에 접근한다는 점을 함축하는지 등이다. 이런 질문들은 전형적인 과학철학의 연구주제와 직결되어 있다.

그러므로 STS 연구자와 과학철학 연구자는 과학지식 생산과정의 사회성과 역사성을 인정하면서 과학이라는 복합적 대상을 총체적으로 이해하기 위해 일종의 지적 분업을 수행하고 있다고 볼 수 있다. 예를 들어, 과학사학자는 다윈의 진화론이 어떤 문화적·제도적·인식론적 배경 아래에서 등장했는지를 자세히 살피고, 과학사회학자는 그 과정에 개입한 라이엘, 맬서스(T. R. Malthus), 오윈(R. Owen), 월러스(A. R. Wallace), 헉슬리(T. H. Huxley) 등 수많은 동료 연구자와 다윈 사이의 미시적 상호작용과 함께 빅토리아 시기의 사회진화론 담론이 다윈의 진화론에 끼친 영향을 밝혀낸다면, 과학철학자들은 그러한 치밀한 경험연구에 근거하여 자연선택이라는 진화 메커니즘이 자연학자 사이에서 수용되는 과정이 과학지식의 생산과정에서 얼마나 전형적인지, 자연선택 메커니즘과 발생학적 제한조건 사이의 상호작용에 대한 생물학 지식의 성장에서 증거와 이론 사이의 관계가 어떠했는지, 다윈의 진화론이 어떤 의미에서 생물학을 '기계적'으로 만들었는지 등을 탐구하게 되는 것이다.[4] 우리가 진화론에 대해 던질 수 있는 인문학적·사회과학적 질문이 다양하고 이들 질문에 충분히 만족스러운 답을 얻기 전에는 진화론을 충분히 이해했다고 볼 수 없다는 점을 고려할 때, 과학철학과 STS는 과학연구와 과학지식의 사회성과 역사성을 공유하면서도 충분히 생산적인 협업을 진행해갈 수 있다는 점을 알 수 있다.

과학연구과정의 예술적 성격 역시 최근에 주목받는 주제다. 이 주제는 전통적 과학연구 방법론의 한계와 관찰의 이론의존성에 대한 과학철학 논의와 밀접한 연관이 있다. 과학연구가 예술적 성격을 지닌다는 것은 연구과정에서 실험장비에 대한 숙련도나 연구자가 체득해야 하는 실험능력이 종종 결정적 역할을 한다는 사실과 관련된다. 특히 전세계적으로 가장 우수한 몇몇 연구팀이 우선권을 놓고 치열하게 경쟁하는 첨단 과학연구에서 이같은 과학연구의 장인적 성격은 중대한 인식론적 도전을 제기한다. 매우 숙련도가 높은 실험실에서 밝혀낸 객관적 연구결과를 그보다 실험능력이 떨어지는 실험실에서는 다시 얻지 못하는 일이 흔히 일어나기 때문이다.

한 과학자의 연구결과가 타당한지 검증하는 과정에서 결정적으로 중요한 것은 그 결과가 다른 연구자에 의해서도 재현 가능한지(replicable)의 여부다. 이 재현가능성은 특정 과학자의 연구결과가 과학자 공동체가 승인하는 과학지식으로 간주되기 위해 본질적으로 요구되는 조

---

4 다윈 진화론에 대한 과학사적 접근을 잘 보여주는 연구서로는 Janet Browne (2006) *Darwin's Origin of Species*, London: Atlantic Books 참조. 다윈 진화론의 좀더 넓은 함의를 영장류학의 맥락에서 인류학적으로 고찰한 연구서로는 Donna Haraway (1989) *Primate Visions: Gender, Race, and Nature in the World of Modern Science*, New York: Routledge 참조. 다윈 진화론이 제기하는 다양한 개념적 쟁점을 탐색한 철학자들의 작업은 Elliott Sober ed. (2006) *Conceptual Issues in Evolutionary Biology* (3rd ed), Cambridge, MA: The MIT Press에서 찾을 수 있다.

건이며, 실제 과학의 실행과정에서도 궁극적으로는 거의 대부분 충족된다. 문제는 첨단연구 상황처럼 현재 진행중인 과학(science in action)에서는 과학연구의 장인적 성격으로 말미암아 재현가능성이 보편적으로 확립되기까지 매우 오랜 시간이 걸릴 수 있다는 사실이다. 그럼에도 불구하고 일반적으로 과학자 공동체는 연구팀 사이에 엄연히 존재하는 숙련도의 차이를 인정하고 제한적으로만 재현된 연구결과를 다른 간접적 방식으로 검증하여 과학지식으로 인정할지 여부를 판단한다.

이러한 판단은 이중적으로 예술적이다. 우선 앞서 지적했듯이 이러한 판단이 요구되는 근본 이유 자체를, 과학연구 실행과정이 숙련도나 체득된 기예에 의존하는 예술적 성격에서 찾을 수 있다. 또한 제한적으로만 재현 가능하거나 어떤 경우에는 처음 연구결과를 보고한 실험팀을 제외하고는 동료 연구자 누구도 재현하지 못한 연구결과를 판단할 때엔, 모두를 만족시킬 수 있는 유일하게 타당한 절차란 없으며 개별 과학자가 각자 '합리적' 판단을 해야만 한다는 점도 중요하다. 하지만 개별 과학자가 논쟁적인 과학연구 결과에 대해 각자 주관에 따라 판단해야 한다는 점이 과학자들의 판단에 비합리적 요인이 필연적으로 포함됨을 의미하지는 않는다. 어디에서 살 것인지를 결정하는 일상적 상황에서도 합리적인 두 사람이 서로 다른 결론에 이를 수 있듯이, 과학자들도 연구의 중요한 순간마다 여러 관련 요인을 잘 따져보고 '현명한' 판단을 내려야 하는 것이다. 중요한 점은 어떤 것이 궁극적으로 현명한 판단인지는 한참 후에야 알 수 있다는 사실이다. 결국 이런 점에서 과학자는 자신의 예술작품이 동료 예술가나 일반 대중에게 어떤 평가를 받을지 모른 채 나름대로 훌륭한 예술작품을 만들기 위해 최선을 다하는 예술가와 비슷한 처지에 있다고 볼 수 있다.

과학방법론에서 보수적인 입장을 지지하는 학자라면 과학자가 이런 의미에서 비알고리즘적 판단을 해야 하는 상황을 두고 첨단연구에서 과학지식의 객관성이 완전하게 확보되지 않았다고 말할 것이다. 그러나 과학연구가 엄격한 방법론적 규칙에 의해 이루어지기보다는 이처럼 '예술적'인 방식으로 이루어진다는 점이 과학의 객관성을 결정적으로 훼손한다고 볼 수 없다. 과학의 객관성은 과학연구 결과가 참이거나 참에 가까워야만 확보되는 것이 아니라, 과학자가 연구과정에서 합리적으로 여러 종류의 증거를 비교하고 다양한 고려사항을 감안하여 자신의 후속연구 방향을 결정하는 등 여러 방식을 통해 과학자 공동체의 합의도출에 정당화 가능한 방식으로 기여함으로써도 얻어질 수 있기 때문이다. 현대 과학철학 연구자와 STS 연구자 대부분은 과학연구의 예술적 성격과 과학지식의 역사적 성격에도 불구하고 절차적 객관성을 확보하려는 이런 의미의 노력이 여전히 가능하고 의미있다고 믿는다.[5]

3. 규범성과 전문성

이상의 논의를 통해 과학철학과 STS가 역사적으로 어떤 상호작용을 해왔으며 어떤 연구주제들을 공유해왔는지를 살펴보았다. 과학철학과

---

5 고에너지 실험물리학자들이 중성류(neutral current)의 검출에 합의하는 과정을 놓고 과학사학자 갤리슨과 과학사회학자 피커링이 내놓은 서로 다른 분석은 이 주제에 대한 STS 연구의 다양성을 보여준다. Peter Galison (1987) *How Experiments End*, Chicago, IL: The University of Chicago Press; Andrew Pickering (1984) *Constructing Quarks: A Sociological History of Particle Physics*, Chicago, IL: The University of Chicago Press 참조.

비교할 때 STS는 역사가 매우 짧은 신생학문이며, 그렇기에 아직까지 그 분야의 정체성이 정확히 무엇인지를 놓고서도 논쟁이 진행중이다. 하지만 과학기술이 점점 사회적으로 논쟁의 중심에 서는 경우가 잦아지면서 국내외에서 STS의 학술적 영향력이 커지고 있다. 이를 고려할 때 과학철학은 과학에 대한 메타적 학문이라는 원칙적 이유에서만이 아니라 현대과학에 대한 좀더 적절한 이해를 도모하기 위해서도 STS 연구에 관심을 갖고 적극적으로 학술적 상호작용을 벌일 필요가 있다. 구체적으로 이런 상호작용이 어떻게 생산적으로 이루어질 수 있는지에 대해서는 두가지 가능성을 생각해볼 수 있다.

첫째 가능성은 과학철학이 STS에서 사용하는 개념 및 이론적 접근에서 부족한 부분을 보충해주면서 일종의 철학적 해명(explication)을 수행하는 것이다. 역으로 STS는 과학철학 논의에 시사점을 줄 수 있는 다양한 경험연구를 제공함으로써 서로 도움을 주고받을 수 있다. 실제로 최근 진행중인 광우병 관련 사회논쟁처럼 일반 시민의 관심이 집중된 과학논쟁에서는 다양한 존재론적·인식론적·윤리적 쟁점이 포함되어 있다. 예를 들어, 광우병 유발인자인 프리온(prion)은 어떤 의미에서 존재한다고 할 수 있는가? 우리는 프리온에 대해 어떻게 알 수 있고, 어떤 의미에서 우리의 지식이나 정책이 증거에 기반하고 있는가? 또한 공공복지에 민감한 사안에 대해 좀더 엄격한 인식적 기준이 적용되는 것이 윤리적으로 타당한가 같은 문제들은 광우병 사태에 대한 STS 분석이 놓치고 있거나 불충분하게 다루고 있는 주제다. 이런 쟁점들에 대한 논의를 통해 STS 연구는 좀더 명료하고 정합적으로, 현대사회라는 배경에 놓인 과학이라는 현상을 다룰 수 있을 것이다. 또한 과학철학 연구는 현재 진행되는 과학적 실행에 대한 풍부한 경험연구를 통해 과학적 설명이나 과학지식의 성장에 대한 논의를 좀더 설득력있게 가다듬을 수 있을 것이다.

첫째 가능성이 각자의 학문적 정체성을 유지한 채 다른 학술분야와 생산적으로 소통하는 것이라면 그보다 적극적으로 과학철학과 STS가 상호 작용할 가능성도 생각해볼 수 있다. 즉, 둘째 가능성은 과학철학과 STS가 융합하여 과학에 대한 좀더 통합적인 상(像)을 제공하는 것이다. 이 가능성은 아직 실현되지 않았을 뿐 아니라 어떤 방식으로 추구되어야 하는지에 대해서도 아직 분명한 합의가 이루어져 있지 않다. 그렇기에 전망은 조심스러울 수밖에 없지만 전혀 불가능한 것은 아니다. 왜냐하면 우리는 이런 종류의 진정한 통합의 경험을 과학철학의 역사에서 이미 찾을 수 있고, 최근에 시도되는 몇몇 연구결과들로부터도 목도하고 있기 때문이다.

규범성(normativity)은 과학철학과 STS 모두에서 매우 중요한 주제다. 전통적으로 과학철학은 방법론적 규범성에 집중하는 모습을 보여왔다. 합리적 방식으로 과학연구가 이루어지고 과학지식의 객관성이 보장되기 위해서는 어떠한 방식으로 이론 평가와 지식의 누적이 이루어져야 하는지에 대해 집중해야 한다. 하지만 이 책의 논리실증주의에 대한 서술에서도 확인할 수 있듯이, 형이상학적 세계관에 반대하며 과학철학을 정초했던 빈의 노이라트, 카르납 등은 세계를 좀더 나은 세상으로 만들기 위해 객관적으로 타당한 과학지식을, 그것의 한계를 분명히 직시하면서 활용하겠다는 정치적 의지를 품고 있었다(Cartwright 1996; Friedman 2002). 이러한 가치의존적 과학철학은 논리실증주의가 미국으로 옮겨오면서 방법론적 규범성과 철학적 명료함에만 치중하는 학술적 흐름으로 축소되었다. 하지만 최근에는 민주주의가 불완전한 형태로 구현된 사회에서 바람직한 과학연구는 어떤 모습이어야 하는지에 대한 논의를 포함하여, 독단적이지 않은 방식으로 규범성을 다시 과학철학 논의에 도입하려는 시도가 서서히 등장하고 있다. 특히, 인류의 복지와 직결되는 의생명과학 연구에서 이중맹검(double-blinded) 임상시험이나 증거기반(evidence-based) 의학과 관련된 윤리적 쟁점을 과학철학적 견지에서 탐구하고, 과학연구의 사회성을 반영한 방식으로 방법론적 해답을 찾아가려는 노력에 주목할 필요가 있다.

경험연구를 지향하는 STS는 일반적으로 규범성에 대해 소극적이라는 평가를 받아왔다. 하지만 이런 태도는 다소 자가당착적이다. STS 연구자의 상당수는 과학이 현대사회에서 지니는 절대적 지적 권위를 좀더 현실적으로 바라보기 위해 과학지식의 구성적 성격을 강조한다. 즉, 현재 시점에서 필연적으로 보이는 과학지식도 그것이 구성되는 과정에서는 미결정성이나 연구자의 판단이 개입될 수밖에 없었으며, 그렇기에 현재 우리가 믿고 있는 과학지식과는 다른 지식이 얻어졌을 수도 있다는 점이 강조된다. 하지만 과학지식의 구성적 성격에 대한 강조는 완고한 과학주의를 비판하기에는 유용할지 몰라도 현실에서 과학지식을 어떻게 활용해야 하는지, 어떤 방식으로 과학연구를 수행해야 하는지에 대해서는 그다지 함축하는 바가 없다. 물론 STS 연구자는 과학의 구성적 측면에 대한 분석에 자신이 옹호하는 정치적 입장을 '덧붙일' 수는 있을 것이다. 하지만 둘 사이에 어떤 관계가 있는지를 학술적으로 만족스럽게 해명하지 않고는 전자에 대한 긍정이 후자에 대한 긍정으로 이어져야 할 이유를 찾기 힘들다. 그러므로 과학사회학이 좀더 영향력 있는 학술연구가 되기 위해서는 과학의 규범적 성격에 대해 본격적으로 고민해봐야 한다. 이러한 필요성은 특히 과학기술정책 분야에서 두

드러지게 나타난다.

전문성(expertise) 역시 최근 STS 연구의 핵심으로 부상하고 있다. 일반적으로 STS 연구자들은 과학자들이 자신의 전문성을 내세우며 과학기술과 관련된 논의과정에서 비전문가를 일방적으로 배제하는 관행에 문제를 제기하는 연구를 다수 수행해왔다. 예를 들어, 북부 잉글랜드의 목장 주인들이 토양학자나 수의학자가 갖지 못한 '국소적 전문성'(local expertise)을 갖추고 있었기에 구소련 체르노빌 사고 이후의 토양위험 통제문제를 해결하는 데 도움을 줄 수 있었다는 윈(B. Wynne)의 연구가 대표적이다.[6] 혹은 에이즈 환자들이 자신의 생존이 걸린 에이즈 연구와 치료약 개발연구를 학습하여 그 분야 연구자들과 의미있게 소통하고 후속연구의 방향을 제시할 수 있을 정도의 전문성을 확보할 수 있었다는 사례연구도 있다(Epstein 1996).

여기서 더 나아가 일부 연구자들은 과학자들의 전문성에 특별한 인식론적 지위를 부여할 이유가 없다고까지 주장하기도 한다. 하지만 이는 오해의 여지가 있는, 틀린 주장이다. 북부 잉글랜드 목장 주인은 그 지역에서 양을 오랫동안 키워왔기에 소중한 전문성을 얻은 것이지, 단순히 영국 국민이기에 전문성을 가지게 된 것이 아니다. 마찬가지로 에이즈 환자 모두가 전문성을 획득하는 데 성공했던 것은 아니며, 전문성을 획득한 사람들은 대개 과학적 전문성을 좀더 존중하는 모습을 보여주었다. 이처럼 과학적 전문성이 실체가 없는 정치적 신화라고 생각하는 것은 경험적 근거에서도 정당화될 수 없다.

---

6 Alan Irwin and Brian Wynne eds. (1996) *Misunderstanding Science?: Public Reconstruction of Science and Technology*, Cambridge: Cambridge University Press, 19~46면. 이 책에는 이밖에도 비슷한 유형의 연구결과가 다수 수록되어 있다.

이런 고려는 과학자가 지닌 전문성의 절대성에 대한 잘못된 믿음을 무너뜨리는 것만으로는 전문성에 대한 만족스러운 STS 연구가 완성될 수 없음을 시사한다. 우리는 전문성이 어떤 경로로 획득될 수 있으며, 각각의 전문성이 어떤 인식론적 지위와 정치적 권리를 지니는지 상세하게 연구할 필요가 있다. 이런 이유로 과학사회학자 콜린즈와 에반즈(R. Evans)는 현 STS 연구의 당면과제는 전문성을 해명하는 것이라고 강조하기도 했다(Collins and Evans 2002). 기존 과학철학 연구 중에는 전문성에 대한 해명과 연관지을 수 있는 여러 논의가 있다. 베이즈주의처럼 정교한 논리적 접근도 있지만, 실험상황에서 암묵지(implicit knowledge)가 담당하는 역할에 대한 논의처럼 구체적인 인식론적 기준을 제시하려는 노력도 있다. 이 주제에 대한 과학철학과 STS의 생산적 융복합 연구도 기대된다.

| 이상욱 |

참고문헌

이상욱 (2005) 「학제적 과학철학 연구의 두 방향: 간학문 STS와 다학문 STS」, 『과학기술학연구』 5(2), 1~21면.

이상욱 (2006a) 「웨버 막대와 탐침 현미경: 실험자 회귀에서 탈출하기」, 『과학철학』 7(2), 71~100면.

이상욱 (2006b) 「대칭과 구성: 과학지식사회학의 딜레마」, 『철학적 분석』 14, 67~93면.

Butterfield, Herbert (1957/1997) *The Origins of Modern Science* (revised edition), New York: Free Press.

Cartwright, Nancy et al. (1996) *Otto Neurath: Philosophy Between Science and Politics*, Cambridge: Cambridge University Press.

Collins, H. M. (1992) *Changing Order: Replication and Induction in Scientific Theories* (2nd ed), Chicago, IL: The University of Chicago Press.

Collins, H. M. and Evans, Robert (2002) "The Third Wave of Science Studies: Studies of Expertise and Experience," *Social Studies of Science* 32(2), 235–96면.

Epstein, Steven (1996) *Impure Science: AIDS, Activism, and the Politics of Knowledge*, Berkeley, CA: The University of California Press.

Friedman, Michael (2000) *A Parting of the Ways: Carnap, Cassirer, and Heidegger*, Peru, IL: Open Court Publishing.

Hacking, Ian (1999) *The Social Construction of What?*, Cambridge, MA: Harvard University Press.

Kitcher, Philip (2001) *Science, Truth, and Democracy*, Oxford: Oxford University Press.

읽어볼 만한 책

STS의 기본 개념과 핵심 살펴보기(이들 책 모두 과학기술학에 대한 소개나 과학기술과 사회와 관련된 주제를 공부하는 데 도움이 되지만 과학철학적 논의는 거의 다루어지지 않거나 매우 제한적으로 다루어지고 있다.)

김명진 (2008) 『야누스의 과학』, 사계절.

데이비드 J. 헤스 (2004) 『과학학의 이해』, 김환석 옮김, 당대.

보리스 카스텔·세르지오 시스몬도 (2006)『과학은 예술이다』, 이철우 옮김, 아카넷.

송성수 (2011)『과학기술과 사회의 접점을 찾아서』, 한울.

앤드류 웹스터 (2009)『과학기술과 사회』, 김환석·송성수 옮김, 한울.

앨런 어윈 (2011)『시민 과학』, 김명진 외 옮김, 당대.

이영희 (2007)『과학기술의 사회학』, 한울.

이장규·홍성욱 (2006)『공학기술과 사회』, 지호.

홍성욱 (1999)『생산력과 문화로서의 과학기술』, 문학과지성사.

21세기 과학기술학의 다양한 주제에 대한 좀더 포괄적인 소개

Hackett, Edward J., Amsterdamska, Olga, Lynch, Michael, and Wajcman, Judy eds. (2008) *The Handbook of Science and Technology Studies* (3rd ed), MIT Press.

과학철학과 STS의 접점에 대한 본격적인 모색

과학철학교육위원회 엮음 (2010)『이공계 학생을 위한 과학기술의 철학적 이해』제5개정판, 한양대학교출판부.

_____ (2010)『인문사회계 학생을 위한 과학기술의 철학적 이해』제5개정판, 한양대학교출판부.

과학철학과 STS의 공통적 관심사(과학기술윤리, 과학지식의 인식론적 정당화, 통약불가능성의 철학적 함의, 페미니즘 등)

루퍼트 리드·웨슬리 섀록 (2005)『토머스 쿤』, 김해진 옮김, 사이언스북스.

브루노 라투르 외 (2010)『인간·사물·동맹』, 홍성욱 엮음, 이음.

이상욱·조은희 엮음 (2011)『과학윤리 특강』, 사이언스북스.

주디 와이즈먼 (2009)『테크노페미니즘』, 박진희·이현숙 옮김, 궁리.

트레버 핀치·해리 콜린스 (2005)『골렘』, 새물결.

_____ (2009)『닥터 골렘』, 사이언스북스.

홍성욱 (2004)『과학은 얼마나』, 서울대학교출판부.

Chang, Hasok (2004) *Inventing Temperature*, Oxford: Oxford University Press.

Sismondo, Sergio (2010) *An Introduction to Science and Technology Studies* (2nd ed), London: Blackwell.

생물철학

1. 생물철학이란?

'젊음의 유전자' '에디슨 유전자' '웃는다 유전자' '배고픈 유전자' '비만 유전자' '천재와 광인의 유전자' '부자와 가난한 자의 유전자'…… 심지어 '핑크빛 유전자'에 '비즈니스 유전자'도 있다. 요즘 유행하는 책 제목에 나오는 각종 유전자의 '일부'다. 그야말로 유전자의 시대다. 그런가 하면 이런 기사도 있다. "생물시간에 진화론과 함께 '지적 설계론'도 가르쳐야 한다는 미국 펜실베니아주 한 지역 교육위원회의 결정은 위헌이라는 판결이 20일 나왔다."(『조선일보』 2005. 12. 22) 미국의 여러 주는 지금도 창조론교육 허용 여부를 놓고 논란중이다. 이 첨단과학의 시대에 진화론에 무슨 문제라도 있기에 창조론자들이 여전히 시비를 걸어올까?

20세기 후반 이래 현대과학을 대표하는 과학은 단연 생물학 또는 생

명과학이다. DNA, 유전자, 진화, 줄기세포, 인간복제 같은 용어가 일상
어처럼 사용되고, 많은 관련 전문서적들은 베스트셀러가 된다. 생물학
관련 정보가 이처럼 많이 쏟아지고 일상에 가까이 다가온 것은 반길 만
한 일이다. 그러나 빛이 밝으면 그늘도 짙다. 오해와 혼란의 여지도 그
만큼 높아지는 것이다.

생물학은 생명현상에 관한 물음에 답하는 과학이다. 과학은 자연에
관해 가장 신뢰할 만한 지식을 제공해주는 인식체계다. 그러나 과학적
주장이라고 해서 무조건 다 받아들이기는 어렵다. 우선 그 내용이 어려
워 일반인이 쉽게 이해하기 어려운 경우가 많다. 또한 과학은 오류를 범
할 수 있을 뿐 아니라, 모든 것을 다 알려주지도 않는다. 지난 역사 속에
서 과학은 얼마나 많은 거짓말(?)을 했던가. 지구는 오랫동안 우주의 중
심이었고, 불에 잘 타는 나무 속에는 연소를 가능하게 하는 플로기스톤
이라는 원소가 들어 있었던 적도 있다. 또 얼마전까지만 해도 아홉개로
알고 있었던 태양계 행성의 수가 지금은 여덟개로 줄지 않았던가. 과학
적 지식이라고 해서 반성 없이 그대로 받아들여서는 안되는 것이다. 자
연이나 인간에 대한 우리의 궁금증에 과학이 제공한 답을 요모조모 분
석하고 따져 그 의미를 분명히하고, 그 근거나 배경을 살펴보고, 답으
로서의 가치를 평가하고, 그 결과가 지니는—과학자들이 미처 몰랐
던—중요한 함축을 살펴보는 일, 즉 과학에 대한 철학적 반성(과학철
학)은 그래서 필요하다. 이 과학철학 중에서 특히 생물학에 관한 철학을
우리는 '생물철학'(엄밀히 말하면, '생물학의 철학')이라고 부른다.

이 글에서는 현대 생물학, 즉 진화생물학의 주요 주제들에 대한 철학
적 논의들을 간략하게 살펴본다. 진화생물학의 과학성 논의를 기본으
로 하여, 적응주의, 선택단위, 그리고 사회생물학같이 일반인이 쉽게 다

가갈 수 있는 몇몇 주제를 중심으로 다룬다.

2. 생물철학의 주요 주제들

'생물학'(biology)은 그리스 말로 생명을 뜻하는 'bio'와 학문을 뜻하는 'logos'의 합성어로 생명 관련 여러 과학들(biological sciences)을 통칭하는 말로 사용된다. 생물학은 살아있는 물체들의 구조, 기능, 성장, 기원, 진화, 그리고 분포 등을 연구하는 매우 넓은 범위의 학문이며, 물리학이나 화학을 포함하는 물리과학에 대응한다. '생물학'이라는 말은 1802년에 라마르끄(J. Lamarck)와 트레비라누스(G. R. Treviranus)가 처음 사용했다. 그때까지 생물학은 박물학(博物學)이나 현상기재학(現象記載學) 수준이었다. 그후 생물학은 세번의 획기적 계기를 거쳐 오늘날과 같은 정상과학으로 성장해왔다. 그 세 계기는 1856년 다윈의 진화법칙 발견, 1865년 멘델(G. J. Mendel)의 유전법칙 발견, 그리고 1953년 왓슨(J. D. Watson)과 크릭(F. Crick)의 DNA구조 발견이다. 다윈은 멘델이 가정했던 유전자의 존재를 알지 못했기 때문에 자연선택의 메커니즘을 설명할 수가 없었다. 1910년대 멘델 법칙의 재발견에 이어, 1940년대에 이르러 유명한 분류학자 마이어(E. Mayr)와 그의 동료들이 유전학을 중심으로 생물학의 모든 성과를 다윈의 진화론과 통합하여 이른바 '신종합설'(new synthesis), '신다윈주의' 또는 '진화종합설'을 성립시켰다. 신종합설은 진화론이라는 몸체에 유전학이라는 유선형 날개를 달고 분자생물학이라는 제트엔진을 부착한 것에 비유될 정도로 생물학의 지위를 획기적으로 높여주었다. 그제야 비로소 선택과 진화를 유전자 수준에서 기술할 수 있게 된 것이다.

진화종합설에서 진화론은 특별한 지위를 지닌다. 진화론이 생물학의 모든 영역들을 하나로 통합하는 이론적 우산 역할을 하기 때문이다. 진화론이 없다면, 생물학은 서로 무관하게 흩어져 있는 여러 분야들의 단순 집합에 불과해진다. 그래서 오늘날 생물학은 일반적으로 진화생물학을 의미하고, 생물철학도 진화생물학을 주요 대상으로 한다.

1) 진화생물학의 과학성 논쟁과 창조론

창조론자들은 진화생물학을 과학이라기보다는 자신들의 입장과 마찬가지로 하나의 형이상학적 세계관이라고 주장하곤 한다. 형이상학은 초경험적 근본원리에 입각해서 대상이나 세계를 설명하는 사변적 학문이다. 플라톤의 이데아설, 스피노자(B. Spinoza)와 헤겔의 철학, 그리고 각종 신학이 그 예다. 그러나 진화론의 기본원리인 자연선택은, 다윈이 갈라파고스 군도에서 수집한 수많은 자료를 당시 최고의 분류학적·해부학적 지식을 동원하여 오랫동안 꼼꼼히 연구한 결과를 바탕으로 도출한, 엄격한 경험적 원리다. 멘델과 모건(T. H. Morgan)의 유전학은 완두콩과 초파리 속에 살다시피 한 끝에 얻은 더욱 철저한 경험적 학문이다. 진화생물학은 자연선택 원리와 유전학을 핵심으로 하고 그 주변으로 다양한 보조이론들을 거느린 채, 객관적 경험의 대상을 객관적 방법으로 다루는 표준적 과학연구 프로그램이다.

진화생물학의 과학성에 대한 좀더 전문적인 비판도 있다. 자연선택 원리가 동어반복이며, 따라서 반증 불가능하고 예측력도 없다는 것이다. 동어반복 논증의 간단한 버전은 다음과 같다. 자연선택은 적자(適者)생존이다. 그런데 적자는 바로 생존한 개체들이다. 따라서 자연선택에 의한 진화는 동어반복(순환정의)이다. 언뜻 보기와 달리, 이 논증은 별다른 힘을 발휘하지 못한다. 다윈에게 '적자'란 '생존한 개체'가 아니라, 집단 내 다른 개체에 비해 적응력과 기능적 효율성이 뛰어난 덕택에 '생존이 기대되는 개체'를 의미한다. 따라서 동어반복은 없다. 한편, 진화론이 반증 가능한 예측을 제공하지 않는다고 비판받은 적도 있었다. 그러나 생존주기가 짧은 박테리아나 바이러스의 경우, 환경변수를 정확히 분별하면 내성을 지닌 돌연변이들이 선택되고 진화하는 것을 어렵지 않게 예측할 수 있고 또 그 결과를 검증할 수도 있다. 분자생물학의 발전으로 생존주기가 긴 유기체들의 진화에 대한 검증도 점차 가능해지고 있다. 적응을 결정짓는 유전적·환경적 요소들에 대한 정보가 확보되면, 그 어떤 생물종의 미래도 예측할 수 있고, 시간만 충분하면 그 결과를 확증하거나 반증할 수 있다. 진화생물학의 기본원리가 형이상학이나 동어반복이 아니라는 명백한 증거다.

창조론자들이 내놓는 또 하나의 단골메뉴는 생물계에는 진화생물학이 설명할 수 없는 많은 현상들이 있다는 주장이다. 이른바 진화생물학의 불완전성 논증이다. 물론 진화생물학은 생명의 기원이나 성(性)의 진화 등에 관해 아직 신뢰성있는 설명을 제공하지 못하고 있다. 또한 어떻게 유전자가 특정한 형질로 발현하는지에 대해서도 아는 것보다 모르는 것이 더 많다. 화석 증거도 부족하다. 따라서 진화생물학은 생물의 진화에 관해 아직은 제한적 정보만 제공한다. 그러나 이러한 결점은 진화생물학의 핵심이론에 결정적 오류가 있기 때문이 아니라, 그것이 아직 발전중에 있는 과학이기 때문이다. 최근에 창조론자들은 한층 더 업그레이드된 불완전성 논증을 들고 나왔다. 이른바 '지적 설계'(intellectual design)론이다.

지적 설계론은 1990년대에 미국의 생화학자 비히(M. J. Behe)가 자신의 책『다윈의 블랙박스』(*Darwin's Black Box*)에서 제시한 견해로, 환원 불가적 복잡성으로 인해 진화생물학적으로는 결코 설명될 수 없는 생화학 씨스템들이 많이 존재하며, 그것들에 관한 유일한 설명은 지적 설계라는 주장이다. 그가 환원 불가적 씨스템의 대표적인 예로 들고 있는 박테리아의 회전편모는 프로펠러, 구동축, 그리고 갈고리 등 서로 다른 부분들로 이루어져 있다. 그는 그중 어느 하나라도 없으면 편모는 작동 불능 상태에 빠지기 때문에, 진화론에서 설명하듯 부품이 하나씩 서서히 만들어지는 방식으로는 결코 생겨날 수 없고, 고도의 지적인 설계자가 모든 부품을 동시에 만드는 방식으로만 생겨날 수 있다고 주장한다.

　이 논증에는 두가지 심각한 문제가 있다. 먼저 창조론자들의 주장대로 환원 불가적 복잡성을 지닌 씨스템이 존재한다고 치자. 그렇다고 곧바로 지적 설계론이 옳다고 주장하면, 바로 흑백사고의 오류를 범하게 된다. 그런 씨스템을 설명할 수 있는 방법이 마치 진화론(=과학) 아니면 지적 설계론(=종교)밖에 없는 것처럼 부당하게 가정했기 때문이다. 과학적 탐구의 기본 방법은 '한 이론으로 안되면 다른 이론으로'이지 '과학으로 안되면 종교로'가 아니다. 지적 설계론은 기존의 창조론에 생화학의 새 물감을 들인, 페일리(W. Paley)의 낡은 옷(구식 설계논증)을 다시 입혀 내놓은 재생품이다. 지적 설계론의 또다른 문제는 과학으로서 진화생물학이 지금도 한창 성장하고 있다는 사실을 간과했다는 점이다. 비히가 환원 불가적으로 복잡하다고 한 씨스템에 대한 진화론적 설명은 이미 성공적으로 이루어지고 있다. 2003년에는 박테리아의 편모구조가 사실은 '환원 가능한 복잡성'임을 보여주는 실험결과도 나왔다.

어떤 이론의 불완전성과 진보성은 그것의 과학성을 보여주는 전형적
징표다. 불완전성이 비과학성을 의미하는 것이 아니라, 도리어 완전성
이 비과학성을 의미한다. 종교의 핵심주장들은 결코 변하지 않는다. 처
음부터 완성품으로 존재하기 때문이다. 진화생물학의 불완전성에 입각
한 창조론자의 비판은 진화론이 과학이며 창조론은 비과학임을 인정하
는 고백인 셈이다.

2) 적응주의와 반적응주의

적응주의는 유기체가 지니는 모든 또는 대부분의 형질이 자연에 대
한 최적의 적응결과라고 보는 순수한 다윈주의적 견해다. 도킨즈(R.
Dawkins)와 디닛(D. Dennet)이 대표적 옹호자들이다. 르원틴(R. Le-
wontin)과 굴드(S. J. Gould) 같은 대표적 반적응주의자들은 적응주의
가 생물의 진화에서 적응과 자연선택의 역할을 지나치게 강조한다고
비판한다. 적응(adaptation)은 다윈이 발견한 선택의 메커니즘이다. 특
정 형질의 진화는 그 형질이 지니는 적응적 특성이 긴 시간을 통해 성공
적으로 자연에 의해 선택되었음을 뜻한다. 그러나 『종의 기원』이 소개
된 때부터 적응이라는 개념은 논란의 소지가 있었다. 자연에 있는 대다
수 유기체의 대부분 특성들이 자연에 가장 적합하게 적응된 것이라고
볼 수는 없었기 때문이다.

다윈 식 적응에서 가장 중요한 관건은 시간이다. 새로운 변이가 나타
나고, 그것이 하나의 형질로 고정되는 데는 긴 시간이 필요하다. '동일
한 조건에서 충분히 긴 시간이 주어진다면' 완전한 적응의 산물이 나타
나겠지만, 매우 급격한 생태학적 변동이 발생할 경우 그 영향력이 기존
의 자연선택력을 초과할 수가 있고, 그 결과 선택노선이 예측 불가적으

로 붕괴될 수 있다. 6500만년 전에 직경 약 10km의 소행성이 지구에 충돌하여 공룡을 비롯해 당시 생물종의 약 70%가 멸종하고, 그후 공룡들이 사라진 무주공산에서 그전까지는 겨우 목숨을 부지하던 우리의 먼 조상격인 설치류가 번성하게 된 사건이 좋은 예다. 굴드의 단속평형론은 그런 사태를 설명하기 위해 다윈식 진화론의 대안으로 제시된 이론이다. 돌연변이, 이주, 유전자 부동 같은 임의적인 요소나, 유전 씨스템의 특성, 각 표현형 간의 상호작용, 그리고 발생제약들도 형질의 진화에 영향을 끼친다. 그래서 자연계에는 사람의 눈처럼 효과적인 적응의 산물로 보기 힘든 형질도 많다. 사람의 눈의 경우 혈관이 망막의 표면 위에 있어 충격이나 노화에 의해 망막으로부터 박리되어 시력을 상실할 위험이 크다. 오징어의 눈은 혈관이 망막 속에 있어 그런 위험이 없다.

적응주의자들도 그 점은 인정한다. 문제의 핵심은 '과연 그런 예외적인 경우가 얼마나 많으며, 그 영향력은 얼마나 되는가' 그리고 '적응과 자연선택이라는 하나의 원리가 진화에서 지배적 역할을 하는가, 아니면 다른 원리들과 복수적으로 작용하는가' 하는 점이다. 지금으로서는 이 물음에 확정된 답을 내리기가 어렵다. 다양한 보조가설을 통해 비적응적으로 보이는 사례들에도 적절한 적응주의 수정본을 제시할 수 있어서, 진정 예외적인 경우들에 대한 양측의 합의가 곤란하기 때문이다. 그래서 반적응주의자들은 적응주의자들이 그렇고 그런 식의 임기응변을 통해 빠져나간다고 비판하고, 적응주의자들은 반적응주의자들이 적응의 진정한 의미를 모르고 허수아비를 공격하는 오류를 범하고 있다고 비판한다. 어느 한쪽의 결정적 승리를 입증할 '결정적 실험'(crucial experiment)은 아직 없다.

쏘버(E. Sober) 같은 철학자는 적응주의와 반적응주의를 과학적 이론이 아니라, 진화과정을 이해하기 위해 제시된 서로 다른 연구 프로그램으로 볼 것을 주문한다. 적응주의가 진화과정에 대한 일원론적 접근이라고 한다면, 반적응주의는 다원론적 접근이다. 육상경기에 비유하면 진화를 전체적으로 하나의 긴 마라톤 경기로 보느냐, 아니면 허들을 넘고 물구덩이에도 들어가고 그물도 통과하는 장애물 경기로 봐야 하느냐의 차이다. 전자는 진화가 단일 메커니즘에 의해 유발된다고 보는 데 비해, 후자는 대략 비슷한 중요성을 지닌 복수의 메커니즘에 의해 유발된다고 본다. 각 연구 프로그램은 그것의 중심이론들이 앞으로도 잘 입증된다면 살아남을 것이고, 그렇지 않으면 다른 것으로 대체될 것이다. 두 연구 프로그램간 경쟁의 결과가 나오려면 다소 시간이 걸릴 것이다. 최근에 대두한 진화발생생물학('결론 또는 전망' 참조)이 새로운 돌파구를 열어줄 것으로 기대된다.

3) 선택단위와 이타주의 문제

자연은 왜 특정 형질을 선택할까? 그 형질을 지닌 개체에 유리해서? 그 개체가 있는 집단에 유리해서? 아니면 어떤 다른 대상에 유리해서? 다원적 진화론의 기본 입장은 개체에 유리한 형질을 선택한다는 개체선택론이다. 문제는 다윈 때부터 개체선택론으로 설명할 수 없는 현상이 적잖이 발견되었다는 점이다. 그것은 바로 사회성 곤충, 조류, 포유류 등의 동물계에 널리 퍼져 있는 사회성과 이타성이다. 학자들의 노력에 의해 혈연관계에 있는 개체간에 성립하는 혈연이타성과 협동적 개체간에 성립하는 호혜이타성은 각각 혈연선택(kin selection) 이론과 호혜성(reciprocity) 이론 같은 세련된 개체선택론이 등장함으로써 성공적으로 설명되었다. 그러나 순수 이타성, 즉 그것을 소유한 개체에게는 치명적이지만 개체가 속한 집단에게는 유리한 형질의 진화에 대해서는 여전히 개체선택론적 설명과 집단선택론적 설명이 서로 경쟁하고 있다.

고전적 집단선택론은 다윈이 제시한 것이다. 그는 이타적 성원들로 구성된 집단이 이기적 성원들로 구성된 집단보다 자연선택에 더 유리하기 때문에, 집단 전체 차원에서 이타적 형질이 진화해왔다고 생각했다. 개체가 아니라 그것이 속한 집단을 선택단위로 본 것이다. 이후 오랫동안 이타주의는 다윈식 집단선택의 결과로 간주되다가 1960년대 윌리엄즈(G. C. Williams)의 논증에 의해 결정타를 입고 폐기된다. 그는 순수한 이타적 형질은 이론상 결코 진화할 수 없으며, 자연계에서 이타적 현상이라고 관찰되는 사례들은 이기적 개체들의 고도의 생식전략으로 충분히 잘 설명될 수 있음을 보여주었다. 순수이타성이 진화될 수 없음을 보여주는 실험도 성공적으로 제시되었다.

그후 1990년대에 쏘버와 윌슨(D. S. Wilson)은 새로운 버전의 집단선택론인 '다수준(multi-level)선택론'을 제시했다. 그들은 생물개체군을 구성하는 많은 요소들(크게 나누면 유전자, 개체, 집단 등)은 각기 고유한 선택압(選擇壓)을 지니며, 그것들이 서로 충돌하거나 보완하는 역동적 관계 속에서 최종 선택이 일어나기 때문에, 형질의 진화는 그러한 관점에서 분석해야 한다고 주장했다. 이타적 개체의 비율이 높은 집단 A와 낮은 집단 B가 있다고 하자. 각 집단 내에서 이타적 개체들은 당연히 점차 감소할 것이다. 그런데 집단 차원에서 보면, A는 B보다 더 번성한다. 따라서 만일 A의 규모가 B보다 적절히 크다면, A에서 증가한 이타적 개체의 수가 충분히 커서 두 집단을 통튼 전체에서 이타적 개체의 비율이 도리어 증가할 수가 있다. 그런 과정이 대를 이어 지속적으로 일어나면, 이타적 형질이 진화할 수 있다.

다수준선택론이 적응도를 개체요소와 집단요소로 분해하는 데 비해, 개체선택론은 적응도를 개체 내의 자기요소와 환경요소로 분해하고 집단요소를 환경요소의 일부로 간주해버린다. 개체선택론에 따라 이타적 개체의 적응을 살펴보면, 자기요소는 이기적 개체의 그것보다 작지만 환경요소가 이기적 개체의 그것보다 클 경우에 이타성이 진화한다. 개체의 입장에서 이타성은 자신을 통한 직접적 재생산보다 동일한 형질을 지닌 다른 개체들을 통한 간접적 재생산이 더 유리할 때 실행 가능한 다원적 행동성향 또는 적응전략이다. 두 입장의 차이는 자연선택이 개체단위로만 일어나는가 아니면 개체는 물론 집단단위로도 일어나는가 하는 관점의 문제다. 한편 이타성의 진화는 유전자 수준에서도 나타날 수 있다. 이타적 유전자들이 이타적 행동을 통해 다른 개체들의 이타적 유전자 복제를 유발함으로써 이타성이 진화한다는 식으로 말이다. 자신의 복제품을 최대한 많이 남기는 것만을 유일한 목적으로 하는 유전자의 이기적 욕구의 산물이라는 점에서 이타적 형질은 여느 형질과 전혀 다를 바가 없다. 개체 수준에서 이타적으로 보이는 행위도 유전자 수준에서 보면 모두 이기적이다. 이른바 도킨스의 이기적 유전자 이론이다. 이 입장에서 보면 개체는 유전자가 자신의 복제를 위해 잠시 이용하는 운반체에 불과하다.

유전자, 개체, 그리고 집단으로 요약되는 선택단위에 관한 세 입장을 어떻게 비교할 수 있을까? 이타성의 최종 적응도는 어떤 식으로 계산해도 동일한 값이 나온다. 적어도 수학적으로는 각 이론들이 서로 동일하다는 말이다. 어떤 시각이 다른 시각보다 일반적으로 우수하다고 말하기도 곤란하다. 각 연구맥락에 따라 달라지기 때문이다. 또한 '유전자' '개체' '집단'이라는 구분도 물리학이나 화학에서의 구분과 달리 어느

정도 임의적이고 맥락적이다. 생물체란 그만큼 복잡한 실재이기 때문이다. 따라서 상황은 대체로 다원론, 즉 선택단위를 복수로 보는 견해를 인정하는 쪽으로 나아가고 있다. 각 연구 목적이나 맥락에 따라 어느 이론이 더 적합한지도 달라진다.

4) 사회생물학과 유전자결정론

사회생물학(sociobiology)은 여러 생물종에서 볼 수 있는 중요한 사회적·심리적·행동적 특성들을 진화생물학의 어휘로 재기술하려는 것을 목적으로 하는 연구 프로그램으로, 윌슨(E. O. Wilson)의 책 『사회생물학: 새로운 종합』(*Sociobiology: The New Synthesis*, 1975)이 그 현대적 효시다. 인간성의 생물학적 기초를 찾는 작업은 사회생물학이 처음은 아니다. 예컨대 18세기에 서구에서 유행했던 골상학은 인간의 심리적·인지적·사회적 특성을 두개골의 형태로써 설명하려 했다. 현대사회생물학은 진화론의 확장 및 인간의 심리나 행동에 관한 이해 증진이라는 점에서 나름대로 매우 중요한 의미를 지닌다. 그러나 이는 심리나 행동 수준과 유전자 수준 사이에 있는 넓은 간극 때문에 비약의 위험 또한 큰 시도다. 위험성의 대표적인 사례는 극단적 적응주의 내지 유전자결정론이다.

사회생물학적 주장의 기본 패턴은 "어떤 표현형적(심리적·사회적·행동적) 형질 X를 유발하는 유전자(또는 유전자적 근거)가 있다"는 식이다. 예컨대 외국인 혐오증 유전자, 아이 돌보기 선호 유전자, 강간 유전자 등이 자연에 의해 선택된 결과, 인간사회에 그런 것에 해당하는 심리적·사회적·행동적 양식이 존재한다는 식이다. 특정 유전자가 하나의 형질로 발현하는 과정에는 수많은 발생제약이 있다. 유전자와 형질 간에도 일대일(一對一)보다는 다대일(多對一), 일대다 또는 다대다 식의 복잡한 관계가 더 많다. 따라서 'X를 유발하는 유전자'라는 말 속에는 다음과 같은 입증되지 않은 두가지 전제가 숨어 있다. 첫째, 모든 또는 대다수 생물의 심리적·행동적 특성에는 각각에 해당하는 유전자가 있다. 둘째, 그러한 특성의 발현에는 유전자가 결정적 역할을 한다.

남성이 여성보다 성적으로 더 자유분방하다는 점을 사회생물학은 다음과 같이 설명한다. 남성들 사이에서는 성적으로 자유분방한 유전자를 지닌 개체가 선택되었고, 여성들 사이에서는 그 반대의 경우가 선택되었다. 그러나 그런 유전자는 아직 발견되지 않았으며, 당연히 해당 유전자가 어떻게 그런 특성을 발현시키는가에 대해서도 아무것도 알려진 바가 없다. 그 현상은, 남성이건 여성이건 자신의 자손을 많이 남기려는 기본적인 유전적 경향을 지니는데, 그런 경향이 신체적·생리적 또는 사회적 환경에 의해 각기 다른 방식으로 발현된 결과라고 설명해도 전혀 무리가 없다. 많은 경우, 서로 다른 사회에 사는 사람들이 서로 다르게 행동하는 것은 그들이 유전적으로 달라서가 아니라, 다른 환경에 살고 있기 때문이다. 왜 꼭 그런 유전자를 가정해야 하는가?

옥수수의 키는 관련 유전자와 환경에 의해 결정된다. 키 큰 유전자를 지닌 옥수수도 물, 영양분, 그리고 태양빛을 충분히 공급받지 못하면 키 작은 유전자를 지닌 옥수수보다 키가 더 작을 수 있다. 발현 메커니즘이 알려진 유전질환은 환경을 바꾸어줌으로써 그 발현을 저지할 수도 있다. 그런 경우는 흔하기 때문에, 형질의 발현에 유전자와 환경 중 어느쪽이 더 중요한 역할을 하는가 하는 물음에 보편적 답을 내놓기는 힘들다. 그것은 각 형질에 상대적이다. 어떤 언어를 사용하는가는 환경에 의해 결정되지만, 어떤 눈 색깔을 지녔는가는 유전자에 의해 결정된다. 관련된 환경적 원인들을 잘 통제한 상태에서 유전자의 주도적 효과가 확인되는 경우에만 특정 형질이 유전적 원인을 지닌다고 합당하게 결론 내릴 수 있다. 사회생물학은 그런 확인은커녕 관련 유전자의 존재도 확인되지 않은 상태에서 유전자에게 일방적 결정권을 부여하고 있다. 그런 점에서 아직은 설익고 성급하다.

유전자결정론은 단순히 오류로만 끝나는 것이 아니라, 엄청난 사회적 위험을 내포하기도 한다. 강간을 동물세계에 널리 퍼져 있는 적응의 한 방식이라고 보는 배러시(D. Barash)의 설명이 좋은 예다. 그는 강간이 다음과 같은 메커니즘을 통해 진화해왔다고 주장한다. 다른 수컷들과의 짝짓기 경쟁에서 패한 열등한 개체는 자손을 남기지 못하고 그 형질도 도태된다. 그런데 비록 열등하지만 강간을 활용할 수 있는 유전자를 지닌 개체는 자손을 남길 수 있다. 배러시의 말대로 강간 유전자가 진정 존재한다면, 우리는 유전자 치료를 통해 강간을 줄여나갈 수 있는 획기적 방법을 찾을 수 있을 것이다. 그러나 강간 유전자가 따로 없고 그저 누구에게나 있는 일반적 재생산 유전자가 열악한 사회적 환경에 의해 그런 식으로 발현되었다면, 유전자 치료가 아니라 심리적·사회적 조치를 통해 강간을 줄여나가야 한다. 강간 유전자가 있다는 과학적 증거가 없는 상황에서 강간을 유전자결정론적으로 설명하는 것은 그 자체가 비과학적임은 물론, 최악의 경우 인종청소라는 엄청난 사회적 위험도 초래할 수 있다.

확인되지도 않고 필연성도 없는 유전자의 존재를 가정하여 행동특성의 생물학적 설명을 제공하려는 것은 심증만으로 살인판결을 내리는 것과 같다. 사회생물학의 이런 결점은 의도와 무관하게 인종차별주의나 사회적 진화론 같은 이데올로기에 악용되는 빌미가 된다. 일부에서 벌어지고 있는 사회생물학의 이데올로기적 논쟁에 사회생물학이 어느 정도 책임을 질 수밖에 없는 대목이다.

최근에는 사회생물학도 좀더 유연하고 세련된 방식으로 발전하고 있다. 대표적인 예가 유전자-문화 공진화(gene-culture coevolution) 이론이다. 이 이론은 인류가 유전적 진화에 병행하여 문화적 진화를 추가했으며, 양자는 역동적인 방식으로 서로 영향을 주고받으며 인류의 전체 진화를 구성한다는 견해다. 이 이론은 문화의 진화적 독립성 정도에 따라 럼스던(J. Lumsdon)과 윌슨 버전, 보이드(R. Boyd)와 리처슨(P. J. Richerson) 버전으로 구분할 수 있다. 전자는 비록 유전자와 문화가 어느정도 각기 고유한 전달방식에 따라 진화하기는 하지만, 문화는 이른바 후성규칙을 통해 유전자의 원격조종을 받고 있어 궁극적으로는 생물학적 법칙으로 환원 가능하다고 보는 데 비해, 후자는 비록 문화를 가능하게 한 능력은 유전자의 산물이지만, 문화 그 자체는 유전자로부터 자율성을 얻어 환원 불가적인 독자적 법칙에 따라 유전되고 변화해가는 특성을 지닌다고 본다.

양자에 대한 평가에서 중요한 것은 시간이다. 유전자에 의한 진화는 장구한 시간이 필요한 데 비해, 문화에 의한 진화는 한 세대 안에서도 여러번 가능할 정도로 신속하다. 수백만년에 걸쳐 진행된 인간의 유전적 변화와 불과 2,3만년만에 이루어진 문화의 폭발적 변화를 감안하면, 현재로서는 보이드와 리처슨의 입장이 더 설득력있어 보인다. 실제로 그들의 입장은 유전자 관점에서 볼 때 부적응적 행동성향(저출산, 순수 이타성, 포상과 처벌 등의 사회적 규범 등)의 확산이나 진화를 좀더 자연스럽게 설명할 수 있는 이점을 지닌다. 그러나 최종 판단은 심리학, 생리학, 뇌과학 같은 학문이 충분히 성숙한 후에야 가능할 것이다.

3. 결론 또는 전망

진화생물학은 한창 발전중에 있는 연구 프로그램이다. 핵심이론들은 발전적으로 수정·보완되고 있으며, 난제들이 쌓인다거나 퇴화의 징후 없이 쿤이 말한 정상과학의 지위를 잘 확보하고 있다. 현대 진화생물학의 방법론적 흐름은 다원론이다. 생물학이 다루는 대상이 공시적으로나 통시적으로 대단히 복잡하고 어느정도 임의적이기 때문이다. 아직도 풀어야 할 과제는 많다. 특히 발생학은 선택과 진화의 핵심분야이면서도 그 탐구의 어려움 때문에 지금까지 신다윈주의적 종합에서 유일하게 빠진 부분으로 남아 있었다. 그러나 분자생물학의 눈부신 발전은 이제 발생학을 진화론에 동참할 수 있는 수준으로 끌어올렸다. 그러한 종합의 역할을 떠맡은 분야가 바로 최근 등장한 진화발생생물학, 즉 이보디보(Evo-Devo)다. 이보디보는 생물체의 최종 형질을 유전자에 의한 수동적 발현의 결과가 아니라, 관련 유전자를 주어진 발생환경에 맞추어 다양한 방식으로 통제하고 조절하는 독립적 메커니즘의 산물로 본다. 그렇기 때문에 발생과정 그 자체가 형질의 발현을 주도하는 하나의 독자적 실재로 간주된다. 물론 발생과정에서 유전자는 가장 중요한 역할을 한다.

이보디보와 함께 진화생물학을 풍성하게 해줄 또 하나의 분야가 있다. 그것은 바로 최근에 주목받기 시작하는 발생계이론(developmental system theory)이다. 유전자보다는 발생과정을 중시한다는 점에서 이보디보와 같지만, 발생과정을 유전자에서 문화에 이르기까지 폭넓게 규정하고 또 유전자의 특권적 지위를 인정하지 않는다는 점에서 그것과 다르다. 예컨대 인간성도 유전자가 주도적 역할을 하는 단일 발생계의 산물이 아니라, 유전자에서 문화에 이르는 다양한 발생계를 구성하는 수많은 자원들의 협동작업의 산물로 본다.

이보디보와 발생계이론의 전일적(holistic) 특성은 유전자와 표현형 간의 전통적인 이분법적 사고방식을 극복하고 진화생물학의 영역을 크게 확대할 수 있는 계기가 될 것으로 기대된다. 이들 새로운 분야가 천성과 양육(nature and mature), 유전자와 환경, 유전자와 문화 같은 이분법적 구조는 물론, 그런 구조에 대한 대안적 설명으로 제시된 양자 간 상호작용론도 지양함으로써 적응주의와 비적응주의 간의 간격이나 유전자결정론과 문화적 진화론 간의 간격도 획기적으로 좁혀줄 것으로 기대된다. 유전학, 생화학, 생리학, 뇌과학, 심리학, 환경학, 사회과학, 인문과학, 문화 등을 전체적 시각에서 볼 수 있게 해주는 방식으로 말이다.

| 정상모 |

읽어볼 만한 책

로저 트리그 (2007) 『인간 본성과 사회생물학: 사회생물학의 철학적 측면을 논하다』, 김한성 옮김, 궁리.

리처드 도킨스 (2006) 『이기적 유전자』, 홍영남·이상임 옮김, 을유문화사.

마이클 루스 (2003) 『생물학의 철학적 문제들』, 박은진 옮김, 이화여자대학교 출판부.

션 캐럴 (2007) 『이보디보: 생명의 블랙박스를 열다』, 김명남 옮김, 지호.

에른스트 마이어 (2002)『이것이 생물학이다』, 최재천 외 옮김, 몸과마음.

엘리엇 소버 (2004)『생물학의 철학』, 민찬홍 옮김, 철학과현실사.

장대익 (2006)『다윈 & 페일리: 진화론도 진화한다』, 김영사.

최정규 (2009)『이타적 인간의 출현』(개정증보판), 뿌리와이파리.

피터 J. 리처슨·로버트 보이드 (2009)『유전자만이 아니다』, 김준홍 옮김, 이음.

Hull, David Lee and Ruse, Michael eds. (1998) *The Philosophy of Biology*, Oxford: Oxford University Press.

Keller, Evelyn Fox and Lloyd, Elisabeth Anne (1992) *Keywords in Evolutionary Biology*, MA: Harvard University Press.

Sober, Elliott ed. (1997) *Conceptual Issues in Evolutionary Biology*, Cambridge: MIT Press.

Sober, Elliott and Wilson, David Sloan (1998) *Unto Others*, MA: Harvard University Press.

심리철학과 심신문제[1]

1. 배경

심리철학에서 심신문제(Mind-Body Problem)는 자연계에서 인간이 지니는 독특한 이중적 지위를 해명하려는 문제다. 즉, 인간은 한편으로는 자연계에 속하기 때문에 신체 차원에서 분명히 자연의 지배를 받는 존재지만, 다른 한편으로는 자연을 극복하고 오히려 지배할 수도 있는 정신 내지 이성을 지닌 존재이기도 하다. 최근에는 인간의 자연지배가 지나쳐 '정복' 또는 '착취'라는 말이 더 어울릴 정도로 자연과 생태의

---

1 이 글은 원래 2009년 5월 23일 철학연구회에서 발표한 「심리철학과 심신문제: 쟁점과 진단」의 앞부분을 수정 보완한 것이다. 원래의 글은 여기에 수록된 앞부분을 '현상과 실재'라는 키워드에 초점을 두어 수정·재편집하여, 「현상과 실재: 심신문제에 대한 반성」이라는 제목으로 『철학과 현상학 연구』 42집(2009 가을, 한국현상학회)에 게재했음을 밝힌다.

회복이 더 문제되고 있지만 말이다. 어쨌든 인간의 이러한 두가지 측면, 즉 정신과 신체, 마음과 몸 간의 관계가 무엇인지를 해명하는 것이 언제부터인가 서양철학에서 인간의 이해에 가장 핵심적인 부분이 되었기 때문에 심신문제는 인간과 관련된 형이상학의 오랜 주제이면서도 지금까지 뜨거운 쟁점으로 남아 있다.

특별히 심신문제가 최근 서양철학계에서 뜨거운 쟁점이 되는 이유는, 이 문제가 인간에 관한 가장 근본적인 형이상학의 문제이다보니 이 문제의 향방이 다른 철학적·과학적 쟁점들에까지 많은 파급효과와 영향을 미치기 때문이다. 우선 심신문제는 철학 내부에서 여러 문제들과 관련맺을 수밖에 없다. 심신문제는 도덕적 책임의 근거를 물어 윤리학의 근본을 반성하게 하는 자유와 필연의 문제, 인간과 생명의 존엄성을 다루는 생명윤리의 문제들에도 영향을 끼칠 수 있다. 근본적으로 인간의 독특한 특성을 해명하는 문제라는 점에서 철학적 인간학의 논의는 사실상 심신문제 논의의 향방과 직결된다고 할 수 있다.

철학 외의 분야에도 영향을 미친다. 학문분야를 구분할 때엔 자연과 인간의 관계를 바탕으로 자연을 연구대상으로 삼는 자연과학과 인간을 연구대상으로 삼는 인문학, 그리고 인간들의 사회성에서 비롯하는 여러 사회현상을 연구대상으로 삼는 사회과학 등으로 나누는 것이 통례다. 이 가운데 주로 자연과학과 구별되는 인문학, 사회과학의 학문적 위상과 방법론적 특색 등이 학계에서 거론되는 쟁점이기도 하지만, 심신문제는 바로 이러한 문제에 직접 영향을 미칠 수 있는 더 근본적인 문제다. 예컨대 최근의 심리학이나 인지과학에서 문제가 되는 인간의 마음과 컴퓨터의 관계도 바로 그런 사례다. 컴퓨터는 실제로 겉으로 드러나는 인간의 정신활동의 상당부분을 시뮬레이션할 수 있다. 지금까지 컴퓨터가 과거에 상상했던 것 이상으로 발전해왔음을 염두에 둔다면, 미래의 발전이 어디까지 미칠 수 있을지, 그 한계에 관해 지금 미리 명확하게 선을 긋기는 어렵다. 하지만 컴퓨터의 발전이 전통심리학의 발전을 추월하다보니, 최근에는 오히려 역으로 컴퓨터 연구의 성과와 방향을 인간심리 연구에 대한 모형으로 삼는 '인지과학'(cognitive science)이라는 새로운 학제간 분야도 생겨 활발히 논의되고 있다. 그렇다면 과연 컴퓨터가 인간의 행동을 상당한 정도로 시뮬레이션할 수 있다고 해도 과연 컴퓨터에 인간의 마음 같은 '마음'이 존재한다고 할 수 있을 것인가? 즉, 컴퓨터도 생각할 수 있는가?

또한 자연과학과 인문사회과학 간의 관계에 관한 논의는 자연스럽게 미시적인 것과 거시적인 것 간의 관계 일반에 관한 논의로 확장될 수 있고 실제 학계의 논의에도 그러한 확장이 반영되고 있다. 즉 최근에 많이 거론되는 신경과학, 인지과학, 사회생물학, 분자생물학, 사회심리학, 진화심리학 등 미시적인 것을 통해 거시적인 것으로 접근하려는 방식에 관해 심신문제는 철학적·형이상학적으로 접근할 수 있는 통로를 제시해준다. 자연과학의 대상인 자연에 대비되면서, 인문사회과학의 대상이 되는 이러한 거시적인 것 일반을 '문화'라고 본다면, 심신문제에 관한 논의는 최근에 관심대상으로 떠오르는 문화연구의 토대를 위해서도 필요한 논의라고 할 수 있다. 문화야말로 인간 정신의 의미, 상징, 표상 작용에 의해 성립하는 것이 아닌가!

이렇듯 심신문제는 철학의 전통적 문제 중의 하나이면서도 각 학문 분야의 지도를 재구성하고 교통정리할 수 있는 형이상학적·개념적 기반을 제공하는 근본적이고 포괄적인 문제다. 이 글에서는 그동안 심리철학계에서 심신문제의 가장 중요하고 근본적인 쟁점이 무엇인가를 살펴본다. 특히 심신문제에서 최근까지 가장 뜨거운 쟁점이 되어온 두가지 문제, 즉 정신인과와 의식(consciousness)의 문제를 살펴보겠다.

2. 쟁점

1) 정신인과의 문제

정신인과(mental causation)란 정신적인 것이 어떻게 자연계의 인과에 개입할 수 있는가하는 문제다. 우리는 물리적 인과관계 속에 정신사건이 개입하는 여러 형태의 정신인과를 예시할 수 있다. 첫째, 물리적 원인이 정신적 결과를 야기하는 인과가 있다. 예컨대 화상을 당하거나 무엇에 찔리는 사건이 아픔이나 불안 등을 유발하는 경우다. 둘째, 위와는 반대유형으로 정신적인 것이 원인이 되어 물리적 결과를 야기하는 인과유형이다. 예컨대 아픔 때문에 사지를 꿈틀거린다든가, 화가 나서 돌멩이를 발로 찬 결과 유리가 깨지는 경우라든가, 시원한 것을 마시고 싶은 욕구가 냉장고 문을 열게 하는 경우 같은 인과유형이다. 마지막으로 정신적인 것들간에 인과관계가 성립하는 경우다. 추리과정, 연상과정 등 심리과정들의 사례를 들 수 있겠다. 이러한 세가지 인과유형이 모두 정신인과에 해당된다.

왜 심리철학에서 정신인과 문제가 쟁점이 되는가? 데까르뜨가 주장한 대로 정신적인 것과 물리적인 것이 서로 다른 실체에 속하는 이질적인 것이라면 어떻게 이 두 영역을 교차하는 인과가 성립할 수 있는가라는 문제가 있기 때문이다. 데까르뜨의 실체 개념에 따르면 두 영역간을 교차하는 인과적 상호작용은 발생할 수 없는 것이어야 한다. 만일 정신

인과가 발생한다면, 두 영역은 더이상 '두 영역'이 아닌 동일한 하나의 영역으로 보아야 할 것이다.[2]

이러한 생각에서 최근 물리주의 진영에서 특별히 주장하는 것 중 하나가 바로 물리영역의 인과적 폐쇄성(the causal closure of the physical domain, 이하 '물리적 폐쇄원칙'으로 함) 원칙이다. 이 원칙에 따르면 어떤 특정한 시각에 어떤 원인을 지니는 어떤 물리사건도 물리적 원인을 지닌다. 그런데 이러한 물리적 폐쇄원칙을 받아들일 때, 정신인과의 위상이 매우 불투명해진다. 정신인과의 불투명성은 다음과 같은 '두 원인의 문제'에서 분명히 드러난다.

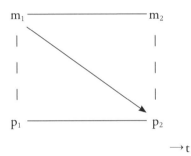

* 아래 글에서 소문자 m, p는 개별 정신사건, 개별 물리사건이며, 대문자 M, P는 정신속성, 물리속성을 지칭한다.

앞에서 보았던 정신인과의 사례를 생각해보자. 시원한 것을 마시

---

2 데까르뜨의 실체이원론이 무너지는 것도 바로 이러한 이유 때문이다. 데까르뜨는 물론 '송과선'(pineal gland)이라는 것을 도입해서 이를 심신인과적 상호작용이 일어나는 유일한 예외영역으로 삼으려고 했지만, 이러한 미봉책으로는 이원론이라는 둑이 무너지는 것을 막을 수 없다.

고 싶은 바람을 갖는 사건(m_1)이 냉장고 문을 열게 하는 신체동작(p_2)을 야기하는 사례를 보자. 이러한 사례가 정신인과인 것은 정신적 원인 m_1이 물리적 결과 p_2를 야기하는 식으로 정신사건 m_1이 개입하는 인과이기 때문이다. 정신인과 중 이런 유형의 경우는 특히 (사각형 그림의 좌측 상단에 있는 m_1에서 우측 하단에 있는 p_2 간에 벌어지는 인과로 m_1에서 p_2까지 좌측 상단에서 우측 하단 쪽으로 내려오는 대각선(↘) 방향의 인과가 되기 때문에) '하향인과'(downward causation)라고 부른다. 그런데 물리적 폐쇄원칙에 따르면 물리적 결과 p_2는 반드시 물리적 원인이 있어야 하기 때문에 물리적 원인으로 p_1의 존재를 상정할 수 있다. 결국 물리적 결과 p_2의 원인으로 정신적 원인 m_1과 물리적 원인 p_1가 있는 셈이다. 그렇다면 이 두 원인간의 관계가 문제된다.

사실상 물리적 폐쇄원칙은 물리적 원인 p_1만이 p_2의 충분한 원인일 것을 요구한다. 그렇다면 정신적 원인 m_1은 진정한 원인처럼 보이지만 단지 부수현상(epiphenomenon)에 불과한 것이 된다. 그렇다고 m_1도 이 인과에서 필요조건이거나 충분조건으로서의 원인임을 인정한다면 물리적 폐쇄원칙을 어기게 된다. 특히 m_1도 충분조건인 후자의 경우는 m_1, p_1 두 원인들에 의한 과잉결정(overdetermination)의 경우가 된다. 그렇다고 m_1과 p_1을 동일한 하나의 사건으로 본다면 결국 물리적 원인사건 p_1의 물리속성인 P_1만이 인과적 유효성(causal efficacy)이나 인과적 힘(causal power)을 지닌 것이 되고, 정신적 원인사건 m_1의 정신속성인 M_1은 실제 인과에 아무런 역할을 담당하지 않는 부수현상에 불과한 것으로 볼 수 있기 때문에 마치 제거주의(eliminativism, eliminative materialism)와 마찬가지의 입장이 되는 것 같다. 그래서 이렇게 물리적 폐쇄원칙을 받아들이는 물리주의의 경우 정신속성이 인과에 적절한 역

할을 할 수 있는 인과적 힘을 지닐 수 있을 것인가가 정신인과 문제의 핵심이다.[3]

이상의 '두 원인의 문제'의 모형이 되었던 김재권(J. Kim)[4]의 인과적 배제(causal exclusion) 논변이 1980년대 말에 비환원적 물리주의에 대한 강력한 비판으로 제기되어 지금까지 정신인과 문제의 주된 쟁점의 하나로 논의되고 있지만, 아직도 이 문제에 대한 속 시원한 해결책이나 다른 유력한 대안은 뚜렷이 떠오르지 않은 상태다.

2) 의식의 문제

의식은 가장 전형적인 정신현상이면서도 가장 해결이 어려운 문제이기도 하다. 의식은 그 본성상 주관적·사적(private)·일인칭적·질적이라는 특성을 지닌다. 따라서 객관적·실증적·계량적인 연구를 지향하는 과학적 방법으로는 원천적으로 포착하기 어려운 측면이 있다. 그래서 의식은 심리학과 심리철학의 '마지막 문제'로 불리기도 한다.

이러한 의식의 문제 등 심신문제를 서양철학에서 현재의 형태로 자리잡게 한 철학사적 원조 역시 데까르뜨다. 잘 알려져 있듯이 데까르뜨는 그동안의 모든 지식을 비판하고 새로운 토대 위에서 새로운 지식을 세우고자 했다. 그래서 방법적 회의를 통해 기존 지식들을 해체하고 생각하는 자아의 존재를 새로운 지식의 명증적 토대인 제1원리로 삼았다.

---

3 '두 원인의 문제'의 기본적 생각은 Jaegwon Kim (1989) "The Myth of Nonreductive Materialism," *Proceedings and Addresses of the American Philosophical Association*, 43-45면 참조. 이 논문은 국역된 김재권의 논문집 『수반과 심리철학』(철학과현실사 1995)에 「비환원적 유물론의 신화」라는 제목으로 번역(김광수 옮김) 및 재수록되어 있다.

4 김재권(Jaegwon Kim)은 한국 출신의 세계적 철학자로 현재 미국 브라운대학교 철학과의 석좌교수다. 심리철학, 형이상학, 과학철학 분야에 큰 업적을 남겼다.

그의 제1원리가 심신문제에 지니는 의미에 관해서는 이렇게 생각해볼 수 있다. 다음의 두 진술을 비교해보자.

① 저 장미는 붉다.
② 저 장미는 내게 붉게 보인다.

①은 실재, 즉 객관적 사태에 대한 진술인 데 반해, ②는 현상, 즉 나에게 주어진 감각내용에 대한 진술이다. 그런데 데까르뜨는 방법적 회의를 통해 실재에 관한 객관적 진술인 ①과 같은 것을 비판한 반면, 오히려 ②와 같이 현상에 관한 주관적 진술이라 할 수 있는 것에 의심의 여지 없는 확실성을 부여하며 이를 제1원리로 삼고 있다. 그는 신체를 통한 감각지각은 의심할 수 있기 때문에 확실한 것이 아님을 주장하는 데 반해, 착각을 범할 수도 있고 전능한 악마에 의해 기만당할 수 있다 하더라도, 생각하는(기만당하는, 즉 잘못 생각하는) 나 자신의 존재는 명석·판명(clear and distinct)하고 확실한 것으로 모든 지식의 토대가 됨을 선언했다.

모든 것을 해체하고 생각하는 자아의 존재를 제1원리로 삼은 데까르뜨의 철학은 그후 신 존재 증명, 신의 성실성 증명을 통해 방법적 회의 과정과는 달리 성실한 신이 외부세계에 대한 나의 판단을 기만할 리 없다고 생각함으로써 방법적 회의과정에서 해체했던 외부세계의 존재를 복원하고 있다. 제1원리인 생각하는 자아는 일인칭적 정신으로서 그후 복원된 외부세계의 존재를 이루는 물체와 함께 실체(substance)이원론의 한 줄기가 됨으로써 오늘날 논의되는 심신문제가 형성되었다. 최근 심리학과 심리철학에서 마지막 난제로 떠오르는 의식의 문제는 바로 데까르뜨가 ②를 명석·판명한 제1원리로 봄으로써 등장했다.

데까르뜨가 확실성의 토대로 삼은 생각하는 자아야말로 의식하는 자아다. 그는 생각의 내용은 의심의 여지가 있고 오류가능성이 있더라도 생각한다는 것 자체는 의심의 여지 없이 확실하다고 주장했다. 이때의 확실성은 생각의 주체 자신에게 확실하다는 점에서 의식의 확실성이라고 할 수 있다. 그리고 주체 자신에게만 확실하다는 점에서 의식현상은 그 주체에게만 '특권적 접근'(privileged access)을 허용한다고 한다. 그래서 이러한 의식현상은 일인칭적이고 사적이다. 의식현상에 관한 지식은 당사자와 제삼자 간의 비대칭성을 드러내지만, 물리현상에 관한 지식은 그렇지 않다. 그런 점에서 물리현상은 삼인칭적이다. "열길 물속은 알아도 한길 사람 속은 모른다"는 우리 속담은 이러한 물리현상과 의식현상 간의 차이를 잘 보여준다.

또한 이렇게 주관적이고 일인칭적인 의식현상에 관한 지식은 다른 지식이나 관찰로부터 매개·추론되는 것이 아닌 주관의 직접적 경험(direct experience)이라는 특색을 지닌다(김재권 1997). 즉, 의식에 관한 지식에서는 '어떻게 아느냐'라는 물음이 무의미하다. 그냥 알 뿐 그 이상의 증거의 문제는 적절치 않다. 그러니 데까르뜨의 관점에서는 의심의 여지가 있을 수 없는 것이며, 제1원리가 될 수 있는 것이다.

따라서 이러한 의식은 그 본성상 과학의 객관적 연구에 포섭될 수 없는 것처럼 보인다. 물론 의식현상의 신체적·생리적·기능적 토대를 과학적으로 추적하는 것은 가능하며 실제로 많은 연구가 있었다. 하지만 이러한 연구는 삼인칭적인 객관적 연구로 의식의 일인칭적 주관성을 포착하기 어렵다. 20세기 초에 프로이트(S. Freud)가 무의식을 중심으로 다룬 정신분석학 연구의 의의 중 하나는 이렇게 과학적으로 포착하기 어려운 주관적인 의식이 아닌 무의식을 정신의 근원으로 보았다는 데 있다. 주관적이라서 과학적으로 해명하기 어려운 의식의 배후에는 의식의 토대가 되는 무의식이 깊이 놓여 있으며, 이러한 무의식은 의식 현상이 아니므로 의식과 같이 일인칭적·주관적으로 파악할 필요 없이 정신분석학 방법을 통해 객관적으로 연구할 수 있다는 것이 프로이트 주장의 의의 중 하나로 볼 수 있을 만큼 의식은 과학적 연구의 한계 밖에 있는 심리현상으로 여겨졌다.

최근 심리철학계에서 주목받고 있는 철학자 중 하나인 차머스(D. J. Chalmers)는 이러한 의식의 문제를 '어려운 문제'(hard problems)라고 표현했다. 그는 의식에 관한 지금까지의 논의가 대체로 기능적, 인과적, 혹은 신경생리적인 물리적 차원의 논의를 통해 진행되었다고 주장한다. 물론 의식에 관한 문제 중 많은 부분은 이런 물리적 차원으로 설명될 수 있다. 하지만 그는 물리적 차원으로 설명되는 이런 문제를 의식에 관한 '쉬운 문제'(easy problems)라고 말한다. 그러면서 의식의 본성에는 이러한 '쉬운 문제'로 설명될 수 없는 '어려운 문제'가 남아 있다고 주장한다. 이러한 어려운 문제는 의식이 갖는 주관적·현상적·질적인 요소 때문에 생겨난다는 것이다. 기능적, 인과적, 혹은 신경과학 등 물리적 차원으로 설명될 수 없는 이런 차원의 의식문제가 바로 '어려운 문제'이며, 앞에서 보았듯이 의식의 본성은 주관적이고 일인칭적이므로 의식문제를 해결하기 위해서는 반드시 '어려운 문제'가 설명되어야 한다는 것이다. 의식문제의 어려움에 대해서는 네이글도 차머스와 마찬가지로 "의식문제가 없다면, 심신문제는 훨씬 덜 흥미로울 것이다. 의식이 있어도 심신문제는 희망이 없는 것 같다"고 말했다(Nagel 1974, 168면).

의식의 주관성이 물리주의에 대한 반론이 될 수 있음은 잭슨(F. Jackson)의 '지식논변'(knowledge argument)을 통해서도 엿볼 수 있다(Jackson 1982; 1986). 그의 지식논변을 요약해보면 다음과 같다.

① 태어나서부터 흑백 방에 갇혀 있는 매리(Mary)는 흑백 이외의 색깔은 본 적이 없지만, 그는 흑백 책과 흑백 텔레비전을 통해 세계의 물리적 본성에 관해 알아야 할 것은 모두 배워서 알고 있다.

② 그러나 그가 처음으로 색이 있는 물체, 예컨대 잘 익은 토마토를 볼 경우 그는 새로운 사실을 배우게 된다.

③ 그가 새로운 사실을 배운다는 것은 물리적인 지식만으로는 세계가 완벽하게 설명될 수 없음을 뜻한다. 그러므로 물리주의는 부정된다.

결국 ②에서 새로 배운 지식은 ①의 물리적 지식에 포함되지 않는다는 것이, 지식논변에서 물리주의 비판의 관건이 된다. ②에서 새로 배운 지식이 바로 최근 심리철학에서 논의되는 감각질(qualia, raw feel)이며, 이것은 주체에게는 생생하고 질적인 느낌으로서, 양적인 측정으로는 설명될 수 없는 부분이라는 것이다. 즉 이러한 감각질의 존재를 인정하는 한, 물리적인 지식만으로는 세계에 대한 완벽한 지식을 구축할 수 없다는 것이다. 잭슨의 지식논변뿐만 아니라 르바인(J. Levine)도 '설명의 틈새'(explanatory gap)를 주장하면서 의식 등 정신적인 것들은 물리적인 것만으로는 설명되지 않는다는 주장을 폈다(Levine 1983; 1994).

물론 이러한 의식의 주관성에 관해 다음과 같이 생각할 수도 있다. 의식의 문제는 사실상 현상(appearance 또는 phenomenon)의 문제다. 고대에서부터 지금까지 현상과 실재(reality)의 구별문제는 철학의 오랜 숙제이기도 하다. 그런데 의식의 주관성이란 실재가 아닌 현상 차원의 문제다. 그러니 의식의 주관성은 그 의식의 주체의 입장에서는 '생생'하고, '명석·판명'하며 특권적 접근이면서 직접적 경험일 수 있으므로, '명석·판명함'에 관해서는 더이상의 근거나 정당화가 필요없는 것처럼 보이겠지만, 앞절에서 정신인과의 문제를 살펴본 대로 객관적 세계의 차원에서는 물리적 인과로 그 주관성의 핵심부분이 모두 설명될 수 있는 부수현상에 불과할 수 있다는 것이다.

이러한 생각에 대해서는 의식문제를 강조하면서 물리주의를 비판하는 철학자들간에 의견이 좀 나뉘는 것 같다. 앞서 본 잭슨은 지식논변에서 제시하는 색 경험이 부수현상임을 인정하기도 한다.[5] 또한 르바인이 제시한 '설명의 틈새'도 글자 그대로 존재적 틈새가 아닌 그야말로 '설명의 틈새'일 뿐이다. 이런 식의 주장은 앞단락의 정신인과 문제에서 보았듯이 김재권 등 물리주의자들이 제기하는 존재론적인 비판에 대해 적어도 존재론적으로 대응하는 것은 아닌 셈이다. 이런 정도라면 물리주의자 입장에서는 자신들의 존재론적 문제제기에 대해 인식론적으로 대응하는 것이라고 하면서 문제의 핵심을 벗어난 부적절한 대응이라고 치부할 수도 있을 것이다.

하지만 이런 식의 물리주의자의 반박에 좀더 적극적으로 대응하는 반(反)물리주의자들도 있다. 앞에서 본 대로 차머스는 물리주의자들의 논의가 의식에 대한 '쉬운 문제'만 다루고 있을 뿐 '어려운 문제'는 외면하고 있다고 주장한다. 써얼(J. R. Searle)은 아예 '현상과 실재의 구

---

5 지식논변을 처음 제시한 Jackson (1982)의 제목이 '부수현상적 감각질'(Epiphenomenal Qualia)이기도 하다.

별' 문제에 관해 적극적으로 언급하면서 물리주의에 대응한다(이하 써얼에 관한 내용은 Searle 1992, 93~100면 참조).

써얼은 우선 의식의 주관성을 '존재론적 주관성'이라고 하면서 '인식론적 주관성'과 대비시킨다. 그에 의하면 '인식론적 주관성'이란 어떤 판단의 진위 여부가 단순한 사실의 문제가 아니라 판단주체의 태도, 느낌, 혹은 관점에 의존하는 것이기 때문에 객관적이 아니고 주관적이라 할 때의 '주관성'을 말한다. 이에 반해 그가 의식이 지녔다고 주장하는 '존재론적 주관성'이란 의식상태가 본성적으로 일인칭적 주관적 존재임을 말하는 것이다. 즉, 의식상태는 항상 어떤 특정한 주체인 누구의 의식상태여야 하므로, 앞에서 '특권적 접근'이라고 했듯이 의식주체 이외에 어떤 관찰자에게도 동등하게 접근될 수 있는 것이 아니라는 것이다.

써얼에 의하면 의식은 주관적이며 이러한 주관적 의식이 실재 인식의 기초가 된다. 따라서 그는 인식의 기초가 되는 의식의 실재를 그밖의 다른 현상들의 실재를 파악하듯이 파악할 수는 없다고 주장한다. 하지만 의식이 이렇게 독특한 일인칭적 성격을 지녔다고 해서 전통심리학에서처럼 내성(introspection)으로 파악될 수 있는 것은 아니라고 한다. 왜냐하면 내성이란 결국 주관 내적으로 일어나는 관찰인데, 의식의 주관성의 경우에는 관찰과 관찰되는 대상 간의 구별이 이루어지지 않기 때문이다. 즉, 내적으로 관찰하려는 의식의 주관성이 바로 관찰의 기반이 되는 것이며, 관찰 자체가 바로 관찰된다고 가정되는 의식상태이기 때문이다.

써얼은 이러한 의식의 존재론적 주관성을 바탕으로 전통적인 '현상과 실재의 구별'에 대해서도 비판한다. 그는 의식에 관해서는 현상과 실재의 구별이 이루어질 수 없다고 주장한다. 왜냐하면 의식이야말로 현상 그 자체에 속하기 때문이다. 현상이 관련되는 곳에서는 현상과 실재의 구별이 이루어질 수 없다. 왜냐하면 의식의 경우에는 현상이 곧 실재이기 때문이다.[6]

써얼에 의하면 의식 등 마음의 인식론적 본성이 아닌 존재론적 본성은 이렇게 일인칭적이므로, 삼인칭적인 객관적인 것으로는 결코 환원될 수 없다. 따라서 마음을 객관적인 것으로 분석하려는 유물론[7]의 환원주의적인 생각은 잘못된 것이라고 한다. 그에 의하면 열이나 고체성 같은 자연속성들이 환원되듯이 의식상태가 신경생리학의 상태로 환원될 수 없는 까닭은, 의식에 어떤 신비스러운 요소가 있어 그런 자연성들과 그 실재에서 구조적 차이를 보이기 때문이 아니고, 인간의 관심에서 유래하는 실용적인 이유 때문이다. 즉, 환원된다는 것은 그에 의하면 결국 다른 용어로 재정의되는 것이고, 의식은 이미 본 대로 그 정의상 일인칭적인 독특한 성격을 지니고 있는데, 환원이 시도될 경우 그러한 독특한 특성이 제거되어버릴 것이기 때문이라는 것이다.

써얼은 이같은 주장을 펴면서, 이러한 문제들이 잘못된 전제에서 비롯된 것이라고 한다. 여기서 잘못된 전제는 바로 유물론과 이원론 간의 배타적인 양분법이라고 그는 주장한다(Searle 1992, 12~18면, 특히 14면). 이

---

6 현상과 실재의 구별에 대한 써얼의 비판은 Searle (1992) 121~22면 참조. 또한 크립키(S. Kripke)가 자연종에 관한 이론적 동일성 진술과 심신 동일성 진술을 구별하는 것도 마찬가지 이유에서다. Kripke (1971) *Naming and Necessity*, Harvard University Press. 『이름과 필연』, 정대현·김영주 공역, 서광사, 3강(1970년 1월 29일) 참조.

7 '물리주의'(physicalism)와 '유물론'(materialism)은 거의 같은 의미로 이해할 수 있다. 써얼의 경우는 'materialism'이란 표현을 썼기 때문에 여기에서는 '유물론'으로 번역했다.

러한 양분법은 사실상 데까르뜨 이래 무비판적으로 사용해온 전통적인 용어법에서 기인했다. 그래서 유물론자(혹은 물리주의자)들은 데까르뜨의 실체이원론은 거부하면서도 데까르뜨 이원론의 용어와 범주 들은 그대로 인정하는 잘못을 범함으로써, 이원론의 잘못된 가정들을 그대로 이어받아서 전통화시키는 꼴이 되고 말았다. 자신은 다만 이러한 잘못된 용어법을 극복하고 일인칭적 의식이 부각되는 주관적 의식의 형이상학을 성립시키려 한다는 것이다.

즉, 의식문제의 핵심쟁점은 이렇다. 의식은 본성상 주관적, 일인칭적인데 이것을 객관적이고 삼인칭적인 과학을 통해 설명하려는 시도는 그 나름대로는 인간에 관한 과학적 탐구에 기여할 수 있지만, 원래 철학자나 심리학자 등의 관심대상이었던 의식의 본성에 관해선 중요한 점을 빠뜨린 불완전한 설명에 불과하다는 것이다. 물리주의의 입장에서는 이런 주장에 대해 그러한 의식의 주관성, 일인칭성이 실재와 구별되는 현상적인 것에 불과하다고 말할 수 있다. 이에 대해 앞에서 보았듯이 써얼 같은 의식 옹호자들은 의식의 주관성이 인식론적 주관성이 아닌 존재론적 주관성임을 주장하면서, '현상과 실재'라는 전통적 구별이 물리주의자들이 선호하는 객관주의에 토대를 두고 있는 잘못된 구별이라고 주장하는 셈이다.

3. 정리

정신인과와 의식이라는 심신문제의 두가지 쟁점에 관해 이렇게 생각해볼 수 있다. 우선 바로 앞의 써얼 식의 주장에 관해 생각해보자. 그는 의식의 주관성을 '인식론적 주관성'이 아닌 '존재론적 주관성'이라고 하지만, 과연 그러한 주관적인 의식이 정신인과 문제에서 요구하는 인과적 힘을 지닐 수 있는 존재인지 모르겠다. 과연 그의 주관적 의식은 부수현상에 그치지 않고 진정한 존재자가 될 수 있을까? 명시적인 제거주의자처럼 강한 물리주의자라도 의식현상이 현상으로서 생생하게 존재한다는 것을 부정하지는 않을 것이다. 그러나 그때의 '존재'는 일상적인 생각이고 철학으로서의 엄격한 존재론을 염두에 둘 때, 과연 그러한 현상이나 주관성에 대해 '실재'한다고 쉽게 말할 수 있을까? 물론 이러한 생각에 대해 써얼은 여전히 현상과 실재의 구별에 빠져 있는 생각에 불과하다고 답변할 것이다. 그리고 차머스는 물리주의자들의 이런 주장을 의식에 관한 '쉬운 문제'일 뿐이라고 폄하할 것이다.

그렇다고 물리주의를 쉽게 포기할 수도 없다. 이제는 인간의 정신현상조차도 많은 경우 신경생리적으로 규명되고 있는 실정이기 때문이다. 이러한 과학의 성과를 쉽게 무시할 수 있는 형편은 분명히 아니다. 그렇다고 데까르뜨 식 실체이원론을 옹호하기도 어려워서 물리주의 외의 다른 가능한 입장을 찾는 것이 쉽지 않은 현실이다. 최근의 심리철학계는 이런 상황을 바탕으로 대체로 많은 심리철학자들이 물리주의를 옹호하며, 물리주의 진영 내부에서는 제거주의나 환원주의 같은 강한 물리주의를 옹호하느냐, 아니면 기능주의, 창발론(emergentism), 데이비슨(D. Davidson)의 무법칙적 일원론(anomalous monism) 등 좀 더 약한 비환원적 물리주의를 옹호하느냐가 주된 선택지가 되고 있다. 1950~60년대까지는 심신동일론이라는 심신환원주의가 대세였다면, 70년대 이후부터 최근까지는 비환원적 물리주의 입장이 주류를 이루고 있다. (물론 앞의 2장에서 본 '두 원인의 문제'는 비환원적 물리주의에 대한 강력한 비판이 될 수 있다.)

하지만 의식현상을 옹호하면서 물리주의를 비판하는 목소리가 여전히 만만치 않다. 이렇게 심신문제는 지금까지도 뜨거운 쟁점이면서 난제로 남아 있다.

| 백도형 |

생각해볼 문제

-인간의 본성을 정신과 신체, 마음과 몸이라는 두 측면에서 보는 것은 정당한가?

-주관적 의식이 학문의 대상이 될 수 있을까?

-지식논변에서 매리의 새로운 경험은 과연 새로운 지식인가? 새로운 지식이라면 물리주의는 거짓인가?

-과연 의식 등 정신현상은 객관적이고 계량화된 자연과학에 의해 설명될 수 없는가? 또 설명될 수 없다면 정신 현상의 자율성은 정당화되는가?

-두뇌 신경과학이 발전한다면 궁극적으로 인간의 정신적인 측면까지도 전모를 파악할 수 있지 않을까? 그 경우 인간의 자유, 이성, 가치 등의 의미는 어떻게 될까?

참고문헌

김재권 (1997)『심리철학』, 하종호·김선희 옮김, 철학과현실사, 1장.

Jackson, Frank (1982) "Epiphenomenal Qualia" rp., *Mind and Cognition*, Melbourn: Blackwell.

_____ (1986) "What Mary Didn't Know" rp., *The Nature of Mind*, Oxford: Oxford University Press.

Kripke, Saul A. (1971) *Naming and Necessity* rp., MA: Harvard University Press. (『이름과 필연』, 정대현·김영주 옮김, 서광사 1980)

Levine, Joseph (1983) "Materialism and Qualia: The Explanatory Gap," *Pacific Philosophical Quarterly* 64.

_____ (1994) "On Leaving Out What It's Like," *Consciousness: Psychological and Philosophical Essays*, London: Blackwell.

Nagel, Thomas (1974) "What Is Like to Be a Bat?" rp., *Readings in Philosophy of Psychology* vol. 1, London: Methuen.

Searle, John R. (1992) *The Rediscovery of the Mind*, Cambridge: MIT Press.

읽어볼 만한 책

김재권 (1997) 『심리철학』, 김선희·하종호 옮김, 철학과현실사.

_____ (1999) 『물리계 안에서의 마음』, 하종호 옮김, 철학과현실사.

_____ (1995) 『수반과 심리철학』, 철학과현실사.

_____ (1984) 「심신론: 그 쟁점과 전망」, 『철학』 22집, 한국철학회.

더글러스 호프스태터 (2001) 『이런 이게 바로 나야 1,2』, 김동광 옮김, 사이언스북스.

데이비드 파피뉴 (2007) 『의식』, 신상규 옮김, 김영사.

D. M. 암스트롱 (2002) 『마음과 몸』, 하종호 옮김, 철학과현실사.

윤보석 (2009) 『컴퓨터와 마음』, 아카넷.

이정모 (2010) 『인지과학』, 성균관대학교출판부.

프란시스 크릭 (1996)『놀라운 가설』, 과학세대 옮김, 한뜻.

P. M. 처치랜드 (1992)『물질과 의식: 현대 심리철학 입문』, 석봉래 옮김, 서광사.

_____ (2006)『뇌과학과 철학』, 박제윤 옮김, 철학과현실사.

필립 존슨 레어드 (1999)『컴퓨터와 마음』, 이정모·조혜자 옮김, 민음사.

Block, Ned ed. (1980) *Readings in Philosophy of Psychology* v.1, London: Methuen.

Lycan, Willian ed. (1990) *Mind and Cognition*, Oxford: Blackwell.

Rosenthal, David ed. (1991) *The Nature of Mind*, Oxford: Oxford University Press.

참고 사이트

David Chalmers' Bibliography in Internet: http://consc.net/mindpapers/

의철학

의, 또는 몸이라는 자연의 계보

1. 의학, 과학인가 철학인가?

흔히 의학은 불확실성의 학문이라고 한다. 통제된 조건에서 언제나 반복 가능하고 동일한 결과를 낳는 물리학과는 달리, 사람의 몸을 다루는 의학에서는 통제된 조건 자체가 거의 불가능할뿐더러 동일한 자극을 주더라도 그 자극을 받아들이는 몸의 상태에 따라 결과는 크게 다를 수 있기 때문이다. 똑같이 폐렴을 앓고 있는 환자에게 똑같은 용량의 페니실린을 주사하면 대개는 치유에 이르지만, 때로는 오히려 내성균을 키워 치료를 어렵게 하거나 환자를 쇼크에 빠뜨려 생명을 위협하는 경우까지 있을 수 있다.

몸의 상태는 생물학적으로만 다양한 것이 아니다. 내가 처해 있는 심리적·사회적·영적 상태에 따라서도 의학적 개입에 대한 반응은 크게 달라진다. 과학이 고도로 발달하여 인체의 모든 생물학적 조건을 통제하고 사람의 심리적·사회적·영적 상태를 모두 생물학적 조건으로 환원할 수 있게 될지도 모르지만, 적어도 우리가 살아있는 동안 그것이 실현될 것 같지는 않다.

따라서 의학을 과학의 한 분야라고 단정짓는 것은 좀 지나친 비약이다. 현대의학이 주로 과학적 방법론에 의지하기는 하지만, 궁극적으로 치유에 이르는 것은 생물학적 기계가 아닌 인간으로서의 환자이며 그 인간의 내면을 탐구하는 것은 예술과 인문학이다. 미국의 의철학자 펠레그리노(E. D. Pellegrino)의 말처럼 "의학은 가장 인간적인 과학이고 가장 경험적인 예술이며 가장 과학적인 인문학이다"(Pellegrino 1979, 17면).

그렇다면 의학은 철학일 수도 있다. 인간에 대한 탐구가 철학의 주요 사명 중 하나이기 때문이다. 철학은 인간에 대해 무엇을 어떻게 물을지 질문한다. 그리고 그에 대한 특정한 답들을 내놓는다. 그 물음과 답의 방식에 따라 우리는 엄청나게 다른 세상을 경험할 수도 있다. 예컨대 인간이 '무엇'인가라는 물음에 대해서는 생각하는 갈대라거나 이성적 동물이라는 답이 나올 수 있지만, 하늘[天]과 땅[地]과 사람[人]이 하나라거나 먼지 속에도 만물이 들어 있다고 생각하는 사람들에게 그런 질문은 아무런 의미도 없다. 이때 인간에 대한 물음은 '무엇인가'가 아니라 '어떻게 존재하는가'이기 때문이다. 이렇게 다른 세계관을 지닌 사람들이 경험하는 세계가 똑같을 수는 없다. 우리가 편안함(건강)과 편치 않음(병)을 느끼는 조건과 현상도 같지는 않을 것이다.

지금 우리는 건강과 질병, 그리고 건강을 회복하는 과정인 치유를 신체의 일부에 일어난 변화로 설명하는 데 익숙해져 있다. 하지만 이러한 설명방식은 '인간은 무엇인가'라는 물음에 기계적 신체와 그것의 주인인 이성 또는 영혼의 합체라고 답하는 사유구조의 소산이다. 동아시아와 인도의 전통의학처럼 그러한 구분 자체가 무의미한 사유구조에서는 건강-질병-치유는 전혀 다른 모습을 드러낸다(강신익 2007, 제4장). 동아시아 전통에서 인체의 생리작용과 도덕적 행위는 모두 기(氣)의 모임과 흩어짐으로 설명되며, 인도의 전통의학인 아유르베다(Ayurveda)에서도 몸과 마음의 현상은 정신적 힘과 육체적 작용이 합쳐져 상호 작용하는 차크라(chakra)로 설명된다. 여기서 사람의 몸은 '무엇'으로 존재하는 것이 아니라 '어떻게'로 기능한다. 그들의 의학도 같은 방식으로 몸을 설명한다.

따라서 의학이 '무엇'(과학 또는 철학)인지 묻는 것 자체가 수천년 동안 우리의 삶을 이끌어온 의(醫)의 진정한 모습을 가리는 것일 수 있다. 그 물음은 100여년 전 이 땅에 들어온 서양 근대사상의 반영일 뿐이며 그 이전에는 과학이나 철학이란 말 자체가 존재하지도 않았으니 말이다. 우리가 건강-질병-치유를 설명하고 그에 대처해온 의의 모든 체계와 현상을 서양의 합리적이고 이성적인 시선으로 재단하고 분석해야만 한다고 주장하는 것은 베이컨이 말한 극장의 우상에 빠지는 것과 같다.

이 글에서는 의학이 무엇인지 묻는 대신 우리가 우리의 몸이 겪는 삶의 문제에 어떻게 대처해왔고 그것을 어떻게 체계화해왔는지 묻고자 한다. 건강-질병-치유라는 현상을 겪으면서 살아가는 '몸이라는 자연'의 계보를 추적하려는 것이다.

2. 醫의 계보

어떤 개념이나 현상의 계보를 추적하기 위해서는 그것을 지칭하는 말이 유래한 원천(어원)으로부터 출발하는 것이 좋다. 그리고 지금 우리가 그 말을 사용하는 의미나 맥락과 비교해보면 그러한 개념의 문화적 변천과정을 어느정도 이해할 수 있게 된다. 이러한 역사적·문화적 이해를 통해 우리는 합리적 이성이 아닌 우리의 경험에 근거하여 스스로에게 물음을 던질 수 있게 될 것이다. 그런 다음 여기서 얻어진 답들을 우리가 살아온 삶의 맥락에 재배치한다면 몸과 의에 관한 새로운 철학을 창조할 수도 있게 될 것이다.

'醫'라는 한자어는 몸속에 박힌 화살[医]과 창(殳)에 찔린 상처 그리고 그 상처를 치료하는 약을 상징하는 독한 술(酉)의 세가지 요소로 이루어져 있다. 그런데 이 세번째 요소는 때때로 무(巫)로 대체되어 쓰이기도 한다. 그러니까 '醫'와 '毉'는 같은 글자인 것이다. 여기서 핵심은 화살에 맞고 창에 찔려 신음하는 인간의 고통[医殳]과 그 고통을 줄이기 위해 약(酉)을 쓰거나 초월적 존재를 끌어들여 도움을 청하는(巫) 행위다. 치유의 행위에서 초월적 존재에 의지하는 정도가 줄어들면서 점차 '毉'가 '醫'로 대체되기는 했지만, 치유가 인간의 힘만으로 완성되지 않는다는 사실은 지금도 누구나 인정한다. 인간의 고통을 덜어주는 '醫'의 뿌리는 하늘과 땅을 연결시키는 '巫'에 있었으며 그후로 점차 땅에서 나는 약의 비중을 늘려왔던 것이다.

유럽의 전통에서 질병과 치유의 개념은 주로 신화에 등장하는 다양한 신들을 통해 표현되는데, 여기서는 건강-질병-치유와 관련된 개념이 하나의 범주로 정리되지 못한 채 여러 신들의 이야기 속에 흩어져 있다. 이 이야기들 속에 등장하는 신들은 특정한 치유의 능력을 지닌 것으로 묘사되지만 그것이 어떻게 가능했는지에 대한 언급은 별로 없다.

대지의 여신 아르테미스(Artemis)는 출산과 어린이의 발육을 수호하고, 마카온(Machaon)은 외과치료에 능했으며, 포달레이리오스(Po-dalirius)는 내과와 정신과 치료를 잘했다고 한다. 의술과 관련된 신으로는 이밖에도 아르테미스의 쌍둥이 오빠인 아폴론(Apollon), 아폴론의 아들이자 마카온과 포달레이리오스의 아버지인 아스클레피오스(Asclepius), 그리고 아스클레피오스의 딸들인 약의 여신 파나케이아(Panacea), 섭생과 돌봄의 여신 히기에이아(Hygieia) 등이 있다. 아스클레피오스에게 의술을 가르친 반인반마(半人半馬)의 형상을 한 케이론(Chiron)도 있다. 이 신들은 대개 초자연적인 능력으로 질병을 치유한다. 그중에서도 가장 뛰어난 능력을 가진 신은 아스클레피오스로 오늘날까지 의술의 신으로 받들어지는데, 죽어야 할 사람마저 살려내는 그의 능력을 시샘한 제우스(Zeus)에 의해 죽임을 당해 별이 되었다고 한다.

동아시아에서 초자연적 무(巫)가 중간단계인 의(毉)를 거쳐 병을 자연현상으로만 설명하는 의(醫)로 진화했듯이, 유럽의 의술도 세속화의 길을 걷게 되는데 그 첫 관문에 해당하는 것이 신이 아닌 인간 히포크라테스(Hippokratēs)다. 그는 거의 모든 질병에서 신성(神性)을 걷어내고 질병을 순수한 자연현상으로 설명하여 진정한 의(醫)의 토대를 쌓았다. 그가 활동했던 고대 그리스는 동아시아에서 『황제내경(黃帝內經)』이라는 책이 출판되어 대략적인 의(醫)의 기초가 마련된 것과 비슷한 시기다.

히포크라테스는 뛰어난 치유능력을 인정받아 아스클레피오스의 후손으로까지 격상되지만 그가 사용한 방법은 적극적 개입보다는 자연의 운행에 따라 생활을 조절하는 섭생 위주였다. 즉, 그는 히기에이아의 방법을 따랐다. 이후 서구 유럽의 '醫'는 몸에 대한 직접적 개입을 위주로 하는 아스클레피오스의 전통과 환자와 환경에 대한 보살핌을 중시하는 히기에이아의 전통으로 양분된다. 히포크라테스의 의학은 그 두 전통의 합일이며 이후 다양한 분화의 과정을 겪는다.

그 첫번째 분화가 내과와 외과의 분리다. 신화에서는 포달레이리오스와 마카온이 역할을 분담하지만, 인간의 현실세계에서는 자연에 대한 추상적 지식에 통달한 내과의와 손을 써서 사람의 몸을 직접 변경시키는 외과의로 분화된다. 내과의사(physician)라는 말은 '자연'(physis)이라는 말에서 유래했지만 외과의사(chirurgeon)라는 말은 '손'(chiro)이라는 말에서 유래했다는 사실이 흥미롭다. 히포크라테스는 전형적인 내과의사로 그의 유명한 선서의 원문을 보면 "나는 칼을 사용하지 않을 것이며 심지어 결석 환자도 그 일에 종사하는 사람에게 맡기겠습니다"라는 구절이 있을 정도다.

중세로 넘어오면서 내과와 외과의 구분은 단순한 분업을 넘어 신분의 차이로까지 이어진다. 대학에서 책을 통해 의학을 공부한 사람은 내과의사가 되어 왕족이나 귀족을 돌보았지만, 외과의는 대개 이발사 출신으로 어깨 너머로 배운 기술로 농민들을 치료했다. 이러한 구분을 가장 적나라하게 보여주는 것이 중세 대학의 해부학 실습인데, 원형의 실습실 상단에서는 내과의사인 교수가 고대 로마에 쓰인 교과서를 낭독하고 무대에서는 이발사가 직접 시체를 해부했으며 내과의사가 될 학생들은 관중석에서 이를 지켜보기만 했다고 한다. 이러한 내과와 외과의 차별적 구분은 소독과 마취가 발명되어 외과수술의 위험이 크게 줄어드는 19세기까지 지속되었다.

한편 동아시아 전통에서는 이런 구분이 잘 보이지 않는다. 좀더 이론적인 『내경(內經)』과 좀더 실천지향적인 『상한(傷寒)』으로 구분되긴 했지만 그 둘이 상호배타적이지는 않다. 주로 유학(儒學)을 공부하고 덤으로 의학을 배운 유의(儒醫)와 처방과 침술 등을 익혀 바로 임상에 뛰어든 용의(庸醫)의 구분이 그나마 내과와 외과의 구분과 비교될 수 있을 뿐이다. 이렇게 외과의 전통이 일천한 것은 대체로 천지의 운행에 순응하되 인위적 개입을 꺼리는 동아시아 의학의 태도에 기인한 것이다.

내과와 외과의 구분은 상당부분 이론과 실천을 구분하는 구도와 중첩된다. 내과의는 몸의 상태를 이론적으로 설명하고 외과의는 그 몸을 직접 변형한다. 내과의는 주로 왕족이나 귀족에게 봉사했으므로 그들에게 고통을 주는 시술을 하기보다는 의학적 조언을 하고 때로는 논쟁을 벌였던 반면, 대중을 상대하는 외과의는 말보다는 뭔가를 보여줘야만 했다. 의학교육에서 두 전통이 통합되면서 이제는 그 구분이 거의 의미가 없어졌다. 외과에서도 엄밀한 이론이 필요하며 내과에서도 내시경과 혈관확장술 등 각종 침습적 시술이 행해진다. 하지만 몸의 구조와 기능을 이론적으로 탐구하는 기초의학과 그 지식을 이용해 직접 질병 치료에 임하는 임상의학을 구분하는 태도 속에는 여전히 내과와 외과, 이론과 실천의 구분이라는 예전의 사고방식이 남아 있다.

이론과 실천의 구분은 병(病, disease)과 환(患, illness)을 구분하는 태도에도 일정한 영향을 준다. 병은 실체적 존재이며 환은 그로 인한 실존적 경험이다. 즉, 존재와 경험이 분리되는 것인데, 존재는 몸에 속하고 경험은 마음의 소산이다. 또, 병은 몸에 속하고 환은 마음에 속한다. 한마디로 병/환, 존재/경험, 몸/마음이며, 병=존재=몸/환=경험=마음의 구도다. 그러나 병과 환을 뜻하는 말의 유래를 보면 그 둘의 구분이 그다지 자연스럽지 못하다는 사실이 드러난다. 병(disease)을 뜻하는 말은 편치 않음(dis-ease)에서 왔고 환(ill-ness)이라는 말은 앓음, 사악함, 불길함 등의 뜻에서 전용된 것이다. '환'에는 '병'에 없는 도덕적 뉘앙스가 들어 있다는 차이가 있지만, 두 말이 존재와 경험을 구분하지는 않는다. 두 말 모두 몸 또는 마음의 상태 또는 경험을 뜻할 뿐 존재를 가리키지는 않는다. 대부분의 유럽 언어들에서도 두 개념이 분화되어 있지 않다. 병은 존재와 경험의 합일일 뿐이라는 오래된 인식이 언어에 그대로 남아 있는 것이다. 그런데 영어에서는 비교적 최근에 의학이 발명한 존재와 경험을 분리한다는 명목 아래 무리하게 그 둘을 구분하고 있는 것이다.

병과 관련된 대부분의 한자어들은 병이 들어 벽에 기댄 모양을 본뜬 녁(疒)을 지니고 있다. 그 속에 바를 정(正)이 들어 있으면〔症〕 병의 증세가 숨김없이 밖으로 드러나는 것을 뜻하고, 용(甬)이 들어 있으면〔痛〕 병이 밖으로 솟아올라 몹시 아픈 상태를 뜻한다. 또 가죽〔皮〕이 들어 있으면〔疲〕 살가죽에 병색이 드러날 만큼 야위고 지친 상태를 나타내며, 창〔戈〕이 들어 있으면 적이 창을 들고 침입하듯이 병이 몸에 들어오는 것을 나타낸다. 화살〔矢〕이 들어 있으면 병의 증세가 빨리 악화되는 것을 뜻했다. 이밖에도 오랫동안 잘 낫지 않는 병〔疚〕은 오랠 구(久)를, 열이 나는 병〔疢〕에는 불 화(火)를, 몸이 붓고 물이 차는 병〔㾀〕에는 물 수(水)를 쓰는 식이다.

이 모든 것이 병(病) 하나로 수렴되는데, 여기서부터 흠, 하자, 근심, 좋지 않은 버릇, 괴로움, 피곤, 원망, 비방 등 다양한 의미의 스펙트럼이 펼쳐진다. 그 스펙트럼이 존재와 경험의 구분이 아닌 병과 관련된 모든 현상과 상태 들의 표현임은 물론이다. 우리 조상들은 병을 명사가 아닌 동사로 사용하는 경우가 많았는데(예를 들어 '병ᄒ다') 이 또한 존재가 아닌 상태와 경험 또는 과정으로서의 병을 '앓았다'는 사실을 말해준다.

이처럼 병이라는 말 자체에 다양한 스펙트럼의 경험적 현상이 담겨 있기 때문에 병을 환과 구분한다는 발상 자체가 부자연스러운 것이다.

우리가 굳이 이 둘을 구분하는 것은 전적으로 서양식 사고방식에 우리의 경험을 꿰어맞추려는 강박의 소산일 수 있다. 우리가 병과 환을 구분하면서 환(患)이라는 글자에 들어 있는 마음〔心〕과 그것을 찌르고 있는 꼬챙이〔串〕에 주목하는 것도 사실은 몸과 마음을 존재와 현상으로 구분해서 파악하는 서구식 이원론의 소산일 수 있다. 동아시아 전통에서 마음〔心〕은 몸〔身〕의 한 부분이며 몸은 물질적 존재일 뿐 아니라 사회적·도덕적 관계의 구현체이기도 하다. 따라서 병을 앓는 주체는 언제 어디서나 존재와 현상의 종합인 몸이지 허령한 마음이 아니다.

다음 절에서는 동서고금을 통해 몸에는 어떤 것들이 담겨져 있었으며 그것들은 어떤 분류체계에 따라 계열화되어 있었는지 알아본다.

3. 몸의 계보

문명이 발생하여 우리의 삶이 일정한 형식을 갖추기 전에도 우리 조상들은 먹을 것을 찾아 헤매고 비바람을 피해 잠자리를 마련했을 것이다. 당시에는 무(巫)나 의(醫)의 개념도, 아스클레피오스와 히기에이아 같은 신(神)도 없이 오로지 몸이라는 자연이 시키는 대로 병이나 상처를 치유했을 것이다. 몸은 우리 조상들이 의를 발명하기 훨씬 전부터 이미 본능적으로 의를 행하고 있었던 것이다. 몸은 의의 바탕이며 출발점이다.

그러다가 서구인들은 신을 발견했고 동아시아인들은 자연의 이법(理法)을 찾았는데, 그 이후로는 몸의 치유행위를 그 구도(신 또는 이법)에 맞춰 생각하기 시작했다. 본격적인 의가 탄생한 것인데, 이때 의란 몸에 대한 하나의 서사(敍事)가 된다. 이 서사에는 이야기의 뼈대가 되는 형이상학적 구조와, 그 이야기를 풀어나가기 위해 필요한 문화적으로 공유된 문법과, 이야기에 등장하는 실질적 주인공이 있어야 한다. 동아시아 의학에서 몸에 대한 서사의 형이상학적 구조는 이 세상이 하늘과 땅과 사람으로 되어 있다는 삼재(三才)사상이며, 공유된 문화문법은 어둠〔陰〕과 밝음〔陽〕의 상보적 대칭관계로 세상을 보는 방식이며, 이야기에 등장하는 실질적 주인공은 자연계에 존재하는 나무, 불, 흙, 쇠, 물〔木火土金水, 즉 五行〕과 상응하는 간장, 심장, 지라, 허파, 콩팥〔肝心脾肺腎, 즉 五臟〕이다.

삼재는 동아시아 우주론의 기본 뼈대로서 하늘은 자연과 도덕의 이법을, 땅은 물질적 토대와 생명을 주며, 사람은 이를 실제로 운용하여 모두를 이롭게 하는 주체가 된다. 이런 구조는 몸을 정(精)과 기(氣)와 신(神)의 구성으로 보는 『동의보감(東醫寶鑑)』의 사유양식과도 일치한다. 여기서 정은 생명을 주는 땅이고 신은 이법을 주는 하늘이며, 기는 하늘과 땅을 통해 생명을 실현하는 사람의 기능에 대응한다. 이런 우주론의 구조는 사람이 중심인 유교의 영향을 오랜 기간 받으면서 땅의 존재가 상대적으로 축소되어 천인상관(天人相關) 또는 천인합일(天人合一)의 구조로 변화하지만, 사람의 몸〔人〕이 존재하는 맥락의 기본 구조는 그대로 유지된다. 특히 의의 실천에서는 하늘의 원리를 따르는 것도 중요하지만 땅에서 나는 약초가 바로 없어서는 안될 기초 재료가 된다.

동아시아 전통에서는 모든 것을 어둠과 밝음의 상보적이고 상호이행적인 관계로 파악하는 경향〔陰陽論〕이 있는데, 몸의 서사인 의의 입장에서도 마찬가지다. 여기서는 몸의 모든 요소가 음과 양의 체계에 따라 분류된다. 오장(五臟)과 육부(六腑), 몸의 앞부분과 뒷부분같이 대대적(待

對的) 관계를 갖는 부위는 모두 음과 양에 배당된다.

음과 양은 때에 따라 더 세분되기도 하는데 음과 양이 각각 둘로 분화하면 사상(四象: 太陽, 太陰, 少陽, 少陰)이 되고, 셋으로 분화하면 삼음삼양의 육경(六經: 태양, 소양, 태음, 소음, 양명, 궐음)이 된다. 사상은 체질의 분류에, 육경은 병증의 분류에 사용되는 전혀 별개의 체계지만, 그 뿌리는 역시 대대적 문화문법인 음양의 논리구조다. 이처럼 음양은 그 자체가 수직적으로 분화하기도 하지만, 겉과 속〔表裏〕, 차가운 것과 뜨거운 것〔寒熱〕, 빈 것과 찬 것〔虛實〕 같은 병증(病症)의 상대적 성질을 설명하는 구도로 확대되기도 한다. 이것이 바로 팔강변증(八講辨證)인데, 이는 육경변증(六經辨證)과 함께 몸의 현상을 설명하는 중요한 논리구조가 된다.

이제 이러한 형이상학적 구조와 문화문법을 토대로 이야기를 풀어나가야 하는데, 그 주인공이 바로 몸속의 다섯가지 장기다. 도교의 영향을 많이 받은 경우 이 장기들은 각기 살아있는 귀신의 모습을 하기도 하지만, 대개는 상생(相生)과 상극(相剋)의 관계를 통해 몸의 운행을 이끈다. 이 관계는 오행에서 유추된 것인데 물을 주면 나무가 성장하듯 물에 속하는 신장을 강화하면 나무에 속하는 간에 보탬이 된다든지, 물을 부으면 불이 꺼지듯이 물에 속하는 신장을 강화하면 불에 속하는 심장이 약해진다는 등의 관계들이 얽혀 있다. 이렇게 해서 몸은 자연의 완벽한 구현체가 된다. 하지만 오행을 오장에 배속하는 것이 얼마나 타당한지에 대한 근거가 의심스럽다는 사실이 결정적 약점이다.

신과 인간이 공생하던 서양의 신화에서 몸은 비극적 운명의 상징인 경우가 많았다. 산 채로 독수리에게 간을 쪼아먹히는 프로메테우스(Prometheus)나 끊임없이 바위를 밀어올려야 하는 시시포스(Sisyphos)

의 몸이 받는 고통을 통해 인간은 비극적 정화(tragic catharsis)를 얻는다. 아마도 당시의 병 치료는 이와 같은 심리적 정화를 주요 수단으로 사용했을 것이다. 몸은 고통이 승화되는 공간이고 치유가 일어나는 장소였으며, 기독교에서는 부활의 공간이기도 했다. 한마디로 몸은 신성이 살아나는 공간이었다.

히포크라테스 이후 이러한 신성한 공간이 점차 세속화하기 시작한다. 몸은 신이 아닌 자연의 운행에 의존하며, 건강을 위해서는 신에게 빌 것이 아니라 자연의 법칙에 순응하는 삶을 살기만 하면 되었다. 비로소 몸이 하나의 자연이 된 것인데, 이로써 몸속의 자연과 몸 밖의 자연을 연결시킬 고리가 필요해졌다. 당시에는 이 세상의 근원이 무엇인지에 대한 자연철학적 논쟁이 유행이었는데, 히포크라테스는 그중에서 물, 불, 흙, 공기가 만물의 근원이라는 사원소설을 채택하고 이것을 우리의 몸을 구성한다고 믿어지는 점액, 혈액, 흑담즙, 황담즙이라는 네가지 체액과 연결시켰다. 동아시아에서 오행과 오장을 연결시킨 논리와 거의 같다. 하지만 여기서는 상생과 상극 대신 그것들의 상대적 비율과 균형이 강조된다.

이제 몸은 질적으로 서로 다른 네가지 액체를 담는 그릇이 되었다. 그러나 세월이 흐르면서 그 그릇은 그저 액체를 담고만 있는 것이 아니라 여기저기로 퍼나르는 배관이 필요한 복잡한 그릇이 되었다. 건축물에 설치되었던 상하수도 시설이 몸의 모델이 되었다. 이제 몸은 자연이 아니라 집 같은 인공물을 본뜬 존재가 된 것이다.

과학혁명이 일어나고 해부학이 발전하고, 또한 시계 같은 좀더 정밀한 기계가 발명되자 몸을 보는 시각도 달라졌다. 이제 몸은 더이상 단순한 파이프들의 집합일 수 없다. 몸은 좀더 정밀한 부품들로 이루어진 시계에 비유되었고, 의학의 임무는 그런 몸-기계의 설계도를 찾아내는 것이었다. 기계로서의 몸이라는 관념은 그 구성의 원리가 조직, 세포, 분자의 수준에서 규명되면서 점차 움직일 수 없는 진리로 받아들여졌다.

21세기가 시작되는 시점에 우리는 마침내 그 기계의 설계도를 손에 쥐게 되었다. 인간의 유전체 지도가 완성된 것이다. 이로써 우리의 몸은 완벽한 기계의 면모를 갖추게 되었고, 우리는 그 설계도를 손에 넣음으로써 우리의 몸을 의도적으로 변경할 수도 있게 되었다. 우리의 몸은 완벽한 기계지만 그 몸의 주인인 우리는 그 기계를 통제하는 창조주의 역할마저 떠안게 된 것이다. 이제 몸은 기계인 동시에 신이다.

하지만 기계인 몸에 신이 살 수 있을까? 또는 신이 기계일 수 있을까? 몸의 설계도인 유전체 지도는 신의 창조물일까 아니면 그저 스스로 그러함〔自然〕일까? 지금은 신의 존재 증명에 매달릴 때가 아니므로 일단 후자의 입장을 취하기로 한다. 유전체는 신의 암호도 기계의 설계도도 아닌 그저 자연일 뿐이다. 유전체는 몸속 모든 세포의 핵 안에 들어 있으므로 몸의 한 부분임에 틀림없지만 몸이 변화하는 원인이기도 하다. 이것은 몸의 변화를 초래하지만 또한 몸과 함께 변화한다. 유전체를 담고 있는 몸은 단순한 공간이 아니라 변화하는 공간이며 변화의 기억을 담는 공간이다.

기억 가운데에도 수백만년에 이르는 생물진화의 기억에서, 이것을 다음 세대로 이어주는 유전의 기억, 그리고 한 사람이 살아가는 동안 환경과 접촉하면서 쌓아온 인지의 경험을 담는 면역과 신경계의 기억 등 무척이나 다양한 종류가 있다. 이것을 종족의 기억과 개별적 몸의 기억으로 나누어 살필 수 있다.

종족의 기억은 유전체에 담겨 있다. 유전체는 진화의 역사가 담긴 보물창고다. 여기에는 생존에 필요한 유전자 말고도 그 기능을 알 수 없는 온갖 다양한 기억과 정보 들이 담겨 있다. 이것들은 진화의 역사에서 한때는 꼭 필요했지만 이제는 필요없어진, 그러나 특별한 상황이 닥치면 다시 필요하게 될지도 모를 정보일 가능성이 크다. 우리가 컴퓨터를 오래 쓰다보면 더이상 사용하지 않는 프로그램을 위해 설치했던 레지스트리(registry)가 남아 속도가 느려지는 경우가 있다. 이때 우리는 오래된 레지스트리를 제거해서 문제를 해결한다. 하지만 우리의 몸은 한때 긴요했던 정보들을 제거하지 않고 창고에 보관함으로써 나중에 닥칠지 모를 사태에 대비한다.

몸은 진화나 유전에서처럼 장구한 기억을 담기도 하지만, 한 사람 한 사람이 일생 경험한 사건과 기억을 담기도 한다. 그중 지각과 인식에 나타난 사건의 기억을 담는 것은 신경세포들의 네트워크고, 몸이 외부환경과 맺은 관계의 기억을 담는 것은 면역세포들이다. 이렇게 신경세포와 면역세포에 담긴 과거의 기억은 미래의 어떤 시점에 발생할 유사한 사건에 우리의 몸이 효과적으로 대처할 수 있게 한다. 그러나 면역세포와 신경세포에 담긴 개별적 몸의 기억은 후세에 전달되지는 않는다는 점에서 종족의 기억과 구분된다. 아무튼 이제 몸은 여러 차원의 시간을 담는 기억창고다.

4. 醫, 몸의 문제풀이

앞에서 나는 의를 '몸의 서사'라고 했다. 몸의 서사는 천지인(天地人)의 형이상학적 구조와 음양의 문화문법을 토대로 몸이라는 무대에서

412

오장육부라는 주인공들이 펼치는 한편의 연극이다. 모든 연극에는 갈등이 증폭되는 클라이맥스가 있듯이 몸의 연극에서도 가끔 그런 상황이 발생하는데, 그런 상태를 병이라고 부른다. 의는 몸의 연극에 참여하여 몸이 병을 이기고 이야기를 계속할 수 있도록 돕는다. 이것이 동아시아 의학이 일관되게 지켜온 전통이다. 의는 몸의 문제풀이인 것이다.

유럽의 역사에서는 의에 관한 일관된 흐름을 엮어내기가 쉽지 않다. 역사의 고비마다 그 흐름이 크게 바뀌었기 때문이다. 히포크라테스 이전의 신전의학, 히포크라테스 시대의 자연의학, 중세의 체액의학, 근대의 임상의학, 이후 실험실의학 등 시대별 특징을 집어낼 수도 있다. 시대에 따라 몸의 이야기를 이끄는 형이상학도 같지 않았다. 큰 흐름만 짚어보아도 고대의 신화적 세계관, 중세의 기독교적 세계관, 근대이후의 과학적 세계관으로 각각 달랐다. 몸의 이야기에 등장하는 주인공들도 시대에 따라 크게 달랐다. 선사시대에는 다양한 신들이 주인공이었고, 자연의학 시대에는 네가지 체액이 주인공이었으며, 해부학이 발달한 뒤로는 기관, 조직, 세포, 그리고 이제는 유전자가 주인공이 되었다. 몸의 이야기를 구성하는 문화문법은 대체로 일관된 흐름을 보여 전(全)시대에 걸쳐 고대의 로고스(logos)중심주의가 관철된다. 지금까지도 동서 의학이 화해하지 못하는 원인은 서로 다른 형이상학과 문화문법으로 상대방 주인공을 이해하려 했기 때문이다. 과학과 로고스의 시선으로는 오장육부의 관계를 이해할 수 없고, 세포와 유전자의 기능을 이해하는 데 하늘-사람-땅의 구조나 음양의 논리가 도움이 될 수는 없다.

	형이상학	문화문법	주인공
동(東)	삼재	음양	오장육부
서(西)	신화 ↓ 기독교 ↓ 과학	로고스	신 체액 기관 → 조직 → 세포 → 유전자 수직적 연결망: 진화와 유전 수평적 연결망: 면역세포와 신경세포

　하지만 동아시아 사상의 가장 큰 약점이자 강점은 지나친 융통성과 폭넓은 적용방식이다. 따라서 삼재와 음양으로 현대과학이 발견한 몸의 현상을 설명하는 것도 불가능하지는 않다. 더군다나 현대의학이 발견한 많은 사실들은 존재보다는 관계에 주목한 결과가 많은데, 이는 앎의 주체와 대상이 분리되는 로고스보다는 동아시아의 전통 사유방식에 가깝다. 앞에서 종족의 기억이라 부른 유전과 진화는 우리 조상들이 환경과 맺은 관계의 기록이며, 개별적 몸의 기억이라 부른 면역계와 신경계의 변화과정은 한 개인이 환경과 맺은 관계의 소산이다. 세대에 걸친 수직적 연결망과 몸과 환경의 수평적 연결망이 유기적으로 결합되어 있는 것이다.

　수직에 해당하는 것은 하늘(유전과 진화의 이법)이요 수평에 해당하는 것은 땅(환경)이다. 그 사이에 사람(몸)이 있는데 몸은 하늘의 이치가 땅의 현실로부터 구현한 하나의 자연이다. 두 연결망은 유기적으로 결합되어 있을 뿐 아니라 서로에게 의존적인데, 이것이 현대유전학이 발견한 본성(nature)과 양육(nurture)의 상호보완적 관계다. 여기서 본성은 하늘이요 양육은 땅이다. 사람의 몸은 하늘의 뜻에 따라 땅의 재료로 만들어지지만, 하늘은 땅과 사람을 다스리기보다는 땅이나 사람과 함께 운행하는 공동주체일 뿐이다.

의 또한 몸에 관한 모든 지식을 캐내어 그것을 지배하는 담론이 아니라 몸의 삶에 참여하는 몸-살림의 활동이며 몸의 문제풀이다. 현대 서양의학은 눈부신 성과에도 불구하고 그 기계적 방법론으로 인해 이러한 본질적 성찰에 약하다. 이제 몸을 기계가 아니라 수백만년의 시간이 담긴 인류의 기억창고라고 생각한다면 전통적 사유와 맞닿는 새로운 의의 패러다임이 창출될 수도 있을 것이다.

| 강신익 |

참고문헌

강신익 (2007) 『몸의 역사, 몸의 문화』, 휴머니스트.

Pellegrino, E. D. (1979) *Humanism and the Physician*, Tennessee: University of Tennessee Press.

읽어볼 만한 책

강신익 (2007) 『몸의 역사, 몸의 문화』, 휴머니스트.

요하임 바우어 (2006) 『몸의 기억』, 이승은 옮김, 이지북.

움베르토 마뚜라나·프란시스코 바렐라 (2007) 『앎의 나무』, 최호영 옮김, 갈무리.

환경철학

　20세기 중반부터 선진국은 지속적으로 풍요로운 삶을 추구하고, 개발도상국은 그에 뒤질세라 성장 위주의 개발정책을 펴면서 지구 생태계와 인류의 미래가 위태로워지고 있다. 1972년 스웨덴 스톡홀름에서 열린 유엔 환경회의 이후로 환경과 관련된 수많은 선언들이 나오고 있지만 환경문제는 점점 악화될 뿐 개선될 기미가 보이지 않는다.

　미국 정치인 고어(A. Gore)는 환경 다큐멘터리 「불편한 진실」(An Inconvenient Truth, 2006)에서 지구온난화로 인해 인류가 심각한 위기에 처해 있다는 것을 세계에 널리 알린 공로로 2007년 노벨평화상을 수상했다. 그에 따르면, 최근 몇십년 사이에 지구의 평균온도는 명확하게 증가했고, 실제로 온도측정 역사상 가장 뜨거웠던 스물한해 가운데 스무해가 지난 25년 안에 몰려 있다. 그러나 지금은 그 기록마저 수정되어야 할 정도로 지구 생태계와 환경이 급변하고 있다. 이제 자원고갈, 환경오염, 기후변화로 인한 자연재해와 생태계 교란 등은 먼 미래의 일이 아니라 현실이고, 그 모든 것들은 단순한 천재지변이 아니라 인류 스스로가 자초한 것이라는 생각은 하나의 상식이 되었다.

흔히 환경오염이 생기는 원인을 파악해서 오염물질을 처리하기 위한 환경과학과 환경공학을 발전시키고, 환경오염 행위를 잘 단속하고, 환경법을 좀더 강화하면 문제가 풀릴 것이라고 기대하는 경향이 있다. 그러나 환경문제는 인간사의 수많은 문제와 복잡하게 얽혀 있다. 예를 들어 한 지역에 쓰레기소각장, 골프장, 원자력발전소 등을 건설할 때, 그로부터 초래되는 문제는 공학, 지질학, 화학, 생물학, 의학, 경제학, 법학 등 여러 분야와 관련된다. 또한 환경문제는 우리가 무엇을 소중히 여겨야 하며 어떻게 사는 게 잘 사는 것인가라는 인문학적 물음과도 깊은 연관이 있다.

철학에서 환경과 생태 문제에 관심을 보이기 시작한 것은 그리 오래되지 않았다. 환경철학은 1960년대에 일부 철학자들이 대항문화, 시민운동, 여성운동, 반전운동, 환경운동 등에 관심을 품으면서 응용철학의 한 분야로 시작되었다. 그러나 오늘날 환경철학자들은 단순히 환경윤리를 넘어 환경이념의 형이상학, 인식론, 생명철학, 생명정치학 등의 토대들에 대한 근본적인 문제를 제기하기도 한다. 실제로 환경문제를 궁극적으로 해결하기 위해서는 환경과 생태계에 대한 올바른 이해와 더불어 현대의 사회구조와 가치관에도 근본적 변화가 있어야 한다.

환경문제는 인간과 나머지 생명체, 현세대와 미래세대, 개인과 공동체, 선진국과 제3세계 사이의 자원배분 문제이기도 하다. 과연 어떻게 자원을 분배하고 환경을 관리하는 게 합당하고 합리적인가? 무엇을 기준으로 합리성의 여부를 판단할 것인가? 미래세대에게도 권리가 있는가? 도대체 인간이란 어떤 존재이고, 자연에서 인간의 위치는 어떻게

자리매김되어야 하는가? 이러한 문제에는 근본적으로 철학적 접근이
필요하다.

1. 환경위기의 근원

생태위기의 뿌리는 마지막 빙하기가 끝나면서 시작된 농업혁명이
라 할 수 있다. 농업이 시작되면서 자연에 엄청난 개조가 가해졌고, 산
림을 태워 농토로 바꾸는 과정에서 대기오염과 토양부식이 시작되었으
며, 농업생산력을 높이기 위해 금속으로 연장을 만들게 되면서 자연은
더욱 파괴되었다(송상용 1990, 29면). 화이트 2세(L. White, Jr.)는 "자연은
인간에게 봉사하는 것 이외의 어떤 존재 이유도 가지고 있지 않다는 기
독교의 교리가 생태위기를 계속 악화시키고 있다"고 주장한다(White Jr.
1967). 그러나 오늘날과 같은 심각한 환경오염이나 광범위한 생태적 파
괴가 근세 이전엔 없었다는 점을 고려한다면, 환경위기의 원인을 서양
문명 전체의 탓으로 돌리는 것은 설득력이 부족하다.

많은 환경론자들은 환경위기의 근원을 근세 이후에 대두된, 인간(정
신)과 자연(물질)을 분리하는 이원론과 세계를 거대한 기계로 간주하
는 세계관에서 찾는다. 인간은 다른 생명종보다 우월하다는 인간중심
주의는 자연과 생명체를 마음대로 조작하고 변형하는 것을 정당화해주
었다. 정치분야에서 개인주의와 자유방임주의는 개인의 권리를 강조했
고, 경제분야에서 이윤의 극대화를 추구하는 자본주의는 인간의 욕망
을 부추겼다. 과학과 기술이 밀착하여 인간의 무한한 욕망을 충족시킬
수 있는 수단들을 제공하면서 천연자원이 급속히 고갈되고 생태계가

급격하게 파괴되기 시작했다.

한편, 개별 과학에서 새롭게 제안된 이론은 해당 과학뿐만 아니라 다른 학문분야에도 영향을 미치고 더 나아가 세계관과 가치관까지 변화시킨다. 이를테면 뉴턴 물리학과 다윈 생물학은 인문사회과학에도 꽤 영향을 미쳤고, 자연과 생명, 인간과 사회에 대한 대중의 견해를 바꾸어놓았다. 생명공학 기술은 자연과 생태계뿐만 아니라 인간을 포함한 수많은 생명체까지 조작할 수 있게 했다. 그런 점에서 과학과 기술의 발전은 환경과 생태위기를 부르는 데 한몫하고 있다.

인구팽창, 자원고갈, 환경오염처럼 우리 삶의 조건에 변화가 생기면서 인간중심주의의 한계가 드러나고 있다. 인간의 욕망 추구는 무한한데 반해 우리가 이용할 수 있는 자원과 공간은 유한하기 때문에, 절제되지 않은 인간 중심주의는 우리 삶의 조건과 맞지 않게 된 것이다. 인간은 환경의 영향을 받으면서 동시에 그것에 영향을 미치고, 인간에 의해 달라진 환경은 다시 인간에게 영향을 미친다. 그렇기 때문에 어떤 이들은 오늘날 환경위기를 해결하기 위해서는 인간중심주의에서 생명중심주의 내지는 생태중심주의로 패러다임 전환이 이뤄져야 한다고 주장하기도 한다.

환경문제는 공간적으로 볼 때 한 지역의 문제이면서 전지구적 문제이고, 시간적으로 볼 때 현세대의 문제이면서 동시에 미래세대의 문제다. 그러나 많은 사람들은 인류의 미래보다는 주로 가족과 친지들에게 곧 닥치게 될 일에만 관심을 품는다. 이해관계는 시공간적으로 어디를 기준으로 하느냐에 따라 달라지는 경우가 많다. 다시 말해 단기적 관점에서는 이득이 되지만 장기적으로는 막대한 손해가 되며, 특정 개인이나 집단에게는 이득이 되지만 공동체 전체로 볼 때는 어마어마하게 손해가 되는 경우도 있다. 특히 극단적인 이기적 심성은 결국 공동체 전체뿐만 아니라 자신에게도 비극적인 결말을 자초할 수 있다. 하딘(G. Hardin)은 「공유지의 비극」에서 극단적 이기주의가 어떤 결과를 초래하는지를 잘 보여준다.

모두에게 개방된 공유 목초지가 있을 경우, 소 치는 사람들은 저마다 거기에 가능한 한 많은 소를 키우려고 할 것이다. 공유지에 내재된 그러한 논리는 비극을 낳게 되어 있다. 왜냐하면 소 치는 사람들이 합리적인 사람들이라면, 최대의 이익을 추구할 것이기 때문이다. 암암리에 의식적이든 무의식적이든 그들 각자는 '자신의 소를 한마리씩 더 늘려 가면 자기에게 얼마나 효용(utility)이 생길까?'라는 질문을 던질 것이다. 소를 한마리 늘리게 되면 다음과 같은 일장일단이 있다.

①플러스 요소는 소가 한마리 늘어난다는 것이다. 그가 그 소를 팔면 +1이라는 효용이 있게 된다. ②마이너스 요소는 소가 한마리 더 늘어나면 그만큼 풀을 많이 뜯어먹어 풀이 줄어들게 된다는 것이다. 하지만 그에게 돌아오는 과도한 방목의 효과는 모든 사람들과 함께 나눠갖게 된다. 즉 소 치는 사람이 n명이라면 자신에게 돌아오는 손해는 -1/n밖에 안된다.

따라서 합리적으로 계산해보면, 소 치는 사람은 소를 한마리 더 키우는 게 낫다. 따라서 한마리 더 키우고, 또 한마리 더 키우고…… 그러나 마침내 계산하는 날이 왔을 때, 우리는 눈앞에 벌어진 사실을 보고 기겁을 할 것이다.(Hardin 1988, 245~47면)

환경과 생태계 위기를 바라보는 입장은 다양하지만, 환경철학의 흐름은 크게 온건한 진영과 급진적 진영으로 나눠볼 수 있다. 온건한 환경철학에서는 환경오염과 자원남용 같은 환경문제들은 생태학적 무지, 무절제한 탐욕, 눈앞의 이익만을 추구하는 속 좁은 사고 등에 기인하는 것이기 때문에, 도덕적으로 계몽하고 법을 강화하고 정책을 바꾸면 문제가 풀린다고 본다. 또한 환경윤리에서 혁명적 전환은 불필요하며, 생명과 생태계에 대한 좀더 많은 정보를 갖고, 분배적 정의와 미래세대에 대한 도덕적 책무 등을 강조하는 것만으로도 문제는 충분히 풀 수 있다고 본다. 다시 말해 군이 생명(생태)중심주의까지 나아가지 않고 전통적 인간중심주의만으로도 환경과 생태계에 대한 인간의 책무를 만족스럽게 설명할 수 있다는 것이다.

반면 급진적 생태철학(radical ecophilosophy)에 따르면, 생태위기는 근본적으로 세계관, 가치관, 사회제도, 사회구조 등이 왜곡된 데서 생겨난 것이기 때문에, 지구가 더 파괴되는 것을 막으려면 문화적 패러다임이 바뀌든가 사회혁명이 일어나야 한다. 심층생태학(deep ecology)에서는 생태위기를 해결하기 위해 우리의 가치관과 세계관이 근본적으로 바뀌어야 한다고 주장하고, 생태여성주의(ecofeminism)에서는 경쟁과 지배를 강조하는 이성 중심의 남성주의 문화에서 협력과 상생을 강조하는 감성 중심의 여성주의 문화로 바뀌어야 한다고 주장한다. 사회생태학(social ecology)에서는 한 계층이 다른 계층을 지배하는 사회는 사람들이 서로 더 많은 것을 차지하기 위해 자연을 경쟁적으로 갈취하게끔 하고 그로 인해 환경이 파괴되기 때문에 지배와 종속이 없는 사회가 되어야 생태위기를 해결할 수 있다고 주장한다(Zimmerman 1993, vi-viii면).

환경문제는 생태적 감수성이 뛰어나거나 도덕성이 높은 몇몇 사람들만 관심을 가져서는 풀리지 않는다. 대중이 함께하기 어려울 정도로 높은 도덕성을 요구하는 환경이념은 환경문제를 공동체 전체의 문제가 아니라 특별한 일부 사람들만의 문제로 좁혀버리고, 대중으로 하여금 환경문제와 멀어지게 해서 오히려 생태위기를 악화하는 측면도 있다. 따라서 오늘날 절박한 생태위기를 극복하기 위해서는 대중도 함께 동의할 수 있는 좀더 설득력있고 실천 가능한 대안을 제시하는 게 시급하다.

2. 환경철학에서의 패러다임 전환

생태계가 급속히 파괴되기 시작한 것은 산업화되면서부터다. 인류가 산업화의 길을 걷게 되면서 이전보다 훨씬 더 많은 상품을 생산, 소비하게 되었고, 그 과정에서 그만큼 많은 천연자원을 고갈시키고 오염물질을 더 많이 배출하게 되었다. 그러한 산업화의 배경에는 효율성과 이윤의 극대화를 추구하는 자본주의 이데올로기와 그것을 가능하게 해주는 과학기술이 있다.

따라서 패러다임 전환을 주장하는 심층생태학에서는 인간과 자연이 분리될 수 없고, 인간을 포함한 모든 자연은 통일된 전체로 보아야 하며, 인간 행위가 환경에 미치는 영향을 평가할 때도 사람들 사이의 이해관계에 어떤 영향을 미치는가에 국한하지 말고, 자연 전체에 어떤 결과를 미치는가를 놓고 평가해야 한다고 주장한다. 또한 생태계 위기상황을 해결하기 위해서는 개인적·사회적 관행을 바꾸는 정도로는 부족하고, 세계관을 근본적으로 바꿔야 한다고 주장한다. 다시 말해 철학적 관점을 바꿔 새로운 윤리, 새로운 형이상학, 새로운 종교를 찾아야만 환경

문제를 근본적으로 해결할 수 있다는 것이다.

대안적 패러다임을 주장하는 또 하나의 흐름인 신과학운동은 결정론적 존재론, 환원주의적 인식론, 분석주의적 방법론, 기계론적 구성론이라는 기존의 패러다임에 대한 비판을 넘어 하나의 문명적 대안운동으로서 새로운 패러다임을 창출하려고 한다. 그들은 기존의 패러다임이 오늘날 변화된 삶의 조건에 적합하지 않고, 현대사회가 안고 있는 많은 문제점들이 고전물리학적 세계관에서 기인한다고 보며, 현대물리학 등에서 유추되는 유기적이고 전체적이며 씨스템적인 세계관을 바탕으로 좀더 균형있는 가치관을 정립해야 한다고 주장한다.

패러다임 \ 세계관	근대적 패러다임	대안적 패러다임	대안적 패러다임에 대한 북친(M. Bookchin)의 비판
구성론	기계론	유기체론/씨스템 이론	영성적 기계론/거대 기계론
존재론	환원주의	전일주의	위장된 환원주의
방법론	분석적 사고	종합적 사고	전체주의
인과론	선형적 인과론/직선적 인과론	비선형적 인과론/순환적 인과론	인간의 주체적 능력 무시
인식론	도구적 합리주의/이성주의	신비주의/영성주의	반합리주의/몽매주의
과학관	과학기술주의	반과학기술주의	기술혐오주의
사회관	확장/지배주의	보존/협력주의	자본주의사회에선 불가능
환경관	편협한 인간중심주의	생명중심주의/생태중심주의	생태적 파시즘/인간혐오주의

그러나 존재론적 측면에서 모든 것은 한몸처럼 연결되어 있다는 전일주의(holism)를 인정한다 하더라도 현실적으로 그 모든 변수와 관계를 다 파악할 수는 없다. 다시 말해 전일주의적 관점에서 세계를 인식하는 것은 불가능하며, 그것을 현실에 적용하는 것도 불가능하다. 그렇다면 전일주의적 사고의 끝은 어디인가? 우리는 직관적 체험을 통해 전체를 알 수 있다는 신비주의로 나아가거나, 실재에 대한 완전한 지식을 포기하고 단지 대략적 지식만을 알 수 있다는 입장에 머물게 된다. 실제로 대안적 패러다임을 주장하는 이들은 신비주의를 통해 세계의 상호연관성을 느끼고 주체와 객체, 인간과 자연이 하나됨을 느끼게 된다고 주장한다. 그러나 신비주의는 합리적 비판을 질식시킬 수도 있기 때문에 궁극적 대안으로는 부적절하다.

한편, 환경이념 가운데 기존의 패러다임과 대안적 패러다임 사이에서 궁극적으로 통약 불가능한 이념은 인간중심주의와 생명중심주의다. 그동안 우리는 환경문제와 관련하여 어쩔 수 없이 인간중심주의자가 되든가 생명중심주의자가 되어야 한다고 여겨왔다. 박이문(朴異汶)은 인간중심주의와 생명중심주의를 다음과 같이 비교한다.

인간중심적 윤리의 견지에서 본다면, 우주 속에 오직 인간만이 윤리적으로 관계를 맺는 존재가 되며, 따라서 다른 생명체 내지 자연 일반에 대한 도구적 이용은 윤리적으로 정당화된다. 그러나 생명중심적 윤리의 견지에서 본다면 모든 생명체가 윤리적 의의를 지니며, 따라서 인간이 자연을 도구적으로 이용하는 일은 무조건적으로 정당화할 수 없다. (…) 그리고 생명중심주의에 따르면 모든 생명체는 절대적인 내적 가치를 지니기 때문에 어떤 경우에도 도구로서, 즉 외적 가치로서 희생될 수 없고, 무

조건 그것의 보호, 보존, 번영을 위한 노력의 대상이 되어야 한다.(박이문 2001, 112면)

그러나 환경보존론자가 되기 위해 반드시 생명중심주의자나 생태중심주의자가 될 필요는 없다. 기존의 인간중심주의에 생태적 사고를 결합한다면, 인간중심주의를 견지하면서도 환경보존론자가 될 수 있다. 다만 생명중심적 보존론자와 인간중심적 보존론자는 환경과 생태계를 보존해야 하는 이유가 서로 다를 뿐이다. 예를 들어 생명중심주의는 모든 생명이 인간만큼 소중하기 때문에 인간 외의 다른 생명체도 배려해야 한다고 주장하고, 인간중심주의는 그것이 결국 인간을 위한 길이라 주장한다. 다시 말해 인간중심적 보존론자들이 다른 생명체를 보호하고 생태계를 잘 보존해야 한다고 주장하는 이유는 환경이나 생태계 그 자체가 중요해서가 아니라, 환경이 훼손되거나 생태계가 파괴될 경우 인간의 삶이 위태로워지기 때문이다.

인간중심주의와 생명(생태)중심주의는 인간 외의 다른 생명체들의 도덕적 지위와 인간이 생태계에서 차지하는 위치에 대한 관점에서 통약 불가능하다. 만일 인간 외의 다른 생명체도 소중하다면, 전체로서의 생태계가 인간보다 더 소중하다면, 그 근거는 어디에서 찾아야 하는가? 우리는 신비주의를 통해 자연세계와 상호연관성을 느끼고 자연을 돌보는 태도를 지닐 수도 있다. 그러나 신비주의 자체는 애매하고 임의적이며, 자칫 반(反)지성주의와 연결되어 전사회영역에서 합리적 비판의 싹을 죽일 수도 있다. 그리고 대안적 패러다임으로서 생태중심주의를 채택할 경우 생태계 파괴를 인간 전체의 탓으로 돌리는 인간혐오주의 내지는 에코파시즘으로 흐를 위험도 안고 있다. 따라서 생태주의자들이 지구적 차원에서 인구, 자원, 에너지 문제 등을 해결하려고 할 때 인간혐오주의나 에코파시즘에 빠지지 않도록 균형잡힌 시각이 필요하다.

3. 합리적 생태주의의 근거

기존의 인간중심적 패러다임이 위기를 초래했다면, 그것을 보완할 좀더 합리적인 이론이나 그것을 대체할 대안적 패러다임을 마련해야 한다. 하지만 기존의 패러다임을 보완하거나 대체할 경우, 대중에게 설득력을 얻기 위해서는 반합리주의로 흐를 수 있는 신비주의보다는 분석적·도구적 이성주의를 넘어선 합리적 생태주의가 필요하다. 최근에 대두되는 인간, 생명, 생태계에 대한 새로운 이해는 기존의 편협한 인간중심주의에 대한 반성을 제기할 뿐만 아니라, 그것을 넘어 생명(생태)중심주의를 주장하는 근거가 된다. 그러한 이해는 합리적 생태주의를 지지하는 근거로 사용될 수도 있으며, 편협한 인간중심주의를 넘어 확장된 인간중심주의로 나아갈 것을 요구하는 데도 일조한다.

1) 홀론적 존재로서의 인간

현대 생명과학에 따르면, 인간과 다른 생명체들 사이에 질적 차이는 거의 없다. 유전공학과 생태학은 모든 생명체가 시공간적으로 서로 연관되어 있으며, 인간이 생태계의 일부라는 사실을 보여준다. 한마디로 인간은 더이상 존재론적 차원에서 다른 생명체보다 우월한 존재가 아니라는 것이다.

426

인간과 다른 생명체들 사이에 생물학적 차이가 없다면, 우리에겐 두 가지 대안이 있을 수 있다. 하나는 인간의 가치를 다른 생명체의 차원으로 끌어내리는 것이요, 다른 하나는 다른 생명체들의 가치를 인간의 차원으로 끌어올리는 것이다. 현대 생명과학은 인간을 생명체의 일부로 전락시켰고, 지금까지 거의 아무도 의심하지 않던 인간중심적 사고를 회의하게 했으며 인간 존재의 허무함을 드러냈다는 비판도 있다. 그러나 생물학적 인간관을 받아들인다고 해서 반드시 인간에 대한 회의주의나 허무주의로 귀착되지는 않는다. 현대 생명과학은 인간도 다른 생명체와 차이가 없다는 것을 보여주는 동시에 모든 생명체의 생명이 인간의 생명만큼이나 소중하다는 것을 일깨워준다. 따라서 현대 생명과학의 성과들을 받아들이면서도 인간의 존엄성을 훼손하지 않으려면 기존의 인간중심적 윤리를 넘어서야 한다.

생태계의 각 구성원들은 서로 유기적 관계를 맺는다. 인간을 포함한 모든 유기체들은 생태학적 집단의 구성원일 뿐 아니라 그 자체로 하나의 복잡한 생명계, 즉 살아있는 씨스템이며, 그 속에는 그보다 작은 수많은 유기체들이 상당한 폭의 자율성을 지니면서도 조화롭게 통일되어 있다. 그 점에서 유기체들의 집단도 생태계지만, 유기체 자체도 하나의 작은 생태계다. 따라서 살아있는 씨스템에는 유기체, 유기체의 부분, 그리고 유기체로 이루어진 집단이라는 세가지 종류가 있으며, 이 모두가 통합된 전체를 구성한다. 그리고 그것들의 특성은 그 부분들의 상호작용에 의해 발생한다(Capra 1996, 34면).

모든 유기체는 자신보다 상위 위계구조에서 본다면 '부분'이지만 하위 위계구조에서 본다면 '전체'가 된다. 그렇다면 모든 유기체는 전체로서의 독립성과 부분으로서의 의존성을 겸비한 존재, 즉 홀론(holon)

이라고 할 수 있다. 홀론적 존재인 유기체들은 개체로서 '자기를 주장하려는 경향'과 더 큰 전체로 '통합되려는 경향'을 지닌다(Koestler 1993, 71~72면). 그러나 한 씨스템에서 각각의 구성요소가 자신을 드러내려는 경향이 전체로 통합되려는 경향을 압도하면 전체 씨스템은 신속히 해체될 것이고, 거꾸로 자기를 주장하려는 경향이 전체로 통합되려는 경향에 매몰되면 전체 씨스템은 모종의 초안정단계를 거쳐 붕괴될 것이다. 따라서 한 씨스템이 건강하게 유지되려면 협동과 경쟁 사이에 역동적 평형이 유지되어야 한다. 인간이 홀론적 존재임을 고려할 때, 인간의 이익만을 추구하려는 편협한 인간중심주의도 잘못이지만, 생태계 전체만을 고려하는 인간혐오적 생태중심주의도 유기체의 본질을 왜곡하는 것이다.

하나의 '세포'는 '몸'의 차원에서 본다면 부분이지만 '세포 소기관'의 차원에서 본다면 전체이고, 마찬가지로 '개인'은 '인류'의 차원에서 보면 부분이지만 '세포'의 차원에서 보면 전체다. 그리고 '인류' 역시 '개인' 차원에서 본다면 전체지만, '생태계' 차원에서 본다면 부분이다. 그러나 생명을 구성하는 그 어떤 개체라도 자유에너지의 원천인 태양-지구계를 벗어나 존재할 수 없음은 물론이며, 주변여건 또한 비교적 안정적으로 유지되는 상태에서만 그 지속적 생존이 가능하다. 따라서 그 어떤 생명체도 자족적이지 못하고, 좀더 큰 단위생명체의 부분으로서 살아갈 수밖에 없다. 그런 점에서 장회익(張會翼)은 "기본적인 자유에너지의 근원과 이를 활용할 물리적 여건을 확보한 가운데 이의 흐름을 활용하여 최소한의 복제가 이뤄지는 하나의 유기적 체계(system)"를 상정하여 '온생명'(global life)이라 정의한다. 그에 따르면 자족적 생명단위는 오직 '온생명' 하나이고, '낱생명'(individual life)들은 온생명의 나머지 부분에 의존해 살아간다고 주장한다. 따라서 그동안 '환경'이라고 불린, "온생명에서 특정한 낱생명을 제외한 나머지 부분"은 단순한 '환경'이 아니라, 그 낱생명의 '보생명'(co-life)이다. '나'의 보생명에는 '너'가 포함되고, '너'의 보생명에는 '나'가 포함된다는 것이다(장회익 1998, 188~91, 227면).

온생명론의 입장에서 볼 때, 나의 보생명인 다른 생명체들이 건강하지 않고는 내가 건강할 수 없으며, 내가 건강하기 위해서라도 다른 생명체들이 건강해야 한다. 온생명이 병들면 인간을 포함한 낱생명들이 건강할 수 없으니 인간을 위해서라도 건강한 생태계가 필요하다는 말이다. 오늘날 생태계 위기는 '인간'이 자신을 제외한 나머지 부분을 '보생명'으로 보지 않고, 단순히 인간을 위한 '환경'으로만 생각해서 무분별하게 파괴한 데서 비롯된 것이다. 그리고 환경파괴가 회복할 수 없는 임계점으로 치닫는 경우, 환경과 생태계의 보존은 인간의 생존을 위한 불가피한 선택이 된다.

오늘날 인간은 파괴적으로든 창조적으로든 생태계를 바꿀 수 있는 엄청난 힘을 지니게 되었다. 따라서 인간은 생태계에서 하나의 구성원에 불과하지만, 다른 어떤 구성원보다도 생태계에 긍정적으로든 부정적으로든 많은 영향을 미칠 수 있는 존재다. 다른 한편, 인간은 생태계 내에서 반성적 사고를 하고, 생태계에 대해 책임을 질 수 있는 유일한 존재다. 지금까지 인간의 이성능력은 인간의 우월성의 근거였고, 인간이 자연을 지배할 수 있는 권리의 근거로 사용되어왔다. 생태계가 절체절명의 위기에 처한 오늘날, 인간의 이성능력은 자연에 대한 책임의 근거로 다시 자리매김해야 한다. 왜냐하면 인간을 제외한 다른 어떤 존재도 생태계 파괴로 인한 인류의 위기를 염려하지 않기 때문이다.

2) 생명의 그물로서의 생태계

칸트에 따르면, 인간은 필연적 인과법칙이 적용되는 자연 속에 살면서도 새로운 인과계열을 시작할 수 있는 자유로운 존재로서, 사실(존재)과 가치(당위)의 세계를 동시에 살아가는 이중적 존재다. 인간다움을 나타내는 징표인 도덕규범은 사실의 영역이라기보다는 가치의 영역에 속한다. 무어(G. E. Moore)가 가치(당위)명제를 사실(존재)명제로부터 도출하는 경우 자연주의적 오류를 범하게 된다고 주장한 이후, 윤리학자들은 자연, 생태계, 환경 등에 관한 사실에는 별로 관심을 보이지 않아왔다.

그러나 인간이 자연, 생태계, 환경의 일부이고 그것들의 영향 아래 존재하며, 오늘날과 같이 그것들이 급속도로 훼손되고 파괴되는 현실을 고려한다면, 자연, 생태계, 환경 등에 관한 여러 사실은 인간의 행위규범을 도출하는 강력한 근거나 전제가 되지 않을 수 없다. 특히 환경이념과 생태윤리 등을 제안하는 경우에는 반드시 생태학적 사실이 반영되어야 한다.

불교의 연기론(緣起論)에 따르면, 모든 대상은 관계적 존재이고, 불변적 실체는 없으며, 오직 과정만이 있고, 모든 사건은 직접적 원인〔因〕과 주변여건〔緣〕이 맞아떨어졌을 때 생겨난다. 모든 존재가 고정불변한 게 아니고 인연에 의해 생겨나고 사라지며, 그 인연 또한 존재자들에 의해 생겨나는 것이라면, 개개의 존재자는 전체에 의해 형성되는 결과인 동시에 전체를 형성하는 원인이 된다. 우리가 살고 있는 세계는 작은 부분에서 시작하여 우주 전체에 이르기까지 무한히 중첩되는 연기의 세계다. 그런 점에서 본다면 어떤 생명체도 독립된 실체가 아니며, 다른 것과 상호연관을 맺어야만 생명이 유지된다. 따라서 연기의 고리를 다 끊어놓고 낱생명만을 들여다본다면 생명에 대한 총체적 이해는 전혀 불가능하다.

생명체들은 자신을 유지하기 위해 주변으로부터 자유에너지를 흡입(metabolism)하고, 개체의 유한성을 극복하기 위해 생식(reproduction)하며, 변화하는 환경에 적응하기 위해 진화(evolution)한다. 모든 생명체는 자신을 둘러싸고 있는 환경과 물질과 에너지를 주고받으면서 생명을 유지한다. 따라서 자신을 제외한 모든 존재는 자신의 삶의 조건이 되는 셈이다. 마찬가지로 인간을 제외한 모든 존재 역시 인간을 둘러싼 환경이고, 인간의 삶을 가능케 해주는 조건이다.

생태계의 구성요소들은 복잡하게 짜인 그물구조를 이룬다. 생태계에서 한 생명종이 사라질 경우 생태계 전체가 영향을 받으면서도 유지되는 이유는, 생태계가 그만큼 복잡한 그물구조를 이루기 때문이다. 그러나 생명종이 하나둘 사라져 그물코가 조금씩 풀릴 때마다 그 생명의 그물은 점점 취약해지며, 임계점에 이르게 되면 마침내 복구불능의 상태가 된다. 생태계에서 생명종의 다양성이 필요한 이유도 여기에 있다. 편협한 인간중심주의 입장에서 본다면 다른 생명종의 존립과 관계없이 인간종은 건재한 것처럼 보인다. 하지만 시공간적으로 조금만 시야를 넓혀보면, 존재의 상호의존을 부정하는 편협한 인간중심주의는 자기모순을 범한다는 사실을 알 수 있다. 따라서 인간이 건강하게 존립하기 위해서라도 다른 종들이 건강하게 존립해야 한다.

한편 생태계를 포함한 모든 씨스템의 구성요소들은 상호의존적이다. 예를 들어 오행(五行)의 경우처럼, 상생상극(相生相剋)의 원리로 조화와 균형을 유지하는 다섯 요소로 이뤄진 씨스템은 다음과 같이 도식화해

볼 수 있다. 다음 도식은 A는 B를 강화하지만 C를 약화하고, B는 C를 강화하지만 D를 약화하고, C는 D를 강화하지만 E를 약화하며, D는 E를 강화하지만 A를 약화하고, E는 A를 강화하지만 B를 약화한다는 것을 나타낸다. 다시 말해 E → A → B → C → D → E는 서로를 강화하는 되먹임(positive feedback), 즉 상생이 되고, E ⋯▸ B ⋯▸ D ⋯▸ A ⋯▸ C ⋯▸ E는 서로를 약화하는 되먹임(negative feedback), 즉 상극을 나타낸다.

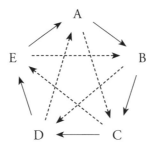

여기서 어느 하나를 강화하기 위해 다른 것들을 강화하거나 약화할 경우엔 그것이 다른 것에도 영향을 미쳐 본래의 목적을 쉽게 달성할 수 없다. 이처럼 다섯개의 구성요소로 되어 있고, 그들 사이에 '1원인 2결과(相生相剋)'라는 비교적 단순한 인과관계가 성립되는 경우에도 상황은 복잡하기 그지없다. 하물며 수많은 인자로 되어 있고, 상호 경쟁과 공생의 복잡한 그물을 이루는 생태계의 경우에 고도의 비선형 인과관계를 이룬다는 것은 두말할 필요가 없다. 생태계의 한 요소만 움직여도 생태계 전체가 출렁이게 된다고 말하는 이유가 여기에 있다.

이처럼 생태계의 상호의존성, 비선형성, 복잡성 등은 그동안의 기계론과 선형적 인과론에 바탕을 둔 도구적 합리주의에 일침을 가한다. 그렇다고 해서 인간의 이성능력을 마비시킬 수도 있는 신비주의나 영성주의로 나아갈 필요는 없으며, 생태계에 대한 새로운 이해는 생태계를 좀더 합리적으로 관리하는 근거가 될 수도 있다.

4. 합리적 생태주의로서 확장된 인간중심주의

환경철학에서 볼 때 인간중심주의는 여러가지 난점이 있다. 그럼에도 불구하고 모든 가치는 그것을 평가하는 인간에게 의존적일 수밖에 없기 때문에 인간중심주의를 근본적으로 비판하기는 쉽지 않다. 인간은 생태계 내에서 반성적 사고를 할 수 있는 유일한 존재다. 때문에 인간만이 도덕적으로 행위할 수 있고, 자기 행위에 대해 해명할 수 있으며 책임질 수 있다. 가치평가의 주체인 우리로서는 자연의 내적 가치와 본질적 가치를 논하는 경우에도 인간의 관점에서 평가할 수밖에 없다. 특히 칸트가 우리는 세계 자체에 대해 알 수 없고 우리에게 알려진 세계만을 알 수 있다고 선언한 이후로 '인간주의'는 철학적 전통으로 자리잡았다.

인간중심적 입장에서 볼 때 자연은 인간의 생존과 안녕을 위한 도구이기 때문에 가치가 있다. 더불어 인간의 생존과 안녕이 다른 생명체, 전체 생태계, 자연 등에 의존적이라는 사실을 고려한다면, 그것을 무분별하게 훼손하거나 파괴하는 것은 인간 자신에게도 치명적이다. 따라서 인간중심적으로 보더라도 지속 가능한 삶을 위해서는 다른 생명체, 생태계, 자연 등을 보존해야 한다. 그리고 개개의 존재자는 전체에 의해 형성되는 결과임과 동시에 전체를 형성하는 원인이라는 사고는 환경과 연관될 때 곧바로 생태적 사고로 이어질 수 있다. 인간은 그를 둘러싼 환경의 산물이면서 동시에 그를 둘러싼 환경에 지대한 영향을 미친다. 따라서 인간은 자신이 속한 환경과 생태계에 대해 무한책임이 있다는 것을 강조하는 연기적 사고는 확장된 인간중심주의의 또다른 근거가 될 수 있다.

환경이념에서도 부분을 중시하는 환원주의와 전체를 중시하는 전일주의는 지양되어야 한다. 다시 말해 생태계의 한 구성원인 인간의 입장만을 강조하는 편협한 인간중심주의와 인간을 혐오하는 생태중심주의를 넘어 생태적 인간중심주의 내지는 인간적 생태주의로 나아가야 한다. 환원주의와 전일주의를 지양한 홀론주의(holonism)는 확장된 인간중심주의의 존재론적 근거가 될 수 있다.

인간은 자연에 의해 산출된 자연의 일부인 동시에 자연을 초월하는 자연의 타자다. 그리고 인간은 환경의 산물이지만 언제나 새로운 인과계열을 시작할 수 있는 자유로운 존재다. 그러한 이중적 존재로서 인간은 환경에 전적으로 얽매이지 않지만, 동시에 환경을 떠나 살 수 없기에 환경으로부터 전적으로 자유롭지도 않다. 인간은 생태계의 다른 구성원들과는 달리 자연의 진행과정에 능동적으로 참여할 수 있으며, 특히 오늘날 과학기술의 발달로 자연을 창조적으로도 파괴적으로도 바꿀 수 있게 되었다. 따라서 인류의 미래는 전적으로 인류의 선택에 달려 있다.

확장된 합리주의는 도구적·분석적 이성의 합리적 측면을 인정하면서도 획일적 이성주의의 한계를 넘어설 것을 요구한다. 전일주의적·씨스템적 사유와 동양적 사유 등은 도구적·분석적 합리주의 내지는 형식논리로 설명할 수 없는 요소들이 있다. 그렇다고 이를 무조건 배격할 필요는 없다. 기존의 좁은 의미에서의 합리주의에 비춰볼 때 '비논리적'이거나 '비합리적'인 것들이라 하더라도 편협한 합리주의를 넘어 합리적 생태주의를 구성하는 데 도움이 된다면, 비판적으로 신중하게 수용하는 것이 바람직하다.

생태계와 환경보전을 위해서는 철학적 이론을 구성하는 것 못지않게 자연의 아름다움에 대한 느낌을 향상시키는 교육, 즉 생태적·미적 감수성에 대한 교육이 필요하다. 때로는 자연과 인간, 우주와 나 사이의 밀접한 연관성을 깨닫게 해주는 직관적·영적 체험도 필요하다. 그러나 우리의 인식능력 가운데 직관과 영성을 지나치게 강조하다보면 신비주의로 흘러 합리적 비판을 질식시켜 에코파시즘으로 치달을 수 있다는 점을 늘 염두에 두어야 한다. 따라서 환경과 생태계 위기를 해결하기 위해서는 많은 이들이 공감할 수 있는 합리적 생태주의로서 확장된 인간중심주의가 요구된다.

| 윤용택 |

참고문헌

박이문 (2001) 『더불어 사는 인간과 자연』, 미다스북스, 112면.

송상용 (1990) 「환경위기의 뿌리」, 『철학과현실』 1990년 여름호, 철학문화연구소, 29면.

아서 케슬러 (1993) 『야누스』, 최효선 옮김, 범양사, 71~72면.

장회익 (1998) 『삶과 온생명』, 솔, 188~91, 227면.

Capra, Fritjof (1996) *The Web of Life*, New York: Doubleday, 34면.

Hardin, Garrett (1988) "The Tragedy of the Commons," *Environmental Ethics*, ed. Shrader-Frechette, K. S., Pacific Grove: The Boxwood Press, 245-47면.

White, Jr., Lynn Townsend (1967) "The Historical Roots of Our Ecologic Crisis," *Science*, CLV. (『과학사상』 창간호(1992년 봄), 283~95면)

Zimmerman, Michael E. (1993) *Environmental Philosophy: From Animal Rights to Radical Ecology*, Prentice Hall: Englewood Cliffs, vi-viii면.

읽어볼 만한 책

머레이 북친 (1997) 『사회생태론의 철학』, 문순홍 옮김, 솔.

박이문 (2002) 『환경철학』, 미다스북스.

장회익 (1998) 『삶과 온생명』, 솔.

J. R. 데자르댕 (1999) 『환경윤리』, 김명식 옮김, 자작나무.

프리초프 카프라 (1998) 『생명의 그물』, 김용정 옮김, 범양사.

Devall, Bill and Sessions, George (1985) *Deep Ecology*, Salt Lake City: Gibbs Smith.

과학기술윤리

1. 과학기술윤리란?

과학은 우리로 하여금 세계를 이해하게 해준다. 과학에는 수많은 분야가 있고 각 분야는 제각기 독특하고 고유한 특성을 지니지만, 어떤 과학이든 세계의 한 조각을 이해하도록 도와준다는 점은 공통적이다. 이런 의미에서 과학이 추구하는 제1 목표는 '세계에 대한 참된 이해'라고 할 수 있다. 과학자는, 제아무리 도전적인 탐구자세를 지닌 사람이라 해도, 자연이 드러내 보이는 진실 앞에서 겸허해진다. 그 진실이 자신이 그럴 것이라고 추측해왔던 모습이든 아니든, 또 누군가에게 커다란 희소식을 의미하는 것이든 아니면 어떤 이유에서든 도무지 인정하고 싶지 않을 만큼 쓰디쓴 것이든 상관없이 과학에서 중요한 것은 진실, 곧 사태의 진상이다. 과학이 추구하는 이런 '참'(truth)은 '올바름'이나 '아름다움'과는 다른 개념이라고 할 수 있다.

과학의 이런 특성을 가리켜 과학이 '가치의 문제와는 무관한 것' 혹은 '가치중립적인 것'이라고 말했던 학자도 있다. 20세기 초 독일의 사회학자 베버(M. Weber)가 대표적인 경우다. (이런 생각의 배경에는 사실의 문제와 당위의 문제를 뚜렷이 구별하고 두 문제의 맥락을 별도로 관리하려 했던 오랜 철학적 전통이 깔려 있다.) 이는 과학의 중요한 특징을 가리키는 주장으로 간주되었지만, 20세기 후반부터는 이에 대한 설득력있는 비판도 진행되었다. 이 문제는 그 자체로 매우 중요하고 흥미로운 주제지만, 이 글에서 다루기는 적절치 않다. 과학이 진정 얼마나 가치중립적인가 하는 물음에 대한 토론은 다른 기회로 미루고, '과학은 원칙적으로 개인이나 특정한 사회의 가치관에 예속되지 않은 객관적이고 중립적인 관점에서 세계의 진상을 파악하려는 시도'라는 전제 위에서 이야기를 시작해보자.

　　그런데 그런 전제 위에서 출발하는 순간 이 글의 주제인 '과학기술윤리'는 고개를 갸우뚱하게 만드는 개념으로 우리 앞에 다가선다. 아직 거론되지 않은 '기술'에 관해서라면 또 모르겠지만, 과학과 윤리를 연관짓는 것은 과학이 참-거짓을 다룰 뿐 '도덕적으로 옳다-그르다'나 '아름답다-추하다' 같은 가치의 문제와 무관하다고 보는, 앞서 거론한 가치중립성과 부딪히는 일처럼 여겨지기 때문이다. 그러나 이런 당혹감은 작은 오해 혹은 간과에서 비롯된 것일 뿐이다.

　　과학의 목표, 즉 과학적 탐구가 성취해내려는 바가 가치중립적이고 사회적·문화적 맥락을 초월하는 진리라고 해도, 거기에 도달하는 실제 과정은 늘 사회적·문화적 맥락 속에서 실현되고 그런 실현의 과정에는 수많은 가치의 문제, 즉 윤리적 문제들이 개입한다. 어떤 독자는 '과정은 가치 연관 투성이지만 그런 과정을 통해 가치중립적 지식에 도달해

간다'는 말이 도무지 현실성없는 억지가 아니냐고 반문할지도 모르겠지만, 그것은 두고 볼 일이다. 먼저, 탐구의 과정에 연루되는 윤리의 문제들과 그것을 다루는 과학윤리의 대략적인 모습을 살펴보자.

2. 과학연구의 과정에 얽힌 윤리적 물음들

과학은 사물의 참모습을 파악하려 한다. 다시 말하자면 과학의 목표는 그 탐구의 대상영역 안에 있는 사물에 관한 진리다. 그렇다면 이런 목표에 도달하기 위해서라면 무슨 일이든 해도 괜찮은가? 예를 들자면, 어떤 질병의 특성을 파악하기 위해 사람의 생명을 희생시키거나 임의로 위험에 빠뜨리는 일은 허용될 수 있는가? 이 물음에 '그렇다'고 잘라 답할 사람은 드물 것이다. 그렇다면 우리는 진리를 향한 탐구의 과정에 윤리적 판단이 개입하는 경우가 있다는 사실을 이미 확인한 셈이다. 특히 탐구과정에서 인간이 직·간접적으로 영향받는 대상이 될 경우 이와 유사한 고민은 늘 등장한다. 의학과 약학, 생명과학뿐만 아니라 심리학 같은 영역에서도 이런 문제는 흔히 발생한다. 물론 이러한 진리탐구라는 목표나 명분이 탐구과정에서 어떤 일이든 해도 좋다는 허가를 결코 함축하지 않는다는 것은 명백하다.

연구과정과 연관된 윤리적 문제가 발생하는 맥락은 실험동물이나 인체 같은 대상의 수준에 국한되지 않는다. 탐구주체의 활동 자체도 윤리적 검토의 대상이 된다. 이해하기 쉽도록 간단한 경우를 하나 예로 들어보자. 과학자 A가 지난 1년간 공들여 축적한 실험의 결과는 그의 실험노트에 기록되어 있을 뿐 아직 공개되지 않았다. 그런데 그의 젊은 동료

이자 경쟁자인 B가 A의 자료를 훔쳐 자기 연구의 토대로 삼았고, 결국 단 두달의 작업을 거쳐 학계의 주목을 끄는 중요한 이론을 발표할 수 있었다. 이런 과정에는 문제가 없는가? 이 경우에 그렇다고 단언할 사람은 드물 것이다. 이 가상의 사례에는 B가 새 이론을 발표할 때 A의 실험을 인용하고 그의 자료가 자기 이론의 개발에서 지니는 의미를 정확히 공개했는지 밝혀져 있지 않다. 그러나 설령 그가 A의 실험이 자기 이론에 관련된 의미에 대해 정확하게 언급했다 하더라도 동료가 공개하지 않은 자료를 사전허락 없이 이용한 것은 그 자체로 부당한 행위라고 보아야 할 것이다.

만일 이 사례에서 B가 발표한 이론이 공공 차원에서 아주 커다란 효용가치를 지닌 이론이었다면, 예컨대 치명적인 질병의 치료법에 획기적인 진보를 가져오거나 생산기술의 차원에서 에너지 경제성의 개선을 유도하는 이론이었다면 어떨까? 그런 경우 B의 행위는 정당화될 수 있을까? 이런 상황에서 의견은 나뉠 수 있다. 어떤 이들은 B의 행위에 대한 윤리적 판단을 그것의 효용과 결부하려 하겠지만, B의 행위에 대한 윤리적 평가는 그것의 효용과는 무관한 원칙의 문제라고 주장할 사람도 많을 것이다.

윤리적 판단에 관해서는 이처럼 사태를 바라보는 입장에 따라 의견이 상이한 것이 자연스럽다. 이런 점 때문에 어떤 사람들은 윤리적 문제에 관해 토론하는 것이 소용없는 일이며, 다만 말싸움이 되거나 기껏해야 '너는 너대로 그렇게, 나는 나대로 이렇게'라는 입장 차이를 확인하게 될 뿐이라고 말한다. 이런 주장에는 부분적으로 윤리적 판단─혹은 좀더 일반화하여 가치판단─의 특성에 대한 올바른 통찰이 담겨 있지만, 이로부터 가치문제에 대한 토론의 무용론을 추론하는 것은 잘못된 일이다.

여기서 두가지 사항을 확인해둘 필요가 있다. 먼저, 실제로 사회적 수준의 윤리판단과 결정이 요구되는 상황이 우리 앞에 끊임없이 펼쳐진다는 사실이다. 앞에서 예로 든 경우까지 포함해서 우리는 "그것은 당신 생각일 뿐, 내 생각은 이렇다"고 말해버릴 수 없는 상황을 수없이 만난다. 더구나 오늘날 과학기술은 인간의 의사결정과 물질생활에 광범위한 영향을 미치는 일종의 공공재로, 오늘의 사회는 과학기술과 관련된 윤리적 물음에 맞춰 적절한 응답을 제공하는 데 쓰일 기본 원칙과 판단의 기준을 필요로 한다. 다른 하나는, 원칙적으로 사실판단의 영역에서도 가치판단에서와 마찬가지로 입장이나 관점의 문제가 발생한다는 것이다. 현대 과학철학의 주요 논제 가운데 관찰의 이론의존성과 관찰에 의한 이론의 미결정성 등이 모두 이런 문제와 연관이 있다. (이러한 논제들은 과학의 객관성에 대한 비판적 재고를 요구한다. 이러한 비판적 재고는 과학적 진술의 객관성이나 과학이론의 타당성에 대한 객관적 평가가 생각보다 한층 복잡한 문제임을 깨닫게 해주지만, 과학에서 객관성이 공허한 관념임을 말해주는 것은 아니다. 이와 맥락의 차이는 있지만, 가치판단의 관점과 결부된 객관성의 문제 역시 가치판단의 영역에서 객관성의 관념이 공허하다는 결론을 함축하는 것은 아니다.)

1) 연구윤리의 현황

2005년 말 우리 사회를 경악게 했던 황우석(黃禹錫) 사건은 과학연구윤리의 수많은 국면들을 한데 포함한 사건이었다. 이 사건은 수년이 지난 오늘까지도 여전히 종합적이고도 세밀한 학문적 분석을 기다리고 있다. 단지 황우석 사건의 결과라고는 할 수 없지만 이후 연구의 실행

및 연구성과의 출판과 관련된 윤리적 문제에 대한 사회적 관심이 눈에 띄게 높아졌고, 이에 여러 전문학회를 비롯한 다양한 학술단체가 윤리 헌장을 제정하거나 연구윤리에 관한 지침을 만들었다. 여러 대학과 연구기관에서도 이에 상응하는 절차가 진행되었다. 이것은 우리나라에만 국한된 현상이 아니라 세계적 추세다. 이는 과학연구윤리가 사회적 차원에서 필요하다는 사실이 널리 인식되었음을 보여주는 증거이고, 또 앞서 언급한 개별적 관점간의 입장 차이를 넘어 과학기술과 관련된 맥락에서 등장하는 윤리적 문제들에 대응하여 기본 원칙들을 확립해둘 필요가 있다는 공유된 인식에 대한 증거다.

과학연구윤리에 관한 이런 문제들을 누가 주도하여 풀어가야 하느냐 하는 것은 중요하면서도 간단치 않은 문제다. 한국과학철학회와 한국과학기술학회 같은 과학기술학 분야 학회들과 윤리학 분야 학회들, 그리고 한국생명윤리학회 같은 특수영역의 과학기술윤리 전문학회에 속한 전문가들이 과학기술의 윤리와 관련된 문제들을 연구하고 또 해당 학술지를 통해 발표하고 있지만, '과학기술윤리'를 주제로 하는 별도의 전문가 공동체는 아직 없다. 과학윤리에 관한 고민과 토론은 윤리학자나 과학철학자 들이 담당할 몫이 아니라 과학자와 공학자 스스로 자신들의 업을 돌보고 건전한 것으로 가꿔가는 노력의 일환으로 수행해야 한다는 의견도 있다. 연구윤리의 구체적 국면에서는 전문분야마다 그 특성에 따라 유사한 상황에 서로 다른 원칙이 적용되는 것이 더 자연스러운 경우도 있는데, 이런 점을 고려한다면 해당 과학기술 분야에 관한 전문가적 식견과 감각이 연구윤리의 수립과 운영에 필수적이라는 사실은 분명하다. 그러나 과학기술 분야의 전형적인 전문가는 해당 분야의 철학적·개념적 토대 자체를 대상으로 삼아 고찰하는 일, 특히 그것을 비판적 관점에서 검토하는 일에 친숙하지 않다. 이런 사정을 종합하면, 과학기술윤리의 체계를 만들고 관리하는 일은 개별 과학기술 분야의 전문가들과 과학기술학, 윤리학, 사회과학 분야의 전문가들이 협력하여 추상적인 원리-개념의 차원과 하위의 개별적 적용의 차원을 오르내리는 토론과 작업을 통해 이루어져야 한다는 결론을 내리게 된다.

2) 연구성과의 발표와 관련된 윤리

과학윤리의 또다른 영역은 과학자들의 연구가 생산해낸 결과물을 다루는 일과 관련된 윤리적 물음들을 주제로 삼는다. 이 범주는 다시 크게 둘로 나누어 살펴볼 수 있는데, 그 하나는 연구성과의 발표(주로 출판)와 관련된 문제들이고 다른 하나는 연구성과의 응용과 관련된 문제들이다. 연구의 진행과 연구성과의 발표는 연속성을 띤 하나의 과정으로 볼 수 있기 때문에 전자를 앞에서 서술한 '연구의 과정에 얽힌 윤리의 문제'로 묶어 다루는 것도 가능하다.

연구성과의 발표와 관련된 윤리의 핵심은 출판(publication)의 윤리다. 17세기 유럽에서 학술단체, 즉 학회의 전통이 수립되고 학술지가 간행되기 시작하면서 전문 학술단체가 내는 학술지는 과학자들의 연구성과가 집적되는 중심마당이 되었고, 과학자간의 협력과 경쟁도 이런 학술지를 기반으로 이루어지게 되었다. 학술지를 중심으로 하는 이런 개방적인 협력과 경쟁은 오늘까지 과학을 발전시켜온 가장 중요한 메커니즘이 되었다. 그러나 이같은 협력과 경쟁의 게임에는 때로 불공정한 행위, 즉 '반칙'이 끼어들기도 하는데, 이런 반칙은 오랜 전통을 지닌 협력-경쟁의 게임을 뒤흔들어 그 건전성을 위협할 여지가 있기 때문에 과학자들은 반칙을 제거하는 데 힘을 모은다. 이런 불공정 행위는 과학자 집단뿐만 아니라 사회에도 해악을 끼친다. 먼저, 과학연구윤리의 핵심인 출판윤리가 어지럽혀지면 과학자들을 결속하는 가장 중요한 상호 신뢰의 기반이 흔들리게 되고, 이는 과학자들의 연구 효율성 자체를 위축하여 현대사회가 필요로 하는 다양한 지식의 원천인 과학의 힘을 약화시키게 된다. 뿐만 아니라 과학자 간의 페어플레이 경쟁은 다양성으로부터 합의를 도출하는 사회적 소통의 모범 구실을 하는데, 이런 모범의 타락은 결국 사회적 소통의 건전성에도 손실을 입힌다.

변조, 날조, 표절

우선 연구성과의 발표와 관련된 윤리적 원칙으로 'FFP의 금지'라는 기본적인 사항이 있다. 여기서 FFP는 'Falsification, Fabrication, Plagiarism'의 머리글자이고, 세 낱말은 각각 변조, 날조, 표절로 번역할 수 있다.

변조(falsification)는 자신이 수행한 연구의 결과——예를 들어 실제 실험의 결과——와 상이한 정보를 발표하는 행위를 가리킨다. 예를 들어 실험에서 얻은 수치들 가운데 일부를 자신이 옹호하려는 이론에 부합하는 쪽으로 수정하여 논문에 싣는 일이 이에 해당하며, 자신이 원치 않는 경향을 함축하는 결과(의 일부)를 보고에서 제외하는 일 역시 이 범주에 포함된다. 날조(fabrication)는 자신이 수행한 탐구의 결과에 없는 사항을 지어내어 발표하는 행위다. 실제로 전혀 해보지도 않은 실험을 서술하고 그 데이터를 발표하는 경우가 이에 해당한다.

한편 타인의 연구성과를 적절한 출처 표시 없이 마치 자기의 것인 양 자신의 연구성과에 포함하여 발표하는 경우인 표절(plagiarism)은 발표 내용 자체의 부정직성을 함축하는 위의 두 항목과 달리 발표과정에서 윤리적 건전성이 훼손된 경우다. 최근 우리 사회에 정착되고 있는 과학

444

윤리는 표절 여부에 관한 판단을 저자의 의도와 분리하는 추세이고, 세부사항에 관해서는 아직 논란이 있지만 타인이 아닌 자기 자신의 연구성과라 해도 이미 발표된 성과를 적절한 표시 없이 발표에 포함하는 경우 '자기 표절'이라는 개념 아래 표절의 범주에 포함시키는 추세다. 이는 과학윤리에 관해 사회가 꽤 높은 수준의 엄격성을 요구하고 있다는 사실을 보여주며, 과학기술의 건전한 발달을 위해서는 그런 엄격한 윤리의 토대가 필요하다는 인식이 분명해지고 있음을 드러내준다.

공로 인정의 문제

연구성과의 발표와 관련된 윤리의 주제들은 FFP에 국한되지 않는다. 이밖에도 중요한 항목 가운데 학문적 공로(credit)의 인정에 관한 문제가 있다. 다음과 같은 경우를 생각해보자. 대학원 석사 2학기 학생인 A는 석사학위 논문의 주제를 고심하던 중 지도교수 B의 조언을 받아 B교수의 실험실에서 진행중인 연구과제와 관련하여 자신의 흥미를 끄는 주제를 선택하게 되었고, B교수와의 대화를 통해 실험의 기본 아이디어를 얻었다. B교수는 실험실의 3년차 박사과정 학생인 C에게 A를 도와주도록 했고, 이후 A는 C로부터 많은 학문적 조언과 실험의 실행과 관련한 도움을 받았다. A는 B교수의 지도를 받아 세운 계획대로 실험을 추진하던 초기에 새로운 아이디어를 얻게 되었고, 새 아이디어에 따라 두달 남짓 실험을 준비하고 수행한 결과 주요 학술지에 보고할 만한 성과를 얻을 수 있었다. 그러나 이 새로운 실험에는 중대한 기술적 난관이 있었는데 그것은 이웃 실험실의 연구원인 D박사의 결정적인 도움에 의해 해소되었고, D박사는 이 실험의 후반부에 함께 작업하면서 세련된 실험결과가 산출되는 데 기여했다. 논문의 집필은 A가 첫번째 초고를 작성했지만 실험자료와 기본 아이디어를 빼고는 C가 거의 새로 쓰다시 피 고쳤고, 다시 지도교수 B가 꽤 많이 손질해서 완성했다. 새로운 실험 의 결과를 통계적 관점에서 분석하고 수리적 함의를 검토하는 일은 이 실험실의 오랜 동반 연구자인 Z연구소의 E박사가 맡았다. 이런 경우 이 논문의 저자는 누구인가?

고급 학술지에 논문을 발표하는 것이 전문가의 지위를 결정짓는 핵 심적 사안이 된 오늘날, 논문의 저자라는 공로가 누구에게 귀속되느냐 하는 물음은 커다란 관심의 대상이 아닐 수 없다. 논문의 저자가 꼭 한 사람이라는 법은 없다. 자연과학과 공학 분야의 논문에서는 저자가 한 사람인 경우가 오히려 드물다. 그렇다면 어떤 사람들을 저자의 명단에 포함시킬 것인가? 위의 경우 A, B, C, D, E, 다섯 사람 모두인가? 아니면 그중 누구누구인가? 이것이 이른바 '다중저자'(multiple authorship)의 문제상황이다. 또 한가지, 설령 저자의 범위를 결정했다고 해도 누가 이 논문의 제1저자가 되어야 옳은가 하는 물음이 남는다. 누구에게 이 논 문의 대표저자라는 학문적 공로를 인정받을 권리가 있는가?

이밖에도 연구윤리는 연구자료의 관리, 심사 및 평가, 이해관계의 충 돌 등 여러 주제를 포함하는 복합영역이다. 앞서 서술했듯이 건전하 고 효율적인 연구윤리는 '해악을 제거하고 예방한다'는 의미에서도 필 수적이지만, 과학기술 영역 전체에 걸쳐 더 행복하고 경제적이고 생산 적인 연구를 가능케 한다는 적극적 의의를 지닌다. 따라서 연구윤리는 21세기 사회의 가장 중요한 투자인 연구개발의 생산성을 높이는 데 핵 심역할을 한다. 감히 예견하건대, 연구윤리를 포함하는 과학기술윤리 는 그 자체로 하나의 전문분야로서 당분간 전문인력의 수요가 공급을 훨씬 초과하는 마당이 될 것이다.

3. 과학기술의 활용에 얽힌 윤리

앞서 서술한 것은 과학연구라는 테두리 안에서 일어나는 일들이었다. 그러나 과학기술과 관련된 윤리적 문제가 발생하는 맥락은 실험실과 전문 학술지의 울타리 안에 제한되어 있지 않다. 과학에서 대부분의 연구주제들은 공학적 응용, 그리고 산업화를 통한 사회적 활용가능성을 염두에 두고 진행된다. 설령 그것이 연구의 일차적 동기가 아니었다고 해도 그런 응용과 활용은 사실상 보편적 현상이다. 실험실 안에서 이루어지는 연구의 단계에서는 보이지 않던 고민거리가 종종 이런 공학적 응용이나 산업화의 문턱에서 확연히 드러나곤 한다.

과학자 가운데는 "윤리적인 문제는 과학에 놓여 있는 것이 아니다. 과학은 순수한 진리탐구의 과정일 뿐이기 때문이다. 윤리문제는 과학의 성과를 공학적 응용과 산업화를 거쳐 사회에 도입할 때 발생한다"고 말하는 이들도 있다. 이것은 그런 주장의 견지에서 보자면 일리있는 주장이기도 하지만, 지나치게 소박한 견해다. 현대사회가 이른바 '순수과학'을 포함해서 과학연구에 할애하는 투자의 패턴을 보더라도, '순수과학·응용과학·공학·산업화'의 연속선 위 어느 곳에 금을 그어 "여기서부터 윤리적인 문제가 끼어든다!"고 할 만한 지점은 저마다 임의적으로 짚어낼 수 있을 뿐이다.

예컨대 '윤리'나 '윤리적 문제'라는 개념을 어떤 사고(事故)나 사회적인 말썽과 연관시켜 부정적인 관점에서 바라보는, 드물지 않은 습관이 문제다. 과학기술 전문가나 문외한을 막론하고 '과학기술윤리' 하면 윤리라는 간판을 걸고 과학기술이 하는 일을 사사건건 훼방하거나 트

집잡는 철학자의 모습을 떠올리는 사람은 그런 습관에 젖어 있는 셈이다. 비단 과학기술윤리에 국한된 문제는 아니겠지만, 윤리를 어떤 종류의 족쇄 같은 것으로 여기는 것은 잘못이다. 윤리의 본령은 행위를 속박하고 그릇된 행위를 비난하는 데 있는 것이 아니다. 윤리문제는 인간이 숨 쉬며 활동하는 곳이면 어디에든 보편적으로 존재한다. 윤리(ethics, Ethik, éthique)라는 서양낱말의 어원이 습관이나 관습을 의미하는 '에토스'(ethos)라는 사실은 윤리의 존재 의미에 대해 시사하는 바가 있다. 과학기술윤리는 과학기술을 수행하는 주체들 사이에 바람직한 공동체적 관습을 형성함으로써 과학기술을 더 효율적이고 강력하게 만들고, 과학기술이 그것을 둘러싼 더 너른 사회적 맥락 속에 조화롭게 정착하도록 돕는 지적 활동이다.

최근의 한가지 예를 살펴보자. 2010년 5월 신문과 인터넷 포털에는 「최초로 인공생명(synthetic life) 개발」이라는 기사가 게재되었다. 1990년대 인간게놈 프로젝트의 진행과정에서도 주요 인물로 등장했던 벤터(C. Venter) 박사가 인공적으로 합성한 유전자를 이용하여 특정한 성질을 지닌 세포를 만들어내는 데 성공한 것이다. 하나의 유기체가 만들어진 것은 아니었지만, 합성된 DNA에 의해 인위적으로 고정된 형질들을 지닌 세포의 탄생이라는 소식이 준 충격은 꽤 컸다. 발표 직후 BBC 텔레비전 뉴스와의 인터뷰에서 벤터는 이 새로운 기술이 백신과 신약을 개발하는 등 안전한 일에 응용될 것이고, 오용의 위험은 미미한 반면 선용의 여지는 막대하다고 주장했다.

그가 해낸 것은 인공적으로 DNA를 합성해낸 일, 그리고 그것을 세포에 옮겨심어 바로 그 DNA가 지시하는 특성만을 지닌 세포를 만들어낸 일이다. 벤터의 업적은 과학연구의 성과이고, 과학자의 실험실 안에

448

서 이뤄진 업적이다. 그러나 이런 업적의 함의가 특정한 분야의 학문적 성취에 머물지 않는다는 사실은 명약관화하다. 생명과학과 생명공학의 경우가 아니라도 과학연구의 결과가 실험실, 연구소, 그리고 그런 업적을 이뤄낸 전문분야의 울타리를 넘어 사회를 변화시키고 개인의 삶에 비가역적인 영향을 미치는 것은 오늘날의 과학기술에서 일상적이다. 때때로 우리는 이런 변화를 보며 두려운 생각에 빠진다. 과학기술은 종종 심각한 잔류독성을 통해 토양을 차츰 황폐하게 만드는 농약이나 대량학살과 파괴의 역량을 지닌 신종무기를 탄생시키는 원천의 역할을 하기도 한다. 그렇다고 해서 '우리에게 해를 입힐 가능성이 조금이라도 있는 과학기술은 연구단계에서부터 제재해야 한다'고 주장하는 것도 불합리하다. 한마디로 그렇지 않은 과학기술은 존재하지 않기 때문이다.

위의 인터뷰에서 벤터 박사는 앵커가 "당신은 신의 역할을 하려는 것입니까?"라고 도전적으로 묻자, 준비된 답변인 양 인류가 이미 오래전부터 동물을 가축으로 만들고 농작물을 교배시켜 잡종을 만드는 등 자연을 인위적으로 변화하는 일을 해왔다는 사실을 일깨웠다. 자신의 인공세포 개발도 이같은 오랜 전통의 연장선상에 있을 뿐이라는 얘기였다. 자신의 작업을 합리화하기 위한 말로 들리긴 하지만 한편으론 일리가 있다. 교배실험을 통해 새로운 잡종을 만드는 일도, 댐을 만들어 물길을 제어하는 일도, 심지어 신물질 개발을 위해 다양한 화합물의 합성실험을 하는 일도 모두 어느정도는 위험을 내포한다고 말해야 옳을 것이다. 그러므로 진정한 문제는 과학기술이 결과적으로 초래할 수 있는 위험을 '0'으로 만드는 것이 아니라 이익과 위험을 예견하는 일, 그리고 예견되는 이익과 위험의 가치들을 저울질하면서 과학기술의 진행방향을 조절하는 일이다.

이익과 위험을 예견하는 일은 해당 문제와 연관성을 지닌 분야의 과학기술자들이 협력해야만 가능하다. 그러나 이런 이익과 위험은 단순히 어떤 난치성 질환의 치유나 자연환경의 훼손 같은 차원에만 존재하는 것이 아니다. 과학기술이 생산하는 이익과 위험은 사회제도, 전통, 아름다움, 그리고 인간성 같은 인문적·사회적 차원에까지 펼쳐져 있다. 아니, 엄밀히 말해 과학기술은 연구주제의 구상과 우선순위의 선택으로부터 그 성과의 다양한 응용에 이르기까지 시종일관 인간의 삶과 사회적 맥락이라는 마당을 한 발자국도 떠난 일이 없다. 이런 사실을 고려할 때 과학기술과 관련된 윤리적 문제들을 예견하고 대응을 모색하는 데는 당연히 인문학과 사회과학의 관점도 필요하다.

어디 그뿐인가? 이익과 위험의 항목들이 어느정도 눈에 잡혔다고 해도 각 항목들을 어떤 무게로 고려할 것인지, 혹은 다양한 가치의 조합들 가운데 어떤 선택지를 향해 나아갈 것인지는 또다른 어려운 가치판단의 과제로 남는다. 과학기술윤리는 이같은 복합과제를 해결하는 데 비판적 중재자의 역할을 담당해야 할 것이다. 예컨대 인공세포 기술을 사회가 실제로 어떻게 수용하고 활용할 것인지에 관해서는 과학기술윤리가 세포생물학자를 비롯한 생물학자들, 생태학자, 철학자와 윤리학 전문가, 법학자, 사회학자, 그리고 나아가 종교 전문가, 경제학자, 심리학자, 역사가 등의 상호비판적 협력을 주도하면서 도달 가능한 최선의 합의점을 구하는 작업을 수행해야 할 것이다. 이런 작업은 과학연구 자체 못지않게 흥미진진하고 도전적인 과제가 될 것이고, 또 그만큼 유익한, 아니 필수불가결한 과제로 등장할 것이다. 전문분야를 막론하고, 앞으로의 사회는 점점 더 이런 작업에 능숙한 인력을 필요로 할 것이다.

4. 공학윤리

끝으로 과학기술윤리와 인접해 있으면서도 하나의 독자적 영역으로 빠르게 성장하고 있는 공학윤리에 관해 간단히 언급해보자. 최근 공학윤리는 표준화된 공학교육 씨스템이 공학도들에게 권장하는 기본 항목 가운데 하나로 널리 부각되는 추세다. 예를 들어 세계적으로 전문 공학 교육의 표준을 선도하고 있는 워싱턴 협약(Washington Accord), 씨드니 협약, 더블린 협약 등은 공통적으로 공학윤리를 공학교육의 필수요소로 명시한다.

한국의 공학인증제(ABEEK)나 미국의 공학교육인증(ABET)은 하나같이 공학도들이 사회적·윤리적 문제에 대한 관심과 기본 지식, 그리고 판단능력을 갖추어야 한다고 요구한다. 그러나 공학인증제가 공학윤리를 강조하기 때문에 공학윤리가 중요하다고 말한다면 본말이 전도된 것이다. 공학윤리가 그만큼 중요하기 때문에 공학교육인증의 기본 요소로 강조되는 것이다. 공학교육 프로그램에 대해 고민하는 전문기관들이 공학윤리 같은 항목을 강조하는 것은 앞으로의 사회에서 유능한 공학자, 성공적 공학활동이 예민한 윤리적 감각과 윤리적 숙고의 능력을 중요한 조건으로 요구한다는 판단에 기인한다. 윤리적으로 세련된 공학활동은 더 안전하고 건강한 공학적 산물을 산출할 뿐만 아니라, 그런 공학적 활동을 수행하는 공학자와 전문가 집단의 사회적 위상을 높이고 해당 기업의 공적 이미지를 개선하는 등 여러 경로를 통해 경제적으로도 중요한 이득을 가져온다.

공학은 영어로 'Engineering Science'라고도 쓰지만, 물리학이나 화학

같은 자연과학의 분야들과 구별되는 고유의 특성을 지닌다. 공학자들이 전문가로서 맞닥뜨리게 되는 윤리적 문제상황 역시 과학자들의 그것과 차이가 있다. 이에 따라 공학윤리에서는 과학윤리에서와 달리 '공공의 안전과 위험'이나 '피고용인으로서의 전문가' 같은 주제가 비중있게 다뤄지고, 이해충돌(conflict of interest) 같은 주제의 중요성도 연구윤리에서보다 한층 더 커진다.

공학윤리의 역할은 단지 선한 마음을 지닌 공학자나 무책임한 사고를 유발하지 않는 공학을 만드는 데서 그치지 않는다. 공학자는 피고용인으로서 혹은 임무와 권한의 수탁자로서 끊임없이 다양한 가치가 복잡하게 얽혀 있는 상황을 만날 수밖에 없는 운명이고, 이에 공학윤리는 복잡한 가치판단의 상황을 최대한 사려깊고 동시에 효율적으로 처리해나갈 수 있는 공학자를 만드는 데 초점을 맞춘다. 또한 공학윤리는 한걸음 더 나아가 전문공학자 집단이 공학의 사회적 지위와 책임을 스스로 인식하면서 그것에 상응하는 윤리적 숙고의 체계를 갖춘 공동체가되게끔 유도한다.

공학윤리의 응용분야 가운데 최근 그 중요성이 막 인식되기 시작한 로봇윤리의 경우는 공학윤리가 공학자나 공학자 집단의 일반적 윤리로서만이 아니라 특정한 기술공학적 문제의 맥락에서 사회적으로 중요한 기여를 하게 되리라는 사실을 일깨워준다. 일찍이 아시모프(I. Asimov)는 그의 소설에 서술된 '로봇 3 법칙'을 통해 장차 로봇에게 장착될 가치체계에 관한 토론의 실마리를 제공했다. 그러나 장차 인간과 유사한 수준의 인지적 능력을 지닌 로봇이 사회에 널리 도입되는 단계가 되면 그것들에 적용해야 할 가치체계의 복잡성은 아시모프의 법칙들로 포섭할 수 있는 수준을 훌쩍 뛰어넘을 것이다. 물론 공상과학이나 영화에 나

452

오는 것 같은 고도의 인공지능을 장착한 인간형 로봇이 우리 세계에서 돌아다니게 되려면 아직 최소한 20,30년은 더 기다려야 할 것이다. 그러나 그것은 더이상 먼 훗날의 이야기만도 아니다. 우리 생활의 다양한 국면에 빠르게 확산되고 있는 자동화 씨스템의 발달양상만 보더라도 우리는 로봇공학의 발달이 인간사회에 가져올 변화의 폭을 짐작할 수가 있다.

예를 들어 윤리학 교과서에 종종 등장하는 '트롤리 문제'(Trolley Problem)[1]는 그 트롤리의 운전사나 그때 우연히 선로변경기 옆에 서 있던 사람에게만 제기될 수 있는 것이 아니다. 본래 트롤리 문제의 초점은 '트롤리'라는 탈것이나 선로변경기 같은 구체적인 물리적 배경의 특성에 있지 않지만, 우리는 이 문제에서 자동화 씨스템이 연루된 상황의 가치판단과 그 실행이라는 공학윤리적 문제의 씨앗을 발견할 수 있다. 이런 관점에서 보면 트롤리 문제는—그렇게 극적인 상황의 형태로는 아니더라도—도시교통의 자동제어 씨스템을 기획하고 구축하는 사람들이 미리 고려하고 어떤 방식으로든 대비해야만 할 문제의 한 유형으로 다가온다. 자동화의 확산은 인간의 복잡한 윤리적 판단을 인공물에 구현해야 할 필요를 제기한다. 우리는 이같이 복잡한 자동제어 씨스템이 새록새록 끌어들일 다채로운 문제에 대해서도 공학적 사고와 철학적·윤리학적 사고, 법적·사회학적 사고 등의 협력을 통해 적절한 대비책의 체계를 준비해야 할 것이다.

| 고인석 |

---

1 트롤리 문제에 관해서는 http://en.wikipedia.org/wiki/Trolley_problem 참조.

읽어볼 만한 책

교육인적자원부·한국학술진흥재단 간행 (2006) 『연구윤리 소개』.

구영모 외 (2004) 『생명의료윤리』, 동녘.

김희준 외 (2001) 『과학 종교 윤리의 대화』, 궁리.

유네스코한국위원회 엮음 (2001) 『과학연구윤리』, 당대.

찰스 E. 해리스 외 (2006) 『공학윤리』, 김유신 외 옮김, 북스힐.

홍성욱 (2004) 『과학은 얼마나』, 서울대학교출판부.

Beauchamp, Tom L. and Childress, James F. (2008) *Principles of Biomedical Ethics* (6th ed), Oxford: Oxford University Press.

Elliott, Deni and Stern, Judy E. eds. (1997) *Research Ethics: A Reader*, Dartmouth: University Press of New England.

Martin, Mike W. and Schinzinger, Roland (2004) *Ethics in Engineering*, New York: McGraw-Hill.

Resnik, David B. (1998) *The Ethics of Science: An Introduction*, London: Routledge.

Wallach, Wendell and Allen, Collin (2009) *Moral Machines: Teaching Robots Right from Wrong*, Oxford: Oxford University Press.

참고 사이트

생명윤리정책연구센터 http://www.bprc.re.kr

'좋은 연구' http://www.grp.or.kr (연구윤리 관련 자료)

한국생명윤리학회 http://www.koreabioethics.net

UNESCO 과학기술윤리(Ethics of Science and Technology) http://www.
unesco.org/new/en/social-and-human-sciences/themes/about-ethics

『눈먼 시계공』을 위한 컴패니언

소프트웨어 WEASEL과 The Blind Watchmaker

나는 한때 '좋은' 학자가 되기를 꿈꾸었다. 그러나 얼마 지나지 않아 그 꿈을 접었다. 역량 부족을 절감했기 때문이다. 그러나 노력하면 좋은 교사는 될 수 있지 않을까 생각했다. 좋은 전달자가 되는 것 또한 나름대로 창조적이며 보람있는 일이라고 여겼다. 그래서 일찍부터 좋은 교육자료에 관심이 많았다. 영화나 다큐멘터리에서 그림자료까지 철학적 개념의 소통에 도움이 될 만한 것들을 수집하고, 교재를 만들고, 그것을 현장에 적용하는 작업을 이어왔다. 그 와중에 도킨즈의 저술들을 접하면서 소프트웨어도 철학교육의 좋은 전달도구가 될 수 있다는 점을 알게 되었다. 특히 그의 저서『눈먼 시계공』(*The Blind Watchmaker*, 1986)은 '누적선택'(cumulative selection)이라는 자신의 개념을 설명하기 위해 두가지 소프트웨어를 도입하고 있다. 이 책은 '질서의 기원'을 설명하는 좋은 자료여서 '생명의 철학'이라는 필자의 강의에서 부교재로 자주 이용한다. 이 주제를 설명하기 위해 소프트웨어까지 붙어 있으니 필자로서는 금상첨화의 자료다. 여기서는 이 두가지 소프트웨어를 소개해보고자 한다.

1. WEASEL

도킨스의 책 제목에서 사용한 '시계공'이라는 말은 19세기의 신학자 페일리의 유명한 논문에서 빌려온 것이다. 페일리는 그의 논문「자연신학」을 다음과 같은 유명한 구절로 시작한다.

> 풀밭을 걸어가다가 돌 하나가 발에 채였다고 상상해보자. 그리고 그 돌이 어떻게 거기에 있게 되었는지 의문을 품는다고 가정해보자. 내가 알고 있는 것과는 반대로, 그것은 항상 거기에 놓여 있었다고 답할 수 있을 것이다. 그리고 이 답의 어리석음을 입증하기란 그리 쉽지 않을 것이다. 그러나 돌이 아니라 시계를 발견했다고 가정해보자. 그리고 어떻게 그것이 그 장소에 있게 되었는지 답해야 한다면 앞에서 했던 것 같은 대답, 즉 잘은 모르지만 그 시계는 항상 거기에 있었다는 대답은 거의 생각할 수 없을 것이다.(도킨스 1994, 19~21면)

그래서 만약 우리가 시계 같은 대상을 풀밭 위에서 발견한다면, 그것이 어떻게 세상에 존재하게 되었는지 모른다 할지라도 대상 자체의 정밀함과 내부 얼개의 복잡함 때문에 다음과 같은 결론을 내리지 않을 수 없을 것이다.

시계는 제작자가 있어야 한다. 즉 어느 시대, 어느 장소에선가 한 사람, 또는 여러 사람의 제작자들이 존재해야 한다. 그는 의도적으로 그것을 만들었다. 그는 시계의 제작법을 알고 있으며 그것의 용도를 설계했다.(도킨즈, 같은 책)

다윈은 이런 복잡한 시계가 설계자 없이 가능함을 보여주었다. 그래서 만일 시계공이 있다면 그것은 '눈먼 시계공'이다. 도킨즈는 다음과 같이 말한다.

다윈이 발견했고 현재 우리가 알고 있는 맹목적이고 무의식적이며 자동적인 과정인 자연선택은 확실히 어떤 용도를 위해 만들어진 모든 생명체의 형태와 그들의 존재에 대한 설명이며, 거기에는 미리 계획한 의도 따위는 들어 있지 않다. 그것은 마음도, 마음의 눈도 갖고 있지 않다. 그것은 미래를 내다보며 계획하지 않는다. 전망을 갖고 있지 않으며 통찰력도 없고 전혀 앞을 보지 못한다. 만약 그것이 자연의 시계공 노릇을 한다면, 그것은 '눈먼' 시계공이다.(도킨즈, 같은 책)

눈먼 시계공이 그 맹목성에도 불구하고 얼마나 정교한 작업을 할 수 있는지를 보여주기 위해 도킨즈는 일단계 선택과 누적선택을 구분한다. 눈먼 시계공의 힘은 누적선택의 힘이며, 이 누적선택의 힘은 눈먼 시계공이 복제자라는 데서 온다. 그는 이것을 예증하기 위해 창조론자들이 진화론자들을 반박하기 위해 즐겨 가져오는 '원숭이 타자'라는 근거를 들고 온다. 그러나 도킨즈가 든 예제는 "To be or not to be, that is the question"이 아니고 "Methinks it is like a weasel"이다. 이것도 『햄릿』

에 나오는 햄릿의 대사 한 구절이다.

1) WEASEL의 실행

먼저 이 아이디어를 실행해볼 수 있는 소프트웨어 하나를 소개한다. 이것은 레 이(Les Ey)가 만든 'WEASEL'이라는 이름의 소프트웨어다.[1] 이것을 다운받아 실행하면 아래와 같은 화면이 뜬다(이하 도킨스의 것은 '오리지널 WEASEL'이라 부르기로 한다).

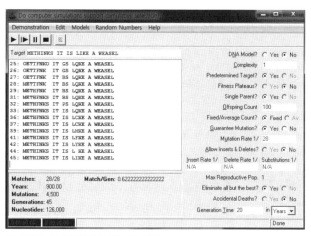

WEASEL을 실행하면 보이는 첫 화면

'METHINKS IT IS LIKE A WEASEL'이 타깃박스에 뜬다. 실행버튼 '▶'을 누르면 컴퓨터가 무작위로 생성한 스물여덟 글자의 문자열이 나타나고, 그것이 타깃문장인 'METHINKS IT IS LIKE A WEASEL'

---

1 아래 주소에서 이 소프트웨어를 다운받을 수 있다. http://www.answersingenesis.org/home/area/bios/l_ey.asp

과 비교된다. 그 가운데 일치하는 것(화면 위에서 붉은 글자로 표시된 것)은 기억되어 다음 세대에 그대로 유전된다. 최초의 문자열은 이러한 누적선택을 거치면서 빠른 시간 안에 타깃문자열과 닮아간다. 여기서는 컴퓨터가 45세대(generation) 만에 타깃문자열에 도달했음을 보여준다.

도킨스의 이 누적선택은 설득력이 있다. 좋은 형질을 누적적으로 축적시킬 수 있기 때문이다. 이제 매번 새로운 창을 열지 않고 지금까지 축적해놓은 바탕 위에서 다음 진화를 시작한다. 누적선택을 쉽게 설명하기 위해, 주머니에 10개의 공이 들어 있다고 하자. 그중 한개의 공을 고를 확률은 1/10이다. 이 공을 다시 주머니에 집어넣은 다음 시행한다면 확률은 여전히 1/10이다. 그러나 이미 고른 공을 다시 주머니에 집어넣지 않는다면 다음번에서의 확률은 1/9로 줄어든다. 이 후자가 누적선택에 해당한다.

실제 일어나는 변이(變異)는 전자와 같을까 후자와 같을까? 도킨스의 오리지널 WEASEL을 자세히 검토해보면 한번 선택된 글자는 다음 시행에서 그대로 기억되고 이것은 다음 시행에서 변이되지 않는다. 그런 면에서 이것은 후자를 닮았다. 그러나 실제 앞서 변이된 유전자는 다른 유전자와 마찬가지로 똑같이 변이될 확률을 지니고 있다. 이렇게 될 경우 누적선택의 효과가 상쇄되어버릴 수도 있다. 마치 선택한 공을 도로 주머니에 집어넣으면 확률이 줄어들지 않게 되듯이 말이다. 이것을 '오류파국'(error catastrophe)이라 한다. 오리지널 WEASEL을 좀더 그럴듯하게 만들기 위해 변이된 유전자가 다시 변이될 수 있다는 점을 받아들이자. 그렇다면 이 경우에 오류파국을 어떻게 피할 것인가?

도킨스는 선택된 것은 변이의 대상에서 제외된다고 가정했기 때문에 자신의 자손, 즉 복사본 하나만으로도 쉽게 누적선택의 효과를 만들어

460

널 수 있었다. 그러나 변이의 대상이 다음대에도 변이의 대상이 된다고 하면 좋은 변이를 보존하지 못하고 흩뜨리게 되어 오류파국을 피할 수 없다. 이를 막기 위해서는 오류파국보다 빨리 그 개선효과를 보존해야 하는데, 이것은 자신의 복사본을 여러개 만듦으로써 가능하다. 오류파국이냐 누적선택이냐는 변이율과 복사본의 수의 함수로 나타난다.

이것을 확인하기 위해 앞서 소개한 소프트웨어 WEASEL을 보자. 오리지널 WEASEL에서는 변이가 한번에 한차례 발생하므로 변이율은 1/28이다. 그리고 일단 변이된 것은 변형되지 않고 보존된다고 가정했으므로 타깃문자열은 아주 빨리 성취된다. 그러나 지금 이 WEASEL은 이를 가정하지 않는다. 그럼에도 앞서 보았듯이 아주 빨리 타깃문자열에 도달했다. 왜 그럴까? 오른쪽의 대화상자 가운데 'Offspring Count'가 있을 것이다. 그 값이 1이 아니고 100이라는 점에 주목하자. 이것은 한번에 100개의 사본을 만들고 그 가운데 타깃문자열에 가장 근접한 것을 고른다는 의미다. 100개의 사본이라면 그 가운데 선택된 문자열은 그대로 보존하면서 새로 변이된 문자열을 적어도 하나 이상 포함하는 사본이 존재할 확률이 높다. 이 경우 다음의 문자열로는 이것이 선택될 것이므로 지금까지의 선택적 누적이 무효화되는 오류파국을 막을 수 있다. 실제 Offspring Count를 1로 하고 시행해보라. 컴퓨터는 타깃문자열을 찾지 못한 채 계속 웅웅거리며 돌아갈 것이다. 상단 메뉴판의 'Models → Error Catastrophe'를 열어보면 Offspring Count가 8인 전형적인 오류파국을 설정해놓았다는 점을 확인할 수 있다.

이제 10, 15, 20 등의 값을 넣으면서 WEASEL이 답을 찾아내는지 시도해보라. 27이나 28을 넣으면 드디어 타깃문자열을 찾아낼 것이고, 이보다 수치를 높이면 탐색속도가 점점 빨라진다. 재미 삼아 100, 500을 입력해보면 각 43, 29회째에 타깃에 도달한다. 이 속도는 문자열의 크기와도 관련있을지 모른다. METHINKS IT IS LIKE A WEASEL을 복사해서 왼쪽의 타깃박스에 붙여넣자. 두 문장 사이를 띄운다면 문자열의 크기는 57이다. 이것을 실행해보면 91회째 타깃에 도달, 크기 28의 문자열의 43회보다 늦어짐을 알 수 있다. 종합해보면 문자열이 길고 복사본 수가 적으면 오류파국으로 들어가기 쉽다. 반면 문자열이 짧고 복사본 수가 많으면 누적선택에 가장 효율적이다. 그러나 일반화하기에는 아직 이르다. 그렇다면 유전의 문자열(생명으로 치면 '게놈')이 긴 고등생명체들은 오류파국으로 사라지고 말았어야 한다. 고려해야 할 또 하나의 중요한 사항이 있는데 이것이 변이율이다. 문자열이 길더라도 변이율을 줄임으로써 오류파국을 피할 수 있다. 고등생명체는 모두 이 방법을 따르고 있다. 반면 박테리아 같은 원핵생명체는 오류파국을 겁낼 필요가 없다. 원핵생명체가 진핵생명체에서 보이는 것 같은 복사에 따른 교정기능을 지니지 못하는 것도 바로 이 때문이다.

왼쪽에 변이율을 바꿀 수 있는 대화상자 'Mutation Rate'가 있다. 그러나 당장에는 활성화되어 있지 않을 것이다. 그렇다면 그 상단의 'Guarantee Mutation'이 yes로 되어 있는 것을 no로 바꿔보라. 그와 동시에 하단의 Mutation Rate가 활성화될 것이다. 이제 변이율을 바꿔볼 수 있다.

그런데 Guarantee Mutation은 무슨 의미일까? 이것을 이해하기 위해서는 유전자의 재배열에서 발생하는 세가지 경우를 이해해야 한다.

① 치환(substitution): 어떤 문자가 다른 문자로 대체되는 현상(밑줄 친 문자 T → 밑줄 친 문자 G).

1: GCGT**T**ACAATCGCGCAGTCTTACACCTCGA

2: GCGT**G**ACAATCGCGCAGTCTTACACCTCGA

② 삽입(insertion): 문자열 사이에 문자 또는 문자열을 끼워넣는 것 (밑줄 친 문자 G).

1: GCGTTACAATCGCGCAGTCTTACACCTCGA

2: GCGTTACAATCGCGCAGTCTTACAC**G**CTCGA

③ 제거(deletion): 문자열 가운데 어떤 문자가 탈락하는 것(밑줄 친 문자 A).

1: ATTTTAATTGAAACTAGCGCT**A**TCAGTTAG

2: ATTTTAATTGAAACTAGCGCTTCAGTTAG

Guarantee Mutation에 yes가 체크되어 있으면 유전자의 변이에 치환만을 사용한다. 도킨스의 오리지널 WEASEL에서도 치환에 의한 변이만 사용된다. 그러나 꼭 그렇게 해야 할 필요는 없다. 여기서 다른 방식을 사용하고 싶어도 'Insert Rate' 'Delete Rate' 'Substation Rate' 등이 활성화되어 있지 않을 것이다. 활성화를 바란다면 바로 위의 'Allow Inserts & Deletes'를 yes로 바꾼 다음, 원하는 삽입과 제거의 비율을 입력하면 된다.

정리해보자. Guarantee Mutation이 yes로 되어 있으면 변이율은 1/28로 도킨스의 오리지널 WEASEL이 된다. 여기서 Guarantee Mutation을 no로 해서 오리지널 변이율 외의 다른 변이율을 시도해볼 수 있다. 그다음 Allow Inserts & Deletes를 no로 하면 치환만을 허용하는 도킨즈의 오리지널 모델이 된다. 이것을 yes로 함으로써 오리지널 모델에 없는 배열방식으로 삽입과 제거 등을 시도해볼 수 있다.

다시 상단 메뉴판의 Models를 클릭해보자. 그 가운데 'DNA Model' 을 선택하자. 타깃박스에 나와 있는 것은 아미노산들의 결합체인 폴리 펩티드다. 'AlaArg……'로 배열되어 있는데 Ala는 아미노산 알라닌(Ala-nine), Arg는 아르기닌(Arginine)을 나타내는 약자다. 활성창의 왼쪽에 'Edit'라는 단추가 있다. 그것을 누르면 새로운 아미노산의 배열을 편집 해볼 수 있다.

2) 누적선택의 한계

생명체는 단번에 완성된 것이냐 누적적으로 보완된 것이냐? 단번에 완성된 것이라면 그것은 저절로 출현할 수 없으며 그것을 가능하게 한 지적 설계자가 있어야 한다. 정통 진화론자들은 이 전제를 받아들이면 창조론의 결론도 받아들일 수밖에 없다는 점을 수긍한다. (물론 카우프 만처럼 이 전제를 받아들이면서도 창조론의 결론을 받아들이지 않는 진화론자도 있다. 나도 도킨스보다는 카우프만 쪽으로 상당히 기울어 있다.) 그래서 진화론을 주장하려면 생명체가 단번에 완성된 것이 아니 라 점진적 축적에 의해 생성되었다는 전제를 세워야 한다. 그런 의미에 서 도킨스의 누적선택은 진화론의 전통에 충실한 것이라고 하겠다. 생 명체처럼 복잡한 것이 일단계 선택을 통해 출현했다고 한다면 그것은 거의 확률적으로 불가능하다. 반면 누적선택의 결과라고 한다면 충분 히 가능한 일이다. METHINKS IT IS LIKE A WEASEL의 경우 일단 계 선택이 만드는 경우의 수는 '27×27×……'로 스물여덟번 곱하기지 만, 누적선택이라면 '27+27+27+……'로 스물여덟번 더하기다. 전자는

464

1.1973×10⁴⁰이지만 후자는 고작 756에 지나지 않는다. 도킨즈가 맞다면 복잡한 생명의 생성을 누적선택으로 설명할 수 있기 때문에 구태여 지적 설계자를 전제할 필요가 없다.

그러나 누적선택은 중요한 결함이 있다. 그중 하나는 누적선택을 통해 복잡성이 출현했다고 하지만, 정작 누적선택의 기능은 누적선택으로 설명할 수 없다는 것이다. 누적선택을 만든 그것이 누적선택으로 만들어질 수 없기 때문이다. 다시 말해 누적선택이 복잡성의 출현확률을 곱셈에서 덧셈으로 변화시켜주었지만, 누적선택 자체는 그 확률을 곱셈으로 셈할 수밖에 없다는 곤란한 문제가 생긴다. 도킨즈는 복제기구의 성립이 일단계 선택으로 가능하다는 것을 보여주기 위해 유기적 복제기구에 앞서 점토에 의한 복제가 있었다는 케언즈-스미스(A. G. Cairns-Smith)의 '점토가설'(Clay Theory)을 받아들인다. 스미스의 이론은 논리적 설득력이 상당하지만 여전히 가설단계의 학설에 지나지 않는다.

또다른 문제가 있다. 바로 오류파국이다. 우리는 이 오류파국이 어떻게 일어나며 이것을 피하는 방법이 무엇인지를 WEASEL 프로그램을 통해 구체적으로 검토해보았다. 오류파국은 진화의 또다른 얼굴이다. 우리가 변화를 바란다면 항상 좋은 변화만 있으리라고 기대할 수 없다. 좋은 변화가 축적되는 것을 진화라고 부른다면, 나쁜 변화가 축적되는 것이 오류파국이다. 비교적 간단한 생명체의 경우 변이되는 다량의 사본을 만들 수 있다. 그러므로 오류파국을 쉽게 피할 수 있다. 그러나 좀더 복잡한 고등생명체들의 경우 사본의 양이 적기 때문에 변이로 인해 오류파국을 맞을 가능성이 높다. 변이는 박테리아 같은 하등생물체에게는 장점으로 작용하지만, 인간 같은 복잡한 고등생물체에게는 단점이 된다. 말하자면 변이는 진화를 위한 재료가 아니라 가능하면 피해야할 함정이다. 그렇다고 한다면 누적선택은 박테리아에 적용되는 논리이며 고등생물의 진화를 설명하기는 불충분하다. 고등생물체는 변이를 통해 선택된 것이 아니라 오히려 변이를 저지함으로써 유지되어온 것이다. 그러므로 그 진화는 점진적인 것이 아니고 전체론적인 것이어야한다. 지적 설계자를 가정하지 않으면서 전체론적 출현을 설명하는 길이 없을까? 일단 카우프만의 네트워크론에 그 단서가 있다고 보지만 여기서는 생략한다(조용현 1999, 113~26면).

2. 바이오모프와 The Blind Watchmaker

위의 누적선택을 시뮬레이션한 더 유명한 프로그램이 바이오모프(Biomorph)를 주인공으로 한 'The Blind Watchmaker'라는 소프트웨어다. 여기에는 1985년 책이 출판되었을 때 나온 버전 1과 그뒤 2000년 SPA에서 나온 버전 2가 있다. 버전 1은 도스용(Mac용도 있음)이고 버전 2는 윈도우용(Mac용도 있음)이다. 버전 1에서 바이오모프는 9개의 유전자로 되어 있다(『눈먼 시계공』에서 다루는 것도 9개다). 버전 2는 여기에 10개를 추가하여 19개의 유전자로 되어 있고 계통도를 비롯한 몇가지 기능들이 추가되어 있다.[2] 지금부터는 버전 2를 기준으로 설명한다. 다음은 The Blind Watchmaker의 메인화면이다.

---

2 최근 글을 쓰면서 확인해보니 이 소프트웨어의 사이트 링크가 끊어져 있었다. 다행히 필자의 사이트에 올려져 있어 아래 주소에서 다운받을 수 있다. http://biophi-losophy.tistory.com/entry/The-Blind-Watchmaker

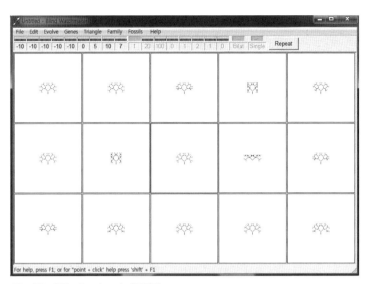

The Blind Watchmaker의 메인화면

The Blind Watchmaker를 구동하면 15개의 박스가 뜨고 그 안에 약간씩 다른 바이오모프들이 있을 것이다. 그 가운데 붉은 선(컴퓨터 화면상에서 확인 가능)으로 표시된 박스가 있다. 그 박스를 클릭하면 주변의 15개 박스 속의 바이오모프가 업데이트된다. 이것은 붉은 선 속에 들어 있는 바이오모프의 후손들이다. 그런 다음 임의로 아무거나 클릭해보라. 그것이 중앙박스로 이동하면서 다시 거기서 나온 후손들이 다음 화면을 채운다. 이것의 생물학적 의미는 쉽게 이해할 수 있을 것이다. 15개 박스의 바이오모프는 중앙 박스의 바이오모프가 약간 변이된 후손들이다. 그 가운데 어느 것을 선택함으로써 여러분은 선택적 육종을 행한 것이다. 이것을 계속 반복함에 따라 새로 만들어지는 바이오모프는 처음의 그것과는 상당히 달라져 있을 것이다. 지금까지 자신이 육종해온 과정을 알고 싶으면 메뉴의 'Fossils → Fossil History'를 클릭해보라.

이 육종을 컴퓨터가 대신할 수도 있다. 메뉴의 'Evolve → Repeat' 또는 메뉴 가장 오른쪽의 Repeat 단추를 클릭하라. 멈추고 싶으면 Esc 키를 누르든지 Repeat 단추를 다시 클릭하라.

특별한 형질을 선택함으로써 품종을 개량해가는 것을 육종(breeding)이라 한다. 이것은 어떤 특정 형질을 '적극적으로'(positively) 만들어내지는 못한다. 다만 여러 형질들이 주어지면 그 가운데 어느 것을 '소극적으로'(negatively) 선택할 수 있을 뿐이다. 그런 의미에서 이 품종개량의 방식은 상당히 제한적이다. 반면 유전공학(genetic engineering)은 형질 자체를 직접 바꾸는 것이다. 더이상 바람직한 변이의 발현을 기다릴 필요가 없다. 직접 그러한 변이를 만들어내면 된다. 전자가 농부들의 전통적 육종방식인 데 반해, 후자는 유전공학회사들의 유전자 조작방식이다.

이 소프트웨어도 육종방식과 함께 바이오모프의 형질 발현에 여러분들이 직접 참여할 수 있는 기회를 제공한다. 조작을 원하는 바이오모프를 클릭해서 중앙에 옮겨놓고 'Evolve → Engineer'를 클릭하면 된다. 그러면 조작대상이 되는 바이오모프만 화면에 뜰 것이다. 메뉴의 바로 아래에 보면 '-10, -10, -15……' 등 수치가 입력된 상자가 있을 것이다. 그 상자의 아무 곳이나 임의로 마우스를 클릭해보라. 오른쪽을 클릭하면 수치가 늘어나고 왼쪽을 클릭하면 수치가 줄어들 것이다. 그 수치에 따라 화면의 바이오모프 형태가 바뀔 것이다. 이것이 바로 바이오모프의 유전자들이다. 모두 9개인데 화면상에는 그밖에 회색으로 된 상자 10개가 보일 것이다. 이것은 버전 2에서 부가된 것이다. 회색 상자의 첫번째 것에 마우스를 대고 왼쪽을 클릭해보라. 한번 누를 때마다 몸통이 복사되어 붙을 것이다. 전체로 보면 여러 체절로 된 노래기 같은 벌레와

468

닮았다(유전자에 대해서는 아래에서 상술하겠다).

메뉴의 'Evolve'의 중간에 'Repeat'와 'Hopeful Monster'가 있다. 'Engineer'를 선택하면 'Hopeful Monster'가 활성화된다. 'Breed'에서 변이는 아주 제한적이며 그 폭도 좁다. 부모와 자식의 차이 정도다. 그러나 이 극소한 차이라도 누적되면 긴 시간 뒤에는 차이가 커진다. 반면 Hopeful Monster는 변이의 제한이 없어 그 폭이 넓다. Hopeful Monster를 선택한 다음 Repeat를 클릭해보라. 바이오모프들이 전체 유전자 공간을 무작위적으로 돌아다니기 때문에 앞선 세대와는 아무 관계 없이 생성하고 소멸한다. 유전자 값이 계속해서 바뀌면서 명멸하는 것도 볼 수 있다.

1) 바이오모프의 유전자들

바이오모프의 게놈은 19개의 유전자로 되어 있다. 이것은 다시 두 그룹으로 나뉘는데, 처음 9번째까지는 바이오모프의 구조를 조절하는 표준유전자(standard genes)이고 10번째에서 19번째까지는 특수유전자(special genes)다. 후자는 버전 2에서 추가된 것이다.

| -10 | -10 | -10 | -10 | -10 | 0 | 0 | 10 | 7 | | 1 | 20 | 100 | 0 | 1 | 2 | 1 | 0 | Bilat | Single |

바이오모프의 유전자

아래 표는 유전자와 그 유전자에 대응하는 형태적 특성을 보여준다.

	번호	범위	속성
표준 유전자	1~4	-400~400	가로 크기 조절
	5~8	-400~400	세로 크기 조절
	9	1~9	가지(branch) 수

	10	1~10	체절(segment) 수
	11	-50~50	체절간의 거리
	12	1~100	크기
	13	0~3	가지의 형태 　0: 막대기 1: 삼각형 2: 알갱이 3: 타원
특수 유전자	14	0~160	윤곽선의 색
	15	0~160	몸통의 색
	16	1~10	윤곽선의 두께
	17	1~10	line tapering
	18		좌우대칭: 좌우대칭을 만든다.
	19		회전대칭: 좌우상하 대칭을 만든다.

유전자의 특성

　10번째 유전자는 바이오모프의 체절 수를 조절한다. 바이오모프가 체절을 갖게 되면 각 체절들은 똑같은 크기일 수도 있고 점차 커지거나 작아질 수 있다. 이것을 조절하기 위해 또 하나의 제어변수가 필요한데, 체절의 크기를 늘이고 줄이는 구배(gradients)가 그것이다.

체절의 크기를 조절하는 구배

　위의 그림의 바이오모프는 6개의 체절을 가졌다. 왼쪽의 바이오모프는 체절의 크기가 같은 데 비해 오른쪽의 것은 (꼬리에서 머리로) 체절이 점점 커지고 있다. 전자는 구배가 '0'이고 후자는 '+'다. 체절이 점차 작아진다면 '–'가 될 것이다. 구배가 '–' '0' '+' 중에서 어느 것인지를 나타내는 것이 메뉴판 바로 아래의 막대들이다. 셋째 유전자의 상단을 보면 전자는 똑같은 크기의 막대들이 서 있다. 이것은 구배가 증가도 감소도 하지 않는 '0'이라는 것을 의미한다. 반면 후자는 막대가 점차 커지고 있다. 이것은 구배가 '+'라는 것을 의미한다. 10번째의 체절 수 조절유전자의 경우 구배조절 상자가 비활성화되어 있다. 이 경우 구배등급을 매기는 것이 아무 의미도 없기 때문이다.

표준유전자와는 달리 특수유전자는 이 소프트웨어에서 옵션이다. 이 유전자는 프로그램 운영에 배제하거나 포함할 수 있으며, 포함했을 경우에도 변이되거나 되지 않게끔 조절할 수 있다. 이것을 조절하는 것이 메뉴의 'Genes → Special Genes'의 '특수유전자 선택자'(Special Genes Selector)다.

특수유전자 선택자

유전자의 'Present' 체크상자를 누름으로써 게놈에서 특정 유전자를 넣거나 뺄 수 있다. 오른쪽에 보면 'Can Mute'라는 체크상자가 있다. 이 것은 Present가 체크되어 있을 경우에만 작동한다. 이것을 누름으로써 지정한 유전자의 변이를 쉽게 만들 수 있다.

정리하면 특수유전자 선택자는 세가지 상태를 허용하는 셈이다. 첫째는 Present가 체크되어 있지 않은 경우다. 체크되어 있는 것을 다시 클릭하면 체크를 취소할 수 있다. 모두 취소해보자. 표준유전자 외의 특수유전자는 모두 꺼져 있을 것이다(10~19의 특수유전자 박스가 모두 사라졌다). 이렇게 되면 버전 1과 같아지는 셈이다. 다시 특수유전자 선택자로 돌아와서 Present를 체크해보자. 10~19번의 유전자 박스의 숫자가 회색으로 바뀌어 있을 것이다. 이것은 현재 특수유전자 선택자가 작동하고 있지만 변이의 대상에서는 제외되어 있다는 것을 의미한다. 이것이 무엇을 의미하는지 자세히 알아보기 위해 'File → Open'에서 파일 하나, 예컨대 'kermit.bio'를 불러내보자. 이 파일의 유전자 상자를 보면 10번 유전자 이후는 모두 회색으로 되어 있을 것이다. 오른쪽의 'Repeat' 박스를 눌러보자. 1~9번의 유전자는 계속 값을 바꾸고 있지만 10번 유전자 이후는 아무 변화가 없을 것이다. (이 상태에서 10번 유전자 이후의 유전자 값을 변경하고자 한다면 Evolve → Engineer에서 할 수 있다. Breed 상태에서는 바꿀 수 없다. 확인해보기 바란다.) 다시 Can Mute를 전부 체크한 다음 어떻게 변해 있는지 보자. 10번 이후의 유전자가 모두 검은색 글자로 바뀌어 있을 것이다. 다시 Repeat를 누르거나 Breeding해보자. 10번 이후의 유전자들을 포함한 모든 유전자들이 값을 변이시키면서 새로운 바이오모프들을 계속 생성해낼 것이다. 유전자의 상태는 게놈 표시창에 반영되어 있다. 아래 그림을 보자.

유전자의 상태

유전자의 수치가 검은색으로 표시되어 있다면 그 유전자는 현재 활성상태이고 변이할 수 있다. 반면 회색으로 표시되어 있으면 유전자는 활성상태지만 변이할 수 없다. 유전자의 박스가 아예 비워져 있다면 유전자는 비활성이고 물론 변이할 수도 없다.

특수유전자 가운데 14, 15번 유전자에 대해서는 설명이 필요하다. 이것은 바이오모프를 출력하는 방식, 즉 'Drawing Mode'를 규정하는 유전자다. 14번은 윤곽선의 색(outline color)을 규정한다. 15번은 바이오모프의 몸의 색을 규정한다. 이 Drawing Mode에는 14, 15번 두 유전자가 모두 활성화되어 있는 경우(Normal Mode), 15번만 활성화되어 있는 경우(Solid Mode), 그리고 둘 다 비활성인 경우(Black and White Mode) 등 세 모드가 있다.

세가지의 출력방식(Drawing Mode)

'Normal Mode'로 그리면 외곽선과 몸이 모두 천연색으로 채색된다. 'Solid Mode'로 그리면 외곽선은 검은색으로 나타나고 몸은 천연색으로 표현된다. 'Black and White Mode'로 하면 외곽선과 몸 모두 까맣게 표현된다. 14, 15번을 활성화하지 않고 'Black and White Mode'로 바꾼 다음 Evolve → Engineer에 두고 Hopeful 단추(또는 빨리 보고 싶을 때는 Repeat)를 누르면서 바이오모프들이 계속 변이를 일으키며 점멸하는 장면을 감상해보라(내 느낌으로는 컬러보다 흑백의 바이오모프가 훨씬 더 근사해 보인다).

2) 바이오모프의 진화

이 프로그램에서 가능한 바이오모프의 수는 얼마일까? 위의 유전자 일람표에서 보면 첫번째의 경우 800, 두번째의 경우 800, 세번째의 경우 '9……' 등이다. 이 모두를 곱하면 가능한 모든 바이오모프의 형태를 얻을 수 있다. 그 값은 무려 6.912×10^{16}개다.

이 바이오모프를 하나의 좌표 속에 표현할 수 있을까? 2차원 좌표상의 한 점을 지정하는 데는 x, y 2개 값이 필요하고 3차원의 경우 x, y, z 3개 값이 필요하다. 하나의 특정 바이오모프를 좌표 속에 지정하는 데는 19개의 값이 필요하다. 그런 면에서 바이오모프의 유전자 공간은 19차원이다(19차원의 좌표를 그리는 방법은 없다).

도킨즈는 『눈먼 시계공』에서 이것을 표현하는 방법 하나를 소개한다. 3차원을 자르면 2차원 평면이 생긴다. 이 방식으로 3차원을 제한적인 형태로나마 2차원 평면 속에 표현할 수 있다. 마찬가지로 19차원 공간을 가로지르는 단면을 만들고 이것을 화면에 나타내보자. 이 방식으로 각각의 바이오모프 사이의 거리를 나타낼 수 있다. 물론 같은 평면위에 있을 경우에만 가능하다는 제한조건이 붙는다. 같은 평면 위에 있지 않다면 아주 가까운 유전적 거리에도 불구하고 그 거리는 나타나지 않는다. 이 제한을 조금이나마 해소하는 방법은 공간을 여러가지 방식

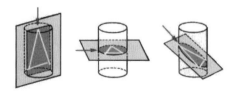

3차원 공간을 자르고 있는 2차원 평면

으로 잘라보는 것이다. MRI 단층촬영을 떠올리면 된다. 아래는 3차원 공간을 자르고 있는 2차원 평면이다.

이제 바이오모프로 돌아와 19차원의 도형을 횡단하는 2차원 평면을 생각해보자. 메뉴의 'Triangle → Gene Space'를 열면 아래와 같은 그림이 뜨는데 이것이 바로 2차원 횡단면이다.

화면 안에 삼각형이 그려져 있을 것이다. 한 평면을 결정하는 점의 최소수는 3이다. 그래서 임의의 세 점을 지정하면 프로그램은 그 세 점을 포함하는 2차원 평면을 잘라내어 화면에 표시한다. 그것이 아래의 그림이다. 물론 다른 평면을 볼 수도 있다. 'New Top' 'New Left' 'New Right'를 새로 지정해줌으로써 바이오모프의 새로운 단면을 얻을 수 있다. 이것은 앞의 3차원 원통의 2차원 횡단면에서 다른 좌표에 따라 다른 삼각형이 만들어진 것과 다르지 않다.

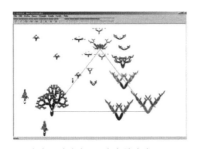

19차원을 횡단하는 2차원 횡단면

마우스로 모니터 전체를 긁어보면 그 지점의 바이오모프가 나타난다. 그것을 화면에 고정하고 싶으면 왼쪽을 클릭하면 된다. 이 삼각형은 각 형태간의 유전적 거리를 알아보는 데 유용하다(도킨즈 1994, 103~13면).

다음 바이오모프의 유전적 표류에 의한 진화를 계통도의 형식으로 볼 수 있다. 세대가 거듭됨에 따라 세대간의 미세한 변화가 누적되어 큰 형태상의 차이를 나타내는 것을 일목요연하게 보여준다. 'Family → Family Tree'를 선택하면 그림 하나가 뜬다. 그것이 선조형이다. 거기에 마우스를 대고 긁으면 그것의 다음 세대가 나온다. 거기서 여러개를 뽑을 수 있으며—형제자매라 할 수 있는데 약간씩 다른 형태를 보여줄 것이다—거기에는 원리적 제한이 없다. 거기서 다시 마우스로 긁으면 선조형의 손자뻘이 뽑아져나온다. 이 과정을 계속함으로써 하나의 선조형에서 시작해서 여러 자손으로 분파되어가는 계통도를 만들 수 있다. 원하지 않는 계열을 솎아내려면 바로 그 아래 'Destroy'를 클릭하면 된다. 그러면 이후의 모든 계열이 제거될 것이다.

물론 선조형은 Default로 나타나는 그 바이오모프에 한정되지 않는다. 어떤 것이든 선조로 만들 수 있다. 연습 삼아 'File'에 저장되어 있는 여러 바이오모프들을 불러내어 계통도를 한번 만들어보라. 아래는 계통도의 한 예다.

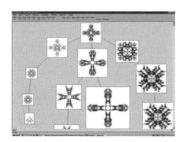

한 바이오모프종의 진화의 계통도

다음 'Fossils → Fossil history'를 보자. 'Breed' 'Engineer' 등은 현세대만을 보여준다. 지나간 과거의 형태를 알고 싶으면 'Fossils → Fossil history'를 선택하면 된다. 과거 선택된 모든 바이오모프를 순서대로 보여줄 것이다.

3. 맺는말

이 글에서는 '누적선택'과 '진화'의 개념적 의미보다 그 소프트웨어의 실행사례들을 설명하는 데 치중했다. 필자는 전에 비트겐슈타인의 『논리-철학 논고』의 세계를 '세포자동자'(cellular automata)라는 소프트웨어를 이용하여 설명 가능한지를 실험적으로 시도해본 적이 있다 (조용현 2002, 241~60면). 그리고 도킨즈의 저서 『불가능한 산에 오르기』 (*Climbing Mount Improbable*, 1996)에 제시된 개념들을 '구체적 총체성'으로서의 미학적 개념 설명에 접목해보기도 했다. 여기에는 그 아이디어를 구현하는 소프트웨어 '셸리립'(ShellyLib)을 사용하여 설명했다.[3]

필자의 경험으로는 철학적 개념 교육에 적절한 소프트웨어의 사용은 효과가 있는 것으로 보인다. 비단 그것이 아니더라도 지금 소개한 이 소프트웨어들을 구동시키면서 도킨즈의 『눈먼 시계공』을 읽는다면 그것만으로도 좀더 색다르고 실감나는 책읽기가 되지 않을까 생각한다.

| 조용현 |

---

3 http://biophilosophy.tistory.com/admin/entry/edit/53?type=entry&category=1429 61&start=0&limit=30&keyword=&sort=&dir=&searchType=all&isEditEntry=true. 셸리립은 다음 주소에서 다운받을 수 있다. http://www.shelly.de/ 도킨즈의 flare, verm, spire의 값의 변화에 따른 연체동물의 패각형성을 시뮬레이션해보기에 적합한 소프트웨어는 다음 주소에서 다운받을 수 있다. http://demonstrations.wolfram. com/ShellSpaceFlareVermAndSpire/

참고문헌

그레이엄 케언스-스미스 (1994)『생명의 기원에 관한 일곱가지 단서』, 곽재
   홍 옮김, 두산동아.

리처드 도킨스 (1994)『눈먼 시계공』, 과학세대 옮김, 민음사, 19~21면 참조.

스튜어트 카우프만 (2002)『혼돈의 가장자리』, 국형태 옮김, 사이언스북스.

조용현 (1999)「카우프만의 신의 마음」,『과학철학』제2권 2호, 113~26면.

_____ (2002)「세포자동자를 이용한 비트겐슈타인의 논리공간의 탐색」,
   『과학과 철학』제13집, 과학사상연구회 엮음, 241~60면.

참고 사이트

http://richarddawkins.net

http://www.alife.or.kr

http://demonstrations.wolfram.com

논리, 역사, 사회[*]

과학철학의 변모

1. 빈, 베를린, 프라하

1920년대 유럽 여러 곳에서 일어난 조직적인 과학철학운동은 양자물리학의 화려한 개화와 때를 같이한다. 1923년 플랑크의 제자이자 빈대학교 철학과 교수인 슐릭이 주도한 세미나에서 결성된 빈학단은 논리실증주의 또는 논리경험주의를 표방했다. 5년 뒤에는 베를린에서 라이헨바흐 등이 경험철학회(Gesellschaft für empirische Philosophie)를 만들었다. 헴펠에 따르면 논리경험주의는 과학에 관심있는 철학자들과 철학에 관심있는 과학자들의 공동노력으로 태어난 것이다. 1930년부터 카르납과 라이헨바흐가 편집인으로 참여한 잡지 『인식』(*Erkenntnis*)이

---

* 본고의 일부 외국어 고유명사와 책 제목 등의 표기는 저자의 표기원칙에 따랐다.—편집자

창간되었다. 비슷한 때에 케임브리지, 옥스퍼드, 뮌스터, 웁쌀라, 르보브(현재는 르비프), 바르샤바 등 유럽 곳곳에서 일어난 학파들이 뉘앙스가 조금씩 다른 이름을 붙이고 과학철학 전성시대를 이루었다.

이미 1912년 아인슈타인, 힐베르트(D. Hilbert), 마흐, 프로이트, 쉴러(F. C. S. Schiller), 퇴니스(F. Tönnies), 클라인(F. Klein), 럽(J. Loeb) 등이 서명한 실증주의철학회(Gesellschaft für positivistische Philosophie)의 선언(Aufruf)에는 경험적 사실 자체를 연구하자는 주장이 보인다. 논리실증주의자들은 마흐가 대표하는 19세기의 근본적 경험주의와 프레게, 러쎌(B. Russell)의 논리를 결합해 철학과 과학의 전통적인 개념을 뒤엎는 혁명가들로 자처했다. 그들은 과학방법의 전통적 문제들을 떠나 과학용어의 의미, 과학적 설명의 구조, 과학법칙들의 논리적 지위를 분석했다. 이 운동의 뿌리를 거슬러 올라가면 독일관념론 전통의 역사주의와 스펜서(H. Spencer)의 진화주의에 대한 반동과 만날 수 있다. 특히 논리실증주의는 철학의 영역에서 역사와 윤리를 제외했다. 그러나 당시의 상황을 들여다보면 문제는 그렇게 간단치 않다.

1929년 빈학단이 '과학적 세계관'(wissenschaftliche Weltauffassung)을 선언했을 때 회원은 14명이었다. 주요 멤버에는 파이글(철학), 한(수학), 노이라트(사회학), 크라프트(역사학), 카우프만(법학)이 있었고 늦게 참여한 카르납(철학), 프라하에서 자주 찾아온 프랑크(P. Frank, 물리학)가 있었다. 외국인으로는 에어(영국), 헴펠(독일), 콰인, 블룸버그(A. E. Blumberg, 미국), 제이모나뜨(L. Geymonat, 이딸리아), 홍춘(洪謙, 중국)이 있었고 다른 분야의 학자들로는 포퍼(철학), 칠젤(E. Zilsel, 사회학), 켈젠(H. Kelsen, 법학), 베르탈란피(L. von Bertalanffy, 생물학)가 가끔 나타났다. 뒤에 슐릭이 암살당하고 히틀러가 오스트리아를 합병하자 빈학단은 거의 해체되었다. 그러나 대다수가 유대인이었던 논리경험주의자들은 영국, 미국 등으로 이주 또는 망명해 활동을 계속했고, 특히 과학철학은 미국에서 그곳의 경험주의 전통과 손잡아 눈부신 발전을 이룩했다.

빈에서 출발할 때 논리경험주의는 본디 어땠으며 어떻게 오늘날에 이르러 과거와는 전혀 다른 모습의 과학철학으로 바뀌게 되었을까? 프로이트, 쇤베르크(A. Schönberg), 비트겐슈타인이 활동한 1920년대의 빈은 유럽의 천재들이 모여들어 최고의 지적 창조성을 유감없이 펼친 곳이었다. 대다수의 초기 논리경험주의자들은 전문 철학에서만큼이나 문화와 정치 문제에 대한 정열을 품고 있었다. 특히 노이라트, 카르납, 프랑크는 논리경험주의와 유럽의 여러가지 문화, 정치 제도와 운동 사이의 관계를 맺으려 노력했다. 카르납은 평생 인공 국제언어에 관심을 가졌고 노이라트는 박물관, 공공교육에서 일했다. 그들은 모두 바우하우스(Bauhaus)에 초청받아 강의했다. 그들은 또한 레닌(V. I. Lenin) 등 마르크스주의자들(Marxists), 프랑크푸르트학파와 논쟁을 벌였으며, 프랑크는 과학주의, 실증주의에 대한 신토마스주의자들의 비판에도 호의를 보였다. 두 사람은 정치논쟁에만 머물지는 않았다. 노이라트는 1919년 바이에른 사회주의혁명에서 중요한 몫을 했고, 라이헨바흐는 베를린 대학에서 사회주의 학생운동에 뛰어들어 뒤에 그 대학 교수 자리를 놓쳤다.

빈학단은 전통철학 비판을 홍보하고 과학적 세계관을 대안으로 대중화하기 위해 대중에게 접근했다. 논리경험주의자들은 빈에서 에른스트 마흐협회(Verein Ernst Mach)의 공개강연을 활용했고 유럽과 미국에서는 노이라트의 통일과학(Einheitswissenschaft)운동을 통해 시민들에게 다가갔다. 이 운동은 여러 과학들을 통일하고 조정해 현대인의 생활을 사려깊게 꾸미고 계획하는 도구로 더 잘 쓸 수 있도록 추진하는 것이었다. 그것은 또한 보통 시민들이라도 반동적·반과학적인 진영의 몽매주의적 수사를 더 잘 평가하고 사회의 집단적 목표를 도울 미래의 통일과학을 계획하는 데 공헌할 수 있도록 인식론적·과학적 정교화를 촉진하려 했다. 논리경험주의와 노이라트의 통일과학운동은 함께 계몽 (Aufklärung)사업을 하고 있었다. 그들이 추구한 것은 20세기의 과학, 논리, 사회사상, 정치의 발전을 최대한 이용하면서 18세기 프랑스 계몽사상(Lumières)의 약속을 구체화하고 그 실현을 돕는 것이었다.

논리경험주의는 1930년대에 미국으로 갔다. 1930년에 이주한 파이글을 빼고는 30년대 후반부에 카르납(1935), 괴델, 칠젤(1939)까지 몰려들었다. 대부분이 노이라트의 통일과학운동의 참여자로 미국에 갔는데 노이라트 자신은 네덜란드와 영국에 머물며 운동을 지휘했다. 통일과학운동은 그들에게 빈, 베를린, 프라하에서 가졌던 접촉과 대화를 계속할 수 있는 제집 같은 안식처였다. 또한 이 운동을 통해 이미 과학철학의 사회적·정치적 프로그램을 실행하고 있던 미국 철학자들과 망명 철학자들의 연대가 이루어졌다. 미국 쪽에서 가장 적극적인 철학자는 프래그머티스트인 모리스(C. W. Morris)였다.

유럽에서는 통일과학국제회의(International Congress for the Unified Science)가 해마다 열렸다. 1934년 프라하에서 시작한 국제회의는 빠리 (1935), 코펜하겐(1936), 빠리(1937), 케임브리지(1938)를 거쳐 미국으로 건너가 케임브리지(1939), 시카고(1941)로 끝났다. 국제회의의 성과로는 『국제통일과학백과사전』(*International Encyclopedia of Unified Science*)이 유명하지만, 『통일과학잡지』(*Journal of Unified Science*)도 몇번 나왔다. 미국에서 논리경험주의자들은 지식인, 철학자, 논리학자뿐만 아니라 새로운 사회·문화운동의 대표로 받아들여졌다. 2차대전은 통일과학운동을 끝나게 했고 뒤이은 냉전이 그 회복을 막았다.

모리스는 논리경험주의가 미국으로 이동하는 데 가장 공이 크다. 그는 유럽에 있는 동지들에게 영어로 논문을 발표하게 했고 번역을 주선하기도 했다. 라이헨바흐, 카르납, 프랑크의 취직을 도운 것도 모리스였다. 모리스는 시카고대학출판부에 『국제통일과학백과사전』을 소개했고 시카고대학이 통일과학운동의 중심이 되기를 바랐다. 백과사전은 처음에는 큰 성공을 거두었다. 백과사전과 통일과학운동은 지성의 중심 뉴욕에서 유명해졌다. 원로 철학자 듀위(J. Dewey)를 비롯해 네이글, 훅(S. Hook), 칼른 등이 논리경험주의를 도왔다. 2차대전이 터지면서 백과사전 출판은 어려움에 빠졌다. 1943년 시카고대학출판부는 백과사전 출간을 중단했다. 통일과학운동은 노이라트와 카르납의 갈등, 논리경험주의와 통일과학운동이 전체주의적이라는 칼른의 비난으로 뒤틀리더니, 종전 직후 노이라트의 갑작스러운 죽음으로 큰 타격을 입었다.

1947년 통일과학운동이 흔들리기 시작하자 노이라트의 가까운 친구이자 생각과 스타일이 비슷한 프랑크가 나섰다. 그는 보스턴에 통일과학연구소를 만들려 했고 지도체계도 윤번제로 해서 젊은이들을 끌어들이려 했다. 때마침 모리스가 라키펠러 펠로우(Rockefeller fellow)여서 재단의 지원을 받아 연구소를 꾸려갈 셈이었다. 프랑크는 연구소가 백과사전을 맡고 통일과학회의를 조직하며 새 프로젝트들을 개발할 복안을 갖고 있었다. 그는 특히 과학사회학 연구를 장려하는 데 열심이었고, 과학용어사전, 학생들의 논문발표모임을 기획했다. 그러나 연구소는 잘되지 않았다. 프랑크의 아이디어가, 파이글, 라이헨바흐 등 전문적이고 대중과 거리를 두는 과학철학을 추구하는 중진 철학자들에게는 인기가 없었기 때문이다. 프랑크가 연구소의 대중적 의제와 동료들의 전문적 의제 사이에서 균형을 잡으려는 동안 프로젝트들은 흐지부지되었다. 라키펠러 재단의 지원은 1955년 끊어졌다. 백과사전도 단행본 20권으로 1970년 끝났다.

2. 냉전과 과학철학

1950년대 초 통일과학운동이 실패한 주요 이유는 미국의 정계, 지식인 사회, 대중을 휩쓴 매카시즘(McCarthyism)의 억압적인 공포 분위기였다. 그때의 풍토는 너무나 비우호적이고 위험해 프랑크를 뺀 지도자들은 통일과학운동의 재활성화에 정력과 생애를 투자할 수 없었다. 그 이면을 보면 1930년대 마르크스주의에 도취해 혁명의 열매를 직접 보겠다고 소련을 여행한 일부 미국 지식인들이 그들의 믿음과 희망을 누그러뜨리기 시작한 데서 이런 변화를 감지할 수 있다. 1930년대 중반에 이런 사람들은 아직 많지 않았고 통일과학운동은 여전히 미국의 좌익 지식인, 철학자 들의 칭송을 받았다. 그러나 회의와 우려가 쌓여갔다. 인기높은 뜨로쯔끼(L. Trotsky)가 망명하고, 집단농장의 참상 소문이 자자하고, 스딸린(J. Stalin)이 뻔뻔스럽게도 르이셍꼬(T. D. Lysenko)의 경쟁자들을 공개재판하자 좌익 지식인들의 러시아 인식은 극적으로 달라지기 시작했다. 결정적인 계기는 1939년 히틀러와 스딸린의 불가침조약 소식이었다. 많은 사람들이 위대하고 명예로운 혁명이 스딸린과 그 악당들에게 강탈당했다고 결론내렸다. 몇달 뒤 히틀러가 폴란드를 침공했고 칼른은 친구 노이라트의 통일과학운동을 전체주의적이라고 거

484

부했다.

모든 좌익이 반스딸린주의, 반공산주의로 간 것은 아니다. 그러나 반공으로 돌아선 사람들은 그들이 보기에 맹목, 어리석음, 애국심의 결여 때문에 소련에 협조한 사람들에게 분노했고 공격적으로 대했다. 혹이 '동반자들'(fellow travelers)을 공격하고 칼른이 '전체주의적' 통일과학을 공격한 열정은 곧 후버(J. E. Hoover) 연방수사국장, 매카시(J. McCarthy) 상원의원과 다른 직업적 반공주의자들이 공공영역에서 행사한 반공주의와 호적수가 되었다. 1940년대 말부터 그들은 소련 스파이와 관련있다고 믿어지는 지식인, 정치인, 과학자 들을 공격했다. 공산주의와 싸우도록 만들어진 연방 정책과 법률은 거의 모든 연구 중심 대학에 영향을 주었고, 학자들이 직업적·사회적 지위의 위험을 무릅쓰고 교실 안팎에서 마륵스주의나 사회주의에 동정적이 되는 것을 사실상 불가능하게 만들었다.

1930년대에 통일과학운동을 따뜻하게 맞았던 지적·정치적 문화는 이렇게 해서 등을 돌렸다. 프랑크의 노력에도 불구하고 이 운동은 전후 세계에서 다시는 힘을 얻지 못하게 되었다. 이런 결과가 나온 데는 몇가지 요인과 압력이 있었다. 그 하나는 통일과학이 논리경험주의의 목표만이 아니라 대중의 목표이기도 했다는 것이다. 통일과학의 어떤 면은 마륵스주의자와 공유되었고, 그 결과 실질적 목표는 전보다 냉전기간에 더 '분홍빛'이었다. 또다른 요인은 전문직업화와 연관이 있고, 냉전 당시 학문과 문화에서 과학철학의 위치를 정의하고 정당화하며 보전하는 핵심 문제와 방법을 추진하는 목표와 관계가 있다. 세번째 요인은 지식인 사이에 팽배한 집산주의 거부와 정치·사회 이론에서의 개인주의와 자유 찬양이다. 통일과학운동의 가치와 방법은 냉전 미국을 지배한 반공산주의·반집산주의·반과학주의적 주제의 혼합체와는 맞지 않았다. 교수들에게 애국주의적 충성선서에 서명을 요구한 많은 대학에서 반공은 마음가짐이나 태도가 아니라 제도권 생활과 일의 공식 특징이었다.

이와 같은 압력과 환경에서 논리경험주의는 1950년대 말부터 비정치적·기술적·전문적인 모습을 띠게 되었다. 이 탈바꿈과정에서 가장 중요한 사건은 통일과학운동의 죽음이다. 냉전에서 살아남은 것은 노이라트의 통일과학운동 없는 논리경험주의, 미국에서 과학자, 대중, 다른 진보적인 운동 들과 함께 만나면서 강화되기 시작했던 접촉점이 제거된 논리경험주의다. 1950년대 말에 이르러 주요 과학철학자들은 정통 과학철학을 윤리학, 정치학의 규범적 관심에서 떼어놓았다. 이때 그들이 쓴 논변과 가정은 1930년대의 노이라트, 프랑크, 모리스, 듀위가 있었다면 도전을 피하지 못했을 것이다. 1960년대 이후 이들은 죽거나 영향력을 잃었고, 철학의 장래를 위해 그들의 횃불을 들고 갈 학생들도 없었다.

3. 역사와 사회의 부활

1950년대부터 논리경험주의의 방법과 결론은 곳곳에서 공격을 받기 시작했다. 핸슨, 툴민, 쿤, 파이어아벤트가 새 접근을 대표한다. 이 접근의 두드러진 특징은 과학분석의 1차적 도구로서의 형식논리를 거부하고 과학사 연구에 의존하는 것이다. 이것은 카르납, 헴펠, 네이글 등이 이끈 논리적 접근에 대한 역사적 접근의 도전이었다. 툴민은 이 극적인 전환을 '역사의 재발견'이라 부른다. 논리경험주의의 선구인 19세기의 과학철학자들 휴월, 마흐, 뒤엠은 인식론, 방법론의 원리들을 해명하고 정당화하기 위해 역사를 즐겨 썼다. 그런데 20세기에 들어와 형식주의가 추구된 결과 역사는 팽개쳐졌다. 이후 반세기 동안 정적·구조적·비역사적·추상적 유형이 휩쓸게 되었다. 그러나 차츰 '반역사'의 한계가 드러나기 시작했다. 드디어 개념적 변화의 문제가 논리적 구조라는 낡은 문제를 밀어낼 때가 된 것이다.

이른바 과학철학의 '4인방'(Gang of Four)이 과학철학에 몰고 온 파문은 넓고도 깊다. 그들의 도전이 그대로 먹혀들어간 것은 아니다. 쿤의 경우처럼 영웅으로 화려하게 등장한 뒤 궤도수정, 후퇴라는 쓰라린 좌절을 맛보기도 했다. 그러나 과학철학은 큰 변화를 겪지 않을 수 없었다. 논리실증주의는 죽었다는 말이 나온 지도 꽤 오래되었다. 오늘날 스스로를 논리실증주의자 또는 논리경험주의자라고 부르는 사람은 거의 없다. 그것을 떠받치는 기둥들이 온전하지 않기 때문이다. 어쨌든 새 과학철학은 과학이 우리가 생각하던 것보다 매우 복잡한 작업이라는 것을 깨닫게 해주었다. 이런 격랑에도 불구하고 더욱 세련된 정통 과학철학은 아직 다수로 건재하며 혁명적 과학철학에 대항해 합리성을 재건하려는 시도를 끈질기게 계속하고 있다.

1970년대 과학사회학에서는 머튼의 과학의 규범적 구조분석을 거부하고 쿤의 '과학자 사회'(scientific community) 개념을 채택하는 조망을 발전시켰다. 그밖에도 뒤르껨(D. É. Durkheim) 등의 문화인류학, 후기 비트겐슈타인의 영향을 받은 영국의 과학지식사회학(sociology of scientific knowledge, SSK)이 태어났다. 사회학자 만하임이 1929년 만들어낸 지식사회학(Soziologie des Wissens)은 지식이 사회적으로 구성된다고 보았으나 과학과 수학은 예외였다. 과학지식사회학은 과학의 사회적 조건과 결과, 그리고 과학활동의 사회구조를 연구한다. 반즈, 멀

케이(M. Mulkay), 돌비, 블루어 등 에딘버러 학파의 '강한 프로그램'(strong programme)은 사회학적 설명이 잘못된 믿음뿐만 아니라 모든 믿음들에 영향을 준다고 본다. 사회구성주의(social constructionism)는 사회학 밖으로 나가 과학사학계를 휩쓸었고 과학철학에도 영향을 주었다. 하레(R. Harré)는 『과학철학들』(1972)의 제2판(1985)을 내면서 '과학과 사회'라는 장을 추가했고 뒤이어 많은 과학철학 개설서들이 과학사회학을 새롭게 다루어왔다.

과학철학의 역사학파를 뿌리내리게 하고 과학지식사회학의 출범을 도운 쿤은 사회적 보수주의자로 평가받는다. 풀러는 『과학혁명들의 구조』를 냉전시대의 모범적인 기록으로 읽어야 한다고 주장한다. 쿤은 스승 코넌트가 꾸민 냉전정치 패러다임 안에서 '정상과학자'였다는 것이다. 로티(R. Rorty)도 쿤의 과학철학은 주류 분석철학에 매우 가까운 것으로 본다. 하버드대학 총장 코넌트는 쿤에게 사례사 중심 자연과학개론 강의를 맡겨 역사에 눈뜰 기회를 만들어준 사람이다. 그는 맨해튼계획(Manhattan Project)을 주도했고 전후 미국 과학정책 수립의 핵이었다. 그는 뉴딜주의자, 마르크스주의자 들의 위협으로부터 과학의 자율성을 지키려는 문화방어 전략을 세웠는데 쿤이 이에 충실하게 봉사한 셈이다. 쿤이 사회와 거리를 두고 침묵한 것은 이처럼 냉전의 배경에서 이해될 수 있다.

STS(S&TS 과학기술학 또는 ST&S 과학, 기술, 사회) 운동에 적극 참여하고 있는 기리(R. Giere)는 응용과학철학을 권장한다. 과학기술에 크게 의존하는 사회의 본질적 문제에 과학철학을 응용하자는 것이다. 지식을 얻는 과정의 연구(과학방법론)는 이미 포퍼주의자들과 쿤이 했거니와 이와 더불어 지식을 응용하는 과정의 연구(기술방법론)도 필요하다. 여기에는 기술평가의 일반이론과 우주계획, 원자력발전의 평가가 포함된다. 인식론에서 사회·정치 철학으로, 지식의 구조연구에서 습득, 응용 방법의 연구로, 물리과학에서 더 부드러운 과학(생명과학, 사회과학)으로 옮긴다면 응용가능성은 커질 것이고 오늘의 절박한 문제 해결에 이바지할 수 있을 것이다.

2007년에 카트라이트, 장하석(Hasok Chang) 등이 네덜란드의 트웬테대학교에 모여 결성한 실천과학철학회(Society for Philosophy of Science in Practice, SPSP)는 300명이 넘는 회원을 모아 활발히 움직이고 있는데, 이상욱을 비롯한 한국 철학자들도 가담하고 있다. 이 학회의 취지문에 따르면 과학철학은 전통적으로 과학이론과 세계의 관계에 초점을 맞추었으나 과학적 실천은 무시해왔다. 한편 STS는 과학적 실천과 이론의 관계에 주목했으나, 세계를 사회적 구성의 산물로밖에 보지 않았다. 두 접근은 각각 장점이 있지만 과학의 중요한 측면을 소홀히한 한계가 있다. 그들이 주장하는 과학철학의 방향은 전혀 새롭지 않다. 자연주의적 과학철학은 철학적 과학사와 함께 과학적 실천을 연구할 필요를 강조해왔다. 해킹의 실험적 실재론은 적극적 간섭을 세계에 관한 지식에 이르는 지름길로 보았다. 프래그머티스트, 도구주의자, 후기 비트겐슈타인주의자들도 진리와 의미를 실천에서 정초하려 했다. 그러나 영어권 과학철학에서 실천에 대한 관심은 늘 주류의 관심 밖이었다. 그들은 구체적인 계획을 내놓고 있다. 우선 과학철학과 기술철학, 의철학 사이에 다리를 놓아야 한다. 물리학과 생물학 일부에 대한 관심은 경제학 등 다른 인문사회과학 분야들 그리고 공학, 의학으로 확장되어야 한다. 방법론으로는 철학적 추론과 과거와 현재의 과학적 실천연구 사이의 생산적 상호작용이 중요하다. 이것은 통합학문으로서의 과학사·과학철학의 이론적 근거를 제공할 것이며 과학기술자, 정책입안자 들을 끌어들일 수 있을 것이다.

4. 과학기술 비판에서 과학기술윤리로

"인간 활동의 어떤 분야도 지적으로나 기술혁신에서 과학기술만큼 성취한 적이 없다. 그러나 이 도전받지 않는 진전에도 불구하고 과학기술이 반드시 인류의 도덕적·사회적 진보를 가져오는 것은 아니다. 이성의 꿈들은 악몽을 뜻할 수도 있다." 깡길렘(G. Canguilhem)에게 철학을 배우고 과학기술정책 학자가 된 쌀로몽(J. J. Salomon)은 20세기가 저물어갈 때 이렇게 말했다. 20세기는 플랑크의 양자가설과 함께 시작되었다. 이어 아인슈타인의 상대성이론이 나왔다. 1927년 하이젠베르크가 불확정성원리를 발표하고 1929년 디랙(P. A. M. Dirac)이 양전자의 존재를 예언할 때까지 30년은 오펜하이머(J. R. Oppenheimer)가 말한 대로 '영웅의 시대'였다. 과학은 순풍에 돛 단 듯 전진했고 인류에게 무한한 혜택을 가져온다고 믿어졌다. 그러나 태평양전쟁이 막바지에 다다른 1945년 8월 히로시마와 나가사끼에 떨어진 원자폭탄은 순식간에 15만명의 죄없는 목숨을 앗아갔다. 라비츠가 '대학과학'(academic science)이라 부른 순수과학의 전성기는 원자폭탄과 함께 끝났다.

핵폭탄 이전에도 과학이 빗나간 보기는 많다. 우생학(eugenics)은 '좋은 탄생'이라는 그 어원에도 불구하고 더러운 학문이 되었다. 20세기 초 우생학운동의 전개는 과학의 대표적 악용사례들로 기록되었다. 미국의 국적별 이민할당법은 비앵글로색슨에 대한 명백한 차별이었다.

1930년대 유럽과 미국의 거세법은 무서운 인권유린이었다. 나치 독일은 1934~39년에 사회부적응자와 정신박약자 40만명을 거세했다. 같은 때 벌어진 나치와 일본 관동군 731부대의 잔인한 인간 생체실험 만행도 이와 무관하지 않다.

1930년대에는 과학의 윤리를 대변한 세가지 견해가 나왔다. 물리화학자이자 철학자인 폴라니는 자유롭고 헌신적인 사람들의 사회가 보장하는 과학연구의 개인적 경험을 강조했고, 포퍼는 과학을 비판의 원리와 실천을 통해 실현되는 지적 정직성으로 보았으며, 사회학자 머튼은 과학의 윤리에서 문명화된 인간 행동의 최고 기준이 실현된다고 보았다. 폴라니는 관료적 방향과 통제, 포퍼는 비판의 거부에 잠재된 비정직성, 머튼은 협동적인 과학적 노력의 규범과 사회 및 국가 규범 사이의 본질적 갈등에서 각각 과학에 대한 위협을 보았다. 이들에게 과학자 사회는 윤리적으로 사회의 모형 같았다. 이같은 과학의 이미지는 과학주의를 반영하는 것으로, 그들은 한결같이 과학을 신뢰했고 과학의 순수성을 강조했다. 한편 물리학자 버날(J. D. Bernal)은 과학의 외적·사회적 기능에 관심을 보였다. 그는 과학이 의식적·계획적으로 인류의 이익을 위해 봉사할 의무가 있다고 주장함으로써 위와는 대조적인 입장을 취했다. 그는 순수과학의 개념에 회의적이었으나 한편 과학이 미래의 모르는 가능성에 대한 희망이라고 한 점에서 과학에 철저한 신뢰를 보냈다. 이들의 긍정적 과학관은 1960년대 이후 도전을 받을 때까지 서유럽 학계를 지배했다.

미나마따(水俣)병, 토리 캐니언(Torey Canyon)호 사건 같은 환경재난을 겪은 1960년대부터 과학의 이미지는 급격하게 나빠졌다. 유럽, 미국, 일본 등 선진 산업사회를 휩쓴 반문화(counter culture)운동의 표적은 과학이었다. 이제 과학에 대한 공격은 과학자 사회 밖은 물론 안으로부터도 나왔다. 반과학(antiscience)운동은 고도기술뿐 아니라 그것을 낳은 과학 자체에도 겨누어졌다. 과학정책의 목표와 결과에 대한 도전은 과학의 내적 규범, 심지어 그 인식론적 지위마저 의심하는 데까지 왔다. 혁명적 과학철학은 주류는 아니지만 과학철학 안에서 무시할 수 없는 위치를 확보했다. 사회학에서는 과학지식사회학이 STS운동으로 나타났다. STS운동에는 과학사·과학철학(history and philosophy of science, HPS) 쪽에서도 사회적 과학사와 응용과학철학이 참여하고 있다.

1970년대에 거세게 일어난 환경운동은 원자력발전 시비로 발전했다. 생태위기는 그 뿌리와 해결책을 둘러싸고 다양한 환경철학을 낳았다. 생태케인즈주의, 심층생태주의, 사회생태주의, 생태마르크스주의 등이 어우러져 싸웠고 이 논쟁은 1980년대 한국에서도 이어졌다.

1980년대 후반에는 정보통신공학의 약진이 디지틀혁명을 가져왔다. 온세계가 인터넷으로 연결된 것은 사회주의의 붕괴보다 더 큰 사건이라는 평가도 나왔다. 그러나 1990년대 생명공학의 놀라운 성공은 이 모든 것을 압도하고 말았다.

배아복제 논쟁은 오늘날 연구윤리의 대표사례라 할 수 있다. 연구윤리는 2차대전 이후 나치 전범재판에 따라 만들어진 뉘른베르크 강령 (1947), 세계의학협회의 헬싱키 선언(1964)으로 거슬러 올라가는 긴 전사가 있다. 1970년대 초 과학자들은 재조합 DNA 연구의 잠재적 위험을 깨달았고, 1975년 애쎌로마(Asilomar) 회의에서 연구유예(moratorium)를 둘러싸고 격론을 벌인 끝에 미국 국립보건원의 재조합 DNA 연구지침이 나오게 되었다. 이것은 연구윤리가 관심을 끌게 된 중요한 전기를 이루었다.

1997년 복제양 돌리의 탄생은 한국에서도 비상한 관심을 불러일으켰다. 그해에만 해도 이 문제를 논의한 모임이 10여차례 열렸다. 이듬해 철학자·의학자·법학자·과학자 들이 모여 한국생명윤리학회를 만든 것도 그 영향이 컸다고 볼 수 있다. 1986년 한국철학회가 '의학과 철학의 대화'라는 주제로 모임을 가진 이래 침묵을 지켜왔던 철학계도 연달아 생명윤리를 다루는 모임을 열었다. 한국생명윤리학회는 '인간복제에 반대하는 1999년 선언'을 채택했고 한국철학회도 몇달 뒤 비슷한 내용의 선언을 발표했다. 한국철학계에서는 개체복제, 배아복제에 대해 활발한 논의가 있었다.

　2000년대에 들어서면서 한국에는 생명공학 개발열풍이 불었고 생명윤리법이 4년 걸려 기형으로 태어난 직후 황우석의 줄기세포 확립이 발표되어 걷잡을 수 없는 소용돌이에 빠졌다. 정부, 정치권, 기업, 언론, 과학계가 황우석을 영웅으로 띄웠을 때 한국생명윤리학회와 일부 시민단체들은 항거했으나 대다수의 철학자들은 침묵했다. 2005년 말이 되어서야 황우석의 연구는 날조된 것으로 판명되었지만 황우석 사건은 엄정하게 마무리되지 않았다. 한동안 정부 주도로 연구윤리 보급이 추진되었을 뿐 '과학기술인 윤리강령'은 철학자들의 참여 없이 졸속으로 만들어졌다.

　'과학기술과 사회'라는 주제에 관해 선구적 몫을 해온 유네스코는 1993년 국제생명윤리위원회(IBC)를 만들어 생명윤리 보편선언 등 세가지 선언을 발표했다. 1998년에는 세계과학기술윤리위원회(COMEST)가 발족해 외계윤리, 담수윤리, 정보윤리, 환경윤리, 나노윤리 등을 다루었으나 과학자 윤리강령은 진전이 없다. 세계과학기술윤리위원회는 지금 기후변화윤리에 전력투구하고 있다. 1999년 부다페스트에서 열린 세계과학회의(WCS)는 과학기술윤리의 중요성이 강조된 역사적인 계기였다. 이 회의는 처음으로 과학자들이 내놓은 뼈아픈 자기비판이란 점에서 의의가 깊다.

생명공학 다음으로 떠오른 나노기술은 21세기의 혁명적 기술로 각광받고 있으나 그 성과에 대해 과장이 많고 잠재적 위험에 대한 우려도 높다. 이에 대해서는 일찍이 환경단체 그린피스가 비판적인 보고서를 낸 바도 있다. 우리나라는 나노기술 분야의 논문과 특허 수에서 세계 3위를 차지하고 있으니 나노윤리(nanoethics) 연구도 시급하다. 한국과학기술평가기획원은 2003년부터 융합나노기술과 나노소재기술에 대한 기술영향 평가를 했다. 여기에는 인문·사회과학자들이 참여했고 시민들의 의견도 참고했다. 2007년 한국과학기술한림원은 유네스코 한국위원회와 더불어 나노윤리 국제심포지엄을 열었다. 같은 해 유네스코 아태지역 사무소는 방콕에서 에너지기술윤리 국제회의를 주관했는데 두 번째 회의는 2008년 세계철학대회의 일부로 서울에서 열렸다.

2008년에는 로봇윤리헌장 제정위원회와 제어로봇씨스템학회가 주관하고 지식경제부가 후원한 지능형 로봇윤리 워크숍이 열려 주목을 끌었다. 한국은 로봇분야에서도 미국, 일본과 함께 선두주자의 한 나라다. 로봇윤리(roboethics)라는 말은 2004년 처음 나왔다고 한다. 한국은 이듬해 로봇산업정책포럼에서 로봇윤리 작업반을 만들었고 1년 만에 로봇윤리헌장 초안을 기초했다. 로봇윤리를 기술자들이 손수 만들었고 인문학자들의 도움을 청했을 뿐 아니라 이런 작업을 정부가 지원한 것은 뜻이 깊다. 로봇은 단순한 기계인가, 새로운 종인가? 로봇윤리는 로봇 자체의 윤리인가, 로봇 사용자의 윤리인가? 로봇을 윤리적 특성을 지닌 존재로 본다면 로봇윤리의 영역은 크게 확대된다. 로봇은 인간의

494

도구이며 생명체가 아닌 존재인데도 많은 복잡한 윤리적 문제가 있다. 로봇윤리와도 관계가 깊지만, 뇌과학이 발달함에 따라 국내외에서 활기를 띠고 있는 뇌윤리(신경윤리)에 대한 관심도 높아지고 있다.

20세기 초 과학이 윤리와 결별한 이래 오랫동안 과학은 윤리와 아무런 관계가 없다고 믿어져왔다. 20세기 말 윤리는 과학의 중심으로 돌아왔건만 한국의 과학자들은 과학은 진리를 탐구하면 되고 윤리는 상관없는 것이라는 그릇된 확신에 빠져 있다. 일반 국민은 과학만능을 부추기는 언론에 세뇌되어 문제의 진상을 모르고 있다. 과학기술윤리 교육을 강화해 과학자들과 일반 국민이 과학을 균형있게 볼 수 있도록 해야 한다. 철학은 첨단기술의 문제에 관심을 보여야 하며 그 연구성과를 대중화하는 작업을 해야 한다.

런던대학 명예 부교수로 있는 과학철학자 맥스웰(N. Maxwell)은 1984년 『지식에서 지혜로』(*From Knowledge to Wisdom*)란 책을 냈다. 부제는 '과학의 목표와 방법의 혁명'(A Revolution in the Aims and Method of Science)이다. 그는 철학이 지식을 얻는 데 그치지 말고 지혜를 찾고 발전시켜야 한다고 주장했다. 이를 위해 학계의 혁명이 일어나야 한다고 믿은 그는 다섯권의 책을 더 썼고 2003년 '지혜의 벗들'(Friends of Wisdom)을 만들어 활동하고 있다. 과학은 지식을 늘리는 데 커다란 성공을 거두었다. 그러나 지혜 없는 새 지식은 인류에게 혜택뿐 아니라 고통과 죽음을 가져올 수 있다. 전쟁, 죽음의 수용소, 독재, 빈곤, 환경파괴를 피하려면 지혜를 얻는 방법을 연구해야 한다. 과학철학의 갈 길은 명백하다.

| 송상용 |

참고문헌

강신익 (2002)「앎, 삶, 함, 그리고 몸: 의학적 몸의 존재론」,『과학철학』제5권 제1호, 135~59면.

_____ (2007)『몸의 역사, 몸의 문화』, 휴머니스트.

고인석 (2006)「화학은 물리학으로 환원되는가?」,『과학철학』제8권 제1호, 57~80면.

_____ (2007)「공시적 통약불가능성의 개념과 양상: 전문분야간 협력과 관련하여」,『철학연구』제103집, 대한철학회, 1~23면.

_____ (2007)『과학의 지형도』, 이화여자대학교출판부.

_____ (2010)「빈학단의 과학사상: 배경, 형성과정, 그리고 변화」,『과학철학』제13권 제1호, 1~27면.

김경만 (2004)『과학지식과 사회이론』, 한길사.

김동원 (1992)「사회구성주의의 도전」,『철학연구』제30집, 철학연구회, 73~89면.

김유신·성경수 (2004)「공학과 공학윤리」,『철학논총』제35집, 대한철학회, 81~100면.

김유신 (2008)「보어와 실재론 논쟁」,『과학철학』제11권 제2호, 35~80면.

김재영 (2001)「한계로서의 확률: 양자역학과 통계역학의 예」,『과학과 철학』제12집, 과학사상연구회.

_____ (2004)「통계역학의 기초 다시 보기: 메타동역학적 접근」,『과학철학』제7권 제2호, 21~63면.

김환석 (2006)『과학사회학의 쟁점들』, 문학과지성사.

박은진 (1996)「과학철학의 어제, 오늘, 내일」,『과학과 철학』제7집, 통나무,

174~96면.

송상용 (1972)「*L'Homme machine*의 분석」,『敎養課程部論文集』自然科學篇 第
4輯, 서울대학교, 37~58면.

_____ (1980)「쿤의 패러다임」,『世界의 文學』18호(겨울), 194~204면.

_____ (1981)「과학과 사회에 관한 해외연구의 배경과 현황」, 유네스코
한국위원회, 53~83면.

_____ (1981)「반과학의 기원과 전개」, 素巖 李東植 先生 華甲記念論文集
『道와 人間科學』, 삼일당, 385~94면.

_____ (1981)「성장의 한계」, 김태길 외『現代社會와 哲學』, 文學과知性社,
292~303면.

_____ (1985)「혁명적 과학철학」,『人文科學硏究』第5輯, 誠信女子大學校,
59~76면.

_____ (1990)「科學과 倫理」, 峨山社會福祉財團,『現代韓國의 社會倫理』, 峨
山社會福祉財團, 92~301면.

_____ (1991)「기술의 개념」, 현대미술관『테크놀로지의 예술적 전환』,
현대미술관, 9~18면.

_____ (2001)「생명공학의 도전과 윤리적 대응」,『제14회 한국철학자대
회보』, 한국철학회, 3~14면.

_____ (2003)「생태위기와 자연관: 화이트 2세 명제를 중심으로」,『인문
학연구』제33집, 한양대학교, 169~79면.

_____ (2004)「줄기세포 연구의 윤리」,『생명문화』, 서강대학교출판부,
115~31면.

_____ (2006)「황우석 사건의 철학적·사회적 분석」, 세계한국학대회,
제주.

_____ (2010)「한국과학철학회」, 한국철학회 편집위원회 엮음『한국철학의 회고와 전망』, 철학과현실사, 214~27면.

송상용 외 (2001)「생명과학 관련 연구윤리 확립방안에 관한 연구」, 국가과학기술자문회의.

_____ (2002)「과학기술인 헌장 제정에 관한 연구」, 과학기술부.

송성수 엮음 (1995)『우리에게 기술은 무엇인가』, 녹두.

신중섭 (1992)『포퍼와 현대의 과학철학』, 서광사.

양해림 (2005)『에코 바이오테크 시대의 책임윤리』, 철학과현실사.

_____ (2008)『사이버공간과 윤리』, 충남대학교출판부.

양해림 외 (2006)『과학기술시대의 공학윤리』, 철학과현실사.

유네스코한국위원회 엮음 (2001)『과학연구윤리』, 당대.

_____ (2001)『과학기술과 인권』, 당대.

윤용택 (1999)「인간 존엄성의 측면에서 본 인간복제 기술의 문제」,『大同哲學』제4집, 73~104면.

_____ (2002)「환경철학에서 패러다임 전환에 대한 고찰」,『철학연구』제82집, 대한철학회, 163~85면.

윤평중 (1992)「포스트모던 과학의 탐구」,『과학사상』창간호, 106~25면.

이봉재 (1991)「과학사와 과학철학: 자연주의 메타방법론의 검토」,『철학연구』제33집, 철학연구회, 137~55면.

이상욱 (2002)「역사적 과학철학과 철학적 과학사」,『한국과학사학회지』제24권 제2호, 251~66면.

_____ (2004)「전통과 혁명: 토머스 쿤 과학철학의 다면성」,『과학철학』제7권 제1호, 57~89면.

_____ (2005)「학제간 과학철학 연구의 두 방향」,『科學技術學硏究』,

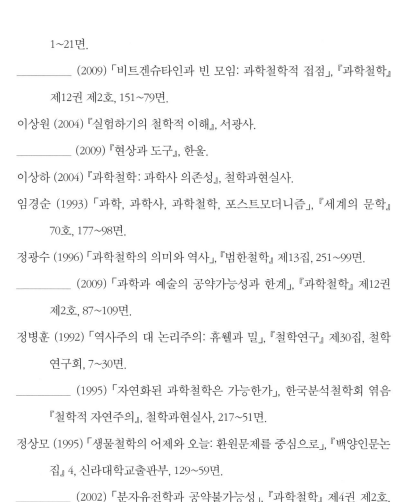

1~21면.

_____ (2009) 「비트겐슈타인과 빈 모임: 과학철학적 접점」, 『과학철학』 제12권 제2호, 151~79면.

이상원 (2004) 『실험하기의 철학적 이해』, 서광사.

_____ (2009) 『현상과 도구』, 한울.

이상하 (2004) 『과학철학: 과학사 의존성』, 철학과현실사.

임경순 (1993) 「과학, 과학사, 과학철학, 포스트모더니즘」, 『세계의 문학』 70호, 177~98면.

정광수 (1996) 「과학철학의 의미와 역사」, 『범한철학』 제13집, 251~99면.

_____ (2009) 「과학과 예술의 공약가능성과 한계」, 『과학철학』 제12권 제2호, 87~109면.

정병훈 (1992) 「역사주의 대 논리주의: 휴웰과 밀」, 『철학연구』 제30집, 철학연구회, 7~30면.

_____ (1995) 「자연화된 과학철학은 가능한가」, 한국분석철학회 엮음 『철학적 자연주의』, 철학과현실사, 217~51면.

정상모 (1995) 「생물철학의 어제와 오늘: 환원문제를 중심으로」, 『백양인문논집』 4, 신라대학교출판부, 129~59면.

_____ (2002) 「분자유전학과 공약불가능성」, 『과학철학』 제4권 제2호, 1~29면.

조인래 (2006) 「철학 속의 과학주의: 과학철학의 자연화」, 『과학철학』 제9권 제2호, 1~33면.

조인래 엮음 (1997) 『쿤의 주제들: 비판과 대응』, 이화여자대학교출판부.

조인래·박은진·김유신·이봉재·신중섭 (1999) 『현대 과학철학의 문제들』, 아르케.

최종덕 (2003) 『함께하는 환경철학』, 동연출판사.

_____ (2004) 『시앵티아』, 당대.

한양대학교 과학철학교육위원회 엮음 (2003) 『과학기술의 철학적 이해』, 한양대학교출판부.

홍성욱 (1999) 『생산력과 문화로서의 과학기술』, 문학과지성사.

_____ (2004) 『과학은 얼마나』, 서울대학교출판부.

_____ (2008) 『인간의 얼굴을 한 과학』, 서울대학교출판부.

Barnes, Barry, Bloor, David, and Henry, John (1998) *Scientific Knowledge: A Sociological Analysis*, London: Athlone.

Bloor, David (1976) *Knowledge and Social Imagery*, London: Routledge. (김경만 옮김 『지식과 사회의 상』, 한길사 2002)

Brown, Harold I. (1977) *Perception, Theory and Commitment*, Chicago: The University of Chicago Press. (신중섭 옮김 『논리실증주의의 과학철학과 새로운 과학철학』, 서광사 1987)

Carnap, Rudolf (1963) "Intellectual Autobiography," *The Philosophy of Rudolf Carnap*, ed. Paul A. Schilpp, La Salle: Open Court, 1-84면.

_____ (1966) *An Introduction to the Philosophy of Science*, ed. Gardner, M, New York: Basic Bools, Inc. (윤용택 옮김 『과학철학입문』, 서광사 1993)

Cartwright, Nancy, Cat, Jordi, Fleck, Lola and Uebel, Thomas E. (1996) *Otto Neurath: Philosophy between Science and Politics*, Cambridge: Cambridge University Press.

Chalmers, Alan F. (1999) *What is This Thing Called Science?* (3rd ed.), Milton

Keynes: Open University Press. (신중섭·이상원 옮김 『과학이란 무엇인가』, 서광사 2003)

Chang, Hasok (1999) "History and Philosophy of Science as a Continuation of Science by Other Means," *Science and Education* 8, 413-25면.

Feyerabend, Paul (1975) *Against Method*, London: New Left Books. (정병훈 옮김 『방법에의 도전』, 도서출판 흔겨레 1987)

_____ (1995) *Killing Time. The Autobiography of Paul Feyerabend*, Chicago: The University of Chicago Press. (정병훈·김성이 옮김 『킬링타임』, 한겨레출판 2009)

Fuller, Steve (1993) *Philosophy of Science and Its Discontents* (2nd ed), New York: Guilford Press.

_____ (2000) *Thomas Kuhn. A Philosophical History for Our Times*, Chicago: The University of Chicago Press.

Giere, Ronald and Richardson, Alan W. eds. (1996) *Origins of Logical Empiricism*, Minneapolis: University of Minnesota Press.

Giere, Ronald (1993) "Science and Technology Studies: Prospects for an Enlightened Postmodern Synthesis," *Science, Technology & Human Values* vol. 18, no. 1, 102-12면.

Giere, Ronald, Bickle, John and Mauldin, Robert (2006) *Understanding Scientific Reasoning* (5th ed), Belmont(CA): Wadsworth. (조인래·이영의·남현 옮김 『과학적 추론의 이해』, 소화 2008)

Gjertsen, Derek (1989) *Science and Philosophy. Past and Present*, London: Penguin Books.

Glock, Hans-Johann (2008) *What Is Analytic Philosophy?*, Cambridge: Cambridge University Press. (한상기 옮김『분석철학이란 무엇인가?』, 서광 사 2009)

Hacking, Ian (1983) *Representing and Intervening*, Cambridge: Cambridge University Press. (이상원 옮김『표상하기와 개입하기』, 한울 2005)

Haller, Rudolf und Stadler, Friedrich Hrsg. (1993) *WIEN-BERLIN-PRAG. Aufstieg der wissenschaftlichen Philosophie*, Wien: Verlag Hoelder-Pichler-Tempsky.

Hanfling, Oswald (1981) *Logical Positivism*, Oxford: Blackwell.

Harré, Rom (1972) *The Philosophies of Science. An Introductory Survey* (2nd ed), Oxford: Oxford University Press. (민찬홍·이병욱 옮김『과학철학』, 서 광사 1985)

Heidelberger, M. and Stadler, F. eds. (2003) *Philosophy of Science and Politics* (*Wissenschftsphilosophie und Politik*), Vienna: Springer.

Heisenberg, Werner (1959) "Die Plancksche Entdeckung und die philosophischen Probleme der Atomphysik," *UNIVERSITAS*, Februar. 宋相庸 譯,「Planck의 發見과 原子物理學의 哲學的 諸問題」,『文理大學報』, 第九卷 第一號, 서울大學校 1962, 45~52면.

Hempel, Carl Gustav (1966) *Philosophy of Natural Science*, Englewood Cliffs: Prentice Hall. (곽강제 옮김『자연과학철학』, 서광사 2010)

Irzik, Guerol and Gruenberg, Theo (1995) "Carnap and Kuhn: Arch Enemies or Close Allies?" *British Journal for the Philosophy of Science* 46, 285-307면.

Kosso, P. (1992) *Reading the Books of Nature*, Cambridge: Cambridge University Press.

Joergenson, John (1951) *The Development of Logical Empiricism*, Chicago: The

University of Chicago Press. (한상기 옮김 『논리경험주의: 그 시작과 발전과정』, 서광사 1994)

Jung, Sang Mo (2008) "A New Definition of Evolutionary Altruism," 『과학철학』 제11권 제2호, 223-55면.

Kruntorad, Paul Hrsg. (1991) *Jour Fixe der Vernunft. Der Wiener Kreis und die Folgen*, Wien: Verlag Hoelder- Pichler-Tempsky.

Kuhn, Thomas (1970) *The Structure of Scientific Revolutions* (2nd ed), Chicago: The University of Chicago Press. (김명자 옮김 『과학혁명의 구조』, 까치글방 2004)

_____ (1977) *The Essential Tension*, Chicago: The University of Chicago Press.

Ladyman, James (2002) *Understanding Philosophy of Science*, Abingdon: Routledge. (박영태 옮김 『과학철학의 이해』, 이학사 2003)

Lakatos, Imre and Musgrave, A. eds. (1970) *Criticism and the Growth of Knowledge*, Cambridge: Cambridge University Press. (조승옥·김동식 옮김 『현대 과학철학 논쟁: 쿤의 패러다임 이론에 대한 옹호와 비판』, 아르케 2002)

Losee, John (2001) *A Historical Introduction to the Philosophy of Science* (4th ed), Oxford: Oxford University Press. (최종덕·정병훈 옮김 『과학철학의 역사』, 동연출판사 1999)

Mannheim, Karl (1929) *Ideologie und Utopie*, Bonn. (임석진 옮김, 『이데올로기와 유토피아』, 청아출판사 1991)

Martin, Brian (1993) "The Critique of Science Becomes Academic," *Science, Technology & Human Values* vol. 18, no. 2, 247-59면.

Maxwell, Nicholas (2007) *From Knowledge to Wisdom. A Revolution in the Aims and Methods of Science* (2nd ed), London: Pentire Press.

_____ (2009) *What's Wrong With Science? Towards a People's Rational Science of Delight and Compassion*, London: Pentire Press.

McCumber, John (2001) *Time in the Ditch: American Philosophy in the McCarthy Era*, Evanston: Northwestern University Press.

McGuinness, Brian F. ed. (1987) *Unified Science*, Dordrecht: Reidel.

Munitz, Milton K. (1981) *Contemporary Analytic Philosophy*, New York: Macmillan. (박영태 옮김 『현대 분석철학』, 서광사 1997)

Neurath, Otto Carnap, Rudolf, and Morris, Charles (1955) *International Encyclopedia of Unified Science* vol. I, nos. 1-10, Chicago: The University of Chicago Press.

Newton-Smith and William Herbert ed. (2000) *A Companion to the Philosophy of Science*.

O'Hear, Anthony (1989) *An Introduction to the Philosophy of Science*, Oxford: Clarendon Press. (신중섭 옮김 『현대의 과학철학 입문』, 서광사 1995)

Okasha, Samir (2002) *Philosophy of Science. A Very Short Introduction*, Oxford: Oxford University Press.

Quine, Willard van Orman (1985) *The Time of My Life*, Cambridge, MA: MIT Press.

Ravetz, Jerome R. (1971) *Scientific Knowledge and its Social Problems*, Oxford: Oxford University Press.

Reichenbach, Hans (1951) *The Rise of Scientific Philosophy*, Berkeley: University of California Press. (김회빈 옮김 『새로운 철학이 열리다』, 새길 1994)

Reisch, George A. (1991) "Did Kuhn Kill Logical Empiricism?" *Philosophy of Science* 58, 264-77면.

_____ (2003) "Anticommunism, the Unity of Science Movement and Kuhn's Structure of Scientific Revolutions," *Social Epistemology* 17: 2 & 3, 271-75면.

_____ (2005) *How the Cold War Transformed Philosophy of Science: To the Icy Slopes of Logic*, Cambridge: Cambridge University Press.

Richardson, Alan and Uebel, Thomas eds. (2007) *Cambridge Companion to Logical Empiricism*, Cambridge: Cambridge University Press.

Rose, H. and Rose S. (1970) *Science and Society*, Harmondsworth: Penguin.

Salomon, Jean-Jacques (1998) "Science, Technology, and Society on the Eve of the New Century," *Bulletin of Science, Technology & Society* vol. 18, no. 6, December 1998, 414-20면.

Song, Sang-yong (1976) "Haeckel's Monistic Philosophy of Nature," 『哲學研究』第11輯, 철학연구회, 193-209면.

_____ (1997) "Philosophy of Science in Korea, 1950-1995," *Structures and Norms in Science*, Kluwer, 481-85면.

_____ (1999) "Science, Technology and Society Studies in Korea: Background and Prospects," *Science, Technology & Society* vol. 4, no. 1, 107-14면.

_____ (2006) "Human Rights, Science and Ethics," COMEST Ordinary Session, COMEST.

_____ (2006) "Reflections on the UNESCO Recommendation of 1974," Background Paper for the UNESCO Consultation Meetings.

_____ (2006) "The Rise and Fall of Embryonic Stem Cell Research in Korea," *Asian Biotechnology and Development Review* vol. 9 no. 1, 65-73면.

_____ (2007) "Beyond Scientism: Coming of the Ethics of Science," Presented at the European Patent Office, Munich on 27 April 2007.

_____ (2007) "The Hwang Woo-Suk Scandal Hasn't Ended," 『생명윤리』 제8권 제2호, 1-10면.

_____ (2007) "Environmental Ethics in Korea, 2000-2005," *KAST Review of Modern Science & Technology* vol. 3, 1-4면.

Stadler, Friedrich ed. (1993) *Scientific Philosophy: Origins and Developments*, Dordrecht: Kluwer.

Stadler, Friedrich (2001) *The Vienna Circle: Studies in the Origins, Development and Influence of Logical Positivism*, Vienna: Springer.

Ten Have, Henk ed. (2006) *Environmental Ethics and International Policy*, Paris: UNESCO.

Ten Have, Henk (2006) "UNESCO and Ethics of Science and Technology," *Ethics of Science and Technology. Explorations of the Frontiers of Science and Ethics*, Paris: UNESCO.

Ten Have, Henk ed. (2007) *Nanotechnologies, Ethics and Politics*, Paris: UNESCO.

Toulmin, Stephen (1971) "Rediscovering History. New Directions in Philosophy of Science," *Encounter* XXXVI, 53-64면.

Uebel, Thomas ed. (1991) *Rediscovering the Forgotten Vienna Circle: Austrian Studies on Otto Neurath and the Vienna Circle*, Boston: Kluwer.

Winner, Langdon (1986) *The Whale and the Reactor: a Search for Limits in an Age of High Technology*, Chicago: The University of Chicago Press. (손화철 옮김『길을 묻는 테크놀러지』, 도서출판 씨아이알 2010)

Werskey, Gary (1988) *The Visible College: A Collective Biography of British Scientists of the 1930s* (2nd ed), London: Free Association Books.

_____ (2007) "The Marxist Critique of Capitalist Science: A History in Three Movements?" *Science as Culture* vol. 16 no. 4, 397-461면.

참고 사이트

HOPOS(The International Society for the History of Philosophy of Science), 1996-

http://cas.umkc.edu/scistud/hopos/main.html

SPSP(Society for Philosophy of Science in Practice), 2007-

http://www.gw.utwente.nl/spsp/

514

| 저자 소개 |

김국태(金國泰) 호서대학교 디지털문화예술학부 교수. 독일 콘스탄츠대학교 철학박사. 주요 논저 「특수 상대성이론적 동시성 개념의 인식론적 의미」『근대 과학의 철학적 조명』(공저) 등.

박은진(朴殷鎭) 독일 트리어대학교 철학박사. 주요 논저 「진화론과 인식론」「예술의 과학적 성격과 과학의 예술적 수용」『칼 포퍼 과학철학의 이해』『비판적 사고』등.

신중섭(申重燮) 강원대학교 윤리교육과 교수. 고려대학교 철학박사. 주요 저서 『포퍼와 현대의 과학철학』『과학이란 무엇인가?』(공역) 등.

정병훈(鄭炳勳) 경상대학교 철학과 교수. 연세대학교 철학박사. 주요 논저 「과학적 합리성의 자연화」『과학과 형이상학』(공저)『방법에의 도전』(역) 등.

최종덕(崔鐘德) 상지대학교 교양과 교수. 독일 기센대학교 철학박사. 주요 저서 『찰스 다윈, 한국의 학자를 만나다』『철학으로 과학하라』(공편) 등.

이영의(李英儀) 강원대학교 인문한국 교수. 미국 뉴욕주립대학(Binghamton) 철학박사. 주요 논저 「인과가 확률로 환원 가능한가?」 『과학적 추론의 이해』(공역) 등.

박영태(朴永泰) 동아대학교 철학과 교수. 서울대학교 철학박사. 주요 논저 「과학적 실재론의 쟁점들과 논의전개」 『과학철학의 이해』(역) 등.

홍성욱(洪性旭) 서울대학교 생명과학부 교수. 서울대학교 과학사박사, 전 토론토대학교 교수. 주요 저서 『생산력과 문화로서의 과학기술』 『인문학으로 과학 읽기』(편역) 등.

김유신(金有信) 부산대학교 전자전기공학부 교수. 미국 코넬대학교 과학철학박사. 주요 논저 「보어와 실재론 논쟁」 『공학윤리』(공역) 『양자역학의 역사와 철학: 보어, 아인슈타인, 실재론』(2011 근간) 등.

이상원(李相元) 숙명여자대학교 교양교육원 교수. 서울대학교 과학철학박사. 주요 저서 『실험하기의 철학적 이해』 『현상과 도구』 등.

손화철(孫和喆) 한동대학교 글로벌리더십학부 교수. 벨기에 루벤대학교 철학박사. 주요 저서 『현대기술의 빛과 그림자: 토플러와 엘륄』 『길을 묻는 테크놀로지』(역) 등.

이상욱(李尙郁) 한양대학교 철학과 교수. 영국 런던정경대학교 철학박사. 주요 저서 『과학으로 생각한다』(공저) 『과학기술의 철학적 이해』 『과학윤리 특강』 등.

정상모(鄭相模) 신라대학교 철학과 교수. 미국 조지아대학교 철학박사. 주요 논저 "A New Definition of Evolutionary Altruism" 『사회생물학, 인간의 본성을 말하다』(공저) 등.

백도형(白道衡) 숭실대학교 철학과 교수. 서울대학교 철학박사. 주요 논저 「물리주의와 보편자」 「현상과 실재: 심신문제에 대한 반성」 『김재권과 물리주의』 등.

강신익(姜信益) 인제대학교 인문의학교실 교수. 인제대학교 의학박사, 영국 웨일스대학 의철학석사. 주요 논저 「진화–진보 담론의 빛과 그림자」 『숨과 살의 현상학』등.

윤용택(尹龍澤)　제주대학교 철학과 교수. 동국대학교 철학박사. 주요 저서『과학철학입문』(역)『생명평화의 섬, 제주를 꿈꾸며』등.

고인석(高仁碩)　인하대학교 인문학부(철학) 교수. 독일 콘스탄츠대학교 철학박사. 주요 논저「빈학단의 과학사상: 배경, 형성과정, 그리고 변화」『과학의 지형도』등.

조용현(曹湧鉉)　인제대학교 인문학부 교수. 부산대학교 철학박사. 주요 저서『칼 포퍼의 과학철학』『정신은 어떻게 출현하는가?』『작은 가이아』등.

송상용(宋相庸)　한림대학교 명예교수, 한국과학기술한림원 원로회원. 서울대학교 화학과(이학사), 철학과(문학사, 문학석사). 인디애너대학교 과학사·과학철학과(A. M.). 성균관대학교 조교수, 한양대학교 석좌교수, 철학연구회장, 한국과학사학회장, 한국과학철학회장, 한국생명윤리학회장, 아시아생명윤리학회장 역임. 주요 논저「*L'Homme machine*의 분석」"Haeckel's Monistic Philosophy of Nature"『서양과학의 흐름』등.

과학철학: 흐름과 쟁점, 그리고 확장

초판 1쇄 발행 / 2011년 10월 7일
초판 5쇄 발행 / 2018년 12월 14일

지은이 / 강신익 고인석 김국태 김유신 박영태 박은진 백도형 손화철 송상용 신중섭
　　　　윤용태 이상욱 이상원 이영의 정병훈 정상모 조용현 최종덕 홍성욱
펴낸이 / 강일우
책임편집 / 박대우 고경화
펴낸곳 / (주)창비
등록 / 1986년 8월 5일 제85호
주소 / 10881 경기도 파주시 회동길 184
전화 / 031-955-3333
팩시밀리 / 영업 031-955-3399 편집 031-955-3400
홈페이지 / www.changbi.com
전자우편 / human@changbi.com

ISBN 978-89-364-8333-3 93160